大学生创新创业教程

DAXUESHENG CHUANGXIN CHUANGYE JIAOCHENG

◎主　编　吴亚梅　龚丽萍

◎副主编　李　纯　沃文芝　张弘扬

重庆大学出版社

内容提要

为了更好地培养大学生的创新意识和创业能力，作者团队按照创业实战中的步骤和逻辑关系编写了此教材。本书从创业概述开始，梳理成功创业者的素质、面临的环境等知识点，然后讲解如何组建一个优秀的团队，发现并识别创业计划；利用市场调查，完善创业想法和产品设计的更新。基于此，还需要考虑商业模式（好的商业模式需要创业资源和资金支持），同时规避创业的风险，这些内容要求创业者在创业中要精打细算，脚踏实地，通过商业计划书更加明确创业想法。接下来，教授创业者如何管理初创的小微企业，设计小微企业的组织结构，明确公司岗位职责。如此，从创业想法开始，一直到公司创业，不断把理论变成现实，以提高创业的成功率，为创业学子保驾护航。

本书可作为高等院校创新创业教育课程的学生教材，也可作为有志青年的创业培训用书。

图书在版编目（CIP）数据

大学生创新创业教程/吴亚梅，龚丽萍主编.--重庆：重庆大学出版社，2018.3（2020.5 重印）

ISBN 978-7-5689-1023-1

Ⅰ.①大…　Ⅱ.①吴…②龚…　Ⅲ.①大学生—创业—高等学校—教材　Ⅳ.①G647.38

中国版本图书馆 CIP 数据核字（2018）第 034477 号

大学生创新创业教程

主　编　吴亚梅　龚丽萍

副主编　李　纯　沃文芝　张弘扬

策划编辑：范　莹

责任编辑：文　鹏　杨宗红　　版式设计：范　莹

责任校对：刘志刚　　责任印制：张　策

*

重庆大学出版社出版发行

出版人：饶帮华

社址：重庆市沙坪坝区大学城西路 21 号

邮编：401331

电话：（023）88617190　88617185（中小学）

传真：（023）88617186　88617166

网址：http://www.cqup.com.cn

邮箱：fxk@cqup.com.cn（营销中心）

全国新华书店经销

POD：重庆新生代彩印技术有限公司

*

开本：787mm×1092mm　1/16　印张：16.75　字数：388 千

2018 年 3 月第 1 版　2020 年 5 月第 4 次印刷

ISBN 978-7-5689-1023-1　定价：39.90 元

前言 PREFACE

随着我国产业结构的不断调整，市场竞争日趋激烈，大学生的就业压力愈发突出。尽管大部分人都知晓创新的重要性，但是对创新的关键所在存在较大的认知差异。创新才有机会。创业不仅可以创造更多的就业机会，而且还可以加速科技成果的转化，对促进经济发展与社会和谐稳定具有积极的作用。

党和政府把"提高自主创新能力，建设创新型国家"定为"国家发展战略的核心"，"提高综合国力的关键"，要求在2020年前把我国建设成创新型国家。要实现这一宏伟目标，就需要培养造就强大的能够承担这一光荣任务的创新型人才队伍。建设创新型人才队伍，教育是基础。继续深化教育改革，开展创新创业教育是根本途径。《大学生创新创业教程》一书，是为了培养、开发大学生创新创业能力而编写的教材。

加强大学生创新教育，强化大学生创业素质培养，提高大学生自主创业竞争力，使他们顺利地走上社会就业岗位，更好地为我国经济建设服务，这既是大学生创新创业、立足人生发展的战略选择，也是出版本教材的真正目的和意义。

本教材以习近平新时代中国特色社会主义思想为指导，严格按照教育部关于"加强国民素质教育"的要求，结合大学生群体的实际特点，帮助大学生了解和掌握创新创业的相关知识和操作规律，提高大学生的创新意识和创业能力。本教材以创新创业素养培养为主线，紧密结合大学生创新创业的新形势和新特点，依照创新创业教育活动的基本过程和规律，从创业概述开始，梳理成功创业者的素质、环境因素等知识点，然后讲解如何组建一个优秀的团队，通过优秀的团队，发现并识别创业计划；利用市场调查，完善创业想法和产品设计的更新等必备知识。

由于本教材融入了最新的教学理念，力求严谨，注重与时俱进，具有知识新颖、内容丰富、案例鲜活、贴近实际、注重素质培养和创新能力提升等特点，因此本书既可以作为普通高等院校、高职高专院校大学生创新创业教育的教材，也可以作为大学生创新创业的指导手册，还可以为广大有志于创业的青年提供有益的参考和借鉴。

本教材由吴亚梅策划总体方案并具体组织编写，吴亚梅、龚丽萍为主编，龚丽萍统稿，李纯、沃文芝、张弘扬为副主编。编写分工：吴亚梅（前言）、陈丽颖（第1章）、李纯（第2章）、曾君（第3章）、沃文芝（第4章）、王志伟（第5章）、陈敏燕（第6章）、瞿懿韬（第7章、第9章）、龚丽萍（第8章）、张弘杨（第10章、第11章）。

在教材编写过程中，我们参阅了大量有关大学生创新创业教育等方面的最新文献，引用了国家和教育部历年颁布实施的国民素质教育与大学生创新创业就业相关的法律法规和政策要求，并得到有关专家教授的具体指导，在此一并致谢。因作者水平有限，书中难免存在疏漏和不足，恳请同行和读者批评指正。

编　者

2018年1月

目录 CONTENTS

第1章　创业概述

【教学目标】

1.深刻理解创业内涵以及创业对社会与大学生人生的重要意义。

2.掌握创业一般过程,明确各个阶段的主要工作。

3.明晰我国的创业形势及创业的必要性。

4.建立正确的价值观、培养良好的创业素质。

【知识要点】

1.创业的内涵及其重要意义。

2.创业的各个阶段及其主要工作内容。

3.创业者应当具备的素质。

创业是提供就业的一种途径,为创业提供必要的条件,也就为广大劳动者拓宽了就业渠道,才能做到"人尽其才,才尽其用"。若没有创业,现有的就业市场很难容纳如此巨大的劳动力,失业率骤升,增加社会负担,全面建成小康社会也不能顺利实现。创业作为推动经济和社会发展的重要力量,促使人们去寻找适合他们自身发展的机会,去追求并努力实现他们的梦想。

1.1　创业是什么

1.1.1　创业的内涵

"创业"一词由"创"和"业"组成。对创业的定义和理解,存在不同的角度和范畴,有广义和狭义之分。创业通常是对自己拥有的资源或通过努力对能够拥有的资源进行优化整合,从而创造出更大经济或社会价值的过程。

广义的创业定义为"创造新的事业的过程",即"创建一番事业"。这里的含义不单指创造财富。创业既包括营利性组织,也包括非营利性组织;既包括官方设置的部门和机构,也包括社会组织、个人;既包括大型的事业,也包括小规模的个人或家庭事业。

狭义的创业定义为“创建一个新企业的过程”。创业者个人或者创业团队转变择业观念白手起家，以资源所有者的身份，利用知识、能力和社会资本，通过自筹资金、技术入股、寻求合作等方式创立新的社会经济单元，即不做现有就业岗位的填充者，而是为自己、为社会更多人创造就业机会。

综上所述，创业是利用创新思维和方法，创造出某种对人类、对社会或对个人有益的具体成果。创业是理论创新或科技创新等成果向实际生产力的转化，由实际过程和具体结果来体现。换言之，创业是发现和捕获机会并由此创造出新的产品或服务并实现其潜在价值的过程。创业必须要贡献时间和付出努力，承担相应财务、精神和社会等风险，以期获得财富回报、精神满足和独立自主。

上述定义强调了作为一个创业者的四个基本的方面，而与其所处领域无关。

①创业包括一个创造的过程——它创造某种有价值的新事物。这种新事物必须是有价值的，不仅对创业者本身有价值，而且对其开发的某些目标对象也是有价值的。这里的目标对象可因创业者所处行业的不同或其创造事物的不同而不同。

②创业需要牺牲必要的时间，付出极大的努力。要完成整个的创业过程，要创造新的有价值的事物，就需要大量的时间，而要获得成功，没有极大的努力是不可想象的。

③承担必然存在的风险。创业的风险可能有各种不同的形式，创业的领域不同，创业的风险也就不同，但通常的风险不外乎财务、精神和社会等几个方面。

④创业者创业需要回报。作为一个创业者，最重要的回报可能是其由此获得的独立自主，及随之而来的个人的满足。对于追求利润的企业家，金钱的回报无疑是重要的，货币便是衡量回报的一种尺度。

创业的本质特征是什么？创业实际上是一种经济投资，主要表现为经济领域的活动，使没有的职业或行业开创出来，使已有的行业和职业做大做强。经济领域里的创业的基本类型有：①从创业主体的性质不同可分为个人独立创业和公司附属创业；②从创业的起点不同可分为创建新企业和公司再创业；③从制度创新层次的不同可分为基于产品创新而创建企业、基于市场营销模式创新而创建企业和基于企业组织管理体系创新而创建企业。

1.1.2 创业的一般过程

创业是创新的过程，创业过程中所涉及的知识与技能是创业者必须事先掌握的。创业者必须能够发现、评估新的市场机会，并进一步将其发展为一个新创企业，在这一过程中有很多对现存企业进行管理时所未予以重视或不那么重要的知识与技能。一般地，创业过程包含以下四个阶段：

1）寻求与评估市场机会

在寻求市场机会时，创业者应当注意到实物选择的两个方面：实际上能够被提供的工作（产品或服务）；想要购买它的群体（市场）。因此市场机会的搜寻结果可以被分成两部分：为了拥有能力以完成一项有价值的工作而进行的活动和为了识别未满足的需求而进行的活动。在搜寻过程中可以使用各种各样的方法来得到信息。虽然越来越多的人采用商讨的搜寻策略建立他们的创意库。许多人的创业构想来源于在其特定行业中的第一次经历,他们在这个行业具有丰富的经验,能够将提供一种特定产品或服务的方法和工序相结合,发现新的市场缺口或者找到更好的经营方法。

寻求与评估市场机会是创业过程的起点,也是创业过程中一个具有关键意义的阶段。许多很好的商业机会并不是突然出现的,而是对"一个有准备的头脑"的一种"回报",或是当一个识别市场机会的机制建立起来之后才会出现。虽然大多数情况下并不存在正式的识别市场机会的机制,但通过某些来源往往可以有意外的收获,这些来源包括消费者、营销人员、专业协会成员或技术人员等。无论市场机会来源于何处,都需要经过认真细致的评估,对市场机会的评估应该是整个创业过程的关键步骤。

评估市场机会其实就是对创意的审查。审查的目的就是为了在实际撰写创业计划书前更加全面地评估其创业计划,以便满足那些由于交易成本的原因而无法得到满足的市场需求。创意审查主要需要进行以下工作:可行性分析和财务分析。其中,可行性分析包括以下步骤:①趋势分析。它包括监测那些短期内企业无法控制,但是能够显著影响企业所在行业的环境以及企业可持续性的因素,如政治/管制因素、经济因素、社会因素、技术因素。②行业分析。它包括评估企业所在的行业是否对其他行业的企业具有吸引力,因而导致后者进入该行业,主要因素有替代者的威胁、购买方的讨价还价能力、供应商的讨价还价能力、已有的竞争者之间的竞争以及新进入者的威胁等。③内部分析。当一个企业已经经营了一段时间后,通常需要思考企业的竞争力所在,以增强拟创建的企业的核心竞争力。④盈利分析。财务分析包括以下步骤:①行业中类似公司的分析。它需要观察业内主要经营者的财务报表及其经营状况。②预计市场份额。它分析业内主要竞争者的相对市场份额,以及企业在该行业中的发展前景。这可以通过市场盈利分析和主要竞争者分析中获得的数据来完成。③利润分析。它预测企业能够获得的利润。④盈亏平衡分析。它使用利润分析中的数据来确定实现盈亏平衡所需要的产品销售量和销售额。⑤预估分析。它预测获得上述收入时,企业的收入和资产。⑥投资回报率预测。它预测经营企业能够获得的投资回报率。

2)准备并撰写经营计划

一个好的经营计划对创业者来说是非常重要的。经营计划不仅是对市场机会做进一步分析的必要步骤,同时还是真正开始创业的基础,是说服自己更是说服投资者投资的重要材料。经营计划对确定创业资源状况、获得所需资源和管理新创企业必不可少。经营计划所包括的内容主要有商务活动描述、行业描述、营销计划、财务计划、生产计划、组织计划以及运营计划等。

3)确定并获取创业所需资源

这一步骤从确定创业者现有资源开始。事实上,对资源状况还需进行分析,尤其是要把对创业十分关键的资源与其他非关键的资源加以区分。需要注意,创业者不应低估其所需创业资源的数量及其多样性,还应对缺乏资源或资源不适合造成创业风险所带来的影响作出清醒的估计。

紧接着的问题是,如何在适当的时机获得适当的所需资源,并在整个过程中尽可能地对创业进行控制。一个创业者应尽量保持对所有权的最大限度地控制，特别在起步阶段更是如此。随着企业的成长，就可能需要更多资金的投入，但对于创业者来说，只有在其他方法均已无效，万不得已的时候，才应考虑放弃一部分股权来换取新的投资。创业者应有效地组织交易，以最低的成本来获取所需的资源。

4）管理新创企业

在获取所需资源之后，创业者就需按照经营计划建立起新创企业，此时就需考虑企业的运营问题。这里既包括企业管理的方式问题，也包括确定企业成功的关键因素并加以把握的问题。同时创业者还应建立起一套控制系统，对企业运作的各个环节进行有效监控。

从企业发展的生命周期来说，新创企业一般都要经过初创期、早期成长期、快速成长期和成熟期几个阶段。创业者所面临的管理问题因其发展阶段的不同而不同。因此，创业者就需要根据每一阶段的特点，考虑并采取不同的管理措施与对策，以便有效地控制企业成长的节奏，保持企业的健康发展。

1.1.3 创业对社会发展的作用

创业对社会发展的作用绝不仅仅局限于提高人均产出与人均收入水平，更重要的是，创业还促进新的社会结构和经济结构的形成，让更多的人来参与经济发展的过程和获得相应的回报。一种经济增长理论将创新视为关键因素，因为创新不仅可以促进新的产品和服务来满足市场需求，而且可以刺激新的投资。一方面，新产品和新服务往往会创造出新的市场需求，从而成为促进经济增长的需求因素；另一方面，新资本的形成将形成新的生产能力，扩大整个经济的供给能力。

在当今中国，就业问题已成为国家、社会和老百姓都很关心的一个大问题。随着国企改革的全面推进，产业结构的调整和升级，下岗职工人数大幅度增加。在国有企业比较集中的大中城市，失业问题相当严重，使得改革步伐被迫放慢。就业问题已成为既关乎"国计"，又关乎"民生"，既关系社会稳定，又关系个人基本生存权利和生存条件的大问题。解决就业问题的关键是解决创业问题。没有人创业，哪儿来的就业？

首先，创业企业的成功将推动中国科技进步和社会生产力的发展。当前，中国经济结构调整的重点是高新技术产业的发展和传统产业的升级改造，在此过程中，人才开发和技术创新是提高企业国际竞争力的关键。创业企业的诞生，往往会伴随着新技术、新方法进入市场。因为高新技术企业的建立，往往是新技术、新工艺创新与发展的结果，对促进中国整体科技实力的提升将产生积极作用。

其次，创业的成功将有效解决中国大学生的就业问题。加入 WTO 后，国际竞争的加剧，给中国社会的就业带来一定影响，即便是昔日"皇帝的女儿不愁嫁"的大学生，已存在着严重的就业难问题。近年来，高校招生规模不断扩大，政府机关减员增效、国企改革、结构调整和产业优化升级，都难以继续提供充足的就业机会。在此大环境下，大学生毕业就有可能面临失业。因此，通过创业来解决大学生就业无疑是行之有效的办法。一个学生创业可以吸收若干个学生参与,创业成功后可以解决一批大学生的就业问题。如果全社会都能够为创业提供良好环境和条件,形成良好的创业氛围,那么将大大缓解社会就业压力。

再次,创业成功有利于社会资源的合理配置。创业要能够生存并获得持续发展,就必须要具有很强的竞争力。从行业内的发展来看,创业的成功将会影响行业现有的经营格局,加剧行业经营的竞争状态,造成优胜劣汰的局面。竞争的加剧有利于资源向经营良好、效率较高的企业流入,从而促进社会资源的合理配置,产生较高的社会效益,推动社会主义市场经济的快速发展。

最后,创业成功有利于促进知识向资本转化。一个国家知识密集型企业所占比重的大小,能反映出这个国家科技实力与综合国力的强弱。知识密集型企业能够为社会带来较高的附加值,创造较大的社会财富。在当今中国,创业企业已逐渐转变为由具有较高知识水平的创业者创办,知识与管理已经成为重要的资本参与企业的分配。在创业企业里,技术、专利和管理团队的管理已参与企业的股权分配,国家在这方面也给予了政策上的倾斜,允许高科技创业企业中无形资产的比重最高可达40%,技术、专利股权最高可占30%。国家在政策上的支持更有利于创业者积极性的发挥,有利于促进创业企业的成功。因此说,创业成功有利于知识向资本的转化,资本与知识、技术的融合,将有力地促进中国整体产业水平的发展和提高。

1.1.4 创业对大学生生涯发展的意义

当前,我国经济社会发展进程中自主创新需要提倡大学生创业。一方面,社会与高校针对这一现实需要,有意识地对大学生进行创业意识、创业能力、创业知识的培养,并与创业实践相结合,这符合培养人的全面发展的教育思想,与实施素质教育的要求是相一致的;另一方面,国家重视创业行为,重视对创业进行教育推广与鼓励,发展小企业的经验表明,有效地组织实施大学生创业活动,既可以直接促进经济发展,又对优化社会劳动力结构具有重要作用。大学生创业是新时期一个不可阻挡的趋势。学校通过指导大学生创业推行以人为本的教育理念,以人的科学发展为主导,强调人的全面自由发展,能够很好地帮助大学生成人、成才,实现人生价值,获得社会效益,对个人与社会发展都具有重要意义。

1) 创业能够帮助大学生树立坚定的创业信念

首先,树立创业成功的自信。人相信有什么结果,就有什么作为。如果连自己都不相信能成功创业,是不可能去争取和追求创业的。其次,培养在逆境时永不言败的创业精神。虽然身处逆境,却能全力抗争,不断追求,这样才能造就壮丽的创业人生。

2) 创业可以帮助大学生拥有积极的创业心态

积极的创业心态有助于大学生发现潜能,激发潜能,拓展潜能和实现潜能,进而帮助大学生获得事业成功。积极的创业心态应包括高昂的创业热情,内心面对创业障碍的勇气和毅力,克服困难的智慧和能力,创造条件变不可能为可能。

3) 创业可以使大学生具备顽强的创业意志

创业意志是指个体能百折不挠地把创业行动坚持到底以达到目的的心理品质。它可以使大学生形成优秀品质:独立、勇气、毅力、责任感、适应性、道德感、信用、乐观、缜密及接受失败挫折的心理素质等。引导大学生树立科学的世界观、人生观和价值观,培养乐观向上、勇于创新、乐于奉献的精神,形成健康的身心素质,特别是心理上能够正确地对待挫折困难。综合培养大学生创业品质,使之成为独立、坚韧、乐观、讲信用、有社会责任感、心理健康的社会人,有助于整体提高大学生的思想道德素质,完善大学生自身综合素质。

4) 创业能够塑造大学生鲜明的创业个性

但凡创业成功者,一般都有鲜明独特的个性品质,其一是敢于冒风险。创业的价值就在于创造出自己独特的东西,要敢于冒风险,敢于走前人和别人没走过的路。敢于冒风险是在理智基础上的大胆决断,是自信前提下的果敢超越,是新目标面前的不断追求。其二是对创业情有独钟。对目标如痴如醉,全身心融进创业行动之中。其三是独立自主。独立自主地解决困难和问题,不受各种外来因素的干扰。通过创业个性的塑造帮助学生摆脱被动性、模仿性、依赖性,形成主动性、创新性、自主性的品质,形成独立思考、敢于怀疑、勇于探索、求真务实的特质。只有具有鲜明创业个性的人,才能够主动学习和探索、思考、创新的行为,才能够成长为开创型迎新人才。

5) 创业能够提升大学生的创业能力

创业能力的形成和发展是通过后天的培养和实践活动锻炼得来的。创业能力可以包含很多内容,如观察能力、想象力、注意力、记忆力、创造力、文字写作能力、表达能力、人际交往能力、管理能力、专业能力及综合性能力。创业能力的高低直接关系到创业是否能够成功。创业能力的获得一定要通过实践活动的锻炼,要充分利用创业实践活动综合培养学生的各方面能力。

6) 创业可以加强大学生的创业知识结构

创业知识包括专业知识、经营管理知识、市场经济理论知识、综合性知识等。随着我国市场经济的稳步发展、知识经济的快速推进,经济体制改革不断深化,改革开放初期那种仅靠胆识、勇气、运气就可以创业赚钱的时代已经过去了。具有良好的创业意识、创业精神、创业能力的创业者还需要吸收更多的创业知识。在创业中可以学习到系统的创业知识,可以为创业者的成功增加砝码,也可以为大学生更好实现自己的职业理想添砖加瓦。

7) 创业能够帮助大学生实现人生的价值

社会需要创新,人生需要实现价值。创造精神是创业精神的基础,创新精神是创业精神的核心,创优精神是创业精神的归宿。为实现人生价值,成为一名成功的创业者,一定要有坚定的决心,有迎接挑战的勇气,有不断创新的进取心,对国家、对社会、对他人、对自己拥有使命感和责任感,并自觉地履行这种责任。创业能够帮助学生形成自信、自强、自主、自立的创业精神,更加有利于学生坚定创业理念,完善个人精神追求。要鼓励学生敢于去偏远地区、冷门行业创业,也要支持学生敢于自主创业,学会自我发展,培养学生具有创业的胆量、勇气和开拓精神以实现人生价值。

1.2 创业形势与环境

从20世纪70年代起，新兴的创业一代逐渐改变整个世界的经济结构和社会结构。人类社会开始真正走上创业之路，并广泛影响着人们的生活、工作和学习方式，继而将成为下个世纪甚至几个世纪的领导力量。

现今，在世界经济深度调整的大背景下，我国经济社会发展进入新常态，增长速度换挡，经济结构调整，发展动力转换。其内在原因是我国经济发展的资源环境约束加大，要素投入的创新区动力减弱，高消费、高投入、高污染的发展方式难以为继。大力推进"大众创业，万众创新"，实现众创发展是适应新常态和引领新常态的必然选择。

1.2.1 中国的创业背景

目前，我国人口总量已达到了14亿人（不含港澳台地区），预计未来20年，中国16岁以上人口将以年均550万人的规模增长，到2020年劳动年龄人口总规模将达到9.4亿人。从2000年以来，我国城镇失业率为4%左右，加上每年新增劳动力130万人，下岗再就业人员1 000万人，农村富余劳动力2.5亿~3亿人。虽然随着国民经济持续、稳定健康发展，GDP保持了6%~8%的增长率，每年能新增560万~800万个工作岗位，但与人数众多的劳动力大军比起来，只能是杯水车薪，严峻的就业形势让人们充满危机，使国家感到忧虑。

就业是民生之本。扩大就业，实现比较充分的社会就业是全面建设小康社会的基础目标，是全面提高人民收入和生活水平的根本保证；扩大就业是化解劳动者流动日益频繁带来的压力、保证社会经济甚至政治稳定的基础。在无法通过政府、社会解决就业问题的情况下，我们只能引导、鼓励更多的人自谋职业，自主创业。只有创业的人多了，经济发展了，就业问题才能得到改善。

产业是一个民族的依托，创业是一个民族振兴的必由之路。鸦片战争后，洋务派为挽救晚清政府，开始了第一次大规模的"创业"尝试，但由于封建主义的本质和外国势力的入侵，这次创业终以失败而告终，中国更加陷入半殖民地半封建社会的深渊。

中华人民共和国成立以来，特别是改革开放以来，在中国共产党的领导下，一大批高举振兴民族产业大旗的有志之士开始了新一轮的创业壮举，再一次证实要振兴我中华民族的有效途径就是加大创业，特别是高科技领域的创业。

1.2.2 中国的创业社会

在中国，为实施"科教兴国"战略，发挥科技力量的优势和潜力，以市场为导向，促进高新技术成果商品化、高新技术商品产业化和高新技术产业国际化，中国政府于1988年推出了适合高新技术产业发展环境的火炬计划。经过十几年的发展，中国的高新技术企业数量迅速增多，并向专业化、规模化和多样化发展。既有面向特定领域的软件产业园、新材料产业园、生物医药产业园、集成电路设计企业孵化器，又有面向特定对象的大学科拉园、留学生创业园和国企孵化器等。现有各种类型较大规模的企业孵化器近300个，大学科技园30多个，尤其是这几年近万名海外留学人员纷纷带着资金和技术回国创业，其中90%以上拥有博士或硕士学位。中国拥有53个国家级高新技术产业开发区，区内企业数量达17 498家之多。中国的高新技术产业开发区经济增长快、投资回报率高、创新能力强，已经成为具有极大发展前景的经济增长区域。在20世纪的最后5年，技术含量高的电子及通信设备制造业和医药制造业工业总产值分别增长了1.6倍和71.3%，均高于同期全部工业总产值41%的增长率。高新技术产品出口贸易累计总额达到1 099亿元，是1990年至1994年累计的3.9倍，年均增长速度25.1%，比同期工业制成品出口额年均增长速度高出17.8个百分点。高新技术产业已经成为推动中国国民经济持续快速健康发展的重要产业。

以中关村为例，中关村科技园从1988年到2002年成立的14年内，入住园内的企业数继续迅猛增长，到2002年底，园内高新技术企业已发展到10 000余家，其中技工贸总收入上亿元的企业就已超过200家。从业人员发展到30多万人，技工贸总收入由14亿元增长到近2 000亿元，上缴税费总额从0.5亿元增加到近80亿元，出口创汇由1 000万美元增长到20多亿美元，这充分说明了创业对于中国经济发展的重要作用。

中国的改革开放自20世纪80年代以来取得了前所未有的成就，综合国力稳步提升。具有高附加值的知识型企业的不断创立与发展，将成为影响中国经济建设发展速度的关键因素，因此，关注并重视创业对于在中国建造一个创业社会，对于中国未来几年、几十年经济建设的发展将产生重大而深远的影响。

在2014年9月的夏季达沃斯论坛上，李克强总理在公开场合发出“大众创业、万众创新”的号召。当时他提出，要在960万平方千米的土地上掀起“大众创业”“草根创业”的新浪潮，形成“万众创新”“人人创新”的新态势。此后，他在首届世界互联网大会、国务院常务会议和各种场合中频频阐释这一关键词。每到一地考察，他几乎都要与当地年轻的“创客”会面。他希望激发民族的创业精神和创新基因。次年，李克强总理在政府工作报告中又提出“大众创业，万众创新”。政府工作报告中如此表述：推动大众创业、万众创新，“既可以扩大就业、增加居民收入，又有利于促进社会纵向流动和公平正义”。在论及创业创新文化时，强调“让人们在创造财富的过程中，更好地实现精神追求和自身价值”。他强调，推动大众创业、万众创新是充分激发亿万群众智慧和创造力的重大改革举措，是实现国家强盛、人民富裕的重要途径，要坚决消除各种束缚和桎梏，让创业创新成为时代潮流，汇聚起经济社会发展的强大新动能。由此可见，我国的“创客”已经进入一个空前的良好环境。

1.2.3 大学生创业环境

自主创业作为大学毕业生的出路之一，在当前成为部分毕业生的一项选择。权威教育数据咨询研究公司麦可思对中国2010届毕业生毕业半年后社会需求与培养质量的调查显示：2010年中国高校毕业生自主创业率为1.5%，比2009届高出0.3个百分点。其中，2010届本科毕业生自主创业的比率为0.9%，主要集中在小学和中学教育的培训行业、互联网运营和网络搜索行业。调查表明，创业理想是2010届高校毕业生自主创业最重要的动力。在接受调查的本科毕业生中，对于自主创业的动机一项，有41%的人选择“理想就是成为创业者”，有18%的人选择“未来收入高”，有14%的人选择“有好的创业项目”，有11%的人选择“受他人邀请加入创业”，因“未找到工作”而进行创业的仅占7%。

鼓励大学生创业的氛围正在形成。相对于2010年全国大学生毕业生630余万人的规模，以自主创业率1.5%来计算，约有94 500人进行了自主创业，虽然人数偏少，但作为毕业生的出路之一，在自主创新时代也起着引领潮流的作用。海阔凭鱼跃，党和国家正在为大学生创业积极提供良好的环境。

十七大报告明确提出，要实施扩大就业的发展战略，促进以创业带动就业。把鼓励创业、支持创业摆到就业工作更加突出的位置，这是总结了我国近年来就业工作的实践，深入认识扩大就业的规律，科学分析我国就业形势，针对经济增长对就业的拉动作用呈下降趋势的特点，依据倍增效应，着眼鼓励劳动者积极创业的现实情况提出来的。

在配套措施上，报告指出：一方面要完善支持自主创业、自谋职业政策。政府要从鼓励劳动者创业出发，在税费征收、小额贷款、社会保险补贴、经营场地、工商管理等方面给创业者提供更多的方便，降低创业门槛，减少创业成本和风险，营造良好的创业环境。要加快制定面向全体城乡创业者的优惠政策，扩大扶持创业的范围。另一方面，要健全面向全体劳动者的职业教育培训制度。创业培训是职业教育培训的重要内容，对提高劳动者的创业能力起着积极的促进作用。要加强创业培训，创新培训方式，努力提高创业培训的成功率。要在全社会营造良好的创业环境，形成浓厚的创业氛围，鼓励开展各种类型的创业活动，使更多劳动者成为创业者。政府的重视会在一定程度上使创业活动更多地为社会所接受。

2016年12月28日中国人民大学首次发布了《2016中国大学生创业报告》，报告认为，我国高校“双创”教育的产生与发展历程，大致经历了四个阶段，即：创新创业教育的引入试点阶段（1998—2002年）；创业教育与职业发展的对接阶段（2002—2008年）；支持国家“双创”战略、“双创”教育的全面实践阶段（2008—2012年）；扎实推进“双创”教育深度发展的实践阶段（2012年至今）。在国家鼓励“双创”的大背景下，国内各大高校积极深化创新创业教育改革，并已经取得了显著的成效：基于“平台型创业学院”整合相关资源成为实施“双创”教育的新探索；“双创”教育与科技产业园孵化联动模式给大学生提供了更接近真实创业实践的体验；一些专业学科优势明显的高校还开发出了“专业纵深化、产教协同性”的创业实训模式等。总体来看，高校创新创业教育实践已经为我国创业教育的总体生态系统贡献了巨大活力。

为引导大学生多渠道就业，尤其是鼓励自主创业和灵活就业，政府出台了《关于进一步做好普通高等学校毕业生就业工作的实施意见》。意见规定，对于自主创业的毕业生，可以在注册登记、贷款融资、税费减免、创业服务等方面获得扶持。大学生创业可以放宽一定的行业限制，比如，申办个体工商户、个人独资企业、合伙企业时，除法律法规另有规定外，将不受最低出资金额限制。另外，一些省市还对高校毕业生创业提供以下优惠政策，只要从事高科技、现代制造、现代服务业等行业、领域的投资与经营，就可将家庭住所、租借房、临时商业用房等作为创业经营场所。

相信随着国家对毕业生创业引导、扶持力度的加大，各高校对创业教育的重视，在社会各界强有力的推动下，会有更多的毕业生加入自主创业的行列中。

1.3 创业者素质

创业者,英文名为 entrepreneur,其概念经历了一个演变的过程。从 1755 年法国经济学家坎蒂隆第一次将其引入经济学领域,直至今日,它的内涵还在不断扩充。简单来说,创业者就是创造事业的人,是从事创业活动的核心人员。在当今这个大众创业、万众创新的时代,创业以及创业者对我们来说都不是遥不可及的。正如成功的创业者马云所说:“梦想还是要有的,万一实现了呢。”

时代呼唤创业者,环境造就创业者。但是面临飞速发展的时代和纷繁复杂的环境,创业者必须具备特定的素质。概括起来,创业者要有良好的心理素质、超强的决断素质、较高的知识水平和管理能力以及不断学习和时常反思的能力。

1.3.1 创业者的心理素质

1)独立性与合作性

独立性与合作性是相反相成的两种心理品质。独立性是思维和行为很少受外界影响,能独立思考、判断并选择行动的心理品质。合作性是能设身处地为他人着想,善于理解对方、体谅对方,善于合作共事的心理品质。它们相互作用、相互制约,在创业实践活动中发挥重要的调节作用。

独立性是创业者最基本的个性品质。创业者不靠别人的供养,独立思考,自主行动,依靠自己的劳动和智慧,走上自立、创业的道路。但独立并不等于孤独,更不是孤僻。创业活动是个体的实践活动,更是一种社会性活动。这种活动,是在人与人之间交往、配合和协调中发生、发展并取得成功的。

成功的创业者大多是出色的社会活动家,他们善于与各种人打交道,积极主动地与人交往、交流、合作、互助。通过交流,获取各方面的信息;通过合作,取人之长,补己之短。我们十分强调创业者的社会交往能力,它的潜质在于个性的合作性。每一个创业者都富有自己的个性特点,既不依赖于他人,不听命于他人的安排,又能与他人密切配合,这就是独立性与合作性在个体身上的统一。

2)敢为性与克制性

敢为性是指有果断的魄力,敢于行动,敢冒风险并敢于承担行为后果的心理素质。克制性是能自觉地调节和控制自己的情绪和感情,约束自己的行为,克服冲动的心理素质。敢为性与克制性是一组相反相成的心理素质,在创业活动中交互作用,相互制约,起着重要的调节作用。

世界上绝对安全可靠、有百分之百把握的事是极少的,只要从事创业活动,就必然会伴随着某些风险,而且常常是事业的范围和规模越大,能够取得的成就越大,而伴随的风险也就越大,承受风险的心理负担也就越大。对于从事创业活动的人来说,假如没有第一个“吃螃蟹"的冒险精神,那是什么也干不成的。

创业需要敢作敢为,但是敢作敢为并不是盲目冲动,更不是肆意妄为。敢作敢为是建立在对主客观条件进行科学分析和实事求是的基础上的。

在创业的过程中,要善于克制,避免冲动,积极有效地控制和调节情感、情绪,使自己的活动始终在正确的轨道上运行,不因一时的冲动而做出缺乏理智的行为。当个人利益与法律和社会公德相冲突时,应当克制个人欲望,约束自己的行为。

3)坚忍性和适应性

坚忍性和适应性是两种相辅相成的心理品质。坚忍性是指为达到某一目的,坚持不懈、不屈不挠并能够承担挫折和失败的心理品质。适应性是指能及时适应外界环境和条件的变化,灵活地进行自我调整、自我转换的心理品质。它们相互影响,交互作用,在创业实践活动中发挥重要的调节作用。

创业过程不可能一帆风顺,没有克服困难、战胜逆境的艰苦奋斗,就不可能有创业的成功。迎难而上的决心和韧劲是取得成功的关键。同时,创业过程是一个长期坚持努力奋斗的过程,很少有立竿见影的事情。创业者在方向目标确定之后,就应朝着既定的目标一步一步走下去,纵有千难万险,也不轻易改变初衷、半途而废。

创业活动是在一定的社会环境中进行的,而社会环境总是在不断发展变化的。因此,无论是何种行业的创业者,都必须以极强的信息意识和对市场走向敏锐的洞察力,看准行情,抓住机遇,不失时机、灵活地进行调整,在外部环境和创业条件千变万化时,以变应变,适应环境。

1.3.2 创业者的决断素质

实施创业的第一步就是找准方向、严密论证,进而作出战略决策。在创业环境中,政治、经济、文化等要素相互联系、错综复杂,任何方案都不是完备和确定的,这就需要创业者具有全局性的战略眼光和决断素质。古人云:"不谋全局者,不足谋一域;不谋万世者,不足谋一时。"在当今新生事物层出不穷的时代,创业者需要正确认识社会发展规律,敏锐分析市场发展变化,准确把握国家的政策法规,分析主次矛盾,评估效益与风险,正确地评判创业机会和制订创业方案,以便作出正确的决策。错误的决策可能导致惨重的失败,而发展的机遇又稍纵即逝,创业者的决断素质是非常重要的。

1.3.3 创业者的知识水平和管理素质

知识水平是管理和决断的基础,管理素质是团队进行有效工作的保障。随着知识经济的发展,信息量和知识量以前所未有的速度增长,市场的日益动态化、复杂化使得管理更加需要人性化、个性化和专业化。

1)知识水平

知识经济时代的创业者需要复合型的知识结构,包括两方面的内容:一是指知识的广博性,二是指知识的专业性。

(1)人文基础知识

人文知识内容十分广泛,包括哲学、历史、文学、社会、政治、艺术等。作为一名21世纪的大学生，作为一个即将开创自己事业的创业者，基本的人文素养有利于开阔视野，活跃思维，激发创新灵感，并能够升华人格，提高境界，振奋精神。加强文化素质教育是学会做人的关键。只有学会了做人，才能学会做好生意。这就是所谓“商道即人道”。

(2)经济知识

任何一种创业活动都离不开市场，经济利益和价值增值都要借助市场才能够实现。要想在创业中取得成功，必要的市场经济基本知识是不可缺少的。要对商品生产、商品流通、价值规律、市场调节和市场运行机制等方面的内容有所掌握，从而更好地在市场竞争中发展自己的创业项目。

(3)管理知识

在创业的过程中，经营管理水平是决定创业成败的关键。只有对人力资源管理、生产管理、物资管理、财务管理和营销管理等方面进行全面的学习，才能改进管理方法，丰富管理经验，不断提高管理水平，真正做到管理出效益。

(4)法律知识

创业的过程难免出现这样那样的纠纷，也会遇到形形色色的法律问题。在法制社会中，了解基本的法律知识，对于创业活动是大有裨益的。现在的学生可能不缺乏法律意识和观念，但是很多人对于具体的法律知识却知之甚少。因此，创业者要对工商注册登记、经济合同、税务、劳动等方面的法律知识有所了解，以免盲目经营。

(5)专业知识

专业知识是学生创业的起点，在创业知识结构中处于核心的地位。对于从事科技创业的学生来说，专业知识和才能是创业之源。如果没有丰富的专业知识作为基础，很多创业项目就成了“无源之水、无本之木”。只有掌握专业知识，才可以把握技术研发的内容、进程和关键环节，形成自己企业的核心竞争力，从而在商战里占据主动地位。近年来，一些学生创业之所以失败，根本原因就在于企业的知识含量不高，没有核心技术作为支撑。

2)管理素质

管理素质既包括战略决断的素质，又包括日常管理的素质。决断的素质上面已有所述，日常管理素质主要包括以下几点：

(1)协调能力

协调能力能够化解创业团队与竞争者之间、创业团队与客户之间的矛盾，能够使创业团队获得良好的形象，提高可信度，为合作打好基础。协调能力还可以融洽相关主体之间的感情，增加合作的愿望和机会。良好的协调能力有利于信息的沟通，对于加强相互理解和利益共享有着切实的好处。协调能力体现在团队内部就是如何促使团队能够积极、高效地开展工作。总之，协调能力一方面能够使团队成员之间关系融洽、相互支持；另一方面使整个团队的工作有序，配合协调，工作效率达到最高。

(2)亲和力

亲和力是一种个人魅力，富有亲和力的创业者可以更好地团结同事和朋友，为交际、协调等带来方便。一个人的亲和力一方面来自其观点、主张和处事原则，使得人们感觉到他可以被信任和依赖；另一方面来自其行事作风和气质风范，能够给人一种莫名的亲切感。

(3)交际能力

交际能力包括表达能力和反应能力。表达能力是充分、有效地将自己的观点阐释给对方的能力。作为管理者,对客户进行充分有效的表达,能够使客户充分理解企业的产品情况和企业文化,有利于推销自己;对本团队进行充分有效的表达,能够使团队成员领悟企业的目标、面临的环境以及所要采取的对策,使团队成员更加有效地为完成共同的目标而努力。反应能力是交际能力的另一个方面,是表达能力的补充。在交际过程中,良好的反应能力能够帮助表达者随时领会和把握表达对象的需求和其对表达内容的理解,有效调整表达的方式和内容。

(4)应变能力

应变能力是对客观环境的敏感反应能力,是处事不惊、沉着应对的把握能力。创业的环境是动态变化的环境,创业过程中的策略和措施必须根据具体环境的变化作出调整。创业者要善于观察形势,能够认识和把握客观环境中变与不变的东西,抓住矛盾的主要方面,把握事物的主流。创业者只有按照事物发展的主流把握和调整战略方向,针对具体的变化形式提出应对措施,才能在变化的环境中趋利避害,化被动为主动,最终赢得胜利。

(5)判断能力

判断是管理和决策的基础。面对复杂多变的环境,如果没有判断力就不可能形成认识。判断能力首先是把握事物发展主流所必需的能力。判断能力是风险运作的基础。在创业过程中,收益和风险总是并存的,不同的决策者对风险有不同的偏好。但不论创业者对风险是什么态度,都需要对收益和风险作出判断,没有判断的风险运作是盲目的,是注定要失败的。

1.3.4 创业者的学习和反思素质

在知识经济时代,专业知识增长迅猛,管理知识日新月异,不学习只能被淘汰。因此,创业者必须树立"活到老学到老"、终身学习的观念,不断学习,以获得创业的成功。只有具备在学习过程中获取掌握新知识、拓展新领域的能力,才能以最快的速度适应新的技术和环境。新知识的增加和新经验的积累都是宝贵的财富,而单纯靠量的积累只是前提。创业者只有善于反思和总结,进行理论上的升华,才能将知识和经验积累转变成自己真正的水平和能力。

由此可见,成功的创业者所要具备的不单单是某一方面的良好素质,而需要的是较高综合素质,缺一不可。诚然我们知道有些素质是生而就有的,但多数的素质还是通过后天的努力造就的。因此,从现在做起,注意培养自己的良好素质,成功才指日可待。

【思考题】

1.全球化时代的来临对创业带来哪些影响?

2.查阅资料,简述目前我国对大学生创业有哪些鼓励与扶持政策。

3.结合实际,谈谈为什么创业者应当具备良好的心理素质及反思素质。

4.为什么创业对大学生生涯发展具有重要意义?

5.请分别从政府、社会以及媒体等角度阐述如何为大学生创业营造良好的环境。

第 2 章　创业团队的组建

【教学目标】

1.明确创业团队的概念及其价值。
2.明确创业团队的组建方法。
3.掌握成功团队所应具备的基本特征，并在团队发展中积极学习。
4.明确创业团队所具有的社会责任，并积极落实相关社会责任。

【知识要点】

1.创业团队的概念及价值。
2.如何创建创业团队？
3.成功团队所具备的基本特征及其内涵。
4.创业团队应当具有的三种社会责任。

2.1　创业团队及其价值

说到创业团队，或许有的人就会问："创业一定需要团队创业吗？"诚然，一人创业未必不可，但一个好的创业项目需要解决的问题是方方面面的，很少有创业者能够做到面面俱到。即便你可以，有限的时间和精力也会让你分身乏术。俗话说：一个人走得快，一群人走得远。任何人一定不想项目半途夭折。在解决了如何成为一个好的创业者的基础上，我们就需要关注如何组建一个优秀的创业团队。

创业团队是整个企业的栋梁，团队的好坏决定了企业的兴衰成败，没有绝对优秀的个人，只有相对优秀的团队。麻雀虽小，五脏俱全，小型企业同样应该重视创业团队的建设。

2.1.1　创业团队及构成要素

创业团队是由两个或两个以上具有共同愿景和目标，共同创办新企业或参与新企业的管理，拥有一定股权且直接参与战略决策的人组成的特别的团队。他们拥有可共享的资源，按照角色分工相互依存地一起工作，共同对企业和团队负责，不同程度地共同承担风险并共享创业利益。简单地说，创业团队是指在创业初期（包括企业成立前和成立早期），由一群才能互补、责任共担、愿为共同的创业目标而奋斗的人所组成的特殊群体。

一般而言,创业团队由以下四大要素组成。

1)目标

目标是将人们的努力凝聚起来的要素,共同的目标是激励团队一致前进的旗帜,尤其在创业初期,显得尤为重要。从本质上说,创业团队的根本目标在于创造新价值。

2)人员

人是构成创业团队最核心而关键的力量,任何计划的实施最终都是要落实到人的身上。当三个及以上的人组成了一个团队,人作为这其中知识的主要载体,所拥有的资源和能力对创业团队的贡献程度将决定企业在市场中的命运。

3)团队成员的角色分配

团队组建时,不同的成员具备不同的特长,需要根据团队类型因势利导对成员进行分工协作,此时团队成员的角色分配就显得极其重要了。角色分配,即成员在团队中的定位。进而明确各人在企业中担任的职务和承担的责任:是做团队的主导者还是协调者?是负责制订计划还是具体实施?

4)创业计划

创业计划,即制订成员在不同阶段分别要做哪些工作以及怎样做的指导计划,以便最终完成创业的最终目的。凡事预则立不预则废,只有在创业初期制订好了良好的计划,才能有计划地实施企业的各项方案,从而一步步地贴近目标,实现目标。

2.1.2 创业团队的价值

创业团队并非一般意义上的群体。创业团队中的成员所作的贡献是互补的,而群体中成员之间的工作在很大程度上是互换的,由于团队中工作的互补性,使得不同团队成员之间的优势资源和能力得到成分发挥,合作无间,真正实现"1+1>2"的合作效能。团队的成员对是否完成团队目标一起承担失败责任并同时承担个人责任,团队的目标实现需要团队成员间相互协调,共同努力。创业团队是有着共同目标、共享创业收益、共担创业风险的一群创建新企业的人。创业团队整体水平受团队成员的受教育程度、前期创业经历、相关产业经验、社会网络关系等因素的影响。

一个优秀的创业团队,是企业不竭生命力的来源,是新企业生存和发展的核心,新企业的运作,追根究底是人的运作,是创业团队的成员的运作。创业团队组织新企业运作经营,整合新企业资源,带领着新企业不断向目标迈进。无论是初始资本的积累、新企业雇员招募,还是新企业的运营管理,都是创业团队在发挥作用。因此,创业团队的创建、创业团队的合作水平以及创业团队成员的素质是新企业资源获取、高效维持新企业运作的关键因素。

优秀的创业团队具有以下价值:

1)塑造团队精神

团队创业的企业能够在企业内部塑造一种团队合作的精神,成员之间出于熟悉的默契配合和相互支持,对企业的工作氛围以及团队士气都起到了很大帮助。

2)有助于工作效率的提高

组建团队就必然牵涉到团队的管理,而团队管理恰恰促使管理者要进行战略大局的思考,正是这种高瞻远瞩的大局思维,能够让管理者从烦琐的细节监督中脱身,将权力下放到团队中,调动了团队成员的积极性,也让管理者决策更加灵活、快速和准确。

3)优势互补

团队成员的数量,通常也决定了团队成员的多元化和创意。由不同成长背景和不同经历的个人组成的团队,往往会比个体成员工作思考更加具有创意,也更加全面周到。

2.1.3 如何创建创业团队

1)创业团队组建的基本原则

(1)目标明确合理原则

目标必须明确,这样才能使团队成员清楚地认识到共同的奋斗方向。与此同时,目标也必须是合理、切实可行的,这样才能真正达到激励的目的。

(2)互补原则

创业者之所以寻求团队合作,其目的在于弥补创业目标与自身能力之间的差距。只有当团队成员相互间在知识、技能、经验等方面实现互补时,才有可能通过相互协作发挥出“1+1>2”的协同效应。

(3)精简高效原则

为了减少创业期的运作成本、最大比例地分享成果,创业团队人员构成应在保证企业能高效运作的前提下尽量精简。

(4)动态开放原则

创业过程是一个充满了不确定性的过程,团队中可能因为能力、观念等多种原因不断有人离开,同时有人加入。因此,在组建创业团队时,应注意保持团队的动态性和开放性,使真正完美匹配的人员能被吸纳到创业团队中来。

2)创业团队组建的主要影响因素

创业团队的组建受多种因素的影响,这些因素相互作用、共同影响着组建过程,并进一步影响着团队建成后的运行效率。

(1)创业者

创业者的能力和思想意识从根本上决定了是否要组建创业团队、团队组建的时间表以及由哪些人组成团队。创业者只有在意识到组建团队可以弥补自身能力与创业目标之间存在的差距,才有可能考虑是否需要组建创业团队,以及对什么时候需要引进什么样的人员才能和自己形成互补作出准确判断。

(2)商机

不同类型的商机需要创业团队的类型也不尽相同。创业者应根据创业者与商机间的匹配程度,决定是否组建团队以及何时、如何组建团队。

(3)团队目标与价值观

共同的价值观、统一的目标是组建创业团队的前提,团队成员若不认可团队目标,就不可能全心全意为此目标的实现而与其他团队成员相互合作、共同奋斗。而不同的价值观将直接导致团队成员在创业过程中脱离团队,进而削弱创业团队作用的发挥。没有一致的目标和共同的价值观,创业团队即使组建起来,也无法有效发挥协同作用,缺乏战斗力。

(4)团队成员

团队成员的能力总和决定了创业团队的整体能力和发展潜力。创业团队成员的才能互补是组建创业团队的必要条件。而团队成员间的互信是形成团队的基础。互信的缺乏,将直接导致团队成员间出现协作障碍。

(5)外部环境

创业团队的生存和发展直接受到制度性环境、基础设施服务、经济环境、社会环境、市场环境、资源环境等多种外部要素的影响。这些外部环境要素从宏观上间接地影响着对创业团队组建类型的需求。

3)如何创建创业团队

创业团队的组建是一个相当复杂的过程,不同类型的创业项目所需的团队不一样,创建步骤也不尽相同。一般来讲,团队组建需要完成以下工作:

(1)明确创业目标

创业团队的总目标就是要通过完成创业阶段的技术、市场、规划、组织、管理等各项工作实现企业从无到有、从起步到成熟。总目标确定之后,为了推动团队最终实现创业目标,再将总目标加以分解,设定若干可行的、阶段性的子目标。

(2)制订创业计划

在确定了阶段性子目标以及总目标之后,紧接着就要研究如何实现这些目标,这就需要制订周密的创业计划。创业计划是在对创业目标进行具体分解的基础上,以团队为整体来考虑的计划,创业计划确定了在不同的创业阶段需要完成的阶段性任务,通过逐步实现这些阶段性目标来最终实现创业目标。

(3)组建创业团队

寻找合适的人员也是创业团队组建最关键的一步。关于创业团队成员的选择,主要应考虑两个方面:一是考虑互补性,即考虑其能否与其他成员在能力或技术上形成互补。这种互补性形成既有助于强化团队成员间彼此的合作,又能保证整个团队的战斗力,更好地发挥团队的作用。一般而言,创业团队至少需要管理、技术和营销三个方面的人才。只有这三个方面的人才形成良好的沟通协作关系后,创业团队才可能实现稳定高效;二是考虑适度规模,适度的团队规模是保证团队高效运转的重要条件。团队成员太少则无法实现团队的功能和优势,而过多又可能会产生交流障碍,团队很可能会分裂成许多较小的团体,进而大大削弱团队的凝聚力。一般认为,创业团队的规模控制在2~12人最佳。

(4)职权划分

为了保证团队成员执行创业计划、顺利开展各项工作,必须预先在团队内部进行职权的划分。创业团队的职权划分就是根据执行创业计划的需要,具体确定每个团队成员所要担负的职责以及相应所享有的权限。团队成员间职权的划分必须明确，既要避免职权的重叠和交叉，也要避免无人承担造成工作上的疏漏。此外，由于还处于创业过程中，面临的创业环境又是动态复杂的，不断会出现新的问题，团队成员可能不断出现更换，因此创业团队成员的职权也应根据需要不断地进行调整。

(5)构建创业团队制度体系

创业团队的制度体系体现了创业团队对成员的控制和激励能力，主要包括了团队的各种约束制度和激励制度。一方面，创业团队通过各种约束制度（主要包括纪律条例、组织条例、财务条例、保密条例等）指导其成员避免做出不利于团队发展的行为，实现对其的行为进行有效的约束、保证团队的稳定秩序。另一方面，创业团队要实现高效运作需要有效的激励机制（主要包括利益分配方案、奖惩制度、考核标准、激励措施等），使团队成员才能看到随着创业目标的实现，其自身利益将会得到怎样的改变，从而达到充分调动成员的积极性、最大限度发挥团队成员作用的目的。要实现有效的激励机制首先就必须把成员的收益模式界定清楚，尤其是关于股权、奖惩等与团队成员利益密切相关的事宜。需要注意的是，创业团队的制度体系应以规范化的书面形式确定下来，以免带来不必要的混乱。

(6)团队的调整融合

完美组合的创业团队并非创业一开始就能建立起来，很多时候是在企业创立了一定时间以后，随着企业的发展逐步形成的。随着团队的运作，团队组建时在人员匹配、制度设计、职权划分等方面的不合理之处会逐渐暴露出来，这时就需要对团队进行调整融合。由于问题的暴露需要一个过程，因此团队调整融合也应是一个持续动态的过程。在完成了前面的步骤之后，团队调整融合工作专门针对运行中出现的问题不断地对前面的步骤进行调整直至符合实践需要为止。在进行团队调整融合的过程中，最为重要的是要保证团队成员间经常积极有效的沟通与协调，培养强化团队精神，提升团队士气。

2.2 成功团队的基本特征

一个好的创业团队对于创业企业的成功起着举足轻重的作用，创业企业的发展潜力与创业团队的素质之间具有十分紧密的联系。对于任何一个有发展后劲的创业企业而言，无论是创业者、创业经理人还是创业企业家，他们的个人才能总是有限的，都需要别人经验和能力的补充。一个年富力强、足智多谋、英明果断的创业企业的领导者，会在企业创建一开始就组建一支强有力的团队。一支强有力的创业团队，对于那些潜在的投资者来讲具有很大的吸引力。

一个创业企业是否拥有较高的发展潜力，很重要的一点就是企业是否拥有一支高素质的创业团队。一个喜欢独立奋斗的创业者固然可以谋生，然而一个创业团队的营造者却能够创建一个好的企业，一个能够创造重要价值并有收益选择权的企业。没有团队的创业企业也许并不一定会失败，但是要建立一个没有团队却具有很高成长潜力的创业企业是很困难的,甚至不可能。

一支优秀的创业团队需要一个集教育背景和管理经验于一身的创业经理人或创业企业家。因为创业企业家在评价一个关键管理人员的资历时,需要能够十分清楚地判断他们是否具有相关企业的工作经验,他们的工作经验是否包括管理经验,他们是否曾经是企业家。一个好的创业团队所需要的所有成员不都是全才,关键的问题是团队成员相关知识和管理经验的平衡,比如,有的具有很好的财务专长,有的具有很深的市场营销背景,有的能够有效地对雇员进行监督管理等。因此,一个好的创业团队成员之间要有很强的互补性。

创业者的创业理念和创业态度是创业企业实现未来发展目标的关键。一个创业企业的创始人必须将企业努力想达到的目标和企业中一些不成文的行动准则与创业者本身的创业理念和创业态度联系起来。创业理念和创业态度是指导创业团队成员之间如何精诚合作、荣辱与共,使创业企业获得成功的基础。一个优秀的创业者所具有的能够取得团队成员认同并不断地向团队成员灌输的团队理念和团队态度,对创业团队的建设发挥着重要作用。这些促使创业企业走向成功的团队理念和团队态度虽然各不相同,但是也有共同之处,这些共同点也就是优秀创业团队的特征。

2.2.1 团队的凝聚力

任何一支优秀的创业团队都有很强的凝聚力,这种凝聚力使所有的团队成员紧紧地团结在一起,无论是企业发展最辉煌的时候,还是企业发展遇到最大挫折的时候,这个创业团队中的每一个成员都能十分清醒地认识到,企业的这种凝聚力是一股紧密联系而又缺一不可的力量。正是凝聚力使所有团队成员紧紧地团结在一起,从而最大限度地发挥出自己的作用,促使组织目标的实现,形成组织发展的强大的生命力。团队成员之间的相互理解和团结协作,在企业发展过程中非常重要,一个具有发展潜力的企业一定会拥有一支能够协同合作的创业队伍,而不仅仅是一两名杰出的企业家或管理者。拥有正确团队理念的成员相信他们处在一个命运共同体中,共享收益,共担风险。优秀的创业团队往往注重成员之间的相互配合,提高团队的整体效率,而且通过彼此之间的合作来发展团队成员之间的友谊,扩大团队成员的合作基础。团队并非简单的几个人的集合,它是由一群有共同理想、能同甘共苦的人组合在一起的。在这个组合中,他们知道,只有企业整体获得了成功,才能使企业中的每一位成员都获益,企业中的任何个人都不可能撇开企业的整体利益而单独获得什么利益;同样,团队中任何一名成员的损失也将会对整个企业的利益造成损失,进而影响到每一位成员的利益。因此,团队的所有成员只有拧成一股绳,心往一处想,劲往一处使,将每一名团队成员的力量内化成整个企业的凝聚力,企业才会有发展潜力、才会有强大的生命力。

2.2.2 团队的合作精神

尽管许多企业家都认识到如果团队成员具有多种专长将有利于形成一个互补性很强的团队,这对企业的未来发展很有必要,但是,企业家在选择团队成员时通常会寻求符合自己个性和管理风格的成员,因为他们知道团队成员之间的相互忍让和团结协作在企业的未来发展过程中显得更为重要。一个具有发展潜力的企业一定会拥有一支能够整体协同合作的创业团队,而不仅仅只有一两名杰出的企业家或管理者。那些优秀的创业团队注重成员之间的相互配合,提高团队的整体效率,在整个团队成员中培养核心人物,通过合理的奖酬制度对企业员工进行有效的激励。可以说,合作精神是企业发展的关键,创业企业要在企业的工作实践中不断加深团队成员之间的友谊、扩大团队成员合作的基础。只有团队成员之间精诚合作,企业才会形成合力,才会有发展后劲。

2.2.3 团队的敬业精神

对于创业企业而言,团队成员的敬业精神是企业兴衰成败的主要因素。一个有着敬业精神的创业团队,其成员就会朝着企业的长远目标努力,就会都非常热爱自己的企业,为了企业的长远发展,他们愿意牺牲个人的一切,有时甚至是生命。在企业内部,团队成员互相之间都会严格遵守企业的行为准则,爱护企业的一草一木,团队成员都尽职尽责。在他们眼里,企业的发展与每个人的利益息息相关,企业的发展进程是一场能够持续五年、十年甚至更长时间的体育竞赛,每一个队员都会深受鼓舞,都能够在其中不断奋斗直到取得最后的胜利。在企业外部,无论是顾客、潜在投资者,还是企业现在的合伙人,对团队成员爱岗敬业、无私奉献的精神十分钦佩,都为创业团队的敬业精神所感动、折服,都愿意为企业的长期发展继续贡献力量。

2.2.4 对待团队成员的公正性

创业者或创业企业家作为创业团队的领袖,在处理企业发展进程中的所有问题时都必须保持公正,这种公正有利于在企业中形成一种良性的竞争机制。有了公正性,团队成员的工作质量才会有保证;有了公正性,企业员工的身心健康才会像企业的利润一样受到企业领导者的关注。在创业企业里,既不能搞完全的民主主义,也不能搞盲目的平均主义,必须要实行公平竞争。企业领导者应该关注如何选定能胜任关键工作的适当人选,关注这些关键工作的岗位职责。一个创业企业家,是负责制定创业企业的基本行动准则、决定创业企业的发展环境和企业文化的关键人物,他的一言一行、一举一动是否能够保证“公正的权威性”,关系到团队成员积极性的发挥,关系到创业企业发展的后劲。特别是当创业企业收获时,一定要公平公正地分配所获得的利益。创业企业家对关键员工的奖酬、股权计划的设计都应该与个人在一段时期内的贡献、工作业绩和工作成果挂钩。由于贡献的大小在事前只能做估计,而且意外和不公平的情况往往在所难免,因此,创业企业家必须随时作相应的增减调整,力争在企业内部营造一种有利于公平竞争的良好环境,形成一种公平竞争的良性发展机制。

2.2.5 团队的共同目标

目标在团队组建过程中具有特殊的价值。首先,目标是一种有效的激励因素。如果一个人看清了团队的未来发展目标,并认为随着团队目标的实现,自己可以从中分享到很多的利益,那么他就会把这个目标当成是自己的目标,并为实现这个目标而奋斗。从这个意义上讲,共同的未来目标是创业团队克服困难,取得胜利的动力。其次,目标是一种有效的协调因素。团队中各种角色的个性、能力有所不同,只有“步调一致才能得胜利”。创业团队对所要达到的目标有清楚的了解,并坚信这一目标包含重大意义和价值,这样建立在愿景之上的共同目标,既能使团队成员为之振奋而又切实可行,又能激励团队成员把个人目标升华到企业目标中去。在创业团队中,每个成员清楚企业希望他们做什么工作,以及他们怎样共同工作以完成任务,才能步调一致,达成目标。

一支好的创业团队一定要有一个共同的目标,一个能够令所有团队成员都为之振奋而又切实可行的目标。为了这个目标,团队的所有成员都会全心致力于企业价值的创造,通过各种不同的途径想办法把创业企业这块蛋糕做大做好,从而使所有的员工都能获利。这个目标绝对不能是以功利主义为目的,仅仅为了团队创始人或团队部分成员的利益,狭隘地从个人或部门需求的角度来衡量。创业团队的共同目标还应着眼于为企业的顾客提供更多的价值,帮助企业的供应商等也能从团队的成功中分享价值,使团队的所有投资者、支持者以及企业的持股人获得更大的收益。如果团队的目标能够成为企业创始人、投资者、顾客、供应商、商业银行代表等共同的目标,那么在实现这个目标的过程中,创业团队就能够得到更多的来自各方面的支持,这种支持在企业处于困难时期时显得更为重要。团队成员立足于企业长期利益和目标的实现,正确平衡和处理长期利益与短期利益的关系,反对用牺牲长远利益的办法来换取短期利益。尤其在创业之初,每一位成员均了解企业在成功之前将会面临一段艰苦的挑战,团队成员要发扬艰苦奋斗精神,不计较眼前的短期薪金、福利、津贴,不会因为一时利益或困难而退出。拥有正确团队理念的成员相信他们正在为企业的长远利益工作,正在成就一番事业,而不是把企业当作是一个快速致富的工具,他们追求的是最终的资本回报及带来的成就感,而不是当前的收入水平、地位和待遇。团队中的每一个成员都必须认识到他们是一股紧密联系而又缺一不可的力量,坚信“唯有公司整体的成功才能使其中所有的人都获益”。除此以外,任何成员都不可能撇开公司的整体利益而单独获益,反之亦然,团队中任何一个成员的损失也将对整个公司的利益造成损失,从而影响每一位成员的利益。

【案例】

俞敏洪创业团队

俞敏洪,1980 年考入北京大学西语系,毕业后留校担任北京大学外语系教师,1991 年 9 月,俞敏洪从北京大学辞职,开始自己的创业生涯。

1993 年,俞敏洪创办了新东方培训学校。创业伊始,俞敏洪单枪匹马,仅有一个不足 10 平方米的漏风的办公室;冰天雪地中,自己拎着糨糊桶到大街上张贴广告,招揽学员。

1994 年,俞敏洪已经投入 20 多万元,新东方已经有几千名学员,在北京也已经是一个响亮的牌子,他看到了一个巨大而诱人的教育市场。对教师职业的热爱和新东方的发展壮大,让他决定他不仅要做一个教师,一个校长,还要做一个教育家。

1.聚集人才

在新东方创办之前,北京已经有三四所同类学校,参加新东方培训的多是以出国留学为目的。培训学校普遍做不大是有原因的,由于对个别讲师的过分倚重,每个讲师都可以开一个公司，但是每个公司都做得不大。所以，俞敏洪需要找到更多的合作伙伴，帮他控制住英语培训各个环节的质量。1994年在北京做培训的杜子华接到了俞敏洪的电话，几天后，两个同样钟爱教育并有着共同梦想的“教育家”会面了。这次会面改变了杜子华单打独斗实现教育梦想的生活，杜子华决定在新东方实现自己的追求和梦想。1995年，俞敏洪来到加拿大温哥华，找到曾在北大共事的朋友徐小平。随后，俞敏洪又来到美国，找到当时已经进入贝尔实验室工作的同学王强。就这样，从1994年到2000年，杜子华、徐小平、王强、胡敏、包凡一、何庆权、钱永强、江博、周成刚等人陆续被俞敏洪网罗到了新东方的门下。

2.构建团队

作为教育行业，师资构成了新东方的核心竞争力，但是如何让这支高精尖的队伍，最大限度地发挥作用，俞敏洪合理架构自己的团队，寻找和抓住英语培训市场上别人不能提供或者忽略的服务，使新东方的业务体系得以不断完善。徐小平、王强、包凡一、钱永强等人分别在出国咨询、基础英语、出版、网络等领域各尽所能，为新东方搭起了一条顺畅的产品链。俞敏洪的成功之处是为新东方组建了一支年轻而又充满激情和智慧的团队，俞敏洪的温厚，王强的爽直，徐小平的激情，杜子华的洒脱，包凡一的稳重，五个人的鲜明个性让新东方总是处在一种不甘平庸的氛围当中。

俞敏洪成功的一个关键因素就是他本人所具备的包容性，帮助他带领着一帮比他厉害的“牛人”，不仅将新东方从小做大，还完成了让局外人都为之捏了一把汗的股权改制。新东方的一系列成就无一不在说明团队组建的重要性。

2.3 创业团队的社会责任

每一个人都应该有社会责任感，做任何事都应该考虑到自己的利益责任。我们创业不仅仅是自己圆梦的过程，我们更多的是为社会服务，作为创业团队，应该承担更多的社会责任，这其中包括经济责任、法律责任以及公益责任等。

2.3.1 社会责任的内容

1)经济责任

创业团队需要办好自己的企业，发展经济，使股东的投资获得回报，使雇员获得真正公正的雇佣条件，使消费者能够用合理的价格获得更高质量的产品，为解放和发展社会生产力，为增强社会主义国家综合国力和巩固社会主义政权，为提高人民群众的生活水平，作出自己的贡献。只有当我们每一个人包括企业家都能够自觉地为建设经济社会顺利发展、人际关系诚信友爱、国家制度法纪严明、公益慈善事业完善、社会环境安定有序的社会环境而努力的时候，这样的社会环境，这样的和谐社会，才会变成活生生的现实。

经济责任是其他社会责任的基础。做好企业的标准是利润，所以，企业家追求利润的最大化并不是利欲熏心，而是在履行着自己的社会责任。市场经济是一个法制经济，也是一个讲道德的经济。企业家遵纪守法,追求利润的过程与他们实现社会责任的过程是完全一致的。企业家只有提供更多更好的产品和劳务才能实现利润最大化。这些产品与劳务满足了社会的需求,增加了社会财富,实现了社会责任;利润增加了,企业扩大了,提供的就业机会增加了,向政府缴纳的税收也增加了,也就实现了社会责任;追求利润与社会责任是统一的,那些自己致富,又促进了经济发展,增加了社会财富,带动其他人致富的企业家就是承担了最大社会责任的企业家。

2)法律责任

现实中,不少企业存在着一些问题,比如劳动合同的不尽完善;工时和加班问题没有很好地解决——有的大企业,虽然不直接要求员工加班,但隐性加班也比较常见;有的企业生产安全、职业健康问题时有发生,如此一来许多问题存在的企业,即便管理者经常有捐赠的义举,也很难说真正全面履行了社会责任。创业团队应时时刻刻树立自觉守法的意识,保持对法律的尊重和敬畏,勇于承担责任。

3)公益责任

襄助弱势群体,扶持公益事业。这当然属于较高层次的责任,需要企业家具有一定的精神境界。但是,这些义举之所以能够落到实处,事实上还是依赖企业家拥有的财富资源。

在本源的意义上,企业家的财富增长与从事慈善行为并不相悖。合法的财富增长本身,其实就是对社会的一种回报,就是对社会责任的一种履行。一个即将破产的企业是不可能谈及捐赠问题的;一个被经营问题搅得筋疲力尽的企业是没有心思从事慈善事业的。社会责任从来不需要夸大,也不能回避。

2.3.2 构建社会主义和谐社会与创业团队的社会责任

社会是我们每一个人的社会,在构建社会主义和谐社会的时候,我们更要自觉地承担起自己的社会责任。在构建社会主义和谐社会过程中作为一个受惠于改革开放的中国企业家,都应该承担起促进经济社会发展、倡导人际诚信友爱、坚持人人遵纪守法、支持公益慈善事业、保持社会安定有序这样一些起码的社会责任,而且要增强承担这种社会责任的自觉性。

首先,承担社会责任,是社会对我们每一个人包括企业家提出的基本要求。一个文明的进步的社会,应该是经济社会顺利发展、人际关系诚信友爱、国家制度法纪严明、公益慈善事业完善、社会环境安定有序的社会,这也是我们构建社会主义和谐社会最基本的要求。社会要求我们每一个人特别是企业家都能够肩负起自己的责任,共同为实现这样的社会理想而奋斗。这种责任,就是我们所说的社会责任。

其次,承担社会责任,同时也是一个人、一名企业家做人做事的基本规范。我们在这里提倡每个人特别是企业家应该通过自己的辛勤劳动和认真工作,致力于发展经济、诚信友爱、遵纪守法、慈善济困、维护安定。构建社会主义和谐社会,不仅是社会对每一个人、每一位企业家的要求,实际上更是每一个人、每一位企业家在社会中生存和发展最基本的条件和行为准则。也就是说,这不仅仅是社会对我们的要求,更是我们自己的事情,自己的言行规范。我们不能简单地把这些社会责任看作是别人从外部强加于自己的,而应该认识到这是自己在社会中应该做到也必须做到的。我们尽到了这些社会责任，也就实现了自己的人生价值。

最后，承担社会责任，归根到底能够造福于整个社会包括我们自己。我们应该认识到，这些社会责任本质上是个人与社会相联系的基本纽带。承担起这样的社会责任，既有益于社会，也有利于我们自己每一个人，有利于我们的企业家和企业的发展。比如，促进经济社会发展，不仅是构建社会主义和谐社会的物质基础，而且关系到我们每一个人能否生活在一个切身利益不断得到满足的社会环境里，关系到我们企业能否持续发展；倡导人际诚信友爱，不仅是构建社会主义和谐社会的思想道德基础，而且关系到我们每一个人能否生活在一个幸福快乐的社会环境里，关系到我们企业内部能否形成一个和谐的劳动关系并调动所有员工的积极性：坚持人人遵纪守法，不仅是构建社会主义和谐社会的法治基础，而且关系到我们每一个人能否生活在一个公平正义的社会环境里，关系到我们企业能否赢得社会地位和社会尊严；支持公益慈善事业，不仅是构建社会主义和谐社会的社会基础，而且关系到我们每一个人能否生活在相互关爱的社会环境里，关系到我们企业家能否在回报社会、扶贫济困中获得社会的回报并树立良好的社会形象；保持社会安定有序，不仅是构建社会主义和谐社会的必然要求，而且关系到我们每一个人能否生活在一个具有安全感的社会环境中，关系到我们企业能否放心发展、平安发展。社会责任之所以能够对社会和个人产生这样双向的积极作用，是因为同社会责任相联系的，不仅是义务，而且是权利。我们每一个人包括企业家一旦尽了自己的社会责任，也就获得了社会赋予他的权利和荣誉，获得了堪同企业“硬实力”相匹配的“软实力”。

因此，在坚持科学发展观、构建社会主义和谐社会的时候，企业家应该比一般人更加清醒地明确自己的社会责任，更加自觉地承担起自己的社会责任，在全面建设小康社会，开创中国特色社会主义事业全面发展的新境界中，要更有作为，作出更多、更大的贡献。

【思考题】

1.创业团队的各构成要素之间有怎样的相互关系？

2.一个创业团队具有了第二节所提及的五种成功团队的基本特征是否就一定是一个成功的团队？为什么？

3.你认为一个成功的团队中，最重要的特质应当是什么？简述理由。

4.办好企业为什么是创业团队的社会责任？

5.在构建社会主义和谐社会的进程中，创业者及其团队应当分别承担怎样的责任？

6.如果你是一个创业团队的总体规划者，你认为自己的收入应当占利润的百分比是什么？企业利润应当如何分配？

第 3 章　创业机会的识别

机遇老人第一次给你送上的是他的头发,如果你一下子没有抓住,再抓就只能碰上他的秃头。幸遇良机,就要及时抓住,一旦错过,就再无法将它挽回。

——弗朗西斯·培根

【教学目标】

1.了解创业机会的来源。

2.掌握创业机会识别的方法和创业机会的选择。

3.掌握创业机会评价的步骤和指标体系。

4.了解创业机会评价方法。

【知识要点】

1.创业机会的概念与来源、创业机会的特征。

2.创业机会的识别过程、识别方法。

3.创业机会的选择、创业机会评价的准则。

4.创业机会评价的步骤、指标体系以及评价方法。

【案例导读】

生活中的商机

一、初入商海,寻找契机

大学本科自动化专业毕业的小李在一家公司做了一年 ERP 后,开始考虑创业,做 ERP。但真正做的时候却发现,ERP 概念很大,包括仓储、物流、人事、考勤、工资、订单、入库、出库、采购、财务……所有东西都要管。这对仅有七八个人的小公司是一个巨大的挑战,做了一年公司就撑不下去了,尽管产品已经成型,但创业的钱也已经花完了。

经历挫折之后,小李才明白了何谓真正意义上的创业,他想金蝶等强大的竞争对手已经积累了 20 多年,而自家产品功能不够丰富,缺乏竞争力,既然做 ERP 不行,那是否可以做把 ERP 系统连接起来的东西呢?

二、判断失误,首战失利

第二年,小李刚带领团队研发出来业内很有影响力的 SIP 信息平台,优点便是把企业内部财务、人事、销售等彼此独立的管理软件整合起来。SIP 兼容性好,考勤系统、业务系统等不用换,不用重复投资,客户很多设备的连接都得益于SIP。但在推广时,客户的第一反应是:“肯定是假的！这么好的东西,为何微软不做?”就这个问题,小李被问得哑口无言,辛苦研发出来的东西却被客户称为“假货”,小李的心都凉透了。小李认为:“不是这项技术大公司不愿意做,而是不屑于做,大公司谈垄断,小公司谈兼容,这是由商业本质决定的。”

这个项目就这样无疾而终了。

三、重新定位,寻求突破

第三年春节过后,小李决定深入某一行业,做点具体应用。他首先考虑的是做餐饮管理系统,原因是餐饮行业来钱快;餐饮店都是小老板,决策周期短。

餐饮门外汉转做餐饮管理系统并非一帆风顺。在没有任何优势的情况下,小李只能带领公司拼价格。“人家卖1万元,我卖6 000元;人家卖6 000元,我卖3 800元……”小李玩价格战的结局便是遭到竞争对手更低价的报复。小李闷了一肚子委屈无处发泄。“不是没技术,而是因为我们不懂餐饮行业。现在知道,仅点菜这一项就有加菜、退菜、催菜、停菜……不懂这些,怎么写程序。”小李意识到应该在餐饮行业找到自己的特色,痛苦中他重新考虑产品的应用方向,决定在精细物料管理系统、智能后厨管理系统、连锁会员管理系统三部分重点突破。

真正深入了解餐饮管理流程也不是一朝一夕的事情。为了了解餐饮企业的鲜活货物入库、出库的流程,有段时间小李每天凌晨跟同事一起坐校车去水产市场,帮货车师傅搬运货物,他们仔细观察生鱼买进后,怎样过样、装车、分株、加工、仓储,又如何分到每个门店。开始时,那些贩鱼师傅很无奈地给他们泼冷水:“我们之前搞过很多套软件,每次要填很多单子,工作量没减少,反而更麻烦。有本事的话,你们做个软件能让我们少干点活!”贩鱼师傅故意刺激这群小伙子的一句话却让小李突然开了窍:“是呀,应该让他们少干点活！得做个有心的观察者。”在搬货、卸货过程中,用心的小李发现:如果批发商在水产市场就可以把各鱼店的小订单给供应商,例如,A店订鱼100斤,B店200斤,C店500斤……供应商就可以以鱼店为单位打包鱼货,再集中称总重给批发商,然后再装车,这样在水产市场多一个货物打包环节,就省去了到零售菜市场再称重、分株环节,可以为批发商在零售菜市场节省至少2个小时。小李所做的就是带领团队把入库、出库整个流程用软件记录下来,将这个环节写入软件系统。

亲自在市场考察后,做出的第一件产品就得到了贩鱼师傅的认可。小李说:“我们做的不是改变世界的发明,我们就做到细枝末节,做好了还是可以把生活变得更好。”物料管理软件获得了初步的成功。

小李再接再厉,明确产品方向:挖掘出更多的便利,然后再通过软件来实现。

于是,小李又成功开发了订餐系统。运用这样的软件,服务员简单读取磁卡(餐厅管理用的磁卡),就可知道客户预订的时间、菜单、餐桌号、就餐人数、优惠服务等信息,该系统又能跟客户关系管理连接,商家既能了解客户的消费史,又能为客户提供个性化服务,实现了良好的商业价值。

现在小李公司的软件卖到了同行业最贵水平,一套软件甚至卖到上百万元,但他们仍然挤掉了一大批竞争对手。

小李在竞争激烈的市场中找到了自己的突破口，在一个激烈竞争的市场中寻求到了属于自己的“蓝海”，别人没有重视的机会被小李团队牢牢抓住并深入挖掘。小李团队凭借过硬的技术实力和敏锐的市场洞悉力将走得更好、更远。

【思考】如何在激烈的竞争环境中寻求突破口，寻找创业机会？

3.1 创业机会

有人总结说：一个人创业的成功取决于三大要素——天才、勤奋和机遇。虽然天才和勤奋是必不可少的，但机遇也是万万不可缺少的。机遇是上帝的别名，能够发现并把握住机遇，是创业必备的前提。

3.1.1 创业机会的概念

学者从静态和动态两个角度对创业机会进行了说明。

静态角度。学者 Kirzner（1973）从机会创造市场价值角度出发，认为机会是满足市场需求并实现市场价值的可能性，Hulbert 等（1997）认为机会是对潜在市场需求的满足。

动态角度。学者 Casson（1982）则从创业者主观因素出发，更重视创业者在机会识别过程中的重要性，认为创业机会是新的生产方式，产出或生产方式能够发挥创业者创新性，并创造市场价值。无论是何种角度，学者对创业机会的定义均强调了对市场需求的满足和市场价值的创造。

为了进一步对创业机会的内涵进行说明，Ardichvili 等（2003）根据创业机会的来源和发展情况对创业机会进行了分类，在他的创业机会矩阵中有两个维度，横轴以探寻到的价值（即机会的潜在市场价值）为坐标，这一维度代表着创业机会的潜在价值性是否已经较为明确；纵轴以创业者的创造价值能力为坐标，这里的创造价值能力包括通常的人力资本、财务能力以及各种必要的有形资产等，代表着创业者是否能够有效开发并利用这一创业机会。按照这两个维度，他们把不同的机会划分成四个类型，如图 3-1 所示。

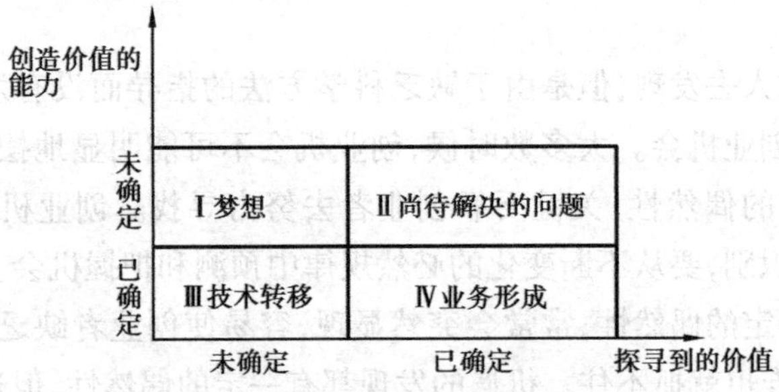

图 3-1 机会的四个类型

第一象限中（Ⅰ），机会的价值不确定，创造者能够拥有实现这一价值的能力也不确定，Ardichvili 称这种机会为“梦想”（dreams）。

第二象限中(Ⅱ),机会的价值已经较为明确,但如何实现这种价值的能力尚未确定,Ardichvili 认为这种机会是一种"尚待解决的问题"(problem solving)。

第三象限中(Ⅲ),机会的价值尚未明确,而创造价值的能力已经较为确定,这一机会实际上是一种"技术转移"(technology transfer),创业者或者技术的开发者的目的是为手头的技术寻找一个合适的应用点。

第四象限中(Ⅳ),机会的价值和创造价值的能力都已确定,这一机会可称为"业务或者说是企业形成"(business formation)。Ardichvili 认为,比起右下角的创业机会,右上角的机会成功的可能性不大。

通过这种方法,可以对创业机会进行初步的分析。

本书对创业机会的定义是:创业机会即商业机会或市场机会,是指有吸引力的、较为持久和适时的一种商务活动的空间,并最终体现在能够为顾客创造价值或增加价值的产品或服务中,好的创业机会,必然具有特定的市场定位,专注于满足顾客需求,同时能为顾客带来增值的效果。

创业需要机会,机会要靠发现,创业难,发掘创业机会更难,要想寻找到合适的创业机会,创业者应熟知创业机会的特征,更好识别或辨别创业机会。

3.1.2 创业机会的特征

创业机会要具有能给企业带来良好收益的可能性。对于创业成功者,创业机会非常重要,只有抓住了创业机会,创业者才能去实现自己的创业梦想。创业机会具有如下特征:

1)客观性

创业机会是客观存在的,不依赖于人的主观想象,无论创业企业是否意识到,它都会客观存在于一定的社会经济环境之中。尽管有时是企业在创造一些市场机会,但是这些所谓"创造"的创业机会仍然是早就客观存在的,只是被创业企业最先发现和利用而已。

客观存在的创业机会对所有人都是公开的,每个创业者都有可能发现,不存在独占权。在创业者发现创业机会的时候,就要考虑潜在的竞争对手,不能认为发现创业机会就意味着独占,独占创业机会就意味着成功。

2)偶然性

创业机会需要靠人去发现,但是由于缺乏科学方法的指导而没有发现创业机会是很正常的,但不能说没有创业机会。大多数时候,创业机会不可能明显地摆在创业者面前,机会的发现常常具有一定的偶然性,关键要靠创业者去努力寻找。创业机会无处不在、无时不有,关键在于寻找和识别,要从不断变化的必然规律中预测和把握机会。

创业机会具有一定的偶然性,常常会突然显现,容易使创业者缺乏思想准备,在机遇面前犹豫不决,而看不准也就抓不住。机遇的发现都有一定的偶然性,但这种偶然性隐含着必然性,只是一般人难以预测和把握。创业者无论是自觉还是不自觉,如果总是努力地寻找创业机会,那么他发现机遇的可能性就大。

对待创业机会,创业者要防止两种倾向:一是贬低机遇的作用。视为唯心主义,这种看法是不对的，机遇是客观存在的，机遇的发现和利用要依靠创业者的思考和实践，蕴含着创业者努力的必然性。二是盲目崇拜机遇。认为人们对机遇无能为力，它来无影去无踪，这也是不对的，忽视了创业者的主观努力。

3）时效性

时效性是指创业机会必须在机会窗口存续的时间内被发现并利用。而机会窗口是指商业想法推广到市场上所花费的时间。若竞争对手已经有了同样的思想，并已把产品推向市场，那么机会窗口也就关闭了。俗话说，机不可失，时不再来。企业如果不能及时捕捉，就会丧失难得的市场良机。事物总是不断发展变化的，当事物发展对创业有利时，这就是创业机会，但事物还会继续发展，不会停滞不动，机会如果不被加以利用就会因为发展变化而消失。而且由于机会的公开性，别人也可能利用，这就改变了供需矛盾，加速了事物的变化过程，机会也就失去了效用，甚至成为创业者的威胁。对于创业者来说，要抓住创业机会并及时利用，越早发现创业机会并采取措施将机会付诸实施，成功的可能性也就越大。

4）行业吸引力

不同行业的利润空间、进入成本和资源要求不同，其行业吸引力自然存在差异。一般来说，最具有吸引力的持续成长的行业，有不断增长的市场空间和长期利润的预期，对新进入者的限制较少。此外，当产品对消费者必不可少时，如生活必需品，消费者对该产品存在刚性需求，这也会提升行业吸引力。

行业的选择是创业者选择机会首要考虑的问题。对于任何创业者，应首选进入那些大部分参与者都能获得良好效益的行业，而不要选择那些很多公司为了生存而拼命挣扎的行业。迈克尔·波特（Michael Porter）认为，企业战略的核心是获取竞争优势，而获取竞争优势的因素之一是企业所处产业的整体盈利能力，即产业吸引力，因此，更多的创业机会应该来自具有潜在高利润的产业。

5）创造或增加价值

创业机会能够为顾客或最终用户创造或增加极大的价值，能够解决一项重大问题或者满足某项重大需求或愿望，因此，顾客或最终用户愿意支付更多的费用。正如世界著名的市场营销学权威菲利普·科特勒所说，顾客是价值最大化者，所谓满足顾客的需求，就是要为顾客提供最好、最多、最大的价值。因此，创业者在选择创业机会时的核心问题是：我们创办的企业能为顾客或最终用户提供什么样的价值？例如，杨致远为了使成千上万的人方便地进入信息高速公路而创立了雅虎，他不仅考虑让雅虎为用户提供分类目录，更致力于将其发展成为一个能够为用户创造更多价值的具有极大竞争力的新媒体。

6）不确定性

创业机会总是存在的，但机会的发展在事先往往难以预料。创业机会在一定的条件下产生，条件改变了，结果往往也会随之而改变。创业者在发掘创业机会的时候，一般是根据已知条件进行的，但结果可能会出乎意料，因为条件改变了，或者创业者利用机会的努力程度不够。

【知识窗】

菲利普·科特勒个人简介

菲利普·科特勒(1931—),生于美国,经济学教授,他是现代营销集大成者,被誉为“现代营销学之父”,任美国西北大学凯洛格管理学院终身教授。

主要著作:《营销管理》,本书被奉为营销学的圣经,是现代营销学的奠基之作,是世界范围内使用广泛的营销学教科书,本书改变了主要以推销、广告和市场研究为主的营销概念,扩充了营销的内涵,将营销上升为科学。本书的中心思想就是企业必须积极地创造并滋养市场。“优秀的企业满足需求;杰出的企业创造市场。”这是他的名言。《混沌时代的管理和营销》一书中,菲利普·科特勒和约翰·卡斯林进行了耐人寻味的论述:这些混乱的时期并非失常,而是常态的新面孔。这个世界灾难总是降临无准备者,机遇却总是青睐有准备者——那些强有力的、有能力迅速预见并有效应对潜在威胁的企业。

3.1.3 创业机会的来源

机会无处不在,需要用心才能发现,机会几乎天天都在叩响我们的大门,然而太多人没有意识到机会的存在,与机会失之交臂。机会更青睐心态积极、善于决断和能抓住有用信息的人,机会也偏爱勤奋且具有坚持不懈精神的人。无论创业机会的潜在价值有多大,创业机会需要创业者独具慧眼,以灵敏的眼光去发现和探索机会,以积极的心态去耕耘,以坚持不懈的精神去实现创业。

创业机会主要来源于以下四个方面:

1) 市场机会

市场环境的变化是机会的首要来源。从经济学角度出发,市场供给对市场变化具有较大影响,如潜在价值的新技术发明、新工艺开发、新能源的发现会影响到市场供给的成本和收益;而另一方面市场需求的变化也会带来巨大的商机,如个性化定制产品的需要,新的需求出现,这些都能为创业者提供大量的创业机会。市场机会有四种类型:现有市场机会和潜在市场机会、行业市场机会与边缘市场机会、目前市场机会与未来市场机会、全面市场机会与局部市场机会。

(1) 现有市场机会和潜在市场机会

市场机会中那些明显未被满足的市场需求称为现有市场机会,那些隐藏在现有需求背后的、未被满足的市场需求称为潜在市场机会。现有市场机会表现明显,往往发现者多,进入者也多,竞争势必激烈。

潜在市场机会则不易被发现,识别难度大,往往蕴藏着极大的商机。例如,金融机构提供的服务与产品大多是针对专业投资大户,而占有市场大量资金的普通投资者未受到应有的重视,这种矛盾显示出为一般大众投资提供服务的产品市场极具潜力。

(2) 行业市场机会与边缘市场机会

行业市场机会是指某一个行业内的市场机会,而在不同行业之间的交叉结合部分出现的市场机会被称为边缘市场机会。一般而言,人们对行业市场机会比较重视,因为发现、寻找和识别的难度系数较小,但往往竞争激烈,成功的概率也低。而在行业与行业之间出现"夹缝"的真空地带,往往无人涉足或难以发现,需要有丰富的想象力和大胆的开拓精神,一旦开发,成功的概率也较高。比如,人们对于饮食需求认知的改变,创造了美食、健康食品等新兴行业。

(3)目前市场机会与未来市场机会

那些在目前环境变化中出现的市场机会称为目前市场机会,而通过市场研究和预测分析它将在未来某一时期内实现的市场机会称为未来市场机会。如果创业者提前预测到某种机会会出现,就可以在这种市场机会到来前早做准备,从而获得领先优势。

(4)全面市场机会与局部市场机会

全面市场机会是指在大范围市场出现的未满足的需求,如国际市场或全国市场出现的市场机会,着重于拓展市场的宽度和广度。而局部市场机会则是在一个局部范围或细分市场出现的未满足的需求。在大市场中寻找和发掘局部或细分市场机会,见缝插针,拾遗补阙,创业者就可以集中优势资源投入目标市场,有利于增强主动性,减少盲目性,增加成功的可能性。

2)环境机会

外部环境的变化对创业者来说是不可控的,是机遇也是挑战。创业者善于发现并抓住机遇,直面挑战,充分利用环境机会,规避风险。管理大师彼得·德鲁克将创业者定义为"寻找变化,并积极反应,把它当做机会充分利用起来的人",这些变化大多来源于产业结构变动、城市化进程加速、消费结构升级、思想观念变化、政策变化、人口结构变化、收入水平变化、全球化趋势等。

具体而言环境机会可分为宏观环境机会和地区环境机会。

(1)宏观环境机会

为了从繁乱复杂的市场信息中寻找创业机会,创业者需要一步一步将目光聚集到具体的创业项目之上,创业者首先需要关注整体的宏观环境,这是影响创业活动推进的大环境。对创业机会识别的宏观环境分析主要是对政治环境、经济环境、社会环境、科技环境、自然环境、法律环境等方面进行分析,如图3-2所示。

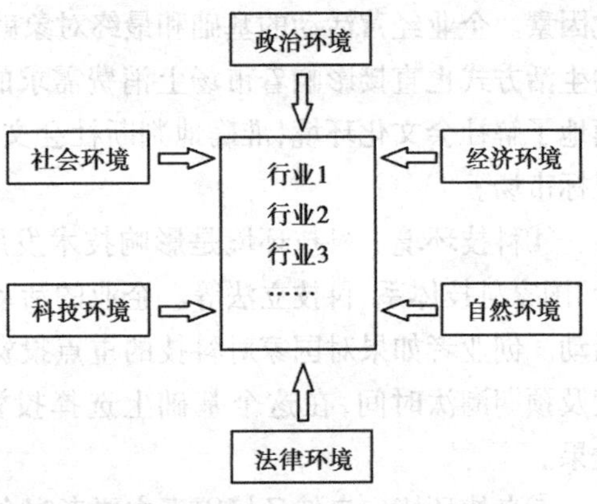

图3-2　创业机会的宏观环境识别

①政治环境。无论大小企业的创办与发展都必须重视政治环境,这是其发展的前提。政治环境主要包括政局和政治事件、国家政策等。政局的不稳定常常使政府的经济政策成为政治斗争的附属物和牺牲品,对经济起到破坏作用。因此在进行创业之前要对易受政治环境影响的产品进行政治敏锐性分析,对会引起政治辩论的、会影响国家支柱产业、国家基础设施或国防能力的、与大众传媒有关、关系

到国计民生的产品要慎重考虑。为了深入分析政治环境因素，创业者应当了解与创业机会有关的政策，考察这些政策是否会对市场进行或多或少的干预、许可、鼓励、支持或是限制、抑制、打击等，同时还应当对政策的稳定性和变化的趋势进行分析。

在全民创新创业的背景之下，政策法规的调整对创业活动具有直接和潜在影响。政策法规的修正与新的政策法规的实施会提供创业机会，如能源法的修订，强调从能源生产到消费的各个环节，降低消耗、减少损失和污染物排放、制止浪费，有效、合理地利用能源，这对新能源行业和环保产业即是一个巨大的创业机会。创业者本身应具备政治头脑和法律意识，对政策法规具有敏感性。而在创新创业背景之下，国家和地方政府纷纷出台创业政策，给予创业者政策支持，在平台建设、税收等各方面都有较大的支持力度。

②经济环境。经济环境是制约企业发展的宏观经济因素，包括经济结构、经济周期、国民收入及其变化趋势、居民可支配收入、储蓄及其资本市场发育程度等。其中经济结构是指一个国家或地区的产业结构、分配结构、交换结构、消费结构、技术结构及其所有制结构等。经济周期是指包括繁荣、萧条、衰退、复苏四个阶段的经济发展周期。国民收入即国民生产总值，是指一个国家或地区范围内的所有常住单位，在一定时期内实际收到的原始收入(指劳动者报酬、生产税净额、固定资产折旧和营业盈余等)总和价值。居民可支配收入是居民家庭在调查期获得并且可以用来自由支配的收入，而储蓄及其资本市场发育程度则是指资本市场状况，这一因素对于企业的融资尤其有着重要的影响。

经济的发展，如投融资、小微企业、普惠金融、融资担保等各种业务推陈出新也为创业者提供了创业机会。社会的进步，如民风民俗、道德观念、公众价值及人口统计特征等方面的进步，在低碳生活方式成为时尚，摩拜、ofo 等共享单车迅速发展的当下，催生出较多新的需求，为创业者的产品需求和细分市场的目标定位提供了可靠的依据，技术的进步与变革能够减少，甚至是消除企业间的成本壁垒，降低企业进入和退出壁垒，缩短产品周期。

③社会环境。社会环境的构成因素是众多而复杂的，包括人口结构、生活方式等社会文化因素。企业经营活动的基础和最终对象就是人，人口的变化会影响市场结构的变化，人口的生活方式也直接影响着市场上消费需求的种类和数量、购买习惯和行为等。企业只有全面地了解社会文化环境，准确地判断社会文化环境，才能把握住消费者的需求，识别明确的目标市场。

④科技环境。科技环境是影响技术发展的宏观环境，包括社会科技水平、社会科技力量、国家科技体系、科技立法等。企业的活动或多或少被这些环境影响，尤其是高科技创业活动。创业者如果对国家对科技的重点投资对象有所了解，并且了解科技成果商品化的速度及预期淘汰时间，在这个基础上选择投资的时机和投资的对象，则会产生事半功倍的效果。

⑤自然环境。自然环境因素主要考察企业创立所需要的资源和环境条件是否具备。在新的发展形势下，社会对环境保护和资源利用的重视程度日益增加，这些因素对于企业的建立及发展都产生了重要的影响，创业者必须在经营中协调自身利益与消费者利益、社会利益及生态利益，实现可持续的发展目标。

⑥法律环境。法律规范着企业的经营行为并且影响着消费需求数量和结构变化。创业

者在创业之前首先要了解我国的基本法律环境,在创业中也必须拥有充分的法律意识,用法律来解决创业活动中的争端。法律环境的分析同时也意味着创业者必须熟悉国际贸易、跨国经营的相关法律,这样在与外国资本进行生产、经营、投资合作的时候有足够的法律方面的知识,以便更好地合作。

因此,通过这六个方面的分析,可以大致勾画出创业活动的整体宏观环境,在这一环境中,往往存在大量行业,各个不同的行业拥有不同的行业特点,创业者需要结合宏观环境特点寻找那些最适合的行业,进而将视角集中在目标行业上。

(2)地区环境机会

近年来,国家和地方政府对基础设施的投入力度加大,商业运作硬件条件得到较大的改善,创业园区、孵化基地、园区建设、社区建设、企业服务中心、指导机构等不断新增。风险投资机构、担保服务机构、信用服务机构、顾问咨询等服务机构得到发展,更有利于创业的启动与发展,为创业者提供了便利的条件。创业教育的普及、创业者文化素养的提高和创业专业服务机构的发展,为创业提供了较好的支持,使得创业项目和创意理念能够更顺畅实现市场价值。

3)行业机会

在关注宏观环境后,创业者还应关注到进入的行业环境。行业环境的分析能够有助于创业者抓住合适的机遇。本书从行业的竞争要素、行业的发展周期、行业进入障碍和行业内部结构四个方面分析行业机会,如图 3-3 所示。

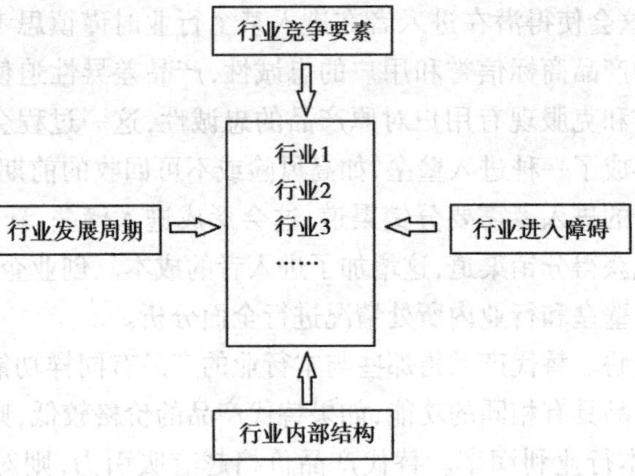

图 3-3 创业机会的行业机会识别

(1)行业竞争要素

"竞争战略之父"迈克尔·波特认为,一个行业的盈利水平和竞争程度,取决于行业中五种力量(现有竞争者间的激烈竞争、潜在进入者的威胁、替代品的威胁、供应商和购买者的讨价还价能力),即迈克尔·波特五力模型,如图 3-4 所示。

①现有竞争者之间的激烈竞争。在一个行业中,企业最先关注的是现有竞争对手及竞争对手采用的竞争行为,如竞争对手采用广告战、价格战、延长保修时间等。当行业中的企业数量众多,则会出现有些企业为占有更大市场份额和取得更高利润,而采用打击、排斥其他企业的竞争手段,从而形成激烈的竞争场面。如果行业产品差异化很小或没有行业转化

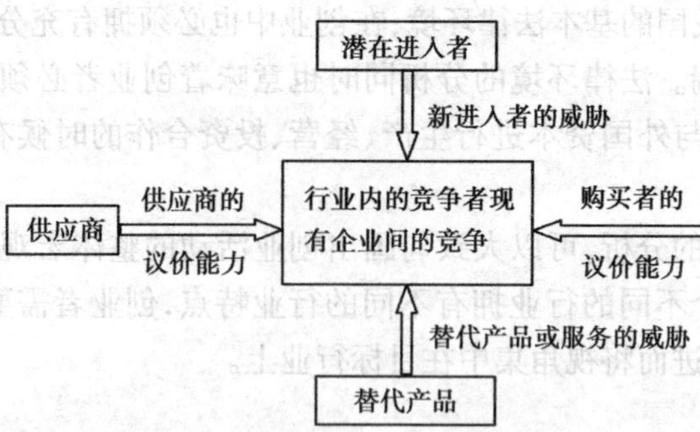

图 3-4 迈克尔·波特的五种竞争力模型

成本,这时会使供给方在价格和服务上展开竞争,购买者有较大的选择自由。当行业有相当高的固定成本或库存成本时,企业会降低单位产品固定成本,因而会采用价格战的竞争方式,加剧市场竞争。当行业退出时障碍大,如清算价值低、转换成本高、退出费用高、政府和社会限制等原因,经营不好的企业只能选择继续经营,会使得行业内竞争激化。

②潜在进入者的威胁。迈克尔·波特认为,潜在进入者的威胁大小取决于该行业的进入壁垒和潜在进入者对行业内已有企业的反击。如果进入壁垒高、潜在进入者认为现有企业严阵以待,则这种威胁会变小。进入壁垒的高低取决于规模经济、产品差异优势、资本需求、转化成本、获得分销渠道等因素。规模经济指的是生产单位产品的成本随生产规模的扩大而降低。规模经济的作用使得潜在进入者必须以大的生产规模进入,并且面临着现有企业强烈反击的风险,这会使得潜在进入者在进入某个行业时谨慎思考。产品差异优势指的是原有企业所具有的产品商标信誉和用户的忠诚性,产品差异性迫使潜在进入者需要耗费大量资金来树立信誉和克服现有用户对原产品的忠诚性,这一过程会耗费很长的时间。竞争需要的大量投资形成了一种进入壁垒,如高风险或不可回收的前期研究、广告和开发等都需要大量的资本。新的进入者需要分销渠道,这会形成进入壁垒,新公司需要通过议价、协同分担广告费等方式获得分销渠道,这增加了进入者的成本。创业企业在进入一个行业前,需要对该行业的进入壁垒和行业内所处情况进行全面分析。

③替代产品的威胁。替代产品指那些与本行业的产品有同样功能的其他产品。由于其他产品与本行业的产品具有相同的功能,如果替代产品的价格较低,则投入市场会使本行业产品价格受限,降低本行业利润率。替代产品价格越有吸引力,则对本行业构成的压力越大。创业企业在制定战略时,需要识别替代产品的威胁及威胁程度,顺应时代潮流,选用新技术、新材料的产品更应注意替代产品的威胁。

④购买商的议价能力。买方的议价能力体现在购买商可能要求降低购买价格,同时要求高质量产品和更优质的服务,这使得行业的竞争者之间相互竞争,致使行业利润下降。当购买商们相对集中并且大量购买、购买的产品占购买商购买量中很大的比重、从该行业购买的产品属标准化或无差别的产品、购买商的行为转化成本低、购买商的利润很低、购买商掌握供应商充足的信息的情况下,购买商的议价能力较强。

⑤供应商的议价能力。行业所受压力还可能来自供应商通过提价或降价所购产品或服务的质量的威胁。供应商向一些行业销售产品且每个行业在其销售额中占比不大时,当供

应商的产品是买方的工艺或产品质量的关键时,供应商便有更大的议价能力。

创业者在进入一个行业时,需要考虑行业市场规模和变化趋势,行业的稳定性。除了从波特的五力模型分析行业竞争要素以外,还可以从行业所处周期来分析是否进入。

(2)行业生命周期分析

行业是由产品和市场组成,而任何产品都经历了孕育、成长、成熟和衰退期(见图3-5)。确定一个行业所处的生命周期位置并非易事,一般而言需要考虑市场规模(销售额或销售量)在过去的增长情况,从而判断行业是处于增长期还是衰退期;近期可能开发的新产品或市场,这些新产品或市场的开发将引起更快的市场增长和吸引新进入者,或者导致中等的市场增长。

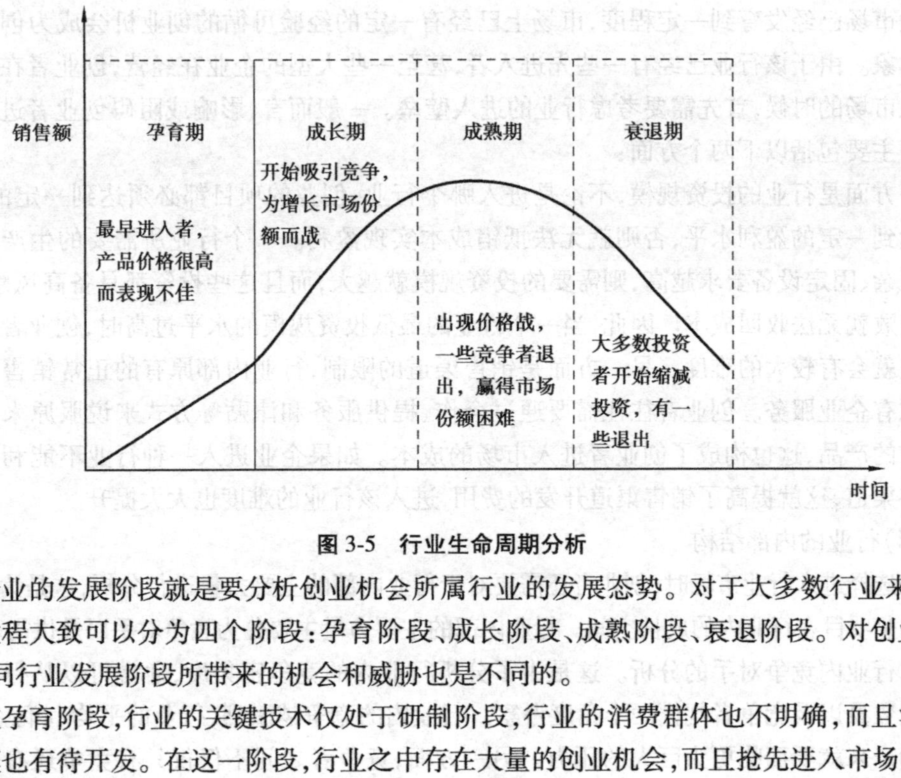

图3-5　行业生命周期分析

行业的发展阶段就是要分析创业机会所属行业的发展态势。对于大多数行业来说,其发展过程大致可以分为四个阶段:孕育阶段、成长阶段、成熟阶段、衰退阶段。对创业者来说,不同行业发展阶段所带来的机会和威胁也是不同的。

在孕育阶段,行业的关键技术仅处于研制阶段,行业的消费群体也不明确,而且消费群体规模也有待开发。在这一阶段,行业之中存在大量的创业机会,而且抢先进入市场的创业者能够率先制定行业生产、技术标准,优势十分明显,但是由于行业的发展尚不明朗,风险也非常高。在成长阶段,行业刚刚形成,规模比较小,而且产品的总量和品种也很少,所以留给创业者开拓的余地比较大,因此创业机会也非常多,众多创业者共同耕耘这一行业的结果是使得行业规模不断扩大,市场需求也不断上升。

在成熟阶段,行业的发展已经趋于稳定,企业之间竞争激烈,实力强的企业会继续发展壮大,还会兼并或淘汰实力较弱的企业,因此,处于成熟阶段的行业留给创业者的创业机会很少。在衰退阶段,行业逐渐进入消亡、退出市场的阶段,技术和产品都出现了新的替代品。这一阶段没有什么创业机会,若是在这个时期加入,创业者的成功概率就很小。

因此,对于行业发展阶段的分析就是要搜索那些处于孕育阶段和成长阶段的行业,在这些行业中开发创业机会,同时尽可能避免进入处于成熟阶段或衰退阶段的行业。

行业生命周期在运用上有一定的局限性，因为生命周期曲线是经过抽象化了的典型曲线，各行业按照实际销售量绘制出的曲线不会像这样光滑规则，因此判定行业所处的阶段具有一定的困难。有的行业的演变是集中到分散，有的又是分散到集中，无法用一个战略模式与之对应，因此，在分析行业生命周期时还应结合其他分析方法，这样才不会陷入分析的片面性。

(3)行业进入障碍

在选定行业之后，创业者就需要考虑进入这一行业可能会遇到的障碍。事实上，那些隶属于全新行业的创业机会相对来说较为少见，而出现这种创业机会的时候，由于该行业刚刚出现或者尚未出现，未知因素太多，市场风险太大，很多创业者可能不敢直接进入，反而是那些行业市场已经发育到一定程度，市场上已经有一定的经验可循的创业机会成为创业者追捧的对象。由于该行业已经有一些先进入者，甚至一些大型的企业在经营，创业者在考虑是否进入市场的时候，首先需要考虑行业的进入壁垒。一般而言，影响或阻碍创业者进入行业的因素主要包括以下两个方面：

一方面是行业的投资规模，不论是进入哪个行业，创业的项目都必须达到一定的规模，才能达到一定的盈利水平，否则就无法抵销成本实现盈利。一个行业所需要的生产经营技术越复杂、固定设备要求越高，则需要的投资规模就越大，而且这些投资都具备高风险，一旦创业失败就无法收回成本。因此，当一个行业的最低投资规模的水平过高时，创业者进入这一行业就会有较大的难度。另一方面是销售渠道的限制，行业内部原有的正常销售渠道已经为原有企业服务。创业者往往需要通过合作、提供服务和津贴等方式来说服原来的渠道接受它的产品，这也构成了创业者进入市场的成本。如果企业进入一种行业不能利用原有的销售渠道，这就提高了销售渠道开发的费用，进入该行业的难度也大大提升。

(4)行业的内部结构

在选择进入行业市场时，创业者还需要对于行业内部的主要力量进行分析，这是为了考察未来创业项目在行业内的成长空间。行业内部的主要力量主要分为竞争对手以及供需双方：

①行业内竞争对手的分析。这是为了分析行业内的竞争密集度，通常可以从行业内的竞争者数量以及竞争者规模两个角度考察。行业内的竞争越激烈，行业的平均利润就越低，创业者未来就要面临更为巨大的压力。另一方面，竞争者之间不仅仅只有竞争还有合作关系。创业者总是希望能够寻找竞争者更少的行业，事实上，一个竞争者无几的行业多半成长性太差或者刚刚起步，因而价值并不明显。试图进入具备吸引力的行业的创业者总是会遭遇竞争者，创业者应当试图用合作的观点去影响竞争者，而不是一味地强调对抗和竞争。

②供需双方分析。这是创业者在行业中将会遇到的上下游经济体，供应方包括行业所有外购投入如技术、设备、资金、原材料、劳动力和信息等要素的提供者，购买方则包括为消费而购买的消费者和为销售而购买的经销商。供应方和购买方应当满足创业者的基本需求，帮助创业者实现价值创造。但是，一般而言，如果行业中的供应方或者购买方实力太强，那么未来创业者在与之交易的时候就会面临更多的压力，利润也会受到挤压，因此，创业者需要慎重选择供需双方，使得自己的创业主张和经营方案能够在行业内部顺畅地推行下去。

通过这几个方面的分析，能够清晰地展现创业者想要进入的行业的全貌，为了更好地实现行业经营的目的,在下一步的规划中,创业者需要进一步关注行业中的产品,寻找那些更有价值的产品,而不是行业中的一般产品。

4)创业机会还来源于更多的信息

一些学者认为创业机会的存在是因为不同的个体拥有不同的信息。对于每一个个体来说,不同的信息将会引导他选择不同的方案。例如,一名大学生和本地的商人相比更容易知道大学里的流行事物,这样如果给予在校园中经营的同样机会,大学生所创办的企业当然会比其他人更成功。当然,信息的重要性并不意味着创业者本身应当无所不知、无所不能。创业活动本身是一个团队经营的过程,创业者自身所拥有的信息始终有限,但是他完全可以找到拥有更多资源的合作者,利用不同个体之间的互补优势,实现信息共享,并且能够整合在一起,共同开发创业机会。

信息对于创业机会的重要作用还体现在信息的解读上,虽然很多人可能都拥有一些共同的信息来源,由于解读方式不同,每个人对于信息本身所蕴含的商业价值认识也不同,这就导致了部分人能够基于信息开发商机,而其他人则只能空守着信息资源而没有实质性的进展活动。例如,在美国加州的淘金热中,很多人只是想着去西部淘金发财,李维·斯特劳斯(Levi Strauss)却能够想到把滞销的帆布做成几百条裤子,拿到淘金工地上推销,这一别具一格的点子顺理成章地大获成功。李维的成功故事成为众多商学院教学的案例,这是那些无数满怀憧憬的淘金者所不能企及的。

管理大师德鲁克也曾经提出七种创新机遇的来源,这些不同的来源同样给予我们思路上很多启发:

(1)意外之事

这是指意料之外的成功、意料之外的失败、意料之外的外部事件等。许多研究表明,意外事件所能提供的成功创新的机遇是无论什么都比不上的。同时,意外事件的创新机遇风险最小,求索过程的艰辛程度也最小。但是,无论是意外的成功还是意外的失败几乎完全受到忽视,更糟糕的是,很多企业管理人员往往主动将其拒之门外,把意外的成功和意外的失败视为"偶然结果"而不予重视。在他们看来,已经存在相当长时间的事件必定是"正常的",且还会保持下去,而与过去经验相抵触的事情则是不妥当的、不正常的。但是德鲁克认为意外的失败或成功往往表明一种潜在的变化,并且也预示着机会的存在。

(2)不一致性

与意外情况一样,实际与设想之间的不一致也是创新机会的一个先兆。也许很多人对出现不一致性的原因并不了解,也无法解释这些现象。但是,与意外的成功或失败一样,不一致性是变化的一个征兆,预示着一个新的机遇将要出现。隐藏在不一致性下面的变化是发生在产业、市场或程序内部的变化,如果能够积极把握这些不一致性所带来的创新变化,就能够充分深入创业机会潜在价值之后的逻辑中,所阐释的创业举动也更加有价值。

(3)流程需要

这一要素可能存在于一个企业、一个产业、一个流程或一个领域中。管理人员可能认为前面所谈到的意外之事或者不一致性是管理实践中常常出现的,而流程结构则是相对稳定的。但是实际上这些流程结构可能在一夜之间发生巨大变化,而这种变化则为创新提供了巨大的机会。为了满足流程变化的需要，革新者总是在力图解决某过程中的一个瓶颈或薄弱环节，利用新的知识、技术或者更好的流程代替原来较为烦琐的流程，这些都带来了众多的创新机遇。

(4)行业市场结构的变化

尽管在一些传统的行业，行业和市场结构有时可持续很多年，似乎较为稳定。实际上行业和市场结构都相当脆弱，在受到冲击后会以相当快的速度瓦解。行业市场结构的变动，对行业内的企业及其管理者提出了新的挑战，要求他们实施创新以适应新的环境。这些变动为行业之外的成员创造了显而易见的巨大机遇，也对行业内部的成员构成威胁。为了预见行业结构的变化，可以分析这一行业是否出现快速增长，行业内现有的经营者的战略是否合理，技术领域是否有新的进展等。

(5)社会人口的变化

社会人口的变化也是创新机会的重要来源。一般来说，不同年龄、不同性别、不同区域的人群对于特定产品的消费偏好是不同的，因此，如果社会人口结构发生了变动，也随之带来不少商机。这一点已经被很多商家认识到。例如，伴随着中国社会即将进入老龄化阶段，很多企业都纷纷突出了针对老年人的消费品种，这些新的机遇将会带来巨大的市场。

(6)观念和认识的变化

人类的观念是相对稳定但又在持续变化的，因而利用观念进行创新是最困难的，但一旦看准时机，抓住机会，将取得引人注目的成就。只要感受、情绪、理解等意识形态发生变化，无论是什么原因促使其发生变化，它都将创造大量创新机遇。例如，随着人们生活水平的提高，消费观念也会持续发生变化。这种变化表现在从满足基本生存需求向追求个人的全面发展转变，时尚、环保、节能、精神文化产品成为消费时尚。如果能够充分把握这一点，那么针对新的观念和认识之下的产品就大有市场。

(7)创新知识

德鲁克将这一革新来源列于最后，是因为它难以管理、无法预见，而且成本也比较高。然而，目前创新知识的重要性已经得到了前所未有的关注。由于创新知识通常不是基于一门知识，而是几类不同知识的融合，需要科学、技术和管理的综合运用，并且要求在技术和社会各领域都与其协调一致，因此，以创新知识为基础的革新需要更为系统化的支持储备以及多方位的资源支持。以创新知识带动的创业机会数不胜数，从美国硅谷的高科技创业浪潮中就可以清楚地看到创新知识对于创业活动的推动作用。以创新知识为基础的革新不仅给企业带来了巨大的利润，同时也带来了响亮的名声，成为企业精神的巨大载体。

【案例阅读】

不懂政策，怎能吃“螃蟹”

刚从学校毕业的小吴，是第一位从市工商局副局长手中接过“个人独资企业营业执照”的小老板。但是就在他迈出第一步时，他几乎对国家大幅度放宽私营企业投资条件、降低投资门槛等鼓励政策一无所知，这对跃跃欲试的小吴来说，无疑预示着一系列的创业风险。

【案例点评】创业机会无处不在,对创业机会的把握应该建立在对政策环境、经济环境、行业环境等充分了解之上。不懂规则,怎能行动,盲目出击,又怎能有希望!

3.2 创业机会的识别

3.2.1 创业机会的识别过程

创业过程开始于创新创业者对创新创业机会的把握。大学生创业者从成千上万繁杂的创意中选择了他心目中的创业机会,随之不断持续开发这一机会,使之成为真正的企业,直至最终收获成功。这一过程中,机会的潜在预期价值以及创业者的自身能力得到反复的权衡,创业者对创业机会的战略定位也越来越明确,这一过程称为机会的识别过程,一些研究也称为机会开发过程,或者机会规划过程。一些学者认为机会的识别和开发是创业的基础,应该是这个领域研究的焦点。一部分学者认为创业过程的核心部分是机会的创造及识别。机会识别是创业者机敏发现的结果。这是因为获得创业利润的机会是可能存在的,但是只有在认识到机会的存在并且机会具有价值时创业者才可能获得利润,因此对机会的发现和开发的解释是创业的一个关键内容,识别和选择正确的机会是创业者成功开展新业务的重要能力之一。

创业机会识别包括三个过程:第一,感觉或感知到市场需求和尚未利用的资源;第二,认识到或发现在特殊的市场需求和特别的资源之间"相匹配的东西";第三,这种"相匹配的东西"以新业务的形式展现出来。这些过程分别代表了感知、发现和创造,而不仅仅是"识别"。

创业机会识别的三个过程,亦可概括为:机会发现、机会鉴别、机会评价三个阶段。

1)阶段一:机会的搜寻

创业开始的关键可能来源于一个新产品或服务的创意,而创意往往来源于对市场机会、技术机会和政策变化信息的敏感和分析,来源于创业者在个人经验基础上的"灵感"。

这一阶段创业者对整个经济系统中可能的创意展开搜索,如果创业者意识到某一创意可能是潜在的商业机会,具有潜在的发展价值,就将进入机会识别的下一阶段。

首先,根据创意,明确研究的目的或目标。例如,创业者可能会认为他们的产品或服务存在于一个市场,但他们不能确信:产品或服务如果以某种形式出现,谁将是顾客。这样,一个目标便是向人们询问他们如何看待产品或服务,潜在的顾客愿意在哪里购买,以及预期会在哪里听说或了解该产品或服务等。

其次,从已有数据或第二手资料中收集信息。这些信息主要来源于商贸杂志、图书馆、政府机构、大学或专门的咨询机构以及互联网等。一般可以找到一些关于行业、竞争者、顾客偏好趋向、产品创新等方面的信息。该种信息的获得一般是免费的,或者成本较低,创业者应尽可能利用这些信息。

最后,从第一手资料中收集信息。收集第一手资料包括一个数据收集过程,如观察、上网、访谈、集中小组试验以及问卷等。该种信息的获得一般来说成本都比较高，但却能够获得更有意义的信息，可以更好地识别创业机会。

2)阶段二：机会的识别

相对整体意义上的机会识别过程，这里的机会识别应当是狭义上的识别，即从创意中筛选合适的机会。这一过程包括两个步骤：首先是通过对整体的市场环境，以及一般的行业分析来判断该机会是否在广泛意义上属于有利的商业机会；第二步是考察对于特定的创新创业者和投资者来说，这一机会是否有价值，也就是个性化的机会识别阶段。

一般来说，有关市场特征、竞争者等的可获数据，常常反过来与一个创业机会中真正的潜力相联系，也就是说，如果市场数据已经可以获得，如果数据清晰显示出重要的潜力，那么大量的竞争者就会进入该市场，该市场中的创业机会随之减少。因此，对收集的信息进行结果评价和分析，识别真正的创业机会是重要的一步。一般而言，单纯地对问题答案的总结，可以给出一些初步印象；接着对这些数据信息交叉制表进行分析，则可以获得更加有意义的结果。也就是说，对创业者来说，搜集必要的信息，发现可能性，将别人看来仅仅是一片混乱的事物联系起来以发现真正的创业机会，这是非常重要的。

3)阶段三：机会的评价

实际上这里的机会评价已经带有部分尽职调查的含义，相对比较正式，考察的内容主要是各项财务指标，创新创业团队的构成等，通过机会的评价，创新创业者决定是否正式组建企业，吸引投资。

3.2.2 创业机会识别方法

创业者不仅要善于发现机会，更需要正确把握并果敢行动，将机会变成现实的结果。

1)着眼于问题把握机会

机会并不意味着无需代价就能获得，许多成功的企业是从解决问题起步的。所谓问题，就是现实与理想的差距。比如，顾客需求在没有满足之前就是问题，而设法满足这一需求，就抓住了市场机会。

2)利用变化把握机会

变化中常常蕴藏着无限商机，许多创业机会产生于不断变化的市场环境。环境变化将带来产业结构的调整、消费结构的升级、思想观念的转变、政府政策的变化、居民收入水平的提高等。人们透过这些变化，就会发现新的机会。在国营事业民营化的过程中，创业者可以在交通、电信、能源等产业中发掘创业机会。私人轿车拥有量的不断增加，将产生汽车销售、修理、配件、清洁、装潢、二手车交易和陪驾等诸多创业机会。任何变化都能激发新的创业机会，需要创业者凭着自己敏锐的嗅觉去发现和创造。

3)跟踪技术创新把握机会

世界产业发展的历史告诉我们，几乎每一个新兴产业的形成和发展，都是技术创新的结果。产业的变更或产品的替代，既满足了顾客需求，同时也带来了前所未有的创业机会。比如，计算机诞生后，软件开发、电脑维修、图文制作、信息服务和网上开店等创业机会应运而生。任何产品的市场都有其生命周期，产品会不断趋于饱和达到成熟直至走向衰退，最终被新产品所替代，创业者如果能够跟踪产业发展和产品替代的步伐，通过技术创新则能够不断寻求新的发展机会。

4）在市场夹缝中把握机会

创业机会存在于为顾客创造价值的产品或服务中，而顾客的需求是有差异的。创业者要善于找出顾客的特殊需要，盯住顾客的个性需要并认真研究其需求特征，这样就可能发现和把握商机。时下，创业者热衷于开发所谓的高科技领域等热门课题，但创业机会并不只属于“高科技领域”，在金融、保健、饮食、流通这些所谓的“低科技领域”也有机会。所以，创业者要克服从众心理和传统习惯思维的束缚，寻找市场空白点或市场缝隙，从行业或市场在矛盾发展中形成的空白地带把握机会。

5）捕捉政策变化把握机会

中国市场受政策影响很大，新政策出台往往引发新商机，如果创业者善于研究和利用政策，就能抓住商机站在潮头。2006年国家出台了新的汽车产业政策，鼓励个人、集体和外资投资建设停车场。停车场日益增多的同时，对停车场建设中的智能门禁考勤系统、停车场系统、通道管理系统等的需求也随之增多，专门供应停车场所需的软硬件设备就成为一个重要商机。事实上，从政策中寻找商机并不仅表现在政策条文所规定的表面，随着社会分工的不断细化和专业化，政策变化所提供的商机还可以延伸，创业者可以从产业链在上下游的延伸中寻找商机。

6）弥补对手缺陷把握机会

很多创业机会是源于竞争对手的失误而“意外”获得的，如果能及时抓住竞争对手策略中的漏洞而大做文章，或者能比竞争对手更快、更可靠、更便宜地提供产品或服务，也许就找到了机会。为此，创业者应追踪、分析和评价竞争对手的产品和服务，找出现有产品存在的缺陷，有针对性地提出改进方法，形成创意，并开发具有潜力的新产品或新功能，就能够出其不意，成功创业。

【案例阅读】

弥补缺陷就是创业者们的机会

富康餐厅坐落在广州市太南路的中段，前后是广州市已成规模的装饰品市场，对面只有一家山西省驻广州办事处的餐厅，往东500米远才有丽都酒店及与之相邻的北京路一带的高级餐馆；往西500米左右是起义路，而这一带餐馆却不多。富康餐厅有很好的地理条件，但生意却比较清冷。为此，老板就餐馆为什么生意不好请大家也包括餐馆的员工各找出至少三条以上的缺点来。一个星期后老板就找到餐馆经营的各种缺点120多条，如宣传推介不够，菜色好但类型不多，等等。缺陷一找出来，办法与定位且目标自然而然就有了。

【案例点评】企业要仔细研究竞争对手的软肋在哪里，也就是自己的市场定位。众所周知，即使再完美的防护，也有软肋，再激烈的市场，也有空当。分析竞争对手的缺点，找出这些缺点、弥补缺点,更好满足消费者,这就是创业者的商机。

3.2.3 创业机会的选择

目前,更多的人选择自主创业这条路,面对众多项目,如何选择适合自己的,是大多数投资者最为关心的。

1)遵循"三做"原则

选择创业项目时的最基本原则是:做自己熟悉的,做自己喜欢的,做自己能做的。每个人都有自己的长处,比如有人对某个产品比较熟悉;有人在技术上有专长;有人善于公关和沟通等。只要能充分发挥自己的优势,选择自己有兴趣、熟悉的创业项目,那创业就成功了一半。例如,原上海江湾机械厂的职工孙建麟,下岗后组建了由22位下岗工人集资组成的"强威机械制造公司"。他就是利用自己当过车间主任,懂机械技术,又熟悉机械销售业务的优势,成功地开创了一片天地。

2)"退出成本"概念

开业难,守业更难。创业指导专家普遍认为,对于创业人员来说,要有"退出成本"的概念。简单地说,"退出成本"就是投资者退出项目时,由投资本金所带来的实际损益价格。如家用电器维修、裁剪、洗衣、理发、家政服务、物品快递配送、公用事业代办、物业保洁维护、货物存放搬运、家庭手工作坊等服务、咨询项目因投资本金少,其"退出成本"就相对比较低,一旦创业失败,也可规避一定的风险。

3)加盟也有风险

专业连锁的良好经济效益是被投资者普遍看好的原因之一。然而,行业好不代表就能赚钱,加盟连锁企业依然存在着风险。因此,选址在一定程度上决定了创业是否能成功。创业者还必须明白,有些所谓的特许加盟项目,实际上是利用连锁的形式在变相地推销产品设备,他们既不承担风险,也没有连锁经营的统一管理。这样的连锁项目能够加盟吗?甚至个别还有欺诈中小投资者资金的事情发生。因此,如果没有十足的把握,绝不要轻易加盟那些没有实力、没有品牌名气的不成熟的连锁企业。

4)需求就是机会

事实上,只要存在尚未满足的需求,就有市场机会。目前世界市场上的商品(含服务)有一百余万种,而国内仅18万种。这给创业者留下了广阔的创业空间。

【案例阅读】

阿里巴巴的创建

1995年,马云作为翻译,陪同杭州市一个考察团访问美国。

就是这次美国之行,让马云第一次接触到了互联网,敏锐的直觉告诉他:"感觉它肯定会影响整个世界,而中国当前还没有。"

既不懂网络也不会计算机的马云当即决定:回国创业,做Internet!由此拉开了阿里巴巴传奇故事的序幕。

【案例点评】市场有需求就是机会,任何产品的市场都有其生命周期,产品会不断趋于饱和达到成熟直至走向衰退,最终被新产品所替代,创业者如果能够跟踪产业发展和产品替代的步伐,通过技术创新则能够不断寻求新的发展机会。

3.3 创业机会的评价

3.3.1 创业机会评价的定义

创业机会识别后需要对其进行评价,从而决定是否进行创业的实施。创业机会评价一般从财务、顾客、内部因素和创新成长等方面对商业概念、市场价值进行综合评定。创业机会评价是创业机会识别和创业机会开发间的一个过程,创业主体在完成创业机会评价后,可根据其构想对相关组织、资源进行开发,进而生产出满足需求的产品或服务。

创业机会评价的目标是认识商业概念的价值、减少创业风险、吸引风险投资、规划创业战略。创业机会的评价无论是对创业者还是对风险投资者来说,都是挖掘商业概念价值的一个过程。一个创意概念能飞速成功发展为商业模型,给创业者带来持续的商业价值决定了创意想法是否实施。创业是对机遇的把握,同时也面临着一系列风险,创业环境的不可控性、资源的紧缺型等会带来创业风险,因此如何有效规避创业风险是创业主体需要关注的问题。

另外对于创业主体来说,创业资金往往是有限的,因此吸引风险投资是促进创业实施的有效途径,而风险投资则需要对创业项目进行科学评估。创业机会的评价涉及财务、风险、市场、团队、战略等各方面,创业机会评价有助于规划新的企业战略。

3.3.2 创业机会评价的准则

针对创业机会的市场与效益面,提出一套评估准则,并说明各准则因素的内涵,目的是为创业家提供评估是否投入创业开发的决策参考。

1)市场评估准则

(1)市场定位

一个好的创业机会,必然具有特定市场定位,专注于满足顾客需求,同时能为顾客带来增值的效果。因此评估创业机会的时候,可由市场定位是否明确、顾客需求分析是否清晰、顾客接触通道是否流畅、产品是否持续衍生等,来判断创业机会可能创造的市场价值。创业带给顾客的价值越高,创业成功的概率也会越大。

(2)市场结构

针对创业机会的市场结构进行分析,包括进入障碍、供货商、顾客、经销商的谈判力量、替代性竞争产品的威胁,以及市场内部竞争的激烈程度。由市场结构分析可以得知新企业未来在市场中的地位,以及可能遭遇竞争对手反击的程度。

(3)市场规模

市场规模大小与成长速度,也是影响新企业成败的重要因素。一般而言,市场规模大者,进入障碍相对较低,市场竞争激烈程度也会略为下降。如果要进入的是一个十分成熟的市场,那么纵然市场规模很大,由于已经不再成长,利润空间必然很小,因此这项新企业恐怕就不值得再投入。反之,一个正在成长中的市场,通常也会是一个充满商机的市场,所谓水涨船高,只要进入时机正确,必然会有获利的空间。

(4)市场渗透力

对于一个具有巨大市场潜力的创业机会,市场渗透力(市场机会实现的过程)评估将会是一项非常重要的影响因素。聪明的创业家知道选择在最佳时机进入市场,也就是市场需求正要大幅成长之际。

(5)市场占有率

从创业机会预期可取得的市场占有率目标,可以显示这家新创公司未来的市场竞争力。一般而言,成为市场的领导者,最少需要拥有20%以上的市场占有率。但如果低于5%的市场占有率,则这个新企业的市场竞争力自然不高,自然也会影响未来企业上市的价值。尤其处在具有赢家通吃特点的高科技产业,新企业必须拥有成为市场前几名的能力,才比较具有投资价值。

(6)产品的成本结构

产品的成本结构,也可以反映新企业的前景是否光明。例如,从物料与人工成本所占比重之高低、变动成本与固定成本的比重,以及经济规模产量大小,可以判断该企业创造附加价值的幅度以及未来可能的获利空间。

2)效益评估准则

(1)合理的税后净利

一般而言,具有吸引力的创业机会,至少需要能够创造15%以上税后净利。如果创业预期的税后净利是在5%以下,那么这就不是一个好的投资机会。

(2)达到损益平衡所需的时间

合理的损益平衡时间应该能在两年以内达到,但如果三年还达不到,恐怕就不是一个值得投入的创业机会。不过有的创业机会确实需要经过比较长的耕耘时间,通过这些前期投入,创造准入障碍,保证后期的持续获利。在这种情况下,可以将前期投入视为一种投资,才能容忍较长的损益平衡时间。

(3)投资回报率

考虑到创业可能面临的各项风险,合理的投资回报率应该在25%以上。一般而言,15%以下的投资回报率,是不值得考虑的。

(4)资本需求

资金需求量较低的创业机会,一般比较受投资者的欢迎。事实上,许多个案显示,资本额过高其实并不利于创业成功,有时还会带来稀释投资回报率的负面效果。通常,知识越密集的创业机会,对资金的需求量越低,投资回报反而会越高。因此在创业开始的时候,不要募集太多资金，最好通过盈余积累的方式来积累资金。而比较低的资本额，将有利于提高每股盈余，并且还可以进一步提高未来上市的价格。

(5)毛利率

毛利率高的创业机会，相对风险较低，也比较容易取得损益平衡。反之，毛利率低的创业机会，风险则较高，遇到决策失误或市场产生较大变化的时候，企业很容易遭受损失。一般而言，理想的毛利率是40%。当毛利率低于20%的时候，这个创业机会就不值得再予以考虑。软件业的毛利率通常很高，所以只要能找到足够的业务量，从事软件创业在财务上遭受严重损失的风险相对会比较低。

(6)策略性价值

能否创造新企业在市场上的策略性价值，也是一项重要的评价指标。一般而言，策略性价值与产业网络规模、利益机制、竞争程度密切相关，而创业机会对于产业价值链所能创造的价值效果，也与它所采取的经营策略与经营模式密切相关。

(7)资本市场活力

当新企业处于一个具有高度活力的资本市场时，它的获利回收机会相对也比较高。不过资本市场的变化幅度极大，在市场高点时投入，资金成本较低，筹资相对容易。但在资本市场低点时，投资新企业开发的诱因则较低，好的创业机会也相对较少。不过，对投资者而言，市场低点的成本较低，有的时候投资回报反而会更高。一般而言，新创企业的活跃的资本市场比较容易创造增值效果。因此资本市场活力是一项可以被用来评价创业机会的外部环境指标。

(8)退出机制与策略

所有投资的目的都在于回收，因此退出机制与策略就成为一项评估创业机会的重要指标。企业的价值一般也要由具有客观评价能力的交易市场来决定，而这种交易机制的完善程度也会影响新企业退出机制的弹性。由于退出的难度普遍要高于进入，所以一个具有吸引力的创业机会，应该要为所有投资者考虑退出机制，以及退出的策略规划。

3.3.3 创业机会评价的步骤

确定创业机会评价的目标是第一步，目标决定和影响着评价指标体系的建立、评级方法的选择、评价结果的反馈。

对创业机会的影响因素分析有利于构建全面的创业机会评价指标体系，包括对内外部环境因素、社会经济因素、市场因素的评价。

已有学者对创业机会评价指标体系进行了提炼并通过实证分析，创业机会评价指标体系的构建可参考学者已提出的指标并结合创业机会评价目标和创业项目的具体情况进行指标体系的修正。

评价方法是通过对评价指标的排序和量化，一般而言，对创业机会评价的方法可以选择定性和定量相结合的方法进行评价。

通过评价指标体系的概念化操作后，可咨询相关专家，对评价结果进行说明和反馈。

创业机会评价有以下步骤，见图3-6：

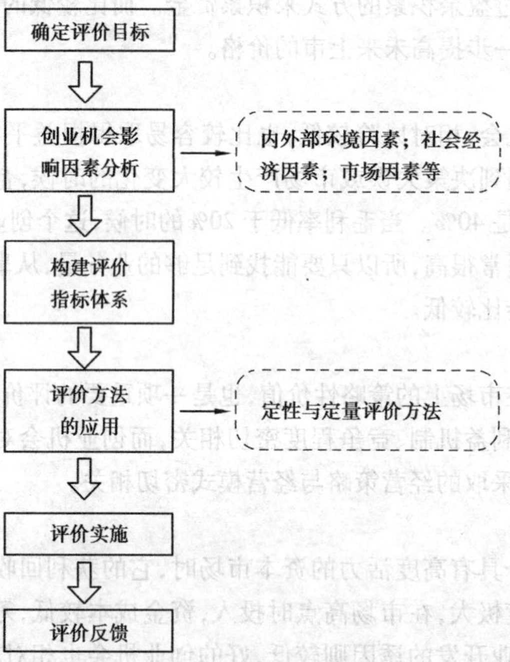

图 3-6　创业机会评价步骤

3.3.4　创业机会评价指标体系

Timmons 构建了最全面的创业机会评价指标体系，该指标体系可用作创业机会评价指标库，涵盖 8 个一级指标、55 个二级指标。具体见表 3-1：

表 3-1　创业机会评价指标体系

	一级指标	二级指标
创业机会评价指标体系	A1 经济因素	创业企业达到盈亏平衡点的时间在 1.5~2 年；盈亏平衡点不会逐渐提高；企业投资回报率在 25%以上；项目对资金的要求不是很大，能够获得融资；项目融资能力；年销售额增长率高于 15%；现金流能力，能占到销售额的 20%以上；企业毛利润 40%以上；能获得持久的税后利润，税后利润 10%以上；资产集中程度低；运营资金不多；研究开发工作对资金的要求不高
	A2 企业收获条件	项目附加值的战略意义 企业现有或可预料附加值的战略意义 企业现有或可预料的推出方式
	A3 企业竞争优势	成本优势；专利权优势；关系网络；杰出管理团队；竞争对手尚未觉醒，竞争较弱

续表

	一级指标	二级指标
创业机会评价指标体系	A4 创业企业管理团队指标	优秀管理者的组合;管理者行业技术经验 管理者正直、廉洁程度;创业团队自我认知
	A5 致命缺陷问题	创业企业不存在任何致命缺陷
	A6 创业者个人标准	个人目标同创业活动相符 创业者可承担一定风险 能够面对压力 具有良好管理状态
	A7 创业企业理想与现实的战略性差异	创业企业适应时代潮流 采用技术具备突破性 时刻寻找新的机会 定价与市场领先者几乎持平 允许失败 有较高的服务理念 具有灵活的适应能力
	A8 创业企业与市场表现评价指标	行业是新兴行业,竞争不完善;技术优势;成本优势;网络销售优势;供应商议价能力强;顾客可以接受产品或服务,并愿意为此付费;产品的附加值高;产品对市场的影响力大;在 5 年内能占据市场的领导地位,达到 20%以上

创业者在选择创业机会评价指标体系时还应充分考虑到我国的实际情况,有所选择地构建评价指标体系。

3.3.5　创业机会评价方法

1) 定性分析法

定性评价方法是通过哲学思辨、逻辑分析的方式对评价对象进行分析,其依据主要是根据评价对象的表现、现实状态或者已有的文献资料进行分析,从而对评价对象进行主观的定性结论的价值判断。定性评价的方式主要是利用评价者的知识、经验。常见的定性评价方法包括专家意见法、用户意见法等。单纯的定性方法对评价结果的分析不够深入,而定性分析法也是定量分析的前提条件,因此在对创业机会评价时需结合定性分析法和定量分析法。

2) 定量分析法

定量分析法是对统计数据经过数理模型的处理,用数理模型计算出的结果对评价对象进行说明和判定的一种方法。

(1)标准打分矩阵法

根据创业机会目标的测定,选择对创业机会成功具有较大影响的因素,构建评价指标体系,借助专家的经验和知识权威性,每个因素进行打分;然后计算每个因素在创业机会下的加权平均数；最后进行影响因素排序。标准打分矩阵法示例见表3-2：

表3-2 标准打分矩阵法

标 准	专家评分			
	最好(3分)	好(2分)	一般(1分)	加权平均分
易操作性				
市场接受程度				
增加资本的能力				
投资回报				
专利权状况				
广告潜力				
成长潜力				

表中仅对示例部分创业机会影响要素，在实际使用时根据创业机会具体情况进行要素补充和删减，再通过此方法进行标准打分。

(2)贝蒂的选择因素法

贝蒂选择因素法，通过对11个选择因素的设定对创业机会进行判断，如果某个创业机会只符合其中的6个或更少的因素，那么这个创业机会的成功率较低，反之则较高。贝蒂选择因素法见表3-3：

表3-3 贝蒂选择因素法

因 素	符合项打“√”	
	是	否
这个创业机会在现阶段是否只有你一个人发现		
初始的产品生产成本是否可以承受		
初始的市场开发成本是否可以承受		
产品是否具有高利润回报的潜力		
是否可以预期产品回报市场和达到盈亏平衡点的时间		
潜在的市场是否巨大		
你的产品是否是一个高速成长的产品家族中的第一个成员		
你是否拥有一些现成的初始用户		
是否可以预期产品的开发成本和开发周期		
是否处于一个成长中的行业		
金融界是否能够理解你的产品和顾客对它的要求		

(3)刘常勇的创业机会评价框架

台湾创业学教授刘常勇从市场和回报两个层面构建了创业机会评价框架(见表3-4),该框架比较简单。

表3-4　创业机会评价框架

评价分类	市场评价	回报评价
具体指标	是否具有市场定位,专注于具体顾客需求,能为顾客带来新的价值 依据波特的五力模型进行创业机会的市场结构评价 分析创业机会所面临市场的规模大小 评价创业机会的市场渗透力 预测可能取得的市场占有率 分析产品成本结构	税后利润至少高于5% 达到盈亏平衡的时间在2年以内,如果超过三年不能实现盈亏平衡,这样的创业机会便没有价值 投资回报率高于25% 资本需求量较低 毛利率高于40% 能否创造新企业在市场上的战略价值 资本市场的活跃程度 退出和收获回报的难易程度

【案例阅读】

"80后"女性创业经历

陈亦辛本科毕业时,家里人给安排两条路:出国或读研。考研失败,又不甘去国外读书,在创业热潮的影响下,她最终选择自己创业,趁年轻做一点有挑战的事。

1.偶然机会进入木门行业,开启创业之门

一个偶然的机会,她选择木门行业作为自己的创业起点。木门行业是先销售后生产,无库存,也是千家万户都需要的东西。当时几大木门行业并没有形成几分天下的局面,各种门在市场占有率不到1%,这是发展的机遇。

2.严把生产关,做好售前售后

刚入行的亦辛从销售工作做起,走了几个门市,发现很多问题。她首先做的就是把直营店门市全部装修,扩大门店面积,装修突出亮点,站在消费者角度,提升消费享受。在销售人员的聘用上,也聘用年轻漂亮的营业员,制作了具有美感的工服,体现"80后"个性。公司发展后期,由于售后服务的理念不同,同合伙人分歧越来越大,亦辛在家人支持下收购了整个企业,决定进行体系化统一管理。

3.制度化人性化管理,用心对待员工

不懂管理、不懂销售的陈亦辛,经营的秘诀就是用心去看、去听、去总结。对自己员工要求具有行动力、公正,对员工也非常用心,为员工设计职业生涯规划,提升员工素质。

4.精挑细选,建立良好销售渠道

销售渠道是一种无形资产,陈亦辛除了自己直营店建设外,还拓展更多的销售网点。对经销商的挑选关键在三点:一是想不想赚钱,想赚钱的经销商更重视品牌;二是想赚多少钱,只有蛋糕做大,大家才能共赢;三是想不想赚稳钱,只有想赚稳钱的经销商,才会用心去做。第一批经销商合同执行率达95%。

正是在这样的理念下,陈亦辛经营的木门销售遍及重庆、云南、贵州、江西、山西等众多省市。“80后”的陈亦辛用自己独特敏锐的思维和真诚的态度,勇敢执着地前进。

【案例启示】陈亦辛发现木门行业存在的商机,并进行价值评估,才认为这是个有价值的创业机会。但对于大学生创业者来说,不是都能识别出有价值的商业机会,因此对创业机会需要通过本章学习的一些理论方法,结合实际情况对创业机会进行识别。

【课后阅读】

小王创业记

某校机械专业毕业的小王,毕业后盲目创业,学着别人倒菜、倒水果、倒服装,几经波折,没有一件事干成功,正当小王垂头丧气时,恰好社区组织个体经营者进行自我创业资源分析。经过分析,小王发现自己最大的长处还是所学的专业。在这之后,小王开了一家汽车修理店,感到这才是适合自己的。

点评:创业并不是一件容易的事,除了付出艰辛和努力外,还需要对自己的优势和不足有一个正确的评价,只有这样,才能走向成功。小王的专业是机械,修理汽车是他的专长,在认识到自己的长处后,小王及时调整方向,最终获得了成功。

估值6亿博湃养车倒闭　免费服务违背商业模式

2016年4月5日凌晨,作为史上最大O2O洗车及养护平台,博湃养车微信公众号发布《认识这么久,第一次说再见》,正式宣布破产倒闭,而其官网则变成了“白板”,其未来业务也正式划归庞大旗下。

“上门安全检测,专业技师+专业设备”让中国消费者享受到了养车上门服务的4S店服务,包括博湃养车在内,上门服务的O2O席卷中国汽车行业,一度引发整个车厂及4S店经销商的“恐慌”。受制于资金链缺失、盈利模式单一、资源窘困等现状,中国史上最大规模的博湃养车倒闭,而它的发展经历给其他O2O企业带来一丝警示。

点评:虽然业者经常提出互联网的“免费”精神,但“免费”只能是一种营销手段的运用,而非商业模式。伪需求构建起来的空中楼阁快速倒闭的原因最主要的当属误将伪需求当成未来主流模式,并以此构建平台化产品的核心机制。互联网+汽车打高频和上门服务其实都是伪需求。真正的高频是高速收费、加油和停车,这些都是垄断商业生态而非市场经济模式,只能通过智化(这是凯文·凯利在他出版的《必然》中的一个重要章节讲述的一个趋势,意思就是使之具有智能)的方式来实现切入,事实也就是为他们提供智能化的技术支持,那这就是“互联网+”的模式了。

【课后思考】

大数据技术本身的发展,带来全新的创业方向

大数据时代,创新带动创业发展。大数据相关技术的发展,将会创造出一些新的细分市场。比如,数据技术产业,包括硬件方面的智能管道、物联网、服务器、存储、传输、智能移动设备等,软件方面的语言、数据平台、工具、结构与非结构数据库、应用软件等,服务方面的IDC、云计算、Web应用等;数据采集业,包括定位、支付、SNS、邮件等行业;数据加工业,包括数据挖掘、数据分析、数据咨询等产业。这些都为创业者们提供了新的机遇。

如何在大数据时代进行创业?

第4章　市场调查

【学习目标】

1.了解市场调查的含义、主要内容和作用。

2.了解市场调查的基本概念和方法,熟知市场调查的原则和调查范围。

3.学习和掌握市场调查的流程,深刻理解市场调查问题的含义和提炼要领,并掌握设计市场调查方案的方法。

4.具体掌握比如问卷法、实验法、观察法和访谈法等调查方法。

5.通过市场调查的案例,强化对知识的理解。

【知识要点】

1.市场调查的含义。

2.市场调查的主要内容。

3.市场调查的作用。

4.市场调查的流程。

5.市场调查的方法。

6.问卷调查。

7.实验法。

8.观察法。

9.访谈法。

4.1　市场调查概述

4.1.1　什么是市场调查

市场是古代时期人类对于固定时间段或地点进行交易的场所的称呼,指买卖双方进行交换货物的场所。到今天为止,市场有两种含义,一是指交易场所,如传统市场、股票市场、期货市场等;二是指交易行为的总和,即市场不仅仅指交易场所,还包括了所有的交易行为。所以当人们谈论到市场和市场规模等词汇时,还包含消费者、消费水平和消费欲望这三个要素,而不是仅仅指向交易场所的大小,还要考虑消费行为是否活跃。广义上讲,所有产权发生转移和交换的关系都可以称为市场。

市场调查也称为市场研究、市场调研、营销调研等,随着市场经济、市场营销的不断发展,市场调查的概念、内容、作用和范围也在不断发生变化。不同的专家学者对市场调查的理解不同,概括起来有两种观点:一种观点认为市场调查是对市场的调查研究(market research),基于对市场的认识存在差异,又可以将市场调查分为狭义和广义两种。狭义的市场调查是指把市场理解为顾客的集合,认为市场调查就是研究顾客的各种需要,即以科学的方法和手段,收集消费者对产品购买及其使用的有关数据、意见和要求以及购买的行为和动机等,这相当于消费者及其行为研究。广义的市场调查是指从整个市场的角度出发,包含了从认识市场到定制营销决策的一切有关市场交易活动的分析和研究,认为市场调查是运用科学的方法和手段收集产品从生产者转移到消费者的一切与市场活动有关的数据和信息,并对其进行分析研究的过程。根据这种解释,广义的市场调查是将调查范围从流通领域扩展到生产领域,不仅包括消费者调查,还包括市场分析、销售分析、广告研究等内容。

另一种观点认为,市场调查是市场营销调查(marketing research),即其主要针对企业在市场营销决策中所面临的各种问题的调查。而营销观念是一种以顾客的需求和欲望为导向的经营哲学。按这一观念作为企业经营的指导思想,营销的职能就不仅仅是如何把已经生产的产品卖出去,更重要的是以满足消费者或者用户的需求为中心,参与企业生产经营全部活动的决策。

综合上述观点,市场调查指的是运用科学的方法,系统地收集、记录、整理和分析有关市场信息,从而了解市场发展变化的现状和趋势,以顾客需求为导向,为市场预测和经营决策提供科学依据的过程。因此,市场调查的重点在于它是一套科学的方法,并以顾客需求为导向的为市场经营决策提供依据。

在此基础上,为了创业成功而进行的调查研究活动或者调查工作称为创业市场调查。创业市场调查与市场调查,在理论和方法上是相通的。

4.1.2　市场调查的主要内容

如前所述,市场调查的重点在于它是一套科学的方法,并以顾客需求为导向的为市场经营决策提供依据。具体而言,市场调查的内容主要包含:创业前期市场需求研究,市场调查与决策的关系,收集资料和研究设计的理论和方法,传递信息的理论和方法,抽样设计的理论和方法,营销数据资料处理的理论和方法,资料分析和解释的理论和方法,如何提出研究成果,等等。总之,市场调查的内容覆盖了市场交易的全部行为和过程,从识别市场机会、确定目标市场、细分市场及市场定位,到分析营销手段和效果,都可能成为市场调查的内容。

具体而言,市场调查的内容有如下几个方面:

1)产品研究

产品研究主要包括产品的生命周期研究、新产品创意或构思研究、消费者对产品概念的理解研究、新产品市场检验研究、新产品发展前景研究、产品品牌价值和品牌忠诚度研究、产品包装测试、品牌名称开发与测试、现有产品的研发、诊断和改造、产品支持性服务的研究等。产品研究的主要目的是支持企业的产品发展战略决策。

2)消费者研究

市场调查中最重要的是消费者研究,主要包括:消费者数量研究、消费者结构研究、消费者购买力研究、消费者支出研究、消费者品牌偏好研究、消费者行为研究以及消费者满意度研究等。消费者市场研究的主要目的是最大限度满足消费者的需要,以便调整企业的产品设计及企业发展战略。

具体而言,就是购买者或使用者是哪些人,他们喜欢购买哪些产品,为什么会购买这些产品,什么时间、什么地点购买了这些产品,他们是如何得知这些产品的,以及他们通常会购买多少以及如何决定是否购买产品等;消费者是否有某些使用产品的经验和方式,他们对产品或服务是否满意,满意的原因或不满意的原因是什么,对改进产品或服务质量的具体建议是什么,对同类产品或服务满意度评价的比较如何等。

市场调查研究可以针对上述的某个问题或者一系列问题展开。

3)产业市场研究

产业市场研究又称生产市场研究,主要包括宏观经济环境研究、产业市场结构研究、客户情况研究、竞争对手研究、组织购买行为研究、市场占有率和竞争力研究等。产业市场研究的目的主要是提高消费者的满意度,并开拓市场。

4)目标市场研究

目标市场研究的内容主要包括宏观环境因素界定与分析、微观环境因素研究、市场机会与风险分析、细分市场分析、市场现有规模和潜在规模研究与预测、市场定位研究与预测等。目标市场研究的目的主要是对总体市场需求和变化趋势的研究,最终使企业找到合理的目标市场,并且进行市场定位分析。

5)价格研究

价格研究主要包括成本分析、价格分析、消费者对产品价值的认知研究、消费者对价格变化的反应研究等。其主要目的是为企业的价格决策和价格战略提供依据。

6)分销渠道研究

分销渠道研究的主要内容包括分销渠道的结构研究、分销渠道覆盖范围研究、批发商和零售商研究、分销渠道关系研究、分销效果研究以及运输和仓储研究,等等。分销渠道研究的目的主要是为企业分销战略决策提供依据,使分销渠道达到最佳组合。

7)促销与广告研究

促销与广告研究的内容主要包括为广告创作而做的广告主题调查和广告文案测试,为选择广告媒体而做的广告媒体调查,如视听率调查、阅读率调查、网络调查,为评价广告效果而做的广告前消费者的态度和行为调查、广告中接触效果和接收效果调查、广告后消费者的态度和行为跟踪调查,为了解同行竞争对手的广告投放情况而做的电视、广播、报纸、杂志、网络的广告媒介检测等。促销与广告研究是为了企业的促销战略与战术决策,使促销组合达到最佳,以最少的促销费用达到最大的促销效果。

8)市场竞争研究

市场竞争研究主要包括:针对竞争形势的一般性研究,比如不同企业或企业群体的市场占有率,不同企业的经营特征和竞争方式,行业的竞争结构和变化趋势等;针对具体竞争对手的研究,比如对比分析产品质量、价格、销售渠道、产品结构和广告等,识别不同企业包括自身企业的优势和劣势,竞争对手为什么会成功或失败。市场竞争研究是侧重于本企业与竞争对手的比较,其目的主要是支持企业营销的总体发展战略,做到知己知彼和取长补短,发挥企业竞争优势。

在创业前期则更是从市场调查内容如市场机会的识别、产品、消费者、产业市场、目标市场、价格、竞争对手等方面整体把握。

4.1.3 市场调查的作用

无论是创业前还是创业后,无论是大型企业还是微小企业,无论是产品制造业还是互联网新型领域,市场调查都有着决定性的作用。创业前期,假如没有做好充分的市场调查,相当于盲人前行,创业失利时都不清楚自己撞到了什么。

创业前期,市场调查帮助创业团队确定经营方向,规避经营风险,决定企业能否创办成功;创业开始后,市场调查能帮助创业团队正确认识市场的变化,识别新的商机,决定了企业是否能生存并发展壮大。

企业之所以能够生存并发展壮大,甚至取得较好的经济效益,说明它的经营活动及商品满足了消费者的需求。我们要使企业的产品满足消费者的需求取得盈利,必须首先要了解消费者需求什么。通过市场调研,确定顾客的需求,才能生产消费者需要的产品,保证企业获得满意的利润。市场调查研究是企业取得良好经济效益的保证。

市场是不断变化的,顾客的需求各不相同。通过市场调研,可以发现一些新的机会和需求,引进新的商品去满足这些需求。通过市场调研可以发现企业的不足及经营中的缺点,及时地加以纠正,修改企业的经营策略,使企业在竞争中保持清醒的头脑,永远立于不败之地。

通过市场调研还可以及时掌握企业竞争者的动态,掌握企业产品在市场上所占份额的大小,针对竞争者的策略,对自己的工作进行调整和改进,知己知彼,才能百战百胜。

通过市场调查研究,可以了解整个经济环境对企业发展的影响,了解国家的政策法规变化,预测未来市场可能发生的变化。抓住一些新的发展机会,并对可能发生的不利情况及时采取应变措施,以减少企业的损失。

【扩展阅读】

中国知名市场调查公司介绍

1.益普索(中国)

益普索(Ipsos)是全球领先的市场研究集团,于1975年成立于法国巴黎,1999年在巴黎上市,是全球唯一由研究专业人士拥有并管理的市场研究集团。2011年,益索普以5.25亿英镑的价格收购安吉斯集团旗下的市场调研机构思纬公司(Synovate),这使得益普索成为世界第三大市场调研机构。而思纬的加入,也让益索普拥有一个真正的全球性网络。

益普索于2000年进入中国,通过收购北京丰凯兴信息咨询公司、北京华联信市场研究公司、广东大通市场研究公司三个本土公司,益普索中国区(Ipsos in China)成为中国最大的市场研究公司,在上海、北京、广州、成都、武汉5个城市设有办公室,拥有专业人员约1 500名,营业额超过10亿元人民币。

2.AC·尼尔森(中国)

AC·尼尔森是全球首屈一指的咨询和监测公司,提供全球领先的市场营销和消费者资讯,电视和其他媒体监测,在线研究,移动媒体监测,商业展览服务以及其他相关服务。尼尔森业务覆盖100个国家和地区,总部位于美国纽约和荷兰。

AC·尼尔森于1984年开始进入中国。1994年,AC·尼尔森通过收购调查研究集团(Survey Research Group)步入亚太市场。2001年,AC·尼尔森成为VNU集团的一部分。

目前,AC·尼尔森零售研究覆盖中国主要城市和城镇的70多类非耐用消费品,定期为客户提供有关产品在各地的零售情况报告。AC·尼尔森另外一个著名的产品是调查电视、广播和报纸在媒体市场上的顾客数目的尼尔森收视率。

3.零点研究咨询集团

零点研究咨询集团1992年成立,早期以民意调查起家,在国内拥有较高的知名度。

零点调查集中整合在专业调研、策略咨询、背景数据方面的优势,通过长期协作关系确立的行业资源协作网,建立了公共事务、IT和电信、金融、汽车、房地产、家电、快速消费品、烟草和电力研究中心商业服务十个专业研究事业部。其特色服务有零点CATI快车、网上调查、多客户调查服务系统(Homnibus)、调查结果发布服务、企业内部培训、多客户报告等。

2011年以来,零点研究咨询集团积极拓展新业务,相继成立了零点呼叫中心、零点国际研究院、零点远景网络实验室等。

4.中标兴质科技(北京)有限公司

中标兴质科技(北京)有限公司隶属于中国标准科技集团。兴质科技公司拥有一支由博士、硕士组成的科研团队和一支专业、高效的访谈队伍,建立了计算机辅助电话访谈系统和监听监视系统,构建了基于移动互联网的顾客满意度调查平台,形成了覆盖全国250个城市、多种途径相结合的调查网络。

在标准科研方面,兴质科技公司参与了ISO10004《顾客满意度监控和测量指南》等多项国际标准的制定,主持制定了《顾客满意测评模型和方法指南》等一系列国家标准,有关研究成果获得"科技兴检奖""中国标准创新贡献奖"等奖励。

兴质科技公司拥有丰富的满意度调查实践经验,已经连续10年开展中国顾客满意度调查工作,调查范围涉及耐用消费品、非耐用消费品和生活服务三大领域,涵盖80余类行业、1000余企业品牌,累计调查样本量70余万份,出版发行"中国顾客满意度手册"2 000多万册,并为大批企业提供了满意度调查分析报告。

5.北京数字100市场咨询有限公司

北京数字100市场咨询有限公司是一家将技术领先的在线调查系统、在线样本库、专业研究服务集于一身的创新型企业。作为中国市场研究行业的创新者,该公司致力于通过先进的技术推动行业的变革,以专业的服务协助企业科学决策、高效发展,以卓越的影响力成为中国在线调查第一品牌。

公司成立于2004年,总部设立在北京,在上海、广州设有分公司。该公司专注于金融、快速消费品、IT电子、政府及公共事务、广告营销等行业,拥有在全国300多个城镇的访问能力,形成了覆盖中国1~6级城市的数字化调查网络。

6.艾瑞咨询集团

艾瑞咨询集团(iResearch)是一家专注于网络媒体、电子商务、网络游戏、无线增值等新经济领域,深入研究和了解消费者行为,并为网络行业及传统行业客户提供数据产品服务和研究咨询服务的专业机构。

艾瑞咨询集团成立于2002年,在上海设立公司总部,并于2003年10月在北京成立分部,2008年1月在广州成立分部。

7.北京新生代市场监测机构有限公司

新生代市场监测机构是中国领先的市场研究公司,成立于1998年,2003年引进外资,成为中外合资企业。新生代公司从1998年开始持续跟踪和监测中国市场的变迁,记录中国市场风云变幻,提供市场和消费者洞察,协助客户在商战中制定成功决策。

8.广东现代国际市场研究有限公司

广东现代国际市场研究有限公司(MIMR)1995年创立于广州,先后在上海、北京、成都设立MIMR的全资分公司及办事处。MIMR秉承严谨诚实的专业作风,建立了具有国际水准的技术分析系统,创建了有针对性的5大研究体系20多项研究技术,为客户提供全方位高价值的市场研究和信息咨询服务。

9.赛诺市场研究公司

赛诺市场研究公司成立于1992年,其前身中国市场调查研究中心属国家统计局的调查研究单位,1994年政企分离,赛诺公司现为独立的市场研究机构。

赛诺一直专注家电和通信两个行业的研究,已是中国移动通信行业最大的市场研究机构。监测网络覆盖全国31个省190地市和526县的零售监测网络,每地市拥有固定样本组Panel,并配有长期驻地督导,周期性地为总部采集当地零售市场的监测数据。目前赛诺的零售监测网络是中国市场调研行业较大的零售监测网络之一。

10.广州明镜市场研究咨询有限公司

明镜咨询成立于1997年,旗下包括广州明镜、北京明镜、成都明镜三家独立注册的公司。明镜咨询集数据收集、市场研究、管理咨询于一体,一直致力于为企业提供科学理性的经营管理解决方案。迄今,明镜已经在移动通信、医药、交通、家电、日用品、食品、房地产、金融、汽车等行业为100多家企业提供过1 000多个研究咨询项目服务。

4.2 市场调查的流程与设计

【案例阅读】

肯德基网络订餐服务市场调查

近几年,网络订餐服务非常盛行,百胜餐饮集团旗下的品牌肯德基(KFC),一直致力于通过网络订餐以扩大其在快餐行业的市场份额。在拓展网络订餐业务过程中,肯德基遇到了客户流失率高、市场推广资源浪费的问题。

因此,肯德基通过客户满意度调查发现了服务和流程中存在的问题。

从现有流量数据入手发现问题的来源。

肯德基宅急送的订餐一般分为5个环节:

1.登录/注册;

2.填写送餐地址;

3.浏览菜单点餐;

4.确认订单;

5.提交订单付款。

任何一个环节出现问题都有可能导致最后的流失率上升,通过市场调查和统计分析发现,肯德基的网络订餐流失率集中出现在填写送餐地址和浏览菜单点餐这两个环节上。肯德基基于这两个问题突出的环节进一步了解客户需求,了解他们对订餐流程的具体评价,并最终找到了问题的具体成因。一是客户填写地址时,发现自己所处地址不在送餐范围内是导致客户流失的最主要问题,其次是地址查询/输入不方便以及送餐时间太长。二是客户浏览菜单点单环节中,因为检索方式不便,不容易找到自己想要的餐点导致流失是最主要的问题。

肯德基针对从调查中发现的问题,制定了相应策略提升用户订餐体验,制定了相应的改善措施,具体如下:

1.增加餐点的检索维度,如人气、价格、订购量等,方便用户从不同维度检索;

2.调整优惠活动的显示位置和种类,使之更符合用户的习惯和期望;

3.优化送餐流程,确保每一餐都在30分钟内送到。

经过这次的改善和优化,肯德基宅急送在填写送餐地址和浏览菜单点餐环节的用户满意度得到了显著的提升。用户流失率也得到了有效控制。

收集关于用户流失率高的问题,需要进行市场调查,开展市场调查包含了一系列步骤和流程,要学习市场调查的基本知识。

4.2.1 调查类型

根据调查方法的不同,可以将市场调查分为文献调查、问卷调查、访谈法等;根据调查范围可以分为全面调查和抽样调查等;根据调查的目的和研究性质不同,可以分为探索性研究、描述性研究、因果性研究和预测性研究。

1)探索性研究

探索性研究的目的是提供资料和数据以帮助研究者认识和理解所面对的问题,常常用于大规模的正式调查之前,帮助研究者将问题定义得更准确,为调查方案设计、问卷设计提供更为明确的思路。

2)描述性研究

描述性研究的目的是描述总体市场的特征和功能,一般以有代表性的大样本为调查基础。

3)因果关系研究

因果关系研究的目的是获取有关起因和结果之间关系的证据,管理部门常常根据一些假设的因果关系来作决策。在因果关系研究中的假设指的是在对问题进行分析后提出的猜想,假设需要通过研究来检验其是否成立。

4)预测性研究

预测性研究的目的在于掌握市场机会,制订有效的营销计划。

在大多数的市场调查中,以上几种,调查难度逐渐加深,因果关系研究和预测性研究往往是深入的调查研究,需要有较深的理论功底。一次市场调查中,往往不是某一种方法的单一应用,而是会采用两种以上的调查方法来收集市场信息。

4.2.2 基本流程

市场调查主要由计划准备阶段、设计阶段、实施阶段和分析报告四个阶段构成。

1)计划准备

确定调查问题和目标,是市场调查过程中至关重要的一步,如果没有明确问题,研究目的就容易出现偏差。确定调查问题和目标,是要明确调查中解决哪些问题,通过调查获得什么样的数据资料,取得这些资料有什么用途等问题。在确定调查目的的基础上,确定调查的内容,以避免列入无关紧要的调查项目,或者漏掉重要的调查内容。

为了确保调查项目的有效性,首先要明确调查的问题,然后在此基础上提出调查目标。对调查问题的界定不明确会导致市场调查无法顺利进行,不能取得必要的决策信息,产生大量冗余信息及非必需的预算支出。

要想确定调查问题和目标,一般需要经过思考下面几个问题:

①为什么做市场调查;此次市场调查要解决什么问题;将问题列出优先顺序,挑出最核心的问题;用几种不同方式反复表述问题,并讨论它们的区别。

②查阅以往的调查结果或者第二手资料,判定调查的目的是否可以借助前人的结果。

③确定需要回答的问题是否可以通过调查得到答案,凭借经验和可获知的信息来判断。

④将查阅的资料、收集的二手资料和小范围的试调查结果及定性研究进行整理和分析,避免调查问题定义太宏观或太微小,并最终明确调查的主题。

⑤最终明确调查需要解决哪些问题,希望通过市场调查获得哪些信息和资料。调查目标应尽可能具体和切实可行。

2)设计阶段

(1)调查方案设计

市场调查的方案设计主要包括调查目的、调查内容、调查对象和范围、调查方法、调查日程、调查预算和调查报告形式等方面,设计方案的同时还需要权衡调查成本和调查质量的关系。

调查内容主要是指如何将调查目的具体操作和转化成调查的题目,这将涉及概念化和操作化的知识,可以参见其他专门的市场调查类教材。调查对象是指依据调查目标,确定本次调查的范围及需要调查的现象的总体,比如某个学校或者某个企业。当然,调查对象是由所有要调查的现象的个体组成,具体来说就是调查中要进行调查研究的一个个具体承担者。

(2)抽样设计

确定了调查对象和范围后,一般来说,我们不可能调查全部对象,就要从中选取调查样本了。抽样调查,需要先将调查对象编制成抽样框,然后按照一定规则从抽样框中抽取一部分单位作为样本,并以对样本调查的结果来推断调查总体的调查方法。

①抽样框。抽样框是指进入抽样过程的全部单位的名单或编号,如某单位进入抽样过程的全部职工花名册,某乡镇进入抽样过程的全部村委会名单,等等。

②抽样和样本。抽样是指按照一定的规则从抽样框中抽取一部分单位作为样本的方法和过程。抽样有很多种方法,每种方法都有一定的程序和规则。样本,是指按照一定规则从抽样框里抽取出来进行调查的单位。

③参数值和统计值。参数值又叫总体值,它是关于调查总体中某一变量的综合综述,或者说是调查总体中全部单位的某种属性或特征的综合数量表现。统计值又称为样本值,它是关于样本中某一变量的综合描述,或者说是样本中全部单位的某种属性或特征的综合数量表现。

抽样调查是一种非全面调查,它是从全部调查研究对象中抽选一部分单位进行调查,并据以对全部研究对象作出估计和推断的一种调查方法。它的目的在于取得反映总体情况的信息资料,根据抽样样本的方法,抽样调查可以分为概率抽样和非概率抽样两类。概率抽样是按概率论和数理统计的原理,从调查研究的总体中根据随机原则来抽选样本,并从数量上对总体的某些特征作出估计推断,对推断出的可能出现的误差可以从概论意义上加以控制。随机抽样是确保调查选取的样本是否科学的重要一步,即调查回收的数据是否具有代表性,是否可以推断总体的情况。换句话,非概率抽样无法确保样本的代表性,无法确保抽样误差,无法推断总体。这是概率抽样与非概率抽样的本质区别。

1936年《文摘周刊》针对美国大选进行了民意调查，调查结果是共和党人兰登将击败寻求连任的罗斯福总统，最终结果却是罗斯福再次当选。该案例就是非概率抽样非常经典的失败范本，《文摘周刊》调查失利的原因是抽样样本缺乏代表性，杂志根据电话簿和车辆登记簿上的名单发放了民意调查表。这样的调查抽样框明显是出了偏差的，没能涵盖所有的选民。

3）实施阶段

（1）收集数据

这一阶段的工作主要是进行问卷设计或者访谈、抽样实施以及访问员的招聘和培训（涉及的调查方法，第三节再详细讲解），并组织人员及时掌握实地调查的工作进度及完成情况，协调好各个访问员间的工作进度；要及时了解访问员在访问中遇到的问题，并帮助解决，对于调查中遇到的共性提出统一的解决办法。

（2）分析数据

调查结束后进入调查资料的整理和分析阶段，这一阶段主要是对问卷或者访谈资料进行整理，整理包括调查内容的审核、校对、编码等工作，调查数据录入计算机运行后，即可获得已列表格的大量的统计数据，利用统计结果就可以按照调查目的和要求，针对调查内容进行全面的分析工作。数据分析是指运用统计分析方法对大量数据资料进行系统的分析与综合，以揭示调查对象的情况与问题，掌握事物发展变化的特征及规律性，找出影响市场变化的各种因素，提出切实可行的解决问题的对策。

4）分析报告阶段

（1）撰写报告

当需要的资料齐备，对数据所反映的规律、问题有了比较清楚的了解之后，研究者就可以着手撰写调查报告。调查报告是市场调查的成果，它所提供的资料会对市场决策产生重要的影响。市场调查报告要按规范的格式撰写，一个完整的市场调查报告由题目、目录、概要、正文、结论和建议、附件等组成。

（2）跟踪

在花费了大量的人力和物力开展市场调查并获得结论和建议后，并不能认为调查就此完结，还应跟踪研究，并把建议付诸实践。管理者应该决定是否采纳调查报告所提出的建议，调查人员应当设法了解管理层是否采纳了研究建议，以及在管理层采纳研究建议的情况下决策的有效性如何。如果调查的信息不能被很好地利用，会降低市场调查的作用。

4.2.3 调查日程

制定整个调查工作完成的期限，以及各阶段的日程安排。日程安排可以是连续的，也可以是同步进行的。在可能的情况下，调查期限应尽可能缩短。

4.2.4 调查预算

调查预算要从总体方案设计、抽样方案设计、实施调查和撰写报告的全过程考虑，在各个调查环节中，需要尽可能考虑到调查需要的调查产生的交通费、印刷费、调查对象的礼品费、人员培训费、调查劳务费等。只有考虑详尽,在有限的财力上才能做出高质量的市场调查。

4.2.5 其他

市场调查方案的设计除了上述内容外,还往往包括第二手资料的收集思路、出处、内容概要,问卷设计思路、质量控制方法、统计分析采用的软件,以及调查机构的介绍、人员的分工和访员的管理、培训等内容。

【案例阅读】

大学校园文具市场调查计划书

一、前言

学生文具主要包括笔袋、笔盒、铅笔、自动铅笔、水彩笔、白板笔、圆珠笔、中性笔、油画棒、油性笔、蜡笔、钢笔、书包、橡皮擦、削笔机、液体胶水、固体胶、尺类、圆规、美工刀、剪刀、书套、修正带、文件夹、本册、文件袋、画板、笔芯,等等。

为配合某文具产品扩大在大学校园的市场占有率,评估文具店营销环境,制定相应的营销策略,预先进行大学生校园文具市场调查大有必要。

本次市场调查将围绕市场环境、消费者、竞争者为中心来进行。

二、调查目的

要求详细了解某大学生校园文具市场各方面情况,为该产品在某大学校园的扩展制订科学合理的营销方案提供依据,特撰写此市场调研计划书。

①全面摸清企业品牌在消费者中的知名度、渗透率、美誉度和忠诚度。

②全面了解本品牌及主要竞争品牌在成都工业学院的销售现状。

③全面了解目前主要竞争品牌的价格、广告、促销等营销策略。

④了解消费者对学生文具用品消费的观点、习惯。

⑤了解某大学在校学生的人口统计学资料,预测学生文具市场容量及潜力。

三、调查内容

市场调研的内容要根据市场调查的目的来确定。市场调研分为内、外调研两个部分,此次市场调研主要运用外部调研,其主要内容有:

1.行业市场环境调查

主要的调研内容有:

①某大学校园文具市场的容量及发展潜力;

②该行业的营销特点及行业竞争状况;

③学校教学、生活环境对该行业发展的影响;

④当前某大学校园学生文具种类、品牌及销售状况;

⑤某大学校园该行业各产品的经销网络状态。

2.消费者调查

主要的调研内容有:

①消费者对学生文具的购买形态(购买过什么品牌、购买地点、选购标准等)与消费心理(必需品、偏爱、经济、便利、时尚等)。

②消费者对学生文具各品牌的了解程度(包括功能、特点、价格、包装等);

③消费者对品牌的意识、对本品牌及竞争品牌的观念及品牌忠诚度;

④消费者平均月开支及消费比例的统计;

⑤消费者理想的学生文具描述。

3.竞争者调查

主要的调研内容:

①主要竞争者的产品与品牌优、劣势;

②主要竞争者的营销方式与营销策略;

③主要竞争者市场概况;

④本产品主要竞争者的经销网络状态。

四、调研对象及抽样

因为学生文具在高校具有普遍性,全体在校学生都是调查对象,但因为家庭经济背景的差异,全校学生月生活支出还是存在较大的差距,导致消费购买习惯的差异性,因此他们在选择学生文具的品牌、档次、价格上都会有所不同。为了准确、快速地得出调查结果,此次调查决定采用宿舍门牌号为抽样框的随机抽样法。此外,分布在某大学生校园内外的各经销商、专卖店也是本次调查的对象,因其规模、档次的差异性,决定采用判断抽样法。

具体情况如下:

消费者(学生):400 名

经销商:10 家

消费者样本要求:

①家庭成员中没有人在市场调查公司或广告公司工作。

②消费者没有在最近半年中接受过类似产品的市场调查测试。

③消费者所学专业不能为市场营销、调查或广告类。

五、调查员的规定、培训

1.规定

①仪表端正、大方。

②举止谈吐得体,态度亲切、热情。

③具有认真负责、积极的工作精神及职业热情。

④访员要具有把握谈话气氛的能力。

⑤访员要经过专门的市场调查培训,专业素质好。

2.培训

培训必须以实效为导向,本次调查其人员的培训决定采用举办培训班、集中讲授的方法,针对本次活动聘请有丰富经验的调查人员面授调查技巧、经验,并对他们进行思想道德方面的教育,使之充分认识到市场调查的重要意义,培养他们强烈的事业心和责任感,端正其工作态度、作风,激发他们对调查工作的积极性。

六、人员安排

根据我们的调研方案，在某大学校园及市区进行本次调研需要的人员有三种：调研督导、调查人员、复核员。具体配置如下：

调研督导：1 名

调查人员：20 名（其中 15 名对消费者进行问卷调查、5 名对经销商进行深度访谈）

复核员：1~2 名（可由督导兼职，也可另外招聘）

如有必要还将配备辅助督导（1 名），协助进行访谈、收发和检查问卷与礼品。问卷的复核比例为全部问卷数量的 30%，全部采用电话复核方式，复核时间为问卷回收的 24 小时内。

七、市场调查方法及具体实施

①对消费者以问卷调查为主，具体实施方法如下：

在完成市场调查问卷的设计与制作以及调查人员的培训等相关工作后，就可以开展具体的问卷调查了。把调查问卷平均分发给各调查人员，统一选择中餐或晚餐后这段时间开始进行调查（因为此时学生们大多待在宿舍里，便于集中调查，能够给本次调查节约时间和成本）。调查员在进入各宿舍时说明来意，并特别声明在调查结束后将赠送被调查者精美礼物一份以吸引被调查者的积极参与，得到正确有效的调查结果。调查过程中，调查员应耐心等待，切不可督促。

②对经销商以深度访谈为主：

由于调查形式的不同，对调查者所提出的要求也有所差异。与经销商进行深度访谈的调查者（访员）相对于实施问卷调查的调查者而言，其专业水平要求更高一些。因为时间较长，调查员对经销商进行深度访谈（以前一般要预约好时间并承诺付与报酬），访谈前调查员要做好充分的准备、列出调查所要了解的所有问题。调查者在访谈过程中应占据主导地位，把握着整个谈话的方向，能够准确筛选谈话内容并快速做好笔记以得到真实有效的调查结果。

③通过网上查询或资料查询调查成都工业学院人口统计资料：

调查者查找资料时应注意其权威性及时效性，以尽量减少误差。因为其简易性，该工作可直接由复核员完成。

八、调查程序及时间安排

①准备及设计方案阶段：一般分为界定调研问题、设计调研方案、设计调研问卷或调研提纲三个部分。

②实施阶段：根据调研要求，采用多种形式，由调研人员广泛地收集与调查活动有关的信息。

③结果处理阶段：将收集的信息进行汇总、归纳、整理和分析，并将调研结果以书面的形式——调研报告表述出来。

在客户确认项目后，有计划地安排调研工作的各项日程，用以规范和保证调研工作的顺利实施。按调研的实施程序，可分 7 个小项来对时间进行具体安排：

调研方案、问卷的设计…………15 个工作日

调研方案、问卷的修改、确认………… 5 个工作日

项目准备阶段（人员培训、安排）………… 1 个工作日

实地访问阶段 …………4个工作日
数据预处理阶段 …………2个工作日
数据统计分析阶段 …………7个工作日
调研报告撰写阶段 …………7个工作日
论证阶段 …………2个工作日

九、经费预算(单位:元)

策划费	2 000
交通费	500
调查人员培训费	500
礼品费	1 000
访谈费	1 000
问卷打印费	1 000
统计费	1 000
报告费	2 000
问卷调查劳务费	4 000
访谈员劳务费	2 000
总计	15 000

十、附录

参与人员:
项目负责人:待定
调查方案、问卷的设计:待定
调查方案、问卷的修改:待定
调查人员培训:待定
调查人员:待定
调查数据处理:待定
调查数据统计分析:待定
调查报告撰写:待定
论证人员:待定
调查计划书撰写:待定

4.3 市场调查的应用(方法)

市场调查的类型有很多种,根据不同的性质又可以分出很多类型,在此只以市场调查实际可能会应用到的几种方法为例,详细讲解以下几个调查类型。

4.3.1 问卷调查

问卷又称为调查表,是调查者根据调查目的和要求所设计的,由一系列问题、备选答案、说明即编码等组成的书面文件。问卷作为一种标准化的数据收集程序,对于保证访谈调查的效度和信度具有重要作用。作为调查信息的主要载体,问卷能体现调查设计、调查实施、数据处理乃至报告撰写各个环节之间的联系,其作用贯穿于整个调查之中。问卷用来收集所需资料和信息的一种调查工具,在市场研究中的应用非常广泛。

1)问卷的一般结构

问卷一般由卷首语、问题与回答方式、编码和其他资料四个部分组成。

①卷首语。它是问卷调查的自我介绍信。卷首语的内容应该包括:调查的目的、意义和主要内容,选择被调查者的途径和方法,被调查者的希望和要求,填写问卷的说明,回复问卷的方式和时间,调查的匿名和保密原则,以及调查者的名称等。为了能引起被调查者的重视和兴趣,争取他们的合作和支持,卷首语的语气要谦虚、诚恳、平易近人,文字要简明、通俗、有可读性。卷首语一般放在问卷第一页的上面,也可单独作为一封信放在问卷的前面。

②问题和回答方式。它是问卷的主要组成部分,包括调查询问的问题、回答问题的方式以及对回答方式的指导和说明等。

③编码。就是把问卷中询问的问题和被调查者的回答,全部转变为A,B,C…或a,b,c…等代号和数字。

④其他资料。包括问卷名称、被访问者的地址或单位(可以是编号)、访问员的姓名、访问开始的时间和结束的时间、访问完成情况、审核员的姓名和审核意见等。

有的自填式问卷还有一个结束语。结束语可以是简短的几句话,对被调查者的合作表示真诚的感谢;也可稍长一点,顺便征询一下对问卷设计和问卷调查的看法。

2)问题的种类

调查所要询问的问题,是问卷的主要内容。设计调查问卷,必须弄清楚问题的种类、问题的结构和设计问题应该遵循的原则。

问卷中要询问的问题,大体上可分为四类:

①背景性问题,主要是被调查者个人的基本情况,它们是对问卷进行分析研究的重要依据。

②客观性问题,是指已经发生和正在发生的各种事实和行为。

③主观性问题,是指人们的思想、感情、态度、愿望等一切主要世界观状况方面的问题。

④检验性问题,为检验回答是否真实、准确而设计的问题。这类问题,一般安排在问卷的不同位置,通过互相检验来判断回答的真实性和准确性。

四类问题中,背景性问题是任何问卷都不可缺少的。因为,背景情况是对被调查者分类和不同类型被调查者进行对比研究的重要依据。

3)问题的结构

问题的结构,即问题的排列组合方式。它是问卷设计的一个重要问题。为了便于被调查者回答问题,同时也便于调查者资料的整理和分析,设计的问题一般可采取以下几种方式排列:

①按问题的性质或类别排列,而不要把性质或类别的问题混杂在一起。

②按问题的复杂程度或困难程度排列。一般来说,应该先易后难,由浅入深;先客观事实方面的问题,后主观状况方面的问题;先一般性质的问题,后特殊性质的问题。特别是敏感性、强威胁性大的问题,更应安排在问卷的后面。

③按问题的时间顺序排列。一般地说,应该调查事物的过去、将来、现在的历史顺序来排列问题。无论是由远到近还是由近及远,问题的排列在时间顺序上都应该有连续性、渐进性,而不应该来回跳跃,打乱被调查者回答问题的思路。

问题的排列要有逻辑性。在特殊情况下,也不排除对某些问题做非逻辑安排。检验性问题也应分别设计在问卷的不同部位,否则就难以起到检验作用。

4)设计问题的原则

要提高问卷回复率、有效率和回答质量,设计问题应遵循以下原则:

①客观性原则,即设计的问题必须符合客观实际情况。

②必要性原则,即必须围绕调查课题和研究假设设计必要的问题。设计的问题数量过少、过于简略,无法说明调查所要表达的问题;数量过多、过于繁杂,不仅会大大增加工作量和调查成本,而且会降低回答质量,降低问卷的回复率和有效率,也不利于正确说明调查所要说明的问题。

③可能性原则,即必须符合被调查者是否自愿真实回答的问题。凡被调查者不可能自愿真实回答的问题,都不应该正面提出。

4.3.2 实验法

实验法是一种按照某种因果假设设计的,在高度控制的条件下,通过人为操纵某些因素,以检定两现象之间是否存在着一定因果联系的研究方法。作为一种特定的研究方式,实验法涉及三对基本要素:自变量与因变量、前测与后测、实验组与控制组。常见的自变量有价格、包装、广告等,常见的因变量有销售量、市场份额、满意度等。

实验法主要用于市场销售实验,即所谓的市场测试。通过小规模的实验性改变,以观察消费者对产品或服务的反应,从而分析改变是否值得在大范围内推广。实验法常用的领域有以下几种:

①市场饱和度测试。市场饱和度反映市场的潜在购买力,是制定市场营销战略和策略的重要参考指标。企业通常通过将消费者购买产品或服务的各种决定因素(如价格等)降到最低限度的方法来测试市场饱和度,或者在出现滞销时,是否具有潜在的购买力。

②产品的价格实验。这种实验往往将新定价的产品投放市场,对顾客的态度和反应进行测试,了解顾客是否接受这种价格及其接受程度。

③新产品上市实验。为了降低新产品的失败率,在产品大规模上市前,运用实验调查对新产品的各方面(外观设计、性能、广告和推广营销组合等)进行实验是非常有必要的。

实验法在市场调查中,使用的频率相对较低的原因是实验的成本昂贵,且在实施的过程中外部变量难以控制,无法准确测试自变量和因变量的关系;实验市场的合作问题及实验市场与总体市场之间的差异问题。

4.3.3 观察法

观察法是指研究者根据一定的研究目的、研究提纲或观察表,用自己的感官和辅助工具去直接观察被研究对象,从而获得资料的一种方法。这种方法主要应用于对原始资料的收集,其特点在于调查人员不是强行介入,不须向被调查者提问,在被调查者毫无察觉的情况下获得真实的信息。由于商业的连锁经营、电子收款机的普及、观察技术的逐渐成熟、设备的日益完善,观察法的应用愈加广泛。

1)观察法的使用条件

①所需要的信息必须是能观察到的;

②所要观察的行为必须是重复性的;

③所要观察的行为必须是相对短期的。

2)有效且有趣的观察方法

要争取在自然的状态下进行,最好不要让被观察者有所察觉;调查人员要尽量排除主观偏见,耐心观察,且掌握一定的记录技巧。

(1)神秘顾客

神秘顾客又称伪装购物者,是由经过严格培训的调查员,在规定或指定的时间里扮演成普通消费者,进入特定的调查环境(如商场、超市等),进行直接观察、亲身对企业的服务、业务操作、员工诚信度、商品推广情况及产品质量等进行体验、感受,并进行评估或评定的一种商业调查方式。神秘顾客与一个普通购买商品的顾客一样,会与服务人员进行交流,咨询与商品有关的问题,挑选商品、比较商品,最后作出买或者不买的决定。但是,神秘顾客与服务人员的交流并不是访问式,而是观察服务人员的态度、行为并对此作出的购物者在体验过程中不掺杂任何个人主观偏好,可以保持检测对象的客观、公正、隐秘性。

近年来,利用神秘顾客检测、评估一线服务的顾客满意度及终端市场管理,正被广泛使用于各品牌及窗口服务机构,以及对服务质量要求较高的分支行业,成为商家竞争和制胜的绝招。

(2)流量记录观察

流量记录观察是指在一定的时间内,对经过某个地点的人口或事物的数量进行现场记录的调查方法,主要方法有人口流量观察和交通工具流量观察两种。

人口流量观察是指调查人员在预定的地点对特定内容进行的观察。例如,在机场、车站、码头和旅游胜地的进出口进行观察统计,对过往的人口流量数目或其他行为进行观察和记录,获得的数据主要用于商场、餐馆等的选址,还有利于企业的多种市场营销决策的启发和修正。

交通工具流量观察是指对某个具体时间通过某个路段的交通工具的数量和种类进行观察统计的调查方法,包括汽车流量观察和物流观察。

汽车流量观察是指在某个交通要道上对过往汽车的数目、种类、运载情况和行驶方向进行观察统计,所获得的关于旅客数量、类型和流向,关于货物运载数量和类型等方面的资料,可以为多个部门提供决策依据,如对加油站的设立,酒店、餐馆的增减,汽车维修和零配件的供应,货物运输等多个方面的决策有很大启发。

物流观察是指在某个具体的地点,通过对各种交通工具的类型、品牌、载重等情况进行统计,了解各种产品的流向、市场供应量、市场普及率、市场占有率、顾客的品牌爱好等。例如,在某个商场门口,对出入的车辆类型、运输内容和车辆的来源进行观察和统计,可以了解该类商场的货源和采购类型、商场的进货量、进货周期、大宗商品的主要品牌等情况,并且可以间接预测出该商场主要商品的销售情况,商场采购网络和销售网络的分布等。如果结合商场内外部的观察,还可以对该商场的经营环境、经营状况等进行分析和预测。

3)观察法的优点和缺陷

①优点:避免了在面对面人员调查的过程中调查人员的主观态度和问题结构中存在的缺陷而导致的误差。

②缺陷:往往停留在对表面现象的观察,却无法深入探究人们的动机、态度、想法和情感;被观察者的随意性使观察到的行为不具有代表性。

4.3.4 访谈法

访谈法是指通过访员和受访人面对面地交谈来了解目标群体的消费习惯、用户需求等问题的研究方法。因研究问题的性质、目的或对象的不同,访谈法具有不同的形式。访谈法运用面广,能够简单而迅速地收集多方面的工作资料,尤其是在研究比较复杂的问题时需要向不同类型的人了解不同类型的材料。本书介绍常见的小组访谈和深度访谈两种。

1)小组访谈

小组访谈:指经过训练的主持人以一种自然的形式与一个小组的被调查者交谈,主持人负责组织讨论,从而深入了解被访者对某一种事物或观念的看法。

(1)小组访谈的实施流程

前期准备:

①访谈人数和时长

小组访谈的人数控制在8~10人最佳,访谈的时间一般应控制在1.5~2小时。同一小组的受访者以相同性质者为佳。

②访谈时间

应尽量选择受访者便于参加的时间。

③访谈提纲

设计和小组人员建立友好关系的开场白,并说明小组访谈的基本规则和基本内容,介绍访谈中需要逐步深入讨论的问题,总结访谈并再次对受访者表示感谢。

(2)小组访谈的优缺点

小组访谈的优点有:小组访谈收集信息迅速,成本较低,执行相对简单;小组访谈能获得大量意见、看法或观点,受访者的回答不受答案类型的限制;群体动力使小组访谈成为激发受访者产生新观念、新思想的最佳方式。

小组访谈的局限有:小组访谈的抽样人数少,缺乏对调查总体的代表性,不能把访谈结果作为决策的唯一依据;小组访谈所得到的回答大多是无结构性的,不易编码,难以量化统计;小组访谈要求主持人具有较高的访谈技巧,访谈结果的质量在很大程度上取决于主持人。

2)深度访谈

深度访谈指由掌握高级访谈技巧的访问员与受访者进行面对面、一对一的交谈,用以揭示对某一问题的潜在动机、态度等。

①深度访谈的特点是适合了解抽象和复杂的问题,便于刺探受访者的真实想法,了解受访者复杂的行为,适合了解不便于公开的问题和访问专业人士、竞争对手等特殊人群。

②深度访谈一般用于正式调查前的探索性研究,或正式调查后有关问题的深入探讨。

③深度访谈对访问员的要求略高,要求访员能够让受访者轻松地接受访问,做到态度中立、客观,不表露自己的观点,并能够巧妙地刺探受访者真实的想法,还要有较好的控制访谈主题和进度的组织协调能力。

④深度访谈的优缺点

深度访谈的优点在于可以获得比较全面的资料,有较多机会评价所得资料的效度和信度。

深度访谈的缺点是样本量小,误差较大,所得资料难以量化统计和推论,对访问员的素质和访问技巧要求较高。

【案例阅读】

小组访谈提纲范例

一、开场白

大家好,我是本场访谈会的主持人×××,×××学校物流管理专业的学生。首先要感谢大家在百忙之中抽出时间来参加我们的访谈会,我在这里代表我的同学们向大家表示感谢。

下面,让我们彼此认识一下,这位是……,这位是……

二、访谈规则

本场访谈会将在轻松愉快的气氛中进行,希望大家畅所欲言。

大家的回答没有对与错,我们只是想知道你的观点和看法。

如果你对我们将要讨论的一些话题了解得不多,也不要觉得难过——这对我们来说也是重要的。不要怕与别人不同,我们并不是要求所有人都持有同样的观念。

请大家不要向我提问,因为我所知道的和我的想法在此次访谈会中并不重要。

本场访谈会的主题是(你期望中的社交软件的功能)……

三、提问交流

1.你经常使用哪些社交软件?

2.你最喜欢使用哪个社交软件?原因是什么?

3.你比较喜欢社交软件提供的哪些功能?

……

11.在社交软件策划的活动中,有没有什么令你比较难忘?

12.你理想中的社交软件是怎样的？请充分发挥你的想象力和创造力。

提示：主持人可抓住讨论中出现的新问题引导受访者发表见解。

四、结束语

通过这场访谈，我们知道了……

非常感谢大家让我们度过了一个开心的上午/下午。

为了表达谢意，送给各位一份小小的礼物留作纪念！谢谢大家对我们的支持和配合，本场访谈成功！

【知识窗】

零售企业的顾客满意度及其评定

顾客满意是顾客在进行了一定消费之后感到满足的一种心理体验。顾客对所购买的产品或服务的满意状态和程度称为顾客满意度，它是对顾客满意的量化界定方法，表示顾客在每一个满意属性上的深度。“顾客第一”还是“利润第一”，一度曾是相互对立的两种经营观念。但随着营销观念的改变，人们意识到这两者实际是统一的，即必须首先满足顾客的需求、愿望和利益，才能获得企业自身所需的利润。因此，建立科学的满意度评价指标体系已经成为商业企业极为关心的问题。

* 顾客满意度体系

顾客包括内部顾客和外部顾客。内部员工满意度反映了企业的士气、向心力和团队精神，是外部顾客满意的动力。外部顾客满意即人们常说的顾客满意，关系到企业的经济效益和社会声誉。

一、外部顾客满意的构成体系

零售企业外部顾客满意度体系由三大部分构成：商品（质量、价格、品种）、服务（顾客咨询服务、接待服务、售后服务、环境设施、投诉处理）、企业信誉。每个组成部分包括很多要素，其中：

1.顾客的感受来自两个方面

通过企业形象宣传和他人介绍等渠道获得的间接感受；顾客在与企业提供的产品和服务的接触过程中产生的直接感受。

2.顾客满意的形成受企业和顾客两方面影响

在资源一定的情况下，必须保证利益各方均能接受的满意水准，即任何企业不可能不计成本去获得顾客的满意。顾客的满意是在与企业提供产品和服务进行接触过程中形成的，受多种因素影响。

3.服务和商品的满意特性

与服务有关的因素有：专业性、文明性、及时性、适用性、舒适性、卫生性、硬件设施、信誉等。与商品有关的因素有：功能性、使用寿命、安全性、可靠性、外观、价格等。

二、员工满意度体系

研究结果表明：员工满意度提高5%，会连带提升1.3%的顾客满意度，同时也提高0.5%

的企业业绩。也就是说，重视提高员工满意度，最终可以给企业带来收益。根据马斯洛的需求层次理论，商业企业可以建立内部员工满意度指标体系，包括：

①生理：薪资待遇、医疗保健、工作时间、福利保障、工作环境。

②安全：就业保障、退休养老保障、健康保障、意外保险、劳动防护。

③社交：上下级间沟通、团体活动、娱乐、教育训练、同事关系。

④尊重：薪水等级、晋升机会、奖励、参与、企业形象认同感与骄傲感、自豪感。

⑤自我实现：参与决策、工作挑战性、发挥个人特长。

＊顾客满意的外在特征

顾客满意是顾客的一种心理体验，需要采取间接的方法来反映。顾客满意表征即通过对满意程度的重要特征的描述，用直观的手段表达顾客的满意程度。下面是顾客满意表征的具体描述：

很不满意（愤慨、恼怒、投诉、反宣传）指顾客在消费了某种商品或服务之后感到愤慨、恼羞成怒难以形容，不仅企图找机会投诉，而且还会利用一切机会进行反宣传以发泄心中的不快。

不满意（气愤、烦恼）指顾客在购买和消费某种商品或服务后所产生的气愤、烦恼状态。在这种状态下，顾客尚可勉强忍受，希望通过一定方式进行弥补，在适当的时候也会对此进行反宣传，提醒自己的亲朋不要去购买或消费同样的商品或服务。

一般（无明显正、负情绪）指顾客在消费某种商品或服务过程中所形成的没有明显情绪的状态。也就是对此既说不上好，也说不上差，还算过得去。满意、称心、赞扬、愉快指顾客在消费了某种商品或服务之后所产生的称心和愉快的状态。在这种状态下，顾客不仅对自己的选择予以肯定，还会乐于向亲朋推荐；自己的期望与显示基本相符，找不出大的遗憾所在。

很满意（激动、满足、感谢）指顾客在消费某种商品或服务之后形成的激动、满足、感谢状态。在这种状态下，顾客的期望不仅完全达到，没有任何遗憾，而且可能还大大超出了期望。顾客不仅为自己的选择自豪，还会利用一切机会向亲朋宣传、介绍推荐。

＊顾客满意度调查

每半年或一年进行一次满意度调查。根据企业的规模确定问卷发放量，以重要性为权重计算出满意度综合得分：满意度综合得分＝$\sum$（满意度×重要性）/ $\sum$ 重要性。

1.顾客满意度问卷

为使调查更有效，问卷设计应做到：使被调查者容易得到答案，使之容易回答；便于统计处理；问卷不应太长，问题不应重复，最适合的是20~30个问题。下面是根据顾客满意指标体系，结合实际情况，为零售企业设计的满意度调查问卷：

> **顾客满意度问卷**
>
> 下列诸多因素中，哪些对你来说是最重要、最满意的，哪些影响程度一般，请按强弱程度打分。
>
> 非常满意（5分）满意（4分）一般（3分）不满意（2分）很不满意（1分）
>
> 非常重要（5分）重要（4分）一般（3分）不重要（2分）一点儿也不重要（1分）

影响因素	重要性	满意度
价格合理	5 4 3 2 1	5 4 3 2 1
商品质量	5 4 3 2 1	5 4 3 2 1
进出方便	5 4 3 2 1	5 4 3 2 1
商品有特色、符合需要	5 4 3 2 1	5 4 3 2 1
信誉好	5 4 3 2 1	5 4 3 2 1
内外环境卫生、清洁	5 4 3 2 1	5 4 3 2 1
空气流通、光线充足	5 4 3 2 1	5 4 3 2 1
标识清楚	5 4 3 2 1	5 4 3 2 1
能轻易找到目标商品	5 4 3 2 1	5 4 3 2 1
卫生间清洁	5 4 3 2 1	5 4 3 2 1
服务员有亲切感	5 4 3 2 1	5 4 3 2 1
员工专业知识丰富	5 4 3 2 1	5 4 3 2 1
服务员细致解答顾客疑问	5 4 3 2 1	5 4 3 2 1
可以退换货	5 4 3 2 1	5 4 3 2 1
售后服务好	5 4 3 2 1	5 4 3 2 1
付款等候时间短	5 4 3 2 1	5 4 3 2 1
投诉方便	5 4 3 2 1	5 4 3 2 1
优惠活动多	5 4 3 2 1	5 4 3 2 1

您的性别:①男　②女

您的年龄是＿＿＿＿＿＿岁

您的职业:①职员　②个体劳动者　③工人　④学生　⑤离退休人员　⑥其他

您个人平均月收入是(　　)元,您家庭人均月收入是(　　)元。

您家住在哪个区:＿＿＿＿＿＿,您的工作单位在哪个区:＿＿＿＿＿＿。

您对本店不满意的是:＿＿＿＿＿＿＿＿＿＿＿＿。

您的建议:＿＿＿＿＿＿＿＿＿＿＿＿。

2.员工满意度问卷

在员工满意度问卷设计过程中,选择问卷涵盖的议题前,应确定调查的目的,并与员工沟通,深入了解他们所关心的话题,然后有针对性地设计问卷。员工满意度调查至少一年进行一次。定期做调查可以对比改进效果,从而提高工作业绩。某零售企业内部员工设计的满意度调查问卷如下:

内部员工满意度调查问卷

下列诸多因素中,哪些对你来说是最重要、最满意的,哪些影响程度一般,请按强弱程度打分。

非常满意(5分)　满意(4分)　一般(3分)　不满意(2分)　很不满意(1分)

非常重要(5分)　重要(4分)　一般(3分)　不重要(2分)　一点儿也不重要(1分)

满意度指标	重要性	满意度
公司在行业中的竞争力	5 4 3 2 1	5 4 3 2 1
公司在顾客中形象	5 4 3 2 1	5 4 3 2 1
公司在社会上的知名度	5 4 3 2 1	5 4 3 2 1
公司发展前景	5 4 3 2 1	5 4 3 2 1
能够增加经验或提高技能	5 4 3 2 1	5 4 3 2 1
你所从事的工作能发挥特长	5 4 3 2 1	5 4 3 2 1
工作场所舒适	5 4 3 2 1	5 4 3 2 1
工作压力适当	5 4 3 2 1	5 4 3 2 1
同事之间关系融洽	5 4 3 2 1	5 4 3 2 1
与主管(上级)的关系良好	5 4 3 2 1	5 4 3 2 1
有不满时可以向上级倾诉	5 4 3 2 1	5 4 3 2 1
及时知晓公司的政策	5 4 3 2 1	5 4 3 2 1
上级或同事经常给予你帮助	5 4 3 2 1	5 4 3 2 1
你的努力及时得到肯定	5 4 3 2 1	5 4 3 2 1
公司提供适当的教育训练	5 4 3 2 1	5 4 3 2 1
未来能得到较好的工作机会	5 4 3 2 1	5 4 3 2 1
工资收入居同行之先	5 4 3 2 1	5 4 3 2 1
适当的年终奖金、节日津贴等	5 4 3 2 1	5 4 3 2 1
有退休养老保险及医疗保障	5 4 3 2 1	5 4 3 2 1
经常组织集体活动	5 4 3 2 1	5 4 3 2 1
工作很出色,因而感到满足	5 4 3 2 1	5 4 3 2 1

你对公司最满意的是:____________________。

你对公司最不满意的是:____________________。

你还有哪些建议或意见:____________________。

以上这两套调查问卷是消费者满意度调查和内部员工满意度调查的基本思路,如需进行这两项调查,可根据具体情况进行深度设计。

【知识窗】

大数据时代做传统调查还有意义吗?

"大数据"是一种基于新的处理模式而产生的具有强大的决策力、洞察力的信息资源。"大数据"通常指的是大小规格超越传统数据软件工具抓取、存储、管理和分析能力的数据群。这个定义会随着时间的推移和技术的发展而有所变化,没有统一的标准。但是有一点我们必须知道,“大数据”的量会越来越大。

大数据是以容量大、类型多、存取速度快、应用价值高为主要特征的数据集合,正快速发展为对数量巨大、来源分散、格式多样的数据进行采集、存储和关联分析,从中发现新知识、创造新价值、提升新能力的新一代信息技术和服务业态。大数据的4个“V”即Volume, Velocity, Variety, Value。第一,数据体量巨大。从TB级别跃升到PB级别。第二,数据类型繁多,例如网络日志、视频、图片、地理位置信息等。第三,处理速度快,1秒定律,可从各种类型的数据中快速获得高价值的信息,这一点也和传统的数据挖掘技术有着本质的不同。第四,只要合理利用数据并对其进行正确、准确的分析,将会带来很高的价值回报。因此,业界将其归纳为4个“V”——Volume(数据体量大)、Variety(数据类型繁多)、Velocity(处理速度快)、Value(价值密度低)。

大数据分析是商业智能的演进。当今,传感器、GPS系统、QR码、社交网络等正在创建新的数据流。所有这些都可以得到发掘,正是这种真正广度和深度的信息在创造不胜枚举的机会。

面临从经济全球化到衰退威胁的风暴,IT业需要在掘金大数据中打头阵,新经济环境中的赢家将会是最好地理解哪些指标影响其大步前进的人。大数据将会放大我们的能力,了解看起来难以理解和随机的事物。

谷歌搜索、Facebook的帖子和微博消息使得人们的行为和情绪的细节化测量成为可能。挖掘用户的行为习惯和喜好,在凌乱纷繁的数据背后找到更符合用户兴趣与习惯的产品和服务,并对产品和服务进行针对性的调整和优化,这就是大数据的价值。大数据也日益显现出对各个行业的推进力。

大数据时代的来临,首先由数据丰富度决定。社交网络兴起,大量的UGC(互联网术语,全称为User Generated Content,即用户生成内容)内容、音频、文本信息、视频、图片等非结构化数据出现了。另外,物联网的数据量更大,加上移动互联网能更准确、更快地收集用户信息,比如位置、生活信息等数据。从数据量来说,已进入大数据时代,但硬件明显已跟不上数据发展的脚步。

虽然大数据在国内还处于初级阶段,但是商业价值已经显现出来。首先,手中握有数据的公司站在金矿上,基于数据交易即可产生很好的效益。其次,基于数据挖掘会有很多商业模式诞生,定位角度不同,或侧重数据分析。比如帮企业做内部数据挖掘,或侧重优化,帮企业更精准找到用户,降低营销成本,提高企业销售率,增加利润。

未来,数据可能成为最大的交易商品。但数据量大并不能算是大数据,大数据的特征是数据量大、数据种类多、非标准化数据的价值最大化。因此,大数据的价值是通过数据共享、交叉复用后获取最大的数据价值。未来大数据将会如基础设施一样,有数据提供方、管理者、监管者,数据的交叉复用将大数据变成一大产业。

进入大数据时代,现代网络信息技术与智能设备的普及与运用,给传统市场调查方法带来挑战。有学者提出,与通过数据挖掘技术获得海量信息相比,传统市场调查所获取的信息不过是“小数据”。

那么问题来了:大数据时代是否还需要传统市场调查?在大数据技术与方法广泛应用

的时代,传统市场调查方法还有价值吗?

1.大数据技术方便数据采集分析

“移动互联网使得消费者的态度、行为被迅速信息化,并被互联网设备记录下来,为工作人员的相关研究提供了以往的信息收集手段无法采集的大量信息。同时也大大提高了人类记录和采集相关信息的能力,极大降低了获取某些信息的成本。”

大数据技术改变了数据的获取、处理和理解方式。数据获取方式从收集问卷或访谈变成了网络、多媒体等多技术手段的综合运用,更重要的是对象的变化,传统方法是先提出假设,然后收集和分析数据来验证这种假设,即用一系列的因果关系来验证各种猜想;传统的方法需要科学地从母体中抽样,大数据的数据获取对象可能直接就是母体;数据处理方式从传统的属性数据分析方法过渡到基于结构的、以智能信息处理为主的综合集成分析;数据理解方式,由传统的统计因果发展到以“相关”特别是不同信息之间关系“凸显”规律的解析。

大数据技术不仅在收集数据、整理数据和分析数据上具备优势,而且其带来的巨量交互性数据能够为市场调查的整体性分析提供有效证据。同时也无疑给传统的问卷和深度访谈调查方法带来挑战。大数据时代探索世界的方法,不再始于假设,而是始于数据,根据数据发现以前不曾发现的联系。这种大数据分析模式不受限于传统的思维模式,因而能为人们提供更广阔的视野以及更新的角度。

2.市场调查方法具有特殊优势

既然大数据技术在信息获取与分析领域具有如此凸显的优势,是否意味着传统市场调查将被取代呢?

一方面,与传统信息采集方式相比,大数据技术目前仍有其局限性;另一方面,传统信息采集方式仍具有独特价值。以抽样调查为例,在一些案例中,抽样调查更加适用于那些有“遗失”的数据和代表性样本。在面对复杂性、人际性消费需求的分析时,大数据方法还不够细致入微。

“大数据一个非常重要的特征是‘价值密度低’,数据内容可能并不是特定研究者所关心的,因此不一定都能满足特定问题研究的需要。”对于大数据获得的信息,传统市场调查不但是其必要的补充,也是专项研究更为必要的基础资料。

大数据技术所获取的信息相当于普查和非概率样本,尽管如此,大数据也并非没有边界,如果不能认识或约定其界限,数据虽大,却不能用于科学研究。被互联网、智能设备感知和记录的消费行为并不能覆盖全部的消费者。如果认识不到大数据的覆盖率或者代表怎样的群体,即便样本规模再大,得出来的知识和规律也有可能是误导性的。

此外,大数据的边界还在于变量意义上。“不同企业和研究单位根据其自身需要所采集的数据虽有很大的样本量,但每个样本的变量信息很少。如果不能将这些不同类型的数据库信息串并起来,增加变量即各个研究对象的有效信息量,那么研究价值也非常有限。”

传统市场调查获得的信息密度非常高,其目的直接性、设计性、标准化程度更强,效率非常高。“如果不使用传统的市场调查方法,即便今天世界上能力最强的互联网公司可能也无法从现有互联网痕迹数据中获得一个和中国综合社会调查具有同等代表性、信度、效度、信息密度和相同变量的数据集。”

3.大数据分析技术能预测和满足个性化需求

大数据的核心是预测,预测建立在对海量结构性和非结构性数据进行相关性分析的基础上。大数据技术可以对人的需求进行分析预测,有了个性化数据作为支撑,大数据服务将变得更为精准有效,每个人都可以通过大数据实现个人的喜好。电子商务推荐我们想要的商品,搜索引擎提供个性化排序,教育机构根据个人需求有针对性地提供教育培训,金融机构帮助用户进行有效的理财管理或提供贷款服务,企业通过技术支持实时获得客户在线记录,并及时为他们提供定制化服务。以前创业者可能在生产产品后再寻找潜在消费人群,而在大数据时代,创业者可能基于需求倒推到产品生产环节。

4.实现两种方法优势互补

从某种程度上说,大数据是数据分析的前沿技术。简言之,从各种各样的数据中,快速获得有价值信息的能力,就是大数据技术。明白这一点至关重要,也正是这一点促使该技术具备走向众多企业的潜力。大数据最核心的价值在于对于海量数据进行存储和分析。相比起现有的其他技术而言,大数据的"廉价、迅速、优化"这三方面的综合成本是最优的。

一方面,在大数据时代背景下,从大数据中提取出有价值的信息和知识,有可能获得有关消费者的新知识、新规律;另一方面,研究人员应该认识到大数据的局限性,以及传统研究方式的优势,避免盲目崇拜。传统的调查方式在获得某些高密度的、具有统计代表性的数据上仍具有成本优势和科学性优势。

对于学界出现的将两种方法非此即彼对立起来的争议,我们在对不同类型、不同复杂程度的问题进行分析时,要恰当地选择和使用传统的市场调查或大数据方法。

本文来源于《中国社会科学报》。

【思考题】

1.市场调查的含义是什么?

2.市场调查的主要内容包括哪些?

3.市场调查的作用是什么?

4.自行选择一个主题,设计市场调查的流程。

5.自行选择一个主题,设计一套市场调查的问卷。

6.问卷法、实验法、观察法和访谈法的含义分别是什么?分别在什么情况下应用该调查法?

7.请分析当今时代大数据的机遇与意义。

第5章 创新思维与产品设计

【学习目标】

1.掌握创新思维的定义,了解创新思维的形式,能够运用创新思维解决问题。

2.熟悉创意产品的孵化过程。

3.掌握产品设计的方法、原则,了解产品测试的意义。

【知识要点】

1.创新思维的定义。

2.创新思维的特点。

3.了解常见思维障碍。

4.创意产业化的定义。

5.创意产业价值链的支持要素。

6.产品设计的阶段、原则。

7.产品测试。

5.1 创新思维

5.1.1 创新思维的定义与特征

创新思维是指以新颖独创的方法解决问题的思维过程,通过这种思维能突破常规思维的界限,以超常规甚至反常规的方法、视角去思考问题,提出与众不同的解决方案,从而产生新颖的、独到的、有社会意义的思维成果。

1)创新思维的特征

创新思维具有以下几个特征:

第一,独创性或新颖性。创新思维贵在创新,或者在思路的选择上,或者在思考的技巧上,或者在思维的结论上,具有"前无古人"的独到之处,具有一定范围内的首创性、开拓性。一位希望事业有成或生活有意义的人,就要在前人、常人没有涉足,不敢前往的领域"开垦"出自己的一片天地,就要站在前人、常人的肩上再前进一步,而不要在前人、常人已有的成就面前踏步或仿效,不要被司空见惯的事物所迷惑。因此,具有创新思维的人,对事物必须具有浓厚的创新兴趣,在实际活动中善于超出思维常规,对"完善"的事物、平稳有序发展的事物进行重新认识,以求新的发现,这种发现就是一种独创、一种新的见解、新的发明和新的突破。

第二,极大的灵活性。创新思维没有现成的思维方法和程序可循,所以它的方式、方法、程序、途径等都没有固定的框架。进行创新思维活动的人在考虑问题时可以迅速地从一个思路转向另一个思路,从一种意境进入另一种意境,多方位地试探解决问题的办法,这样,创新思维活动就表现出不同的结果或不同的方法、技巧。例如面对世界经济趋于一体化、竞争日趋激烈的格局,企业的领导者不能无动于衷或沿用老思路,否则只有死路一条。他必须或是考虑进行技术革新,生产具有自主知识产权的产品;或是引进外资,联合办厂;或是改组企业的人力、财力、物力的配置结构;或是加强产品宣传,并在包装上下功夫;或是上述几者并用。企业的领导者也可以考虑企业的转产,或者让某一大型企业兼并,成为大企业的一个分厂。这里提到的思路分别包括了方法、技巧的创新,也包括了结果的创新,这两种不同的创新都是创新思维在拯救该企业问题的应用。创新思维的灵活性还表现为,人们在一定的原则界限内的自由选择、发挥等。一般来讲,原则的有效性体现在它的具体运用上,否则,原则就变成了僵死的教条。

第三,艺术性。创新思维活动是一种开放的、灵活多变的思维活动,它的发生伴随有"想象""直觉""灵感"之类的非逻辑、非规范的思维活动,如"思想""灵感""直觉"等往往因人而异、因时而异、因问题和对象而异,所以创新思维活动具有极大的特殊性、随机性和技巧性,他人不可以完全模仿、模拟。创新思维活动的上述特点同艺术活动有相似之处,艺术活动就是每个人充分发挥自己才能,包括利用直觉、灵感、想象等非理性的活动,艺术活动的表面现象和过程可以模仿,如凡·高的名画《向日葵》,人们都可以去画"向日葵",且大小、颜色都可以模仿,甚至临摹。然而,艺术的精髓和内在的东西及凡·高的创造性创作能力只属于个人,他融于作品中的思想与精、气、神是无法仿照的。任何模仿品只能是"几乎"以假充真,但毕竟不是真的,所以才有人愿冒生命之危险,设法盗窃著名画家的真迹。同样,创造性的思维活动也是不可模仿的,它无法像一件物品,摆放在我们面前,任人临摹、仿照。一旦谈得上可以模仿,所模仿的只是活动的实际实施过程,并且自己是跟在他人后面,一步一个脚印地学习他人。因此,创新思维被称为是一种高超的艺术。

第四,对象的潜在性。创新思维活动从现实的活动和客体出发,但它的指向不是现存的客体,而是一个潜在的、尚未被认识和实践的对象。例如,在改革浪潮席卷全球的今天,无论是发达国家,还是发展中国家,都在寻求适合本国国情的改革之路,那么,这条路究竟怎么走,各国正在探索,即各国分别依据本国所面临的各种现实情况,进行创造性的思索,大胆试验,所以这条路至今还不太清晰,还是潜在的,至多是处在由潜在向现实的不断转变之中。所以,创新思维的对象或者是刚刚进入人类的实践范围,尚未被人类所认识的客体,人们只能猜测它的存在状况,或者是人们虽然有了一定的认识,但认识尚不完全,还可以从深度和广度上加以进一步认识的客体,这两类客体无疑带有潜在性。

2) 创新思维的作用

创新思维的定义和特点让我们可以进一步明确创新思维的作用:

创新思维可以不断地增加人类知识的总量,不断推进人类认识世界的水平。创新思维因其对象的潜在特征,表明它是向着未知或不完全知的领域进军,不断扩大着人们的认识范围,不断地把未被认识的东西变为可以认识和已经认识的东西,科学上每一次的发现和创造,都增加着人类的知识总量。比如,人类发明了计算机,计算机科学与技术成为新的学科与知识。

创新思维可以不断地提高人类的认识能力。创新思维是一种高超的艺术,创新思维活动及过程中的内在的东西是无法模仿的。这内在的东西即创新思维能力。这种能力的获得依赖于人们对历史和现状的深刻了解,依赖于敏锐的观察能力和分析问题的能力,依赖于平时知识的积累和知识面的拓展。而每一次创新思维过程就是一次锻炼思维能力的过程,因为要想获得对未知世界的认识,人们就要不断地探索前人没有采用过的思维方法、思考角度去进行思维训练,就要独创性地寻求没有先例的办法和途径去正确、有效地观察问题,分析问题和解决问题,从而极大地提高人类认识未知事物的能力。所以,认识能力的提高离不开创新思维。

创新思维可以为实践开辟新的局面。创新思维的独创性与风险性特征赋予了它敢于探索和创新的精神,在这种精神的支配下,人们不满于现状,不满于已有的知识和经验,总是力图探索客观世界中还未被认识的本质和规律,并以此为指导,进行开拓性的实践,开辟出人类实践活动的新领域。以中国的改革开放为例,正是邓小平创造性地提出了有中国特色的社会主义理论,才有了中国改革开放以来发生的翻天覆地的变化。

5.1.2 创新思维训练

1)常见的思维障碍

前人的误区往往提供了智者的创新起点。要想以创新思维在未来的竞争中取胜,就要善于突破经验思维的误导,突破思维定式的束缚,突破对寻常事物的成见,遇事不轻易凭经验下结论、作决定,学会清醒地从全盘看问题,做到全局在胸,胜券在握。在现实生活中,为什么越是简单的问题越容易让人掉以轻心,并由此出错?因为急于求成的人总是容易首先从自己的经验定势和主观愿望出发,习惯于按常规思维办事,进入思维障碍的陷阱。在现实中,人们常见的思维障碍包括以下几条:

(1)从众性思维

从众心理是指放弃独立思考,盲目相信大众,一切跟在别人后面,不出头,不冒尖的心理。这种从众包括学习从众,如高考的热门专业;消费从众,大家都喜欢买的热门商品;恋爱从众,我们喜欢大家都觉得好的人;作弊从众,因为他们都作弊,所以我也跟着作弊了。殊不知,只有与众不同的想法,才能有与众不同的机会,得到与众不同的收获。

每个人都是独立的个体,也是社会中的一员。作为社会的成员,面对外在的世界,应该通达和顺应,顺应规则、遵从法度、与人交往,这一切都是我们可以叫做外化的东西。但是一个人之所以成为他自己,更应该是坚持自己的秉性而不要随波逐流,有他独特的价值观,有他独特的风格,有一个人内心的秉持。在现实生活中,人们总有一些从众心理,似乎有了不同的意见想法就成了不合群的人,我们怕听到反对的声音而放弃自己独特的想法,与此同时也放弃了改变生活的大好时机。只有那些敢于表达他们与众不同想法的人,才能变得与众不同。

(2)习惯性思维

习惯性思维,也即是定势思维,是指人们在面对新事物、新问题时习惯用之前的思维方式,对新事物、新问题不加分析、不加思考的麻木重复,其主要特征是对问题的思考总是按照第一次的方向和次序进行。习惯性思维对人们解决问题,既有积极作用,也有消极作用。从积极的一面看,习惯性思维可以极大地节约时间和精力,提高人们解决问题的效率;从消极的一面看,习惯性思维容易使人们走进思维的死角,钻牛角尖,不利于解决问题。以对于一个立志于创新的人来说,我们应打破习惯性思维障碍对我们的约束,进一步优化自己做事的方式和方法,充分发挥主观能动性以寻取更新更好的思维方法。

(3)刻板型思维

所谓刻板,是指呆板、机械、缺乏变化。刻板型思维即指思考的过程中不懂变通,思路单一。人们在解决简单问题时,刻板思维通常能解决问题。但当问题稍微复杂时,刻板思维不但无济于事甚至导致错误。刻舟求剑的故事深刻阐述了这个道理。如何打破刻板型思维呢?韩非《五蠹》里说"世异则事异,事异则备变",意思是世界改变了事情也就随之改变,事情改变了,那就需要对新变化作准备。在思维活动中,常常会发生一些新情况,面对新情况我们应打破刻板,随机应变,迅速做出反应,从而摆脱困境,顺利达到理想目的。

(4)权威型思维

权威常常是在某领域内有力量、有威望、有地位的人,权威之所以成为权威,是因为他们在某领域很有建树,他们的意见和建议能使我们事半功倍,人们常常对学识、能力比自己强的人产生尊敬和崇拜,不敢去质疑他们的观点。这种不敢质疑,过分相信权威将极大地阻碍人们的创新思维,因为他们思考的领域,就只能是在权威限定的框架里。爱因斯坦说,"因为我对权威的轻蔑,所以命运惩罚我,使我自己竟也成了权威",这句话也许很好地阐释了人们应该如何面对权威。

2)创新思维的激发与获得

(1)要解放头脑,敢想

世界上许多发明创造都是从"想"开始的。俗话说,"不怕办不到,就怕想不到",从某种意义上说,"想"比"办"更为重要。科学家也曾经说过,人们认为"不可能"完成的事,往往不是由于缺乏金钱和力量,而是由于缺乏想象。合情合理的想象往往寓含着创造性思维。古希腊哲学家亚里士多德指出:"我们的思维是从与正在寻求的事物相似的事物、相反的事物或与它相接近的事物开始进行的。以后,便追寻与它相关联的事物,由此产生联想。"联想的作用在于寻求规律、发现真理,预见解决问题的方法和思路,是属于创造性想象。实际上,人们的创造思维和创造活动都离不开联想。联想是创造思维的重要品质之一,联想不是一般的思考,而是一种由此及彼的扩展,是使不同概念相接近,并从中引出结论的能力。新奇的联想,可使问题别开生面,妙趣横生,并给人以美感。它是一种较好的创造性思维的训练方法。

【案例阅读】

人工培育珍珠和人工培育牛黄

天然牛黄是非常珍贵的药材，只能从屠宰场上碰巧获得。这样偶然得来的东西不可能很多，因此很难得到，也无法满足制药的需求。其实，牛黄这种东西，只不过是由于某种异物进入了牛的胆囊后，在它的周围凝聚起许多胆囊分泌物而形成的一种胆结石。一家医药公司的员工们为了解决牛黄供应不足的问题，集思广益，联想到了人工培育珍珠的方法。既然河蚌经过人工将异物放入它的体内能培育出珍珠，那么，通过人工把异物放进牛的胆囊内也同样能培育出牛黄来。他们设法找来了一些伤残的菜牛，把一些异物埋在牛的胆囊里，一年后，果然从牛的胆囊里取出了和天然牛黄完全相同的人工牛黄。医药公司员工运用联想思维的对比联想创新思维，在了解到牛黄生成的机理后，对比人工育珠的过程，联想到通过人工将异物放入牛胆内形成牛黄，从而制成了人工牛黄。

(2)解放束缚，敢说、敢问

学起于思，思源于疑。爱因斯坦说过，“提出一个问题往往比解决一个问题更重要”。法国大作家巴尔扎克曾言，打开一切科学的要素都是毫无疑义的问号，我们大部分的伟大发现，都应归功于“如何”，而生活的智慧大概就在于问个“为什么”。质疑是创造性学习的一种表现，心理学研究表明，怀疑易引起人的定向探究反射，有了这种反射，思维便应运而生。所以要培养创造性思维能力，首先要打破思维上的老框子，鼓励自己多发问。而发现问题和解决问题的过程，通常会锻炼员工的思维。

【案例阅读】

连续脑筋急转弯

把大象放进冰箱分几步？把长颈鹿放进冰箱分几步？森林里开百兽大会，只有什么动物没来？小明每次过河都遇到鳄鱼，这次为什么没遇到？

答案：

①三步。打开冰箱，将大象放进冰箱，再关上门。

②四步。打开冰箱，将大象拿出，放长颈鹿进去，再关上门。

③长颈鹿没去，因为它还在冰箱里。

④因为鳄鱼去参加百兽大会了。

(3)要解放双手，敢做、会做

手使脑得到发展，使它更加明智。由于严重忽视了动手能力的培养，只注重理论知识的灌输，结果培养出了许多“高分低能”的“高才生”。要加强自己动手操作能力的培养，可以在学习新知识时让自己动手去探索、发现，要让自己在“知其然”的同时去主动探索其“所以然”。

【案例阅读】

南极冰管

美国的一个南极探险队首次准备在南极过冬时,遇到了这样一个难题:队员们打算把船上的汽油输送到基地上,但由于输油管的长度不够,当时又没有备用的管子,无法输送。正当大家一筹莫展的时候,队长帕瑞格突发奇想:南极到处都是冰,能不能用冰来做成冰管子呢?由于南极气温极低,屋外能“点水成冰”,这个联想并非是不切实际的空想。可以用冰做管子,但怎样才能使冰成为管状又不致破裂呢?帕瑞格又想到了医疗上使用的绷带,在出发时带了不少这样的绷带,他们试着把绷带缠在铁管子上,然后在上面浇水,让水结成冰后,再拔出铁管子,这样果然就做成了冰管。他们再把冰管子一截一截地连接起来,需要多长就接多长。就是依靠这些冰制的管子,解决了输油管长度不够的难题。

3) 创新思维的形式

(1) 发散思维

这种思维是指在创新过程中,充分发挥想象力,突破原有的知识圈,从一点向四面八方想开去,通过知识、观念、信息的重新组合,找出更多更新的可能的答案、设想或解决办法。这种思维既无一定的方向,也无一定的范围,可以“海阔天空”“异想天开”,从已知的领域去探索未知的领域。在创新的初始阶段,科学构想往往会由于“思维定势”的强烈作用,使得我们总是在一个固有的思维框架中挣扎,而采用发散思维,则能使我们摆脱束缚。由于发散的思路广阔,选择余地大,这就为最终敲定某一种方案创造了条件。以砖为例,在讲到砖的用途时,一般职工只能提到砖可以造房子、砌墙、铺路等,总离不开“建筑材料”这一功能范围。而一个发散思维好的人,则可以讲出更多用途,如可以当榔头敲东西,作武器自卫,叠起来当凳子,吊线当直尺,在水泥地上当笔用,当枕头,压毛毡等。

(2) 集中思维

集中思维,是与发散思维相对而言的,又称为求同思维或聚敛思维,就是从已知的种种信息中产生一个结论,从现成的众多材料中寻找一个答案。集中思维是一种异中求同的思考方式,在大量创造性设想的基础上,通过分析、综合、比较、判断,选择最有价值的设想。集中思维就是鉴别、选择、加工的思维,因而也是创新思维的一个要素。创新思维活动实际上是发散思维和集中思维有机结合、循环往复而构成的思维活动。其活动过程是:集中→发散→再集中→再发散→集中→再发散→再集中。集中思维与发散思维不同。发散思维一开始就要“放”,而集中思维则是在“放”的基础上“收”。因此,也有人称其为收缩思维或求同思维。比如破译“生命天书”,人类基因组草图的绘制向人们展示了广阔的前景。根据人类基因组图谱,科学家们可以从事生命科学研究,可以研究基因医疗,可以研制基因药品,也可对其他动植物进行研究,等等,这些都是“放”。在此基础上,科研人员根据自己所学的专业知识,根据社会发展的需要,可能选择其中一种,这就是“收”。

(3)逆向思维

这是指思维主体有意识地把人们通常的思维顺序颠倒过来,从相反的方向进行思维,以求获得出乎意料的答案的思维方式。从逆向去探求,从相反的方向去思考。这种思维方式改变人们通常只从正面去探求的习惯。从反面去认识事物,易引起新的思索,往往会产生超常的构思和不同凡俗的新观念。逆向思维范围较广,如上下反向、左右反向、前后反向、内外反向等。

在发明创造或思考问题时,如果从正面不易突破,就改从相反方向去探求,常常可收到意想不到的效果。比如科学家在发现粒子之后,有人认为,既然有粒子,就会有反粒子存在。后来通过大量的科学实验,终于发现了反粒子。同样是运用逆向思维,英国科学家狄拉克于1927年提出了反物质的存在。为了推动技术创新和提高合理化建议水平,企业里常用的逆向思维的几种表现方式包括:①原理逆向:如对金属一般都采用高温热处理的原理进行,有人逆向思维,变热为冷,经过研究发明了深冷处理技术。②属性逆向:属性是事物具有的性质和特点,这里是指创造对象的构造、材质和制造工艺等属性。③方向逆向:对构成顺序、排列位置、安装方向、输送方向、操作方向、旋转方向、上下高低等作逆向变换。④尺寸逆向:扩大直径,缩短高度,大小头变换,高与矮,长与短互变等。

(4)联想思维

联想思维是人们通过一事物联想到另一事物的思维过程。联想事物,可以是当前的两个事物,也可以是当前的一些事物与回忆的另一事物,亦可以是头脑中想到了一事物又想到的另一事物。联想以记忆为前提条件,是把“记忆库”中的两个记忆元素提取出来,再通过想象活动把它们“联”在一起,形成联想。所以,联想不是单纯的回忆,而是通过想象力,在两个不同的表象之间建立起联系,由此及彼形成的意象运动,为进一步地创造性想象奠定基础。联想能够克服两个概念意义上的差距,并在另一种定义上把它们连接起来,由此可以产生一些新颖的思想。联想是大脑跳跃式的信息检索。联想是人皆有之,人均用之,只是不同的人,其联想思维的广度、深度、速度与层次不同而已。前面说过,发明创造离不开想象,想象又离不开联想。按联想物之间的关系可以分为相似联想、接近联想、对比联想、仿生联想和仿形联想等多种联想思维。

(5)转换思维

转换思维的特点是以多路思考代替单路思考来对待问题(或某一发明创造的实施方案),要准备一套办法,这种办法不行,用别的办法;走不通时,要灵活多变,及时转换,不是“钻牛角尖”,一条道走到黑,碰了壁才调头。在实践中,要自觉地培养“自变性因子”,打破自我圈定的框框对自己思路的束缚,要能主动否定自己,不断修正前进的方向。构思问题要举一反三、触类旁通,学会应变,及时转换与替代。转换思维可分以下三种类型:第一,方法转换,古代一位智者测金字塔的高度,他站在阳光下,当自身影子与身长相等时,让助手赶快去量金字塔的影长,这时影长就是金字塔的高度了。第二,目标转换,它是指对用途、功能、计划指标值的修正、改变或放弃。天津某制呢厂在一次生产过程中,由于投料成分比例有误,使得这批呢子出现了白花点,商家拒收。该厂的工艺人员注意观察和研究并多次试验,找到了问题的关键，并将错就错，有计划地、人为地按“错误”方法投料，于是有了雪花呢。第三，元素转移，它是指构成研究对象的元素、物品、材料、构件，在主观、客观条件或因素之间的替代。我国古代流传下来曹冲称象的故事，反映了曹冲在关键时刻显示出的聪明才智，利用的即是元素转移的思维。总之，事物的发展往往有多种可能，但人们受习惯思维的影响，往往只看到一种可能，而看不到其他可能。如果人们尽可能转换思维，思路就会“阔”起来，成功的机会也就增加了。

(6)相似思维

当两个相似事物之间建立起某种联系时，就能从其中一个事物的性质和变化规律去研究和发现另一事物的性质和变化规律，这种研究问题和解决问题的方法，在心理学上就叫相似思维。相似思维反映事物之间存在着有条件的相似性，它是创新思维的重要组成部分。这是将思维对象和另一有关的事物联系起来思考，发现二者之间的相似性，从而受到启发，达到解决或创造发明的目的。这里所说的相似，主要指结构相似、形态相似或功能相似等。抓住其相似的地方进行思考，从而创造出与客观存在的事物既相似又功能迥异的东西。鲁班发明锯子是从手被草划破开始思考制造锯子的，锯齿与划破手的草形状相似，而锯子是铁的，所以功能就截然不同了。19 世纪 20 年代，英国工程师布鲁内尔无意中发现有一只小虫使劲地往坚硬的橡皮树里钻。他注意到，那只小虫是在硬壳保护下“工作”的。受到启发，布鲁内尔在施工过程中，先将一个空心的钢柱打入岩层中，而后在这个“构盾”的保护下进行施工，“构盾施工法”因此而诞生。

(7)分合思维

分合思维是一种将思考对象的有关组成部分或构成因素在思维过程中有目的地分解或组合，从而创造出新产品的一种方法。科学技术的发展，一方面不断出现新的分化，另一方面又不断出现新的组合。无论是分化还是组合，只要能出新，经过分化或组合之后的东西在原来的基础上有发展、有提高，就是创新。最早的汽车，只有一种，是客货混装的。随着科学技术的进步，特别是人们生活和工作的需要，人们将最早的汽车进行了分解，出现了客车和货车，而且有了许多新的品种。以客车为例，有大客车、面包车、吉普车、小轿车等，而且型号繁多，这就是分解。再看组合，以前打字、油印分开，现在的电脑打字机能把二者有机地结合起来，而且电脑的综合性表现在许多方面。仅以文字处理为例，它可以排版、画图、储存资料，而且迅速准确。计算机的组合性是科技创新的结果。

(8)两面思维

两面思维是指在科学创造中构思出两个并存的事物，并把这两个事物合并成一个事物，从而产生创造成果的思维方法。构思出的两个并存的事物，它们可能是同一性质的，也有可能是不同性质的。特别是把两个不同性质的事物组合成一个新的事物，有时会产生奇异的效果。化学电池，是将化学能转化为电能，这种电池不仅功率大，而且不污染环境。化学与电池是两个学科。化学与物理组合之后，产生了一种新的事物，而且这种事物对人们的生产和生活会产生巨大的影响。两面思维不仅仅指两个事物的组合，两个以上的事物也可组合。不同领域成熟技术的巧妙结合，可能会产生全新的概念，全新的产品。例如英国科学家在

1972年发明的X光计算机断层扫描技术,融合了传统的X光技术、传感器技术、计算机技术和电视信号处理技术,实现医学影像诊断技术的飞跃,成为现代发明的经典之作。

(9)多路思维

多路思维是指在思维时,根据自己的思维特点、思维潜能,适当分配自己的思维能力,使之在几条线上同时运行,而又不互相干扰、混淆和相悖。多路思维就是人们所说的一心多用。这种思维方式表面上看起来是分散了注意力,实际上它提高了思维效率,因为它扩大了思维的途径与内涵,是能够承受的。科学研究表明,一个人在同一段时间内可以同时平行思考的项目多达7个。一个人在同一时段内思考几个课题,这是一种能力的反应。如果知识面宽,研究的领域比较广,同时产生几种创造灵感并不罕见。研究一个项目,解决一个难题,从多方面思考解决问题的途径,也属多路思维。2000年7月23日《长江日报》报道了海军工程大学兵器科学与技术博士后欧阳光耀成功地解决了困扰国际火炮学术界近百年的世界性难题。多年来,面对炮口振动对火炮射击精度影响的难题,国内外专家大多在设计阶段采用有线源分析等方法进行优化,收效不大。欧阳光耀在攻克这一难题时考虑了多种途径,最后采用的是在设计时利用减振技术。这一技术的应用,从理论和实践上成功地解决了振动对炮口射击精度影响的难题。这一难题的解决对增强火炮战斗性能具有重要军事价值。

(10)纵横思维

纵横思维是一种通过纵向与横向交叉进行思考,以获得新发现的一种思维方法。这种思维方式注重把研究的对象与它有关联的其他事物,从不同的方面、不同的角度进行比较、鉴别,不断加深对研究对象的认识,以求获得新的思路或创造灵感。最近几年很多具有特殊疗效的中成药的研究成功,大都采用了纵横思维方式。纵,即研究者考查大量古代历史医学著作,从中吸收精华,不断拓宽思路,进一步明确目标;横,即把同一时期有关治疗某种疾病的研究成果进行综合比较分析,采取去伪存真、去粗取精的方法,让研究思路更加明晰,从而确定新的组方。在研究的过程中,"纵"提供了可资借鉴的史料,使研究有深厚的根基,"横"提供了新的起点,使研究成果的新突破有了扎实而稳固的平台。

(11)物象思维

物象思维是指研究人员在创造发明的过程中,将研究对象实物化、图像化,以使创造思路明晰,并由此获得新的发现或成功的思维方法。物象思维最大的优点就是研究对象清晰,尽管研究人员眼前并没有实物存在,但这种虚拟的物象使科研人员有了具体的工作对象,并且能随时对研究方法、手段及其他方面进行控制与调整,因而工作具有主动性。英国《焦点》月刊2000年10月号发表了《空中轿车:唯一的交通方式》,文章介绍了美国科学家保罗-莫勒发明空中轿车的经过。莫勒研制的这种空中轿车可供4人乘坐,最大载重量335千克,飞行高度6 096米,最大行程1 440千米,使用普通汽油,每加仑汽油可行驶24千米。莫勒在发明这种轿车的过程中,他首先想到的是飞行的轿车,而且还要想到轿车在空中飞行的样子。如果他心中没有空中飞车的形象,他是无法进行研究的。

5.2 创意产业化与产品设计

【案例阅读】

台北“故宫博物院”——“朕知道了”胶带

2013 年,台北“故宫博物院”一款皇帝朱批纸质胶带以其霸气、幽默、集文物知识与时尚趣味于一身的独特气质风靡海峡两岸,引发网友热烈讨论,余热至今不衰。

“朕知道了”是台北“故宫博物馆”首次推出的皇帝朱批纸胶带,为康熙帝御笔朱批真迹印刷而成,共有黄、白、红三款颜色。其点子源于 2006 年时,现任的冯明珠院长曾策划过一个朱批奏折展,其中有康熙朱批的“知道了”三个字,后来又截取康熙在其他朱批中的“朕”联合运用到纸上。借《甄嬛传》风行的契机,至 2014 年 3 月已售出 139 000 组,共计 2 660 万元的惊人成绩。现在到台湾观光的大陆旅客,这款胶带几乎是必买的纪念品。

这款纸胶带在网络的走红,使大众真正开始重视博物馆的文化创意工作,可以说是引领了国内博物馆文创产品的潮流。

台北“故宫博物馆”将康熙的霸气字迹与纸胶带有机地结合在一起,不仅普及了文物知识,而且带来了可观的经济效益。他们的网络商城表示,纸胶带目前有五款,其中以“朕知道了”楷书纸胶带询问度最高。未来还会陆续推出多款纸胶带;而 2013 年 5 月初最先推出的“乾隆御览之宝纸胶带”也很受欢迎,不到月底,1 000 多份就销售一空。

当今世界,创意产业已经由理念逐渐演变成具有自主知识产权的高附加值产业,隐藏着巨大的经济效益。近年来,我国也逐渐认识到文化创意产业发展的重要性,并将创意产业发展提升到区域快速发展的战略层面。但是,我国创意产业仍处于市场尚不成熟、需求尚不稳定、产业链尚不完整的时期,文化创意产业价值链仍处于割裂状态,主要环节增值能力不足,各环节联动协作能力不够,相关配套产业体系不完善,需构建产业链各环节的衔接机制,整合。

5.2.1 创意产业化

1) 创意产业化的定义

英国在《创意产业专题报告》中首次对创意产业进行了定义:“源于个人创造性、技能与才干,通过开发和运用知识产权,具有创造财富和增加就业力的产业”;厉无畏在《创意产业导论》中,提出“文化产业的内涵的关键是强调创意和创新,广义上讲,凡是由创意推动的产业均属于创意产业,通常我们把以创意为核心增长要素的产业或缺少创意就无法生存的相关产业称为创意产业”。

纵观国内外学者对创意产业的定义,均强调创意产业的创新性、文化性及高科技性等。

基于链理论,我们将创意产业定义为:以内容为核心,人才为依托,产品为载体,各节点企业、关联环节围绕交互协作完成创意产品调适传递及增值的过程,从而形成网状产业价值链的有机结合体。因此,创意产业价值链分析对创意产业发展尤为重要。

“价值链分析方法”中指出:“每一个企业都是用来进行设计、生产、营销、交货等过程对产品起辅助作用的各种相互分离的活动的集合。”即单个企业由特定方式的五种基本活动和四种辅助活动构成,基本活动包括内部活动、生产经营、外部后勤、市场和销售,辅助活动包括采购、技术开发、人力资源管理、企业基础设施。波特的价值链分析同样适用于文化创意产业,文化创意产业价值链管理主要研究的是各创意主体围绕原创知识对价值链各环节的运作,使得相关价值活动环节无缝整合,进而实现价值增值的目标。

创意价值链是产业发展的生产经营链,即通过创意的开发、生产制造,以产品及服务为载体,利用市场营销和渠道销售进入消费环节,消费者直接进行消费体验,或者进入衍生创意产品市场进行消费交易。创意产品在内容创意—生产制造—营销推广—传播分销—消费交换的路径形成过程中,完成了创意产品价值创造—价值开发—价值捕捉—价值挖掘—价值实现—价值增值的整个价值传递过程。

2) 创意产业价值链运作支持条件

(1) 文化支持

内容创意强调创意产业文化性,即创意产业以一定的文化为产业支撑。2009 年《文化产业振兴规划》中将“文化创意”作为文化产业发展重点之一,首次明确“文化创意”归属于文化产业,因此创意产业具有文化产业最基本的文化特征。

创意产品是文化内容的载体,不仅具有商业价值,还具有知识、观念价值,即为产品和服务注入新的文化要素,为消费者提供与众不同的新体验,提高产品与服务的观念价值。

(2) 技术支持

创意产业是以高科技手段为支撑条件的产业,是创意、人才与技术相互融合的产物。目前对创意产业开发主要表现在技术内容的创新,体现在信息技术及网络技术在制造环节与分销环节的带动作用,将高科技融入消费体验过程,增加创意产品科技含量及服务水平,从而吸引消费者。

(3) 资金支持

资金是支持创意产业发展的基础条件,同时也成为创意产业发展的制约性因素。创意产业处在发展初期,投资收益不确定性较强,创意企业中小企业居多,抗风险能力较弱,融资渠道狭窄,难度较大,亟须完善创意产业的融资机制。

(4) 产业支持

创意产业与相关产业具有较强的多向关联性,即创意产业与前向产业及后向产业间投入和产出联系密切。创意产业是对同类别行业运作过程中产生的知识、技能及经验等的运用,而制造产业正是创意思想得以物化的经济载体。因此,创意产业的发展需要相关产业的支持。

3) 创意产业价值链运作模式

创意产业价值链运作模式是在基本价值链条的构建基础上,对价值增值核心环节的挖掘，进而对价值链进行延伸及整合，完善价值链衔接机制，优化价值实现路径，形成产业良性循环。

创意产业不是自给自足的生产系统，而是与其他经济及文化领域互动融合的，其作用就在创意价值链系统为中心，使创意价值不断向系统外围拓展；给经济及社会带来有形和无形的价值。创意价值链价值拓展是创意在产业化的进程中，不断向实体产业和城市发展进行拓展的过程，包括创意产业化、产业创意化和城市创意化三个方面。

①创意产业化，即以创意价值链为基础，通过市场机制促进文化、技术、经济三大系统的融合，产生直接经济价值；创意产业化是以创意价值链为基础的产业自我拓展。厉无畏等(2007)认为，商品价值由功能价值和观念价值两个部分组成。功能价值由科技创造而成，是商品的物质基础；观念价值因创意渗透而生，是附加的文化观念。随着经济发展和收入水平的不断提高，促进商品价值增值的基本趋势是沿着功能价值到观念价值的路径展开，从而推进创意的产业化过程。

②产业创意化，即在实体产业的产品和服务中融入创意元素，使创意产业成为各种企业附加价值的一环(王志成等，2007)。胡晓鹏(2006)认为，创意资本可以划分为消费型创意资本和生产型创意资本。消费型创意资本通过服务内容提供消费创意，生产型创意资本主要通过产品设计、盈利模式的创新进行工艺创意和商业创意。创意产业通过产业关联对实体产业产生改造和提升作用，促进生产要素的重新组合，这体现为创意价值链在产业层面的拓展。

③城市创意化，即城市以创意产业为主导来促进城市的全面繁荣和可持续发展。事实上，创意产业与城市发展是一种互动耦合关系，创意产业通过重塑城市产业结构、提升城市形象，从而拉动城市就业和引领城市治理结构全面创新等，促进城市发展(刘友金等，2009)。因此，在创意经济时代，一些具备条件的城市，以推进创意产业发展为目标，构建创意城市或实施城市创意化战略，成为城市发展的一个重要的新思路，这也是创意价值链系统向空间拓展的重要价值增值方式。

总的来说，创意产业化是以创意价值链为基础的产业自我拓展，它是创意价值链价值拓展的核心；产业创意化是创意价值链在产业层面的拓展，它反映创意产业对其他实体产业的渗透与对整个经济系统的影响；城市创意化是创意价值链的空间拓展，它反映的是创意产业对区域经济乃至整个经济社会的全方位拉动作用。创意产业化、产业创意化及城市创意化三者是相互联系、层层深化、梯度推进的。

4)创意产业的核心增值环节

(1)内容创意

内容创意处在价值链前端，是整个产业的关键环节，同时是整个产业运作的核心环节。创意产业强调“内容为王”，利用个人智慧和创造力对文化、信息进行深度挖掘，形成创意理念，进而对理念内容的独创性进行开发，形成知识运作机制，保证创意产品的原创性，满足消费者的个性需求。

(2)创意人才

创意产业以创新和创造力为核心，而创新和创造力很大程度上取决于人才，因此创意人才是创意开发、创意活动的关键生产因素。以产业链为依据，创意人才主要包括产业前端的文化创意提供者，如设计师、艺术家等；生产环节的技术开发、营销推广人才以及产业推广环节的经营管理人才等。

(3)渠道营销

传播推广是创意产业价值链关键环节，是促成消费交换，实现创意价值的重要环节。应利用网络技术及通信技术，综合市场推广渠道，依托媒体中介丰富创意产品及服务形式，形成产品多元经营，实现创意产品价值向消费者延伸。

(4)版权贸易

创意实质就是知识，创意产业是具有自主知识产权的高附加值产业，版权构成了文化创意产品的核心部分。版权贸易处于文化创意产业价值链的末端环节，是构成文化创意产业价值链的关键环节。版权贸易的前提在于对知识产权的保护，要发展版权贸易，就要加强版权保护，建设版权登记、认定的平台以及要营造版权机构进行展示、交流和交易的环境。

(5)创意价值链与企业价值链的区别

波特指出，每一个企业的价值链都是由独特方式连接在一起的九种创造价值的基本活动构成，各种价值活动集成的程度对竞争优势起着关键作用。任何企业的价值链都存在于价值系统中，这一系统由供应商、制造商、分销商和消费者的价值活动连接而成。自波特提出企业价值链概念之后，国内外许多学者对企业价值链管理理论进行了深入研究，价值链分析方法在企业管理实践中得到了广泛应用，尤其是在成本管理、供应链管理以及价值工程等方面，进而提出了供应链、生产链、商品链、全球价值链、价值链网络等概念。

将波特的企业价值链管理思想拓展应用于从创意源到创意成果产业化的全过程，着眼于创意如何转化增值，涉及大学、研发机构、文化机构、投资机构、设计中心及企业等一系列创意主体的价值增值活动。创意价值链与企业价值链概念有着共同的理论基础——价值链管理理论。创意价值链(CVC)与波特的企业价值链又有着重要的区别：

首先是研究的范围不同。前者是指从创意源到创意成果大规模产业化的全过程，包括企业、研发机构、大学、政府、投资机构、推广机构、中介机构等若干创意主体，涉及创意产品的上、中、下游全过程；后者是指企业产品的设计、生产和营销全过程，是以中、下游企业生产营销运作管理为主要研究范围。

其次是研究的重点不同。前者研究的重点是创意如何在不同创意主体之间转移、流动、转化、增值，并最终实现产业化，关注的是创意如何在流动与转化中增值，使创意成果尽快进入市场，获取超额利润；后者研究的重点是如何有效地组织和利用中、下游企业内外部资源，降低成本，提高效率。

再次是创造价值的来源指向不同。前者是指创造价值的来源，专指创意成果的生成、转移与开发利用；后者创造价值的来源，指如何组织好中、下游企业的各种价值活动，更有效率地生产和销售现有的产品。

5)创意产业的特征

创意产业具有五大特征：一是创意产业人员主要是知识型劳动者，强调个人参与和才智发展，拥有能激发出创意灵感的设计高手和特殊专才；二是创意产业是低消耗、高附加价值产业，主要依靠创意人才的智慧，获得较多的经济效益；三是创意产品是文化与技术相互交融、集成创新的产物，呈现出智能化、特色化、个性化、艺术化的特点；四是强调信息技术的应用与创新，传统文化业的发展缺少信息服务技术的强力支持，致使其创新发展受阻，而文化创意产业则把与文化有关的设计和软件业等纳入其范畴，突出了信息服务技术在文化创意产业中的地位和作用；五是产业组织呈现集群化、网络化，企业组织呈现小型化、扁平化、个体化、灵活化的特点。

6）基于创意价值链的创意产业组织模式

产业组织是产业内企业间关系构成的统称，产业组织模式是产业内企业间关系构成的具体方式。对于创意产业来说，企业与企业间主要存在两方面的关系：一是企业间的市场关系，包括企业间的竞争关系、垄断关系、博弈关系等；二是企业间在生产经营方面的分工与合作关系。在创意产业内众多企业的生产经营活动中，这两方面的关系是同时存在的，而且就某方面的关系来说，不同企业群体间关系的构成方式也不同。因此，在一个特定的时期内，产业组织模式是多元化的。下面将沿着创意价值链，从创意企业间的分工与合作关系入手分析创意产业组织模式。

产业组织形式是一个复杂和动态的经济现象，从本质上说，都是基于价值链上分工的，最早的产业组织形式产生于原始社会的部落中，人类基于生存的需要产生了社会分工，随着生产范围的不断扩大，生产种类不断增加，继而出现了三次社会大分工，其价值链得到了不断扩张，质量得到了不断提高。"创意"作为人类的特有活动，自从人类诞生开始就已经存在，从历史的角度来考察创意价值链，创意产业的组织形式可以归纳为分散的个体生产、简单的集体生产和集中的社会生产。

（1）分散的个体生产

它是指以个人为单位从事创作和生产。例如画家、作家、雕塑家等，他们通常在个人工作室里进行创作，一般不从属于某个固定的经济实体，而大多数是自由职业者身份。在这种组织形式中，基本上不存在分工，生产的主体是单个的人。在分散的个体生产中，技术的作用不甚明显，而更多地依靠艺术家的文化沉淀和天才构思。同时，创意和生产常常是融为一体的。也就是说，创意的过程就是生产的过程，而生产的过程也就是创意的过程。需要强调的是，这里所说的"分散"并不是指地理意义上的分散，画家的工作室可以彼此相邻，但是他们创作的内容却是彼此独立。

（2）简单的集体生产

它是指设计、音乐制作、舞蹈、广告等创作生产是以小团体为单位进行的。在这种组织形式中，存在简单的内部分工，对技术也有一定的要求。从创意的产生到创意产品的生产需要团体内部的多方协作共同完成，创意活动的市场针对性也明显强于分散的个体生产。从这种组织形式中生产出来的最终产品是集体智慧的结晶，它包含了不同个人的许多专业领域。正如阿伦·斯科特所说的那样，哪怕是在创意产业中占据工作阶梯最高一级的明星，也在相当程度上是创意产业集体协作的内在表达。值得指出的是，每一个创意产业的创作团体都代表了一种独特而复杂的情况，其中，一方面是创意独特性，另一方面是惯例或制度约束。只有在创意与惯例制度共同作用下，创意价值链系统内部各组织节点之间才能形成既泾渭分明又融会贯通的局面。

(3)集中的社会生产

它指影视制作、戏剧、广播、新闻出版、网络游戏等以大型集团公司出现的组织形式。在集中的社会生产组织形式中,创意价值链上的分工进一步深化、细化,对技术和文化的要求也越来越高,需要艺术家、创意设计家和企业家等众多专业人士的共同协作。这种大型企业集团包括整个创意价值链系统,具有强烈的市场嗅觉,以利益最大化为首要目标。在这一组织形式中,集团内部的员工几乎总是组成复杂的网络,这种严密的、精心设计的企业内部网络把各类创意主体连接在一起,创意产品的生产正是在这种网络中完成的(厉无畏,2006)。创意产业之所以采用集中的社会生产组织形式,最根本目的就是通过提高创意活动的效率来获取最大的经济效益,或是试图通过大规模生产来获取规模经济,或是通过不断的产品细分与专业化分工来摆脱竞争的威胁。

上述三种创意产业的产业组织形式只是基于创意价值链分工上的粗略归纳,事实上不同的产业组织形式之间的界限是很模糊的,介于彼此之间的中间产业组织形式也是多种多样的,然而在实践中,各种形式的产业组织在与社会经济系统耦合演进中会形成具有典型特征的组织模式。在全球价值链分工的背景下,现代经济竞争越来越表现为价值链高端的竞争,谁能占据价值链的高端,谁就会取得竞争中的主动权。而创意产业正是处于价值链高端的产业,因此,下一轮经济竞争的焦点将是创意产业的竞争,创意产业化、产业创意化、城市创意化将成为一种新型的策略。以创意价值链为基础的创意产业组织模式分析,为指导各地区创意产业的发展提供了重要启示:从创意价值链系统的扩张与价值增值角度看,应该以创意产业化为核心,以产业创意化为手段,以城市创意化为目标来构建区域创新系统。对于我国来讲,创意产业发展还刚刚起步,而且各地区发展不平衡,这就要求我们对于一些中等城市,工作的重点是创意产业化和产业创意化,而对于一些大城市,如北京、上海等,则重点是实施城市创意化战略。

5.2.2 创意性产品的孵化

(1)创意性产品的特点

创意性产品的特点包括创意的创新性、创意构想、文化艺术的形态。创新性是创意性产品的立身之本;创意构想是创意性产品的价值;文化艺术的形态在于内容的生产和文化的赋予,创意主产品是文化与技术相互交融、集成创新的产物,呈现出特色化、个性化、艺术化的特点。

(2)企业创新机制

企业创新机制包括制度创新、技术创新、组织创新。制度创新,就是指随着生产力的发展,要不断对企业制度进行变革。制度创新是把技术创新和组织创新活动制度化、规范化,同时又具有引导思维创新、技术创新和组织创新的功效;组织创新是通过调整优化管理要素(人、财、物、时间、信息等资源)的配置结构,提高现有管理要素的效能来实现的。比如新的产权制、新的用工制、新的管理机制,公司兼并和战略重组,对公司重要人员实行聘任制和选举制,企业人员的调整与分流等。技术创新,指生产技术的创新,包括开发新技术,或者将已有的技术进行应用创新。

(3)制度机制

制度机制包括投入保障机制、人才机制、创新监督机制。投入保障机制着重于对员工进行资金和实物奖励，以鼓励创新行为的产生。人才机制着重于人才的培训机制、人才引进机制、员工晋升机制、员工参与机制等。通过对公司内外部人力资源的激励，来激发内部创新行为的产生和外部创新行为的介入。公司创新监督机制着重于建立公司整体的创新监督体系，为创新行为的实施设立监督指标，具体表现为创新作品的数量和质量，以及不能够完成创新行为的惩罚机制。从而可实现公司人力资本的进化，优化公司的资源配置。

(4)组织机制

组织机制包括通过高效的培训体制，对公司内部人员进行专业和创新能力方面的训练；通过合理的、具有竞争力的酬薪与福利体系，来吸引公司外部的优秀创新人才加盟；人力资本的创新能力有赖于公司制度机制的创新；对于人力资本的培养和引进主要依赖于公司的制度建设，而激励制度的核心落脚点就在于补偿机制的建设，补偿机制包括了对于员工的培训体制和员工的薪酬福利体系。

这一切都有赖于对公司制度建设的创新，只有通过创新思维，合理安排和妥善处理员工之间、员工与公司之间的关系，建立起一套能够激励人、吸引人的公司制度，才能吸引更多人才加盟公司，从而提高公司员工的创新素质和能力。

(5)技术机制

技术机制就是在创意性产品生产的各个环节进行创新广告创意与制作。以每个环节为单位，分层分部设立创新保障机制，同时建立跨部门的创新保障机制，以达到部门之间相互配合和监督的作用。

【知识窗】

创业新手如何将创意变成产品

准备要将创意变成真实世界中的产品，首先是制造原型，在与制造商进行合作中的技巧是非常关键的。

首先是创业新手的沟通准备。在你拿起电话之前，你要确保自己知道，并且能够尽可能详尽地向对方解释你到底想要什么。你还要在整个沟通的过程中对自己进行教育，确保你能够理解电话另一边的人在说些什么。虚拟产品原型与实体产品原型并不相同，但是有些制造商却试图让你相信虚拟原型与实体原型没有区别。你需要了解制造商所说的各种术语，这样才能够得到你想要的。

其次是创业新手的谈判。让制造商展示自己过往的产品，确定他们以前生产过什么以及为哪些企业负责过生产，确保他们的经验和能力能够满足你的要求。例如，起火报警器虽然不是什么复杂的产品，但是其内部有着一些复杂的结构。很多模型店都能够轻易做出起火报警器的外壳，但是他们却无法生产内部的电子元件或是不知道内部元件如何与外壳相适应。另外，你还要找到一个与你有着相同风格的设计人员。假如你要生产一个仿古风格的品牌，一个现代风格的设计师将很难让你感到满意。

再次是确认制造商能力。你可以先看看他们的介绍，然后给他们以前的客户拨打电话，询问该制造商的制造水平以及他们是否能够按时交付工作。还可以在网络上对制造商进行查询，看看他们从事这个工作多长时间了，看看他们最近是否被新闻曝光过，以及其他人对这家制造商的口碑如何。但是有一点需要注意的是，网络信息只能作为参考，因为你无法确定这些信息的来源。最后，你要听从你的直觉：当我们与他人进行互动的时候，我们内心都会有一个感受，你内心感觉如何，是好还是坏，这也是一个重要的变量。

最后要注意在原型制造时间和成本方面的预期。与制造商交易的具体进程很难确定，因为它受到多种因素的影响，你的准备程度也会影响到产品原型的制造时间和成本。产品原型制造商通常会根据工作时间或是项目设定收费标准。越复杂的产品所需要的时间越长，其生产费用也越高。不断与生产商进行沟通，告诉他们你的需要有助于节省时间和预算，因为你为他们提供了所有进行设计和生产的信息。另外，你的准备程度也会极大地影响到产品原型的设计和生产速度。

5.2.3 创意性营销策划

《喜羊羊与灰太狼》从电视动画片的热播到年度贺岁“电影动画大片”，成了中国原创动画“领头羊”，也为从受众的角度重视传播者的传播策略，探索动画产业真正从“以产定销”走向“以销定产”的道路，提供了一个良好的参考例子。

1) 受众定位策略与传播范围的最大化

(1) 受众定位

《喜羊羊与灰太狼》针对低幼观众，将受众定位为3~6岁的儿童。该片摒弃了纷繁的故事情节和人物关系，以羊和狼的争斗为主线，主题十分单纯。

《喜羊羊与灰太狼》以内容带动营销，努力把影视作品以及作品中的卡通形象、服装、道具乃至影视的名字，都转化为商品的品牌。《喜羊羊与灰太狼》陆续在全国40多个城市电视台热播，最高收视率曾达到17.3%，大大超过了同时段播出的境外动画片，成为家喻户晓的动漫品牌。

(2) 开发利用潜在受众群，力争传播范围的最大化

潜在受众群是一个巨大的经济资源，开发利用这个资源的程度，在物质生产层面决定着影视动画产业的兴衰与发展。

2) 整合营销传播策略

整合营销传播策略强调企业从受众的角度策划全部营销过程，综合协调地使用各种形式的传播方式，为受众和企业带来最大利益。

《喜羊羊与灰太狼》厂商运用了整合营销传播策略，电视版或电影版都只是整个动漫产业链的一个环节，是产品终端之一。其最终目的是以影视为依托，最终衍生出一个庞大的企业王国。

(1) 厂商资源的整合

北京优扬传媒是电影《喜羊羊与灰太狼之牛气冲天》的第三家出品方，它买断了全国几

乎所有少儿动画频道的广告代理权,使得电影《喜羊羊与灰太狼之牛气冲天》预告广告得以在全国少儿动画频道大面积投放;电影《喜羊羊与灰太狼之牛气冲天》的发行史无前例地交由三家发行公司发行“竞赛”使得各地区票房竞相攀升,这都是整合营销的效应。

(2)媒介资源的整合

首先是以市场为导向,走“以销定产”的道路,生产销售与影视形象相关的衍生产品。在角色、剧本、故事的构思之初,就引入营销和市场概念,刻意将所有角色的线条都做得非常简单,色彩鲜艳,使他们的形象可爱,令人一眼能分辨出不同角色,以便于生产各种衍生产品。接着利用电视的高收视率吸引众多衍生品生产商,扩大衍生产品授权所占的利润比例,带动周边产业,并推动动画作品的可持续发展和二次传播。

(3)多元化的资源补偿方式

《喜羊羊与灰太狼》的成功有赖于出品方各个环节的营销策划,在明星邀请、广告投放、活动开展、市场布局等方面都力求精细。

要让中国原创动画片真正走出失语状态,需要内容和营销的双赢。但从另外一个角度看,也预示着在资源日益丰富、市场日益分化、竞争日趋激烈的背景下,动画片的传播策略将从内容为王的时代向营销制胜的时代转型。

【知识窗】

知识产权保护

创意产业的核心是灵感、创意。当创意被盗版、抄袭,企业就可能瞬间被扼杀,譬如目前国内音乐产业遇阻的主因就是互联网版权保护制度缺失。不解决知识产权问题,创意设计产业不可能发展壮大。

知识产权,指“权利人对其所创作的智力劳动成果所享有的专有权利”,一般只在有限时间内有效。各种智力创造比如发明、文学和艺术作品,以及在商业中使用的标志、名称、图像以及外观设计,都可被认为是某一个人或组织所拥有的知识产权。创意产业知识产权是指对文化创意的智力劳动成果所享有的占有、使用、处分和收益的权利,是获得法律保护的知识资产。

创意产业的产品创造成本高、投入大,但易复制且复制成本低,在网络传播技术飞速发展条件下,这个特征就更加显著。这一特性使得创意产业成为很容易受到侵权伤害的产业,没有知识产权保护,创意主体的合法权益就得不到保护。没有收益,创意主体也就不会有创意动力,没有创意,也就不会有文化创意产业。

总体而言,我国创意产业急需加强知识产权保护,完善知识产权相关法律,提高知识产权保护水平,减少知识产权侵权事件的发生。

减少知识产权市场交易过程中的各类纠纷,特别是强化对新创作的创意产品及服务的有效保护,保障高质量、高层次的创意产品和服务进入市场流通,最为关键。

创业产业知识产权根据自身的产品特点,分别以著作权、商标专用权、专利权或商业秘密及全面知识产权管理的方式进行有效的知识产权保护。具体内容并不限于打造自身品牌。基于品牌创新的创意企业尤其要有企业商标战略策划与管理。开发符合市场需要的创意积极申请专利，实施适合自己企业特点的外观设计专利保护、动漫产品、工艺礼品也可以主动进行著作权登记。增加知识产权管理的意识，建立知识产权管理部门。与创新型人才签订合理合同，尤其要避免企业员工离职后泄露文化企业核心商业秘密，给企业造成致命损害。

3）创意产业的知识产权战略决策分析

（1）知识产权投资战略

知识产权投资战略的目标是在更大程度、更广层面上实现知识产权的间接价值、主动价值和力态价值，从而最终实现企业价值最大化。

（2）企业主动管理战略

知识产权管理部门对于知识产权的科技文化属性更为了解，但对于其经济属性和市场层面的了解不够，这在一定程度上阻碍了实现知识产权价值的空间。因此，知识产权管理部门需要长期有效地同企业 CEO 以及财务管理、交易以及知识产权的对外投资进行配合，平衡畅通的管理有助于实现知识产权的可持续价值。

（3）知识产权许可战略

在诸多知识产权战略中，知识产权许可战略是至关重要的一项，它包括对外许可知识产权使用和获取其他企业的知识产权许可使用权两个不同的方向。

对外许可知识产权使用。企业的知识产权战略包括输赢战略和双赢战略。前者是知识产权所有者在一定时间内控制知识产权的使用，垄断知识产权的市场收益，独自获取相关价值；后者则是企业主动将知识产权许可给其他企业使用，甚至提供相关技术和人员帮助其他企业使用知识产权，从中获取价值。从表面上看，双赢战略是知识产权的所有者将知识产权的价值转移给了其他企业，但是从长远来看，它实际上是视野更为广阔的公司战略。公司最有价值的知识产权资产得到了更充分有效的利用，因为竞争者即使没有获得该项知识产权的许可，同样也会在一段时间后发现相关的知识产权类似的解决方案，这样该知识产权的价值就会毫无疑问地大打折扣。IBM、微软等众多文创意企业正是从知识产权双赢战略中谋取巨额利润的。因此，知识产权作为文化创意产业最有价值的资产，应当采取双赢战略，互惠互利。

获取知识产权许可使用权。和对外许可使用知识产权的方向相反，获取其他企业的知识产权许可使用权，是企业依靠知识产权创造价值的捷径；是“借鸡生蛋”，需要支付相关的许可费用，通过估算知识产权的未来收益和支付的许可费用，企业可以决策是采取外来知识产权许可策略，还是自行研发知识产权。很多时候，前者更为快捷有效。

（4）知识产权衍生交易战略

创意产业的知识产权具有的文化特征，使产品的市场辐射力较强，产品中包含的文化艺术、价值观念使得知识产权在相关的消费领域和消费层次里辐射和增值。同时，由于文化创意产业的产业关联度较广，渗透性较强，发展文化创意产业可以形成多层次的多元盈利模式，知识产权的价值也能在衍生交易中获得较大提升。迪士尼公司是衍生交易领域的典范，据统计，其营业收入主要包括动画制作、主题公园和衍生交易。其中，衍生交易的收入占其总营业收入的40%,主要包括各种卡通形象的知识产权交易,涉及图书、杂志、玩具、礼品、家具、文具等,迪士尼公司从批发和零售商品的销售定价中提取固定比例的使用费。可见,成功的知识产权衍生交易可以给文化创意企业带来丰富的价值。

(5)知识产权融资战略

在文化创意产业目前的发展中,对于企业而言,一个重要的瓶颈是融资难。文化创意企业中很多企业都处于初创期,资金问题限制了企业的发展,在向金融机构融资的过程中,涉及资产的抵押问题,而这些企业通常没有太多的有形资产可以抵押,如银行所青睐的不动产。因此,针对这些企业,金融机构也逐渐拓展了无形资产如知识产权的质押融资业务,如著作权质押,可以让金融和文化创意产业进行对接。

但是,基于文化创意产业的高风险性、知识产权价值的不确定性和变现能力弱的特征,金融机构在知识产权质押融资业务中相对比较谨慎和保守,在知识产权质押融资战略中需要思考一些应对策略。

发掘知识产权质押融资优势。文化创意企业首先需要正确认识知识产权的价值现状和价值潜力,发掘知识产权在质押融资中的优势,如定位具有法律状况良好、市场需求充分、市场风险较低、变现较强等特征的知识产权,委托相关资产评估机构对知识产权的价值进行客观估算,增强金融机构对知识产权质押融资的信心。金融机构发放贷款时,一方面关注抵押资产的价值;另一方面,更为关注的是企业的还款能力。因此,对于知识产权的价值评估,应当是结合文化创意企业本身价值的判断,对知识产权的质押价值提供辅助参考。

组合知识产权质押融资策略。由于企业单项知识产权存在一定的风险不可预知性,通过知识产权的组合融资,将文化创意业所拥有的多项知识产权进行组合,打包成一个质押资产包,相对来说,风险会得到控制和减小,如图书出版企业,可以将企业所持有的多项图书著作权组合质押,在此基础上整体预测著作权组合的未来收益前景,判断其融资价值。组合质押贷款有效地降低了融资风险,无论从企业角度,还是从金融机构角度,都是双赢的选择。

在准入和退出机制方面,要建立和完善质量认证体系,完善相关登记和年检制度,最大限度地减少不合格的创意产品和服务进入市场,同时建立和完善文化市场综合执法机构,理顺和健全互联网管理体制。

知识产权行政部门应当尽快完善行政执法体制,加强知识产权日常管理工作,建立健全知识产权监控系统,联合专门知识产权机构和广大的社会力量打击知识产权侵权行为。

目前,我国创意产业的大部分企业,还未建立自己的知识产权管理部门或者知识产权岗位,知识产权的管理水平还有待提高。文化创意企业应结合文化创意产业集聚区的区域优势,结成知识产权同盟,联合加强知识产权的利用和防御。

此外,社会公众的知识产权保护意识还较弱,侵权行为很普遍。因此,还应该加大对知识产权的宣传和教育,在社会上营造良好的知识产权氛围。同时,加强知识产权人才的培养,提高全社会的知识产权利用与服务水平。

企业对于知识产权的管理应该突破传统的被动管理方式,延伸到知识产权的积极主动管理。首先,拓展知识产权的价值内涵,关注并实现知识产权的间接价值、主动价值以及动态价值。其次,在对创意产业的知识产权价值管理中,需要建立以知识产权价值评估为基础的价值管理体系,包括价值判断、价值维护和价值创造。在对知识产权的价值评估方法中,可以结合传统的现金流折现思路和期权定价思路,以真实体现知识产权的主动管理的动态价值。最后,在价值管理思路的基础上,企业应当积极运用知识产权实现投融资价值,通过知识产权主动管理战略、知识产权许可战略以及衍生交易战略,积极为企业创造投资价值;通过挖掘知识产权融资优势,实施组合知识产权质押融资策略,为企业创造融资价值。通过知识产权价值管理和战略决策,从根本上实现长远推动文化创意企业增值和文化创意产业发展的战略目标。

【案例阅读】

"米老鼠"与美国版权产业

1928 年,美国人沃尔特·迪士尼创作出了"米老鼠"这一经典的卡通形象,一举将迪士尼公司拉出濒临破产的困境。90 年来,迪士尼公司成功实施了演绎作品战略,对"米老鼠"系列作品改编、翻译、汇编以求推陈出新,在版权产业领域赚取了数以亿计的利润。其具体做法包括:

1.拥有版权

沃尔特接受了卓别林的告诫,使得迪士尼公司对于"米老鼠"系列作品都拥有原始版权或买断版权,进而建立了自己的作品库,从而保证了有权将作品进行演绎,不断组合各种素材来综合运用,可以说,正是对版权的绝对占有,才使得迪士尼公司规避了繁杂的版权纠纷,进而缔造了当今全球传媒集团中的巨擘。当然,迪士尼公司演绎战略的根基还在于美国版权法对版权产业者而非雇员或委托者的庇护传统,这一过分保护版权产业者的制度安排也受到非议,它使得迪士尼公司的雇员参与或独立创作活动的版权都归属于迪士尼公司所有。

迪士尼一般分五步提取最大盈利:票房收入;发行录像带、DVD;迪士尼主题公园的推广;特许经营和品牌专卖;电视媒介。据统计,在迪士尼的全部收入中,电影发行加上后续的电影和电视收入只占 30%,主题公园的收入占 20%,其余的 50%则全部来自品牌销售。

2.横向演绎

迪士尼公司对"米老鼠"主要采取了"业内演绎"和"开拓渠道"两大横向策略。

业内演绎的主要手段有:无声变有声、卡通变电视、给米奇搭配女朋友等;注册"米奇""米老鼠"等商标以求得商标法的无限保护;将"米老鼠"等产品及其制作方法申请专利以求得专利法的保护。

开拓渠道的主要手段有:从影院到杂志、从唱片到网络、从制片到传媒;特许授权与特许加盟;业界合作联合、兼并收购。

3.纵向演绎

首先,创作演绎作品是纵向演绎的基础,"米老鼠"诞生至今,不同版本与汇编满足了消费者不同的需求。另外,迪士尼公司也不断更新变化自身巨大的作品库,形成新的组合型作品。其次,紧跟新技术是纵向演绎的发展方向,例如将《威利汽船》《疯狂飞机》等"米老鼠"无声电影果断改为有声电影上映发行,而今则利用先进的数字技术将作品不断演绎发展。

演绎作品是原作的发展,同时也是原作的替代,通过这种创新活动,一方面形成了版权产业的基础,另一方面也为衍生产品和其他市场运作奠定了扎实的基础。

5.3 产品创新与产品设计

5.3.1 技术创新

1)技术创新的类别

为迎接知识经济的到来,我国正在实行两个具有历史意义的根本性转变,其中包括经济增长方式从粗放型向集约型转变,这就意味着我国未来经济将导向科技进步与技术创新。

科技进步是经济增长的主导因素,而技术创新乃是科技进步的关键和核心。要搞好技术创新的转换,就要弄清技术创新的实质和对社会经济的关系,为了说明这个关系,我们将技术创新按不同的标准划分成不同的类别。

(1)按技术应用的对象不同,技术创新可分成产品创新、工艺创新和管理创新

产品创新是指在生产出新产品的技术创新活动。工艺创新是指在对企业生产过程中的工艺流程及制造技术改善或变动的技术创新活动。管理创新是指在产生新的组织管理方式而进行的技术创新的活动。管理创新涉及面很广,它包括企业性质、领导制度、组织结构、人事制度、分配制度、管理方式等多方面内容。特别在完善我国社会主义市场经济体系阶段,我国国有企业的管理创新具有非常重要的意义。

(2)按创新的程度不同,可将技术创新分为全新型技术创新和改进型技术创新

全新型技术创新是指采用新技术原理、新设计构思,研制生产全新型产品的技术创新活动。改进型技术创新是指应用新技术原理、新设计构思,对现有产品在结构、材质、工艺等方面有重大改进,显著提高产品性能或扩大使用功能的技术创新活动。

(3)按节约资源的种类不同,可将技术创新分成节约劳动的技术创新、节约资本的技术创新和中性的技术创新

这种分类方法是诺贝尔经济学奖获得者、英国著名经济学家希克斯(Hicks)在1932年出版的《工资理论》一书中给出的。节约劳动的技术创新,是指相对于劳动边际产品而言,增加了资本的边际产品,即那种能使产品成本中活劳动所占比重有所减少的技术创新。节约资本的技术创新,是指相对于资本边际产品而言,增加了劳动的边际产品,即那种能使产品成本中物化劳动所占比重有所减少的技术创新。中性的技术创新,是指以同样的比例同时增加了资本和劳动的边际产品,即既不偏重于节约劳动,又不偏重于节约资本的技术创新。

这种划分被认为是对熊彼特(最先提出技术创新概念的美籍奥地利经济学家)创新概念的重大发展,因为经济学家认为这种划分不仅有理论上的意义,还有政策上的意义。理论意义在于通过这种划分似乎就可以说明经济增长过程中新技术所起的作用,以及创新者或模

仿者采用该种新技术的主要考虑。政策意义在于通过这种划分似乎就可以供各国制定经济增长与发展计划和技术政策时参考，作为选择和引进新技术的依据，以及作为研究新技术和发展新技术试验的依据。

(4)按照SPRU分类法不同，技术创新分为渐进的创新、根本性的创新、技术系统的变革和技术—经济范式的变革

SPRU是英国苏塞克斯(Sussex)大学的科学政策研究所(Science Policy Research Unit)的简称，它是一家著名的技术创新研究机构。这种分类法是该研究所于20世纪80年代提出的。渐进的创新(incremental innovation)是指渐进的、连续的小创新。这些创新常出自直接从事生产的工程师、工人、用户之手。根本性的创新(Radical Innovation)是指在观念上有根本突破的创新。它一般是研究开发部门精心研究的结果，常伴有产品创新、工艺创新和组织创新的连锁反应，可在一段时间内引致产业结构的变化。技术系统的变革(change of technology system)是指会产生具有深远意义的变革，影响经济的多个部门，伴随新兴产业的出现而创新。这时，不但有根本性的、渐进的创新，还会有技术上有关联的创新群的出现。技术—经济范式的变革(change in techno economic paradigm)是指既伴随着许多根本性的创新群，又包含有许多技术系统的变更的创新。这种创新几乎影响到经济的每一个部门，并改变人们的常识。

(5)按照技术创新的组织方式不同，可分为独立创新、联合创新和引进创新

独立创新是从事技术创新的单位或个人，自行研制并组织生产和销售。独立创新的特点是易于协调和控制，但同时要求创新单位具有一定的技术、生产及管理能力。国外大型企业大多都有自己的研究开发机构，雄厚的人才和物力资源，因而其研究工作，特别是涉及该公司特殊产品与技术的研究开发，多以自身力量进行，既可保密，又不使肥水外流。例如，日本的制造业公司，57%拥有自己的研究开发队伍；德国制造业企业，33%都拥有自己研究开发队伍。

联合创新是由若干单位相互合作进行的技术创新活动。联合创新往往具有攻关性质，可以更好地发挥各方优势，但这种创新活动涉及面较广，组织协调及管理控制工作比较复杂。然而，随着科学技术的发展，高技术的兴起，许多重大技术创新，无论从资金、技术力量以及该项目内容的复杂性，并非一家企业所能承担。因此，联合创新日趋重要。联合的伙伴不仅是本国的，而且有跨国联合，在欧洲这种国际合作尤为普遍。从联合的伙伴关系看，主要有以下三种：①企业与企业间的联合创新；②企业与科研机构的联合创新；③企业、高等院校、研究机构间的联合创新。

引进创新是从事技术创新的单位从本单位外引进必要的技术、生产设备或其他软件，在此基础上的自行创新。这种创新开发周期相对较短，创新的组织实施有一定的参照系，风险性相应降低。但是这种方式需要初期有较多的经费投入，并对引进的技术等进行认真的评估及消化。

实践中，企业在具体从事技术创新活动时，以上几种创新类型可以并用，兼而有之。例如，对一些重大项目的引进，既要立足国内解决一些不需引进的部分，又要引进关键技术，在引进的同时，往往要组织各方协同攻关，尽快完成消化吸收工作，并在此基础上进行创新。

2)技术创新过程的特点

技术创新过程是技术进步和“科技是第一生产力”的具体实现机制,它是促进科技进步与经济发展相联系的工具,也是正确解决我国科技—经济脱节的基本途径,因而有必要对技术创新过程的结构机理及其具有的不稳定性进行分析和研究。

(1)技术创新过程是一个多阶段的复杂过程

技术创新过程作为联系科技发展与经济增长的中间环节,涉及创新构思产生、研究开发、技术管理与组织、工程设计与制造、用户参与以及市场营销与扩散等一系列活动。它不仅伴随着技术变化,而且伴随着组织与制度创新、管理创新和营销方式创新。对一个具体的技术创新项目而言,从逻辑上来看,包括创新构思产生、研究开发阶段、中试阶段、批量生产阶段、市场营销阶段。可见它是一个由一系列活动构成的多阶段决策过程。同时,各个阶段的创新活动不仅仅是按线性序列递进的,有时存在着过程的多重循环与反馈以及多种活动的交叉进行,各个阶段相互区别又相互联系和促进。在这个过程中每一个环节和飞跃都充满着风险和不确定性。因而在进行技术创新活动时,必须明白各个阶段之间的相互联系与作用。

(2)技术创新过程的不确定性

技术创新过程的不确定性,首先是1962年由肯尼思·阿罗提出来的。他指出技术创新过程具有不确定性、不可分割性和创新利润的非独占性三个特征。并且在这三个特征中,就其对于技术创新过程的影响而言,核心特征是技术创新过程的不确定性,对于技术创新进程影响最大的因素也具有这种不确定性。它存在于技术创新过程的每一个环节,影响着技术创新过程中的每一项决策。技术创新的程度越高,不确定性就越大,未来投资机会价值也就越大。技术创新过程中主要存在以下几种不确定性:

①技术的不确定性。它是指创新企业在技术的发展方向、速度以及所能达到的最终结果方面存在的不确定性,这是因为技术创新往往是同时在众多研究开发领域中进行的,很难确定新的技术突破将在哪个方向以何种速度开始,以及这种技术突破对现有技术结构将会产生何种影响及后果。也就是说,在技术创新初期,新技术是不成熟的、粗糙的。新技术在现有技术知识条件下能否很快使其完善起来,向哪个方向发展以及在多长时间内取得成功,这些都是没有确切的把握,因而使得新技术的发展前景表现出不确定性。

②市场的不确定性。它是指生产商对于其创新产品所需满足的消费者需求类型和程度、市场规模、市场成长速度等都无法确知,很难准确判断和预测。造成市场不确定性的原因包括技术的复杂性和先进性导致消费者知识不足;创新产品的出现往往会导致一个全新的产业或市场的产生和成长,而有关这个全新产业和市场的信息与知识是稀缺的;创新产品的多用途性使其市场范围不易确定,消费者类型无法预先判断;当一种创新产品推向市场时,是否能向消费者提供更大的满足,消费者能否接受,如何尽快地接受,以及如何使创新向其他领域扩散等也都无法预先作出准确的判断。

③制度环境的不确定性。它是指政府行为和公众偏好所组成的制度环境直接参与到技术创新的过程中,并且对其发展的速度、方向以及技术创新的最终结果产生何种影响,其影响程度如何,这些都是不确定的。也就是说,创新产品在何时、何地以何种价格和规模进入

市场很大程度上并不是由技术或市场决定的,而是由这种技术环境决定的。

5.3.2 产品设计

1)产品创新的概念

企业经济的成功,取决于它们有确定消费需求,并低成本迅速制造满足该需求的新产品的能力,其中产品的设计是关键环节之一。

产品设计,一个创造性的综合信息处理过程,通过多种元素如线条、符号、数字、色彩等方式的组合把产品的形状以平面或立体的形式展现出来。它是将人的某种目的或需要转换为一个具体的物理或工具的过程;是把一种计划、规划设想、问题解决的方法,通过具体的操作,以理想的形式表达出来的过程。产品设计是解决的人与物之间的关系,主要是操作的安全性和舒适性的问题,其中包含着使用关系、审美关系、经济关系等。

1919 年德国成立了全球第一个设计学院包豪斯。包豪斯开始了工业产品设计教育,奠定了现代设计的工业产品设计的基础,迄今依然对工业产品设计有深刻的影响。他们提出了如下的理念:设计是艺术与技术的统一,设计的目标是人而不是物品,设计必须遵循客观与自然法则。

2)产品设计的阶段

产品设计一般分总体设计、技术设计和工作图设计三个阶段。

(1)总体设计

总体设计的目的是正确解决新产品的选型问题。它是在调查研究、产品选定的基础上具体决定产品的技术参数和基本结构、使用范围论证开发该产品的依据(如技术上的先进性、生产上的可行性、经济上的合理性等)。确定产品的总体设计方案并编写成技术文件。

技术任务书的主要内容有:

①产品的用途、使用条件和要求、产品的工作原理、结构特点、技术参数、质量标准以及设计原则、产品的概略总图等;

②产品的主要技术经济指标。

(2)技术设计

技术设计的任务,是将批准的设计任务书所确定的主要参数、基本结构进一步具体化。

3)产品设计的方法

设计方法一般有组合设计、计算机辅助设计两种。组合设计(又称模块化设计)是将产品统一功能的单元,设计成具有不同用途或不同性能的可以互换选用的模块式组件,以便更好地满足用户需要的一种设计方法。当前,模块式组件已广泛应用于各种产品设计中,并从制造相同类型的产品发展到制造不同类型的产品。组合设计的核心是要设计一系列的模块式组件。为此,要从功能单元,即研究几个模块式组件应包含多少零件、组件和部件,以及在组合设计时每种模块式组件需要多少等。

当今,在面临竞争日益加剧、市场分割争夺异常激烈的情况下,仅仅生产一种产品的企业是很难生存的。因此,大多数制造厂家都生产很多品种。这不仅对企业生产系统的适应能力提出新的要求,而且显然要影响产品设计的技能。生产管理的任务之一,就是要寻求新的途径,使企业的系列产品能以最低的成本设计并生产出来。而组合设计则是解决这个问题的有效方法之一。

计算机辅助设计是运用计算机的能力来完成产品和工序的设计,其主要职能是设计计算和制图。设计计算是利用计算机进行机械设计等基于工程和科学规律的计算,以及在设计产品的内部结构时,为使某些性能参数或目标达到最优而应用优化技术所进行的计算。计算机制图则是通过图形处理系统来完成,在这一系统中,操作人员只需把所需图形的形状、尺寸和位置的命令输入计算机,计算机就可以自动完成图形设计。

4)产品设计的基本原则

(1)需求原则:产品的功能要求来自需求。产品要满足客观的需求,这是一切设计最基本的出发点。不考虑客观需要会造成产品的积压和浪费。客观需求是随着时间、地点的不同而发生变化的,这种变化了的需求是设计升级换代产品的依据。客观需求有显需求和隐需求之分,显需求的发展可导致产品的不断改进、升级、更新、换代;隐需求的开发会导致创造发明,形成新颖的产品。

(2)信息原则:设计过程中的信息主要有市场信息、科学技术信息、技术测试信息和加工工艺信息等。设计人员应全面、充分、正确和可靠地掌握与设计有关的各种信息,用这些信息来正确引导产品规划、方案设计与详细设计,并使设计不断改进提高。

(3)创新原则:设计人员的大胆创新,有利于冲破各种传统观念和惯例的束缚,创造发明出各种各样原理独特、结构新颖的机械产品。

(4)系统原则:每个机械产品都可以看做一个待定的技术系统,设计产品就是用系统论的方法求出功能结构系统,通过分析、综合与评价决策,使产品达到综合最优。

(5)收敛原则:为了寻求一个崭新的产品,在构思功能原理方案时,采用发散思维;为了得到一个新型产品,则必须综合多种信息,实行收敛思维。在发散思维的基础上进行收敛思维,通常都会取得很好的效果。

(6)优化原则:这属于广义优化,包括方案择优、设计参数优化、总体方案优化,也就是高效、优质、经济地完成设计任务。

(7)继承原则:将前人的成果,有批判地吸收,推陈出新,加以发扬,为我所用,这就是继承原则。掌握继承原则,可以事半功倍地进行创新设计,可以集中主要精力去解决设计中的主要问题。

(8)效益原则:设计中必须讲求效益,既要考虑技术经济效益,又要考虑社会效益。

(9)时间原则:加快设计研制时间,以抢先占领市场。同时,在设计时,要预测产品研制阶段内同类产品可能发生的变化,保证设计的产品投入市场后不至于沦为过时货。

(10)定量原则:在方案评选、造型技术美学、产品技术性能、经济效益等的评价,都尽量采用科学的定量方法。

(11)简化原则:在确保产品功能前提下,应力求设计出的产品简化,以降低产品成本,并确保质量。在产品初步设计阶段和改进设计阶段,尤应突出运用这个基本原则。

(12)审核原则:要实现高效、优质、经济的设计,必须对每一项设计步骤的信息,随时进行审核,确保每一步做到正确无误,竭力提高产品设计质量。

【知识窗】

SONY公司的产品设计分为五个阶段:1.需求调查阶段:设计开发前,设计小组会分析市场需求,了解客户的需要。2.创意草图阶段:根据需求分析创作数百份设计草图,并进行草图分析,选定设计方案。3.设定审议阶段:探讨设计的可能性,完善细节,力求完美并符合特征。4.模型制作阶段:制作产品的塑料和金属模型,深入研究产品的外形和质感。5.设计确认阶段:排选最优方案,征求高级管理人员意见,确认方案,设计开发。

5.3.3 产品测试

1)产品测试的定义和目的

产品测试包括实际生产产品以及让消费者使用它,是最终用户或目标市场对产品(或服务)的评价。通常产品测试目的是根据被测试产品的发展或生命周期的不同阶段而定的,总体归纳起来,产品测试的目的是:发现现有产品的缺点,评价商业前景,评价其他产品配方,发现产品对各个细分市场的吸引力,获得营销计划其他元素的创意。当进行市场调查时,应该考虑使用产品测试:如何使产品的属性特征最优化,从而更吸引顾客;如何识别竞争产品的优势和弱势,来确定产品在目标市场中的位置;与竞争对手相比,产品在哪些特性上更吸引顾客;就产品属性而言,是否吸引顾客;是否在某些属性上还可以改进;改进后的产品是否真的比改进前好;顾客能否区分改进前后产品的区别。

产品测试的目的随着被测试产品的发展或生命周期的不同阶段而不同,决定采用哪种研究设计是建立在研究目的基础之上的,所以并没有一种设计可以称得上是最好的。

①在产品发展初期,只有原始模型,测试目标是如何使产品的属性特征最优化,从而更吸引顾客。此外,还可以帮助确定定位策略,将产品特征转化成显著的顾客利益。

②当产品最终完成但还没有引入市场时,实施产品测试可以识别竞争对手的实力和弱势,同时还可以确定产品在目标市场中的位置。

③一旦产品推出上市,进行产品测试通常有两个目的。首先,作为质量控制手段,维持产品生命;其次,如果产品有进一步改进的潜力,应该对改进产品进行测试。

2)新产品测试

对于许多公司而言,新产品是发展和利润增长的关键。产品要经历引入、成长、成熟和衰退的生命周期,在成熟期或衰退期,公司必须扮演一个积极的角色来扩展产品线延长产品生命周期、重新设计产品以保持其优势、开发新产品来维持年收入。

新产品上市研究是基于完整新产品线的全程研究模式,包括市场需求探测、产品概念开发、产品开发设计、产品线规划、产品新上市监测等。基于样组调查,能够更加快速、经济地获取市场信息,帮助客户最大限度地减少新品上市的决策风险,科学地规划产品线,决胜于瞬息变化的市场竞争中。产品研究包括产品口味测试、产品包装测试、产品留置测试等。

(1)产品口味测试

通过科学的定性、定量研究,可以了解消费者对产品本身的真实感受与喜好,为企业准确把握产品的市场前景,为产品改进、创新提供思路。具体来讲,不同阶段的口味测试可以为企业提供如下价值:在新产品开发阶段,口味测试的作用在于了解消费者对新产品口味的接受程度;寻找产品改进的方向;了解新产品口味与概念、包装的契合度;了解新产品口味和竞争对手口味的优劣势等。在新产品投放市场阶段,口味测试的作用在于:选择产品口味的目标消费群体和目标市场,确定产品差异化的诉求点;为企业进一步的宣传、推广提供卖点来源。在产品市场推广阶段,口味测试的作用在于:了解目标消费群体对产品口味的接受程度;了解产品口味与概念、品牌宣传的匹配程度;发现产品改进空间,寻找新的市场利基点。在新的一轮产品开发阶段,产品口味测试的主要目的在于:新旧产品口味比较,为产品口味改进提供决策依据;检验、测试新开发产品的口味效果。

口味测试研究适用的行业:食品、饮料、医药、餐饮等。

口味测试研究方法有定性研究和定量研究。定性研究往往是通过消费者深度访谈、小组座谈,以及专家访问等形式,确定该产品口味的所有属性。企业必须清楚地知道消费者的这些口味属性的改变如何通过配方调整来实现,且能让消费者通过味觉、嗅觉、触觉等感官感受到。定量研究是指一般通过预约访问、定点街访或入户访问的方式。调查主要指标包括被访者对该产品口味的整体喜好程度;被访者对产品各口味属性的评价;被访者对该产品所承载的功能的评价;被访者对该产品喜欢与不喜欢方面的描述。

(2)产品包装测试

包装是产品重要属性之一。产品的包装除了具有保护产品、携带便利的功能外,新颖的包装还具有吸引消费者、提升产品形象和发布广告信息等营销辅助作用。包装可以通过形状、色彩、文字说明、插图等提高视觉作用,向消费者传递产品(品牌)信息,引起消费者的注意,激发消费者购买欲望。

对新产品上市或者老产品变换包装时,通常需要在目标消费者中进行效果测试。测试的要点包括包装是否能够清楚地传送产品(品牌)所具有的特点和提供的主要利益点;消费者是否能够被包装吸引而促使消费者购买;包装能否强化产品(品牌)在目标消费群心目中的形象;以及不同包装方案对价格的影响。测试的最终结果可以帮助企业在产品上市前寻找出最佳包装方案。

包装测试通常采用的调查方法包括小组座谈会、入户访问、定点调查和街头拦截访问等。

包装测试通常要注意以下几个方面:首先,测试包装保护产品和提供方便的功能,小组座谈会可以用来发现现有包装在保护产品和提供方便上所存在的问题及改进方法,也可以用来讨论新包装的优缺点。小组座谈会中可以应用各种定性研究技术,如角色扮演法等。通常一个新包装设计在最终确定前,还要进行定量研究。由于消费者要使用过产品后才能回答关于包装在保护产品和方便使用方面的功能,故经常采用家庭留置使用测试的方式来评价包装在这方面的优劣以及未曾发现的问题,这样就可以在产品未推向市场之前就能对包装加以改进。其次,测量包装的区别性。测量包装的区别性可以通过测量仪器进行,亦可以通过问卷形式进行面对面访问。用仪器测量包装的区别性经常使用瞬间显露法,通过不断改变观看图案或影像的时间,以测试包装上的品牌标记及其他主要元素在视觉上的可辨认度。测量包装的另一种区别性手段要借助目光追踪相机进行,研究人员可以通过这种仪器在消费者浏览商品时跟踪其视线。第三,测试包装传递信息的能力、包装的吸引力以及形象。包装传递信息的能力、包装的吸引力和由包装所得到的产品形象,通常是一起测试的。具体做法:首先在小组座谈会上将某些包装从所有被测包装中区分出来,并指出这些包装存在的问题或必须改进的地方,然后对这些包装作定性、定量研究。

(3)产品留置测试

产品留置测试是市场调研中测试产品的方法之一,把待测试的产品放在消费者家里或其他自然的使用环境里,让消费者按自己的习惯方式使用产品,然后进行回访,了解消费者对产品的评价。当面对下面的问题时,应该考虑使用产品留置测试:如何使产品的属性特征最优化从而更吸引顾客;如何识别竞争产品的优势和弱势,来确定产品在目标市场中的位置;与竞争对手相比,产品在哪些特性上更加吸引顾客;目前就产品属性而言,是否吸引顾客;是否在某些属性上还可以改进;改进后的产品是否真的比改进前的好;顾客能否区分改进后的产品与改进前的产品之间的区别

产品留置测试的目的随着被测试产品的发展或生命周期的不同阶段而不同,决定采用哪种研究设计是建立在研究目的基础之上的。

①在产品发展初期,只有原始模型,测试目标是如何使产品的属性特征最优化从而更吸引顾客。此外,还可以帮助确定定位策略,将产品特征转化成显著的顾客利益。

②当产品最终完成但还没有引入市场时,实施产品留置测试可以识别竞争对手的实力和弱势,同时还可以确定产品在目标市场中的位置。

③一旦产品推出上市,进行产品留置测试通常有两个目的。首先,作为质量控制手段,维持产品生命。其次,如果产品有进一步改进的潜力,应该对改进产品进行一下测试。产品改进测试有两种。第一种,产品在特征方面的创新和改进,目的是捕获更多的市场份额,这里,产品留置测试的目标是确定改进后的产品是否真的比改进前的好。第二种,缩减成本改进。这里产品留置测试的目的是确定顾客能否区分改进后的产品与改进前的产品之间的区别。

【拓展阅读】

圆珠笔芯趣闻

最早出现圆珠笔这一名词的时间是1888年,一位名叫约翰·劳德的美国记者曾设计出一种利用滚珠作笔尖的笔,但他未能将其制成便于人们使用的商品。

1895年,英国市场上也曾出售过商品化的非书写用圆珠笔,因其用途狭窄,未能流行起来。1916年,德国也有人设计制作过一种新型的圆珠笔,其结构与今天的圆珠笔较为接近,但性能较差,未能引起广泛的重视。

匈牙利记者拉迪斯洛·比罗非常清楚地意识到普通钢笔所存在的问题。比罗认为,他是在访问一家报社的时候产生了用一种使用快干墨水的笔代替传统墨汁笔这一想法的。报纸用的油墨几乎是在瞬间干燥,而且不会留下污迹。比罗发誓要将类似墨水应用到一种新型书写工具中。为了避免黏稠的墨水堵塞他的笔,他提出在装有这种快干墨水的管子顶端

安装能够旋转的小金属球。该金属球将有两个功能:作为笔帽防止墨水变干,使墨水以可控速率从笔中流出。1943 年 6 月,比罗和他的兄弟格奥尔格(一位化学家)向欧洲专利局申请了一个新专利,并生产了第一种商品化的圆珠笔——Biro 圆珠笔。后来,英国政府购买了这个专利圆珠笔的使用权,使得这些圆珠笔可以被英国皇家空军的机组人员使用。除了比传统钢笔更坚固以外,圆珠笔还能够在低压的高空中使用(在高空中,传统自来水笔的墨水会溢出)。这在英国皇家空军中收到了很好的使用效果,使得 Biro 圆珠笔大受好评,在第二次世界大战中,这种圆珠笔由于其坚固性和适应战场环境的能力而在军队中广泛使用。

在美国,米尔顿·雷诺在 1945 年推出了新型圆珠笔,并首次成功地投入商业生产,以代替当时还很流行的自来水笔。该圆珠笔使用了一颗小的圆珠,将浓度很大的明胶型墨水释放到纸上。雷诺圆珠笔是一种简单的书写工具,并以"第一支能在水下书写的笔"大作市场宣传。雷诺在初次推出新型圆珠笔时便卖出了 10 000 支。这些首次公开销售的圆珠笔非常昂贵(10 美元一支),主要是因为它们采用了新技术。

1945 年,第一支廉价圆珠笔生产了出来。当时,法国人马塞尔·比希开发了一个制造圆珠笔的工业流程,使得单位成本大大下降。1949 年,比希在欧洲推出了他的圆珠笔。他将这些圆珠笔取名为"BIC",该商标是他名字易于记忆的简化版本。十年之后,BIC 公司第一次将它的圆珠笔销往美国市场。消费者起初并不愿购买 BIC 圆珠笔,因为其他制造商已经在美国市场推出了很多圆珠笔。为了打消消费者的犹豫,BIC 公司发起了一项激动人心的全国性电视活动,向消费者宣传这种圆珠笔"一次使用,次次想用"并以仅 29 美分的价格销售这种圆珠笔。BIC 还发布电视广告,描绘他们的笔从步枪中射出、捆绑在溜冰鞋上甚至安装在手提钻上的画面。在一年内,竞争迫使每支笔的价格下降到了 10 美分以下。BIC 公司每天会生产数百万支圆珠笔!

圆珠笔是利用钢珠的旋转把油墨写到纸上的一种书写工具。第二次世界大战后,圆珠笔传入中国。精明的商人大做"原子笔"的广告,借在日本爆炸的原子弹的余威来打开销路。其实,圆珠笔与原子并无关系,只是读音相近而已。圆珠笔很快就在世界上流行起来。仅日本一年就要消耗 4 亿支圆珠笔。圆珠笔之所以能够写字,是因为笔头里的钢珠在滚动时,能将速干油墨带出来转写到纸上。

据说,日本的圆珠笔芯里装的干油墨,足够可以书写 2 万个字。但是,书写的字数多了以后,钢珠与钢圆管之间的空隙会渐渐变大,这样油墨就会从缝隙中漏出来,常常会玷污衣物等,使人感到十分不愉快。

日本有一个小企业主想出了一个绝招:少装一些干油墨,让笔芯里的油墨只能书写 1 万多个字就用完了,这样圆珠笔芯漏油的问题就解决了。于是,他就申请了专利,专门生产一种短支的圆珠笔芯和圆珠笔,受到了广大顾客的欢迎。这种解决问题的方法,看起来似乎是一种偷工减料,但实质上是一种创新,是解决当时人们所不能解决的问题的思想上、方法上的创新。

【思考题】

1.请你列举一下生活中哪些产品是用创造性思维解决问题的。

2.为你的家人设计一种产品并制作模型。

第6章 商业模式的设计

【学习目标】

1.理解商业模式的含义及核心要素。

2.熟悉常见的商业模式类型。

3.掌握商业模式画布,设计出适合创业团队的商业模式,并进行合理性检验。

【知识要点】

1.商业模式是指企业为了给特定的客户群体提供以产品或服务为载体的价值,所设计和采取的一系列交易结构,企业由此获得可持续盈利。

2.商业模式的5大要素:客户价值、载体、交易结构、盈利模式和可持续运营。

3.商业模式的常见类型包括:以客户为中心的商业模式、以上下游资源为中心的商业模式、平台型商业模式、长尾式商业模式等。

4.商业模式的常见设计工具是商业模式画布和精益画布,后者更适合初创企业。

5.商业模式的合理性检验包括故事性检验、逻辑性检验和数字性检验。

6.1 理解商业模式

6.1.1 商业模式的含义

在大众创业、万众创新的浪潮中,千千万万的创客们前赴后继地投入进来,然而成功者依然是少数。到底是什么因素决定了创业的成败?富有经验和眼光独到的投资者们说,他们最看重的因素有两个,一个是人(创业者及其团队),一个是商业模式。在各种创业大赛中,评委们关心的核心问题往往也是商业模式。2014年北大全球金融论坛上,软银亚洲投资基金首席合伙人、软银亚洲信息基础投资基金总裁阎焱说,好的企业的评判标准,应该包括商业模式的可扩充性和清晰的盈利模式。管理大师彼得·德鲁克有一句名言,“当今企业之间的竞争,不是产品之间的竞争,而是商业模式之间的竞争”。前时代华纳CEO迈克尔·邓恩认为:“在经营企业过程当中,商业模式比高技术更重要,因为前者是企业能够立足的先决条件。”巴黎商学院关于企业经营的黄金法则:“经商最重要的不是资金，不是人才，而是模式。”

资料显示，当今中国创业企业的失败，23%是因为战略失败，28%是执行出现问题，而高达49%是没有找到适合自己的持续盈利的商业模式。2000年左右，互联网行业遭遇到前所未有的寒冬，网易、搜狐、新浪等网络明星企业遭受重创。但是，他们迅速调整了商业模式，网易暂时放弃新闻，主攻短信和网络游戏，搜狐转走广告和网游结合之路，才逐渐从低迷中走出，保持了一种真实的繁荣。腾讯当年在推出QQ以后，迅速占领了市场，但由于通信软件都是免费的，无法找到盈利切入点。后来马化腾及时调整了思路，建立高级会员制，为那些愿意付费的VIP会员提供更多的功能。这个调整使得腾讯既保留了原有的免费客户，更是借机为自己的收入创造了一个可观的契机，这是商业模式之功劳。市场千变万化，竞争激烈万分，失败的企业有着各种原因，成功的企业一定离不开经得起市场和时间检验、及时调整和升级的适合自己的商业模式。

商业模式的重要性对于企业而言，就像人体骨架对于人的生命一样重要。它将企业生存及发展最核心的要素统领起来，成为企业的命脉支架。如何定义商业模式？学术界与实业界根据自己的理解进行不同的定义，迄今并未统一，甚至还存在一定的误解，比如把管理模式、网络模式、盈利模式等同于商业模式，或者把互联网背景下的新型商业业态当作商业模式，比如把O2O或B2B当成商业模式。可见这个概念本身范畴之广，包罗万千。

要理解清楚商业模式，首先需要理解“商业”二字。商业的本质在于盈利，通俗来说就是赚钱。这里涉及产品流、信息流和资金流三个要素的流动。产品或服务被生产出来以后，从制造商流动到销售商或其他平台，最终到达消费者手里，这是产品的流动。要实现这个流动，制造商、销售商和消费者之间需要消息的互通，就形成了信息流。而资金从消费者流动到制造商甚至原材料商的手里，则为产品交易的单次循环过程画上句号。在整个流动过程中，商品为特定的顾客带去了价值的满足，也为整个企业带回了盈利。不盈利的企业是无法生存的，但是不提供价值的企业，更加无法获得盈利。企业的盈利收入大于其社会价值的创造，这种盈利模式也是不健康的，无法长久的。换句话说，天下没有免费的午餐，空手套白狼的企业，注定会被淘汰。因此，价值创造对于企业而言，是其盈利的出发点和根本源泉。商业模式肯定包含盈利模式，但却并不仅仅等同于盈利模式。对于一个创业企业而言，商业模式应该是天生的，是企业发现自身能够提供某种价值以后才去创业，而不是先想创业，再去想做，这个逻辑不能颠倒。

随着社会经济的发展，产品的形式越来越丰富，资金的流动也不再局限于现金，但都会涉及三个要素的流动。比如，我们要在淘宝上购物，可能首先需要先搜索了解商品信息，这就依赖于商家店铺的各种图片及文字、视频信息的介绍，可能还会与店铺客服进行咨询。确定购买之后，我们需要下单，留下我们的购买意向、收货联系信息等。这里就是信息在商家和顾客之间的流动。要为我们提供产品，店铺掌柜需要提前联系供货商，并实现产品从供货商经店铺最终流向顾客的流动过程。这是产品流。产品的流动必然会引起资金的流动，资金从我们的银行卡或支付宝账户流向店铺及供货商。虽然不是现金的形式，但依然是资金的流动。我们根据自己的需求购买了特定的产品，商品满足了我们的价值需求，而商家获得盈利，可以总结为，商业活动源于客户需求，包含了产品流、信息流和资金流三大要素的流动。

因此,商业模式看似艰深复杂,其实万变不离其宗,它建立在企业提供的产品和服务,并以此产品或服务为用户创造价值的基础上,企业自身获得盈利的过程中,包含着企业运营的智慧。红杉资本的合伙人周逵说,商业模式就是将企业的用户价值或社会价值转换成企业价值的方式。还有人将之定义为,商业模式指的是企业运营的逻辑,即企业如何在市场竞争中运作,并为股东创造和获取价值。

【知识窗】

国内外学者对于商业模式的定义

时间	学者	定义
1998	Timmers	一种产品、服务和信息流的架构,阐明各种不同业务的参与者及其角色、潜在利益以及企业的收入来源。
2002	Joan Magretta	用以说明企业如何运营的概念。回答谁是用户、用户价值何在、如何获得收入、如何以合适的成本为用户提供价值。
2004	Muller&Lechner	指用户、产品、销售渠道和企业的收入结构,企业在其价值网络和业务关系性质的定位及企业的根本经济逻辑。
2007	Zotee&Amit	关于如何连接企业与用户、合作伙伴和供应商进行交易的结构模板,即要素与产品市场如何连接的选择。
2012	魏炜、朱武祥	本质上是利益相关者的交易结构。

总结以上定义不难发现,商业模式是一种结构或架构,将产品、信息和资金等要素流动以及价值的创造、传递的循环过程串联起来,蕴含了企业的经营智慧以及利益相关者各种关系的一个概念。一言概之,商业模式是指企业为了给特定的客户群体提供以产品或服务为载体的价值,所设计和采取的一系列的交易结构,企业由此获得可持续盈利,其本质是可持续盈利的交易结构。

由此可见,成功的商业模式不一定是技术上的创新,而可能是企业对于某一环节的改造,或者是对原有经营模式的重组、创新,甚至是对整合游戏规则的颠覆。商业模式的创新贯穿于企业经营的整个过程,贯穿于企业资源开发、研发模式、制造方式、营销体系、流通体系等各个环节。每个环节的创新都可能塑造一种崭新的商业模式。

有学者将其细化为5W2H的七个问题,即一个组织在何时(When)、何地(Where)、为何(Why)、如何(How)和多大程度(How much)地为谁(Who)提供什么样(What)的产品和服务,并开发资源以持续这种组合。

1.谁是企业的顾客?

2.企业能够为顾客提供怎样的独特价值和服务?

3.企业的产品与服务应该何时投入市场?

4.企业的产品与服务应该投放到哪个市场上?

5.企业的产品与服务为什么能够赢得客户?

6.企业如何以合理价格为顾客提供这些价值,并从中获得企业的合理利润?

7.企业多大程度上可以为顾客提供独特价值和服务?

简单来讲,对于一个初创企业来说,设计自己的商业模式,以上七个问题可以整合为三个问题,创客们要能够清楚回答:

1.用户是谁,他们需要什么?(客户及客户价值)

2.企业如何获得经济收益?为用户提供价值的逻辑是什么?(盈利模式)

3.企业创业成功的资源和方法是什么?(资源与核心竞争力)

依据以上定义和问题,可以确定出商业模式的构成要素。

6.1.2 商业模式的构成要素

正如商业模式的定义并未大一统一样,商业模式的构成要素也并未形成统一公论。有些是基于横向列举的逻辑,有些是基于网状结构来考虑各要素之间的关系。迈克尔·莫里斯第一次系统梳理出来的商业模式构成要素,包括价值提供、经济模式、用户界面与关系、伙伴关系、内部基础设施/活动、目标市场、资源与能力、产品和收入来源。又如,发明了商业画布理论的亚历山大·奥斯特瓦德提出的商业模式九要素模型:价值主张、客户细分、渠道通路、客户关系、核心资源、关键业务、重要伙伴、成本结构和收入来源,可以称之为"九九归一"的商业模式要素论。再如,国内学者提出的魏朱六要素模型:定位、业务系统、关键资源能力、盈利模式、自由现金流结构和企业价值,这是"六脉神剑"要素论。

这些纷繁的要素罗列容易让人眼花缭乱。回到简化问题的原则上来,我们用商业模式的"五指山"来还给大家一个清晰的视野。不论是将快餐卖到全世界的麦当劳,还是普通的水饺连锁店,不同的领域,都可以有很多成功的商业模式,其中的规律就是,他们为用户提供了价值:用美味帮助人们解决饥饿的问题。因此,商业模式最首要的问题是企业能够为什么样的用户提供什么样的价值,即客户价值或价值提供,囊括了客户细分或目标市场。这是一切商业活动的基础和出发点。不提供客户价值的企业都是要流氓,反之亦然,为用户提供他们切实所需的价值,才是企业生存的基石。比如,淘宝让消费者和商家不受时间和地域的限制进行交易,并不断完善自己的技术和服务,在市场的风风雨雨中一直傲视群雄。京东用其值得信赖的商品质量和快速的物流服务牢牢锁定了用户,360 创造了杀毒软件免费的先例,这些企业都是在为用户创造价值的基础上站稳脚步,逐步成为行业巨头。

第一要素是要为用户提供价值,需要对客户进行精准定位,由此帮助企业进行精准的自我定位,这是企业存在和发展的前提。市场中的客户群体非常庞大,具有不同的特点和属性。随着物质生活的不断提高,其需求越来越个性化,你要满足哪种特定客户的哪种特定需求呢?这就需要企业对客户需求进行深挖,找到其痛点。所谓"痛点"不过就是某个特定客户群的某种急需得到满足的需求。比如小区门口的水果店,针对的就是小区内的住户就近购买到水果的需求。客户价值确定了,企业的一切活动才有了基本的目标和方向。滴滴出行能够在过去几年迅速走红,其决定性因素就是该平台解决了打车人经常打不到车和出租车司机空驶率高的痛点,提升了双方的效率。因此,在价值创造这个要素中,首先是快速精准地找到你的客户,然后深挖其还没有被满足的需求,由此创造价值。

在客户定位时,还有人会比较纠结于客户的种类究竟选 2B 还是 2C。2B 就是 To Business,为企业提供产品和服务,2C 是 To Consumer,为消费者提供产品和服务。也就是两者一个以企业为目标客户,另一个以个体消费者为服务对象。家乐福、淘宝网等都是 2C 模式,而 IBM 和微软可以算作 2B。客户种类究竟选择企业还是消费者,还是要以公司的定位为准,看企业的产品或服务究竟更适合企业还是消费者,最终都是要以满足客户需求为目的。

第二要素是客户价值的创造需要载体,也就是价值提供的形式,是产品,还是服务,或者其他形式。在商业画布理论中,也将之称为关键业务。当我们找准客户并清晰了解其需求之后,就需要设计出能够满足需求的产品或服务,并将之做到极致。比如,水果店提供的产品是新鲜有机水果,滴滴出行提供的则是汇集了出租车辆信息和打车人信息的平台及相关配套服务。

第三要素是如何获取关键的资源和能力,实现价值创造与传递,这涉及如何整合上下游关系。对应到商业模式画布理论中,这里包含了渠道通路、客户关系、核心资源及重要伙伴等,都可以成为价值创造和传递的重要资源。比如水果店能掌握新鲜有机水果的进货渠道,并占据小区人流量较大的商铺,这就为其价值创造与提供配备了关键的资源及能力。再比如零售业巨头沃尔玛,由于其分店数量众多,进货量巨大,因此它从货源上游——生产厂商那里进货时就很有话语权,可以尽可能地以极低的价格进货,保证了低成本。进一步的,由于其低成本和高质量,下游的消费者也更愿意在沃尔玛商店购物。如此形成一个上下游资源的良性循环,工厂能够拿到大量订单、消费者生活成本降低、沃尔玛能够通过薄利多销的方式盈利,这就形成了沃尔玛的核心竞争优势,同时也为社会创造了较大的贡献和价值。

第四要素是盈利模式,即获取利润的方式,包括收入来源和成本分析。水果店的收入来源非常明确,即水果低买高卖的差价,而其成本则包括了商铺租金及日常水电杂费。收入要大于支出,才能保证企业的基本生存及运转。

第五要素则是盈利需要有可持续性,这是企业良性发展的必要条件。企业的持续盈利涉及很多因素,此处强调两点。其一,商业模式一定要健康,是真正为用户创造他们所需要的价值。商业社会最本质的道理在于,创造的价值一定要大于企业自身的索取(盈利)。凡是将自身盈利而非客户价值放于更高位置的企业,都将在市场的浪潮中被淘汰。曾经风靡一时的 SP 抢钱模式,即移动增值业务,根据用户的要求开发和提供适合手机用户使用的服务,本身是一个暴利行业。2~3 人,投入一万元,申请一家 SP 公司,年收益就可以达到数百万元。但是该企业绝非是利于用户,更多是利用诸如发广告信息、诱导定制、强制定制等垃圾信息的方式,为用户退订短信业务设置门槛,甚至用户莫名其妙被扣款。这个模式本身是不健康的,是损害用户利益的,甚至可以说是没有道德底线的,结果很快就被市场淘汰。其二,企业设计自身的商业模式时,应该形成一定的壁垒,具备竞争对手所不能超越的核心优势,这样才能保证在激烈的商业竞争中屹立不倒、节节高升。今日资本创始人徐新曾跟踪调研美国50家品类第一品牌,数据证明当年的第一有50%仍然保持品类第一或第二的位置。可见,品类第一代门槛很高,抵御竞争的能力很强。壁垒有很多形式,可以是品牌,可以是规模最大以降低成本,也可以是数量众多且强大的合作伙伴,也可以是行业垄断,等等。选择重模式也是形成壁垒的一种方式。所谓重模式是相对轻模式而言,将企业经营的重大环节囊括其中,而非将某些业务或成本外包。比如,百度搜一个搜索框,阿里巴巴是一个电商平台,进货、运营、快递等环节都由商家完成,这些都是典型的轻模式。京东商城自建电子商务平台和物流,大大提升了用户体验,这是重模式。不过,重模式最好建立在企业已经积累一定竞争优势之后。当然,互联网时代,用户的品牌忠诚度有降低的趋势,保持风险意识,不断跟进时代的脚步而进行调整改善,也是企业持续盈利的可靠保障之一。控制固定成本,形成"低固定成本、高变动成本"的成本结构,企业系统性地抗击诸如宏观经济环境等重大风险的能力就会得到大大提高。这也是企业保持持续盈利的有效方法。

【案例阅读】

过去三年中国最牛商业创新模式

如果要选出中国过去三年最牛的创新商业模式,毫无疑问,是以摩拜为代表的"共享单车"。

首先,短距离出行是绝对的刚需。以摩拜为代表的"共享单车",不用停车桩,不用办卡,二维码扫一扫就能开锁,不用的时候停在任意合法非机动车停车点即可,半小时收费一元,几乎彻底、完美解决了城市"最后一公里"的困扰。

其次,市场巨大。截至2016年12月,我国"网络预约专车"用户规模为1.68亿,几乎可以把所有城市上班一族都视作目标群体。

再次,其几乎没有触动任何旧世界哪个"土豪"的利益,摩的除外——而摩的几乎是所有城市清缴的对象。而且,摩的没有成规模的组织,完全不成气候。

最后,也是最令人"膜拜"的,是"共享单车"从一开始就有非常清晰的盈利模式:押金。押金可以退,所以多数人不会抵制缴纳这笔钱;可以退,但公司不会自动退,多数人也不会主动要求退,因为下次用车还得缴,其结果就是大量资金沉淀在公司,等于无偿占用;押金不能动用,不能用作租赁车费的支持。这等于这笔钱只会增加,永远不会减少;由于一份押金对应一个注册用户,而非一辆车,这意味着投放一辆车,能锁定远超过1个用户。摩拜目前是一辆车锁定8人,等于投放一辆车,获得2 400元(300×8)的"存款"。仅以1 000万辆投放为假设,每辆车锁定8人,每人300元押金,沉淀总额资金将达240亿——这是最经典的互联网金融的玩法。

"共享单车"这个商业模式,也存在一些问题,如硬件成本偏高;难骑、难找;蓄意破坏;可复制性太强,门槛不高;政策支持等问题。

6.2 商业模式的类型

6.2.1 以客户为中心的商业模式

商业模式涉及的要素非常丰富,不同企业在价值链的不同环节都会倾注不同的特色。常见的商业模式特色类型之一是围绕客户价值的创新,它要求你的产品具有强烈的独特性,发现或创造某种具有独特价值的产品,满足特定客户的某些特定需求,从而在竞争中脱颖而出,为企业带来强大的发展机遇。

随着社会经济的发展,人们的需求将会越来越细化、个性化。相对应的,市场所提供的产品和服务,从计算机、通信产品、家电到汽车、日用品,也必将越来越细分和个性化。50 年前,一个杂货店也许只有 5 000 件商品,而今一个普通的超市货品也许都超过了 50 000 件。福特曾一度是运输工具车的代名词,主导整个汽车类别,之后出现分化:豪华车、中等价位车、廉价车。小到牛奶这个日用品,如今也分化为原味、果味、低糖、低脂、高钙、儿童、孕妇等细分类别。分化将是未来的趋势。企业要自我发展,在现有行业中竞争,将产品和服务做到极致,也许会被该领域内的其他知名品牌快速淹没而未必能够成功。所谓的蓝海策略,即要开创一个全新的市场,或者寻找一个没有竞争的市场,在分化中寻找规律,争取创造该市场内的品牌第一,在消费者心中留下最深刻的第一印象,是新兴企业自我发展核心竞争力的高效途径。你创造了行业品牌第一,那么后来的追赶者永远只能是对你的模仿。

【案例阅读】

客户中心思维带来的商机

吉利公司是一家以生产刀片著称的大公司。20 世纪 30 年代,这家公司的一个调研员听一个朋友说他的妻子腿部受伤了,受伤的原因是用他的刮胡刀刮腿部的毛发时不小心划伤的。说者无心,听者有意,这个调研员立即将此事上报给了公司调研部门。

调研部门成立了专门的调研小组,经过近一年时间的调研,发现全美国有 6 000 多万妇女定期要去除腿毛和腋毛,而她们只能用男士刮胡刀来做这项工作。

吉利公司发现了这里潜在的巨大市场,就在刮胡刀的基础上生产了一款刮毛刀,刀架用的是彩色塑料,刀柄做成了弧线形,而且在刀柄上印了一朵美丽的菊花。经过调查,女性顾客(广告词也是在多种方案中)最终选择了“不伤玉腿”。产品一上市,就被女士们抢购一空,吉利公司因此狂赚了一笔。

在以上案例中,吉利公司就抓住了生活的某个偶然事件,从而发现了女性这个特定的客户群体对于女性刮毛刀的需求,使吉列公司除原有的业务外,成功开拓了公司的新业务。

注重客户体验和客户关系,以客户需要来作为产品改进的源头。小米手机将这一点做到了极致。公司 CEO 雷军要求所有员工,在消费者使用小米手机过程中遇到的任何问题,无论硬件还是软件,无论是使用方法或是技巧,还是产品本身出现了 Bug,都要以帮助朋友的思路去帮助消费者解决问题。“全民客服”的理念、论坛留言 15 分钟内回复的快速响应速度、对每一条建议的充分重视,都让“米粉”有宾至如归的感觉,绝大多数“米粉”对小米手机都有强烈的主人翁意识,特别是里面包含了很多专业级用户。用户的需求在第一时间及时反馈到小米公司,促进了该产品的不断完善,使得小米手机始终站在国产手机的前端。

在互联网时代,产品中心会逐渐转型为用户中心。这意味着互联网不仅是产品和服务流转的一种渠道或工具,更为核心的是利用互联网经营用户,这就是互联网时代的用户中心。具体做法就是把握用户的入口(人流量)、用户的痛点(产品的独特卖点和口碑)、用户的情怀(你的粉丝有多少)、用户的尖叫(满意不会产生忠诚,只有物超所值才会产生忠诚)。如果企业能把握好这四点,就是在经营用户,就是在“互联网+”时代的用户中心。而用户的入口是互联网企业与传统企业相比的优势。因此,企业在互联网时代的转型,要从经营客户变为经营用户,从经营会员转为经营粉丝。

6.2.2 以上下游资源为中心的商业模式

该模式是指企业围绕商品流的循环链条进行资源整合的商业模式。传统市场上,商品从生产到消费终端,往往需要经过多次流转,在这个过程中产生很多成本,降低了利润空间。随着互联网经济的出现,很多行业都出现了生产前端与消费终端通过一定的平台直接对接的现象。比如二手车交易平台瓜子网的广告词:“没有中间商赚差价”,这可能是该公司能够在业界交易量遥遥领先的重要原因。这种整合上下游资源的模式极大地提高了效率、降低了成本,被形象地称为“跨越式商业模式”。

进入互联网时代,整合能力是企业成功的核心能力之一,一家企业能够在多大的范围、多高的层次、多强的密度上组织资源,决定了企业的价值创造能力和发展能力。从世界范围来看,一流的企业都具有非凡的整合能力,大多是通过大规模的成功并购或缔结战略联盟方式寻求并整合一切对自己发展有利的工厂、品牌、知识、技术、人力等资源。杰克·韦尔奇就是依靠这种方式成就通用商业帝国的。中国移动的咪咕金科技文化公司也是整合了各种内外界资源,包括其内部的音乐、视频、阅读、游戏、动漫五大基地业务,同时联合 CCTV、求是杂志、凤凰网、新华网、人民网、中信出版集团、中国出版集团等合作伙伴共同发布产业平台,着力打造传统媒体和新兴媒体融合发展的新型平台。除此之外,咪咕公司还与华谊兄弟、京东商城、掌趣科技、华为、迪信通、天音等联合启动了“咪咕创星计划”,旨在加大与内容提供方合作力度。

互联网为什么能够如此迅速地颠覆传统行业呢?互联网颠覆实质上就是利用高效率来整合低效率,对传统产业核心要素的再分配,也是生产关系的重构,并以此来提升整体系统效率。互联网企业通过减少中间环节,减少所有渠道不必要的损耗,减少产品从生产到进入用户手中所需要经历的环节来提高效率,降低成本。因此,对于互联网企业来说,只要抓住传统行业价值链条中的低效或高利润环节,利用互联网工具和互联网思维,重新构建商业价值链,就有机会获得成功。

资源整合的一种途径是不改变现有产业链，通过资金或者时间上的错位产生新的盈利空间。近几年最出名的莫过于滴滴出行和摩拜共享单车。在疯狂赠送优惠券“烧钱”行为后，滴滴出行成为行业龙头，聚集了大量的车主与客户，然后开始逐步调价，但其单价依然低于市场出租车消费价。向车主收取的服务费只是其盈利点中很小的一部分，更多的盈利来自资金的收益。车主的提现周期为一个星期，这就意味着会有大量的资金汇聚在该平台上，通过投资或者储蓄可以产生较大的收益。摩拜单车则是通过用户的押金获取收益。

还有一种资源整合是通过联合产业链上游或下游，根据各自的优劣势有机结合，形成互补共进的搭配模式。比如蒙牛起家时的商业模式：蒙牛一头牛也不养，政府出面，农民到信用社贷款买牛，用蒙牛品牌作担保，所有农民生产出来的牛奶蒙牛包销。这样，北方 300 万农民都在替蒙牛养牛，蒙牛仅仅靠整合产业链的上下游资源，以自身品牌搭建一个牛奶产业的平台，获取巨大利润。

从具体整合内容来看，资源整合至少可以包括资本、技术、文化、渠道整合四个方面。具体如下：

【知识窗】

资源整合常见的四种方式

整合方式	具体阐述	具体案例
资本整合	资本整合是最重要的整合内容，是企业跨越式发展的捷径。企业在发展的过程中，难免会遇到资金紧张的情况，此时就需要通过资本整合的方式获得充足的发展资金。一般采取的资本整合方式是收购，壮大企业的资本规模，以此来达到自身资金系统优良化的发展便利。	达能与光明乳业合资建立上海酸奶及保险乳，通过资产置换和增持股份的方式收购光明乳业 20.01% 的股份，成为光明乳业的第三大股东。
技术整合	对于很多企业来说，单个的技术或者知识，并不一定能产生效益，只有把相关的知识或技术整合到一起才能带来企业的发展。而且，任何一家企业都很难掌握最为全面的生产技术，特别是一些依赖技术的行业，如手机、电脑等。这就需要技术的整合，帮助自己完成产品生产，或者提升自己的技术水平。	海尔为了在数字网络家电中取得优势，整合中国网通、清华同方、春兰集团、长城、上海贝岭，共同制订推广“E 佳家”标准。2007 年，海尔与英特尔联手，将“E 佳家”与微软、英特尔主导的数字生活网络联盟标准融合，抢夺 3C 标准。
文化整合	文化资源的整合是一种主要的整合方式，所谓的文化资源整合指的是根据企业的发展战略和市场需求将有关的文化资源与企业或者产品整合起来，凸显企业的核心竞争力。	金六福把乙醇与福文化联系起来，将深藏于广大老百姓心中的俗文化中的祈福与金六福结合在一起，把金六福演变为福的化身。

续表

整合方式	具体阐述	具体案例
渠道整合	企业销售需要渠道，渠道整合在销售过程中起着重要作用，可以为各个渠道的成员提供更高的价值，获取更高的渠道效率。它通常包括企业内部资源的整合与企业外部经销商营销中心体系整合两个方面。	IBM根据不同用户和消费者对计算机产品及相关服务的不同要求建立了销售网络。在这个网络中，选用多条渠道来销售PC，有些渠道由IBM来拥有和经营，有些渠道由独立的经销商或代理商经营，不同渠道向不同的顾客和用户销售产品。

如何能够做到整合上下游资源，这本身是一门高深的技术。首先是要抓住恰当的时机。百度决定在美国纳斯达克上市时其知名度并不高。上市之前，李彦宏想到了一个办法，他把百度的标签贴到了谷歌身上。借用了谷歌在搜索界的老大地位，这一举动为百度的上市作出了良好的铺垫。成功上市后，百度的涨幅惊人，成为美国股市新上市公司首日涨幅之最，一举成为家喻户晓的明星企业。

其次是要能够合作共赢，在整合的过程中满足合作伙伴的发展需求。举一个古代的故事为例。北宋年间，辽国摆了天门阵，宋军破不了。把这个故事放到市场中，企业面对一个很难搞的顾客，但又必须把这个顾客拿下，才能保证企业的平稳发展。怎么办呢？"大宋朝"这个企业开始在上游寻找和发现能够解决好这个市场难题的资源。已有的上游合作伙伴中，宋朝的各个将士虽然武艺高超，但都对付不了天门阵，因为天门阵有毒气，而且将士们不熟悉阵法。只有穆桂英家祖传的降龙木可以破除天门阵的毒气，而且穆桂英熟悉家族传承的阵法。这就是穆桂英所拥有的核心关键资源。但是，她是土匪，目的是要造反、杀贪官，要用她，就得招降她为己所用。这里就涉及怎么去整合与自己原先并不是一路的上游资源。大宋朝是怎么做的呢？三关大帅杨六郎抓住了穆桂英的核心需求：这个小姑娘3岁入深山，一待18年，如今二十有一正是如花似玉的年纪，她需要一个男朋友。刚好己方有这样一个优质资源可以满足对方的需求，杨六郎的帅哥儿子杨宗保。后来，通过巧妙的设计安排，杨宗保与穆桂英相识并相爱，但这并不足以说服穆桂英放弃自己的立场。怎么办呢？杨宗保与土匪穆桂英勾结，按律当斩。为了保住心爱人的性命，穆桂英立马就来求情了，降龙木、破掉天门阵等条件全部答应，还立下军令状。后来，穆桂英果然大破天门阵，横扫北国。大宋朝完成整合资源，顺利获得市场的进一步发展。

【案例阅读】

格兰仕的全产业链整合

从格兰仕的产品来看，"1度电"全直流变频空调、4S级变频滚筒洗衣机、互联网专属品牌UU系列产品、999滚筒洗衣机等，由于价格均在行业平均水平之下，因而被业内冠以“价格屠夫”的称号。

对此，甘建国表示，“在同等质量的情况下，如果亏损去做，那是破坏者；如果微利去做，那是颠覆者；如果平价去做，那是尊重消费需求的方式。现在，我们做的是从平价再到微利过程的转换，这一系列动作代表着我们通过规模优势，通过平价优势，给消费者创造口碑优势，再形成微利，因为企业毕竟要实现盈利。”

在格兰仕产品低价的背后，其全产业链整合能力正在隐现。以上游零部件的采购为例，也是格兰仕自己去做。由于其空调的产能一年是在600万台左右，相当于比上游专业公司的采购量还要大，于是自己集中采购、规模化生产更能够节约成本。同时，格兰仕又是一家综合性家电制造企业，所采购的零部件不但可以用在空调上，还可以用在微波炉、冰箱、洗衣机上。

“全产业链主要是我们对上下游供应商资源的整合，以及对社会资源的利用。”赖云飞介绍道，“在技术上，首先，从我们自身来说，格兰仕现在也有自主生产压缩机的能力，我们从定频到变频都有年产600万台左右的产能；其次，对关键的变频控制技术我们是完全掌握的，全部是依靠格兰仕的自主研发能力。”

此外，管理好员工，降低产品的次品率，也是节约制造成本的另一个关键。赖云飞说：“第一，目前都是在社会上招的有一定文化水平的员工；第二，招进来以后，我们对每个员工进行培训，然后安排相应的操作岗位；第三，对这些员工全部进行考核，关键的岗位全部是凭职称上岗。”据悉，格兰仕是家电业首个推进产业工人全员技工化制度的企业。

6.2.3 平台型商业模式

在互联网时代，平台型商业模式正在席卷全球。平台型商业模式也称为多边平台式商业模式，它是将两个或多个利益相关者卷入进来，通过促进各方客户群体共同互动来为参与方创造价值，各个群体间相互依存并深度影响的一种普遍性的商业模式。其原型是自由市场。某个机构提供一个固定场所，为到这个平台场所交易的多个购买者和销售者提供服务，以此获得利润。这个模式中各行各业都有涉足，渗透到生活的各个方面，如淘宝、京东、滴滴出行、亚马逊、当当、起点中文网等。该模式的特点是前期投资期限较长，投入资金巨大，但一旦突破一定的规模，平台方就有多处赚钱且很难被超越。平台作为各个利益相关者的中介方，其成功的关键是打造足够大的平台，必须同时吸引和服务所有客户群体；产品更为多元化和多样化，更加重视用户体验和产品的闭环设计。比如，淘宝网这个平台上聚集了商家、消费者、广告商、金融机构等多方参与者，同时满足了这些参与者交易的需要、资金安全的需要、信息分析的需要，从而获得巨大的成功。起点中文网这个平台上，作家和读者可以对接，而网站从中获得利润分配。

相对于传统经营方式而言，平台型商业模式是一种创新，不仅颠覆了原有产业的价值链，大大降低了营销成本，而且大大便利了教育双方。互联网的发展为这种商业模式提供了技术便利。互联网的发展，使信息交流越来越便捷，志同道合的人更容易聚在一起，形成社群。同时，互联网将散落在各地的星星点点的分散需求聚拢在一个平台上，形成新的共同的需求,并形成了规模,解决了重聚的价值。互联网的世界是无边界的,市场是全国乃至全球。

海尔集团的老总张瑞敏对平台型企业的理解就是利用互联网平台,企业可以放大,原因有:第一,这个平台是开放的,可以整合全球的各种资源,只有开放式平台才能得到长足的发展。从技术层面上来说,所谓开放的平台指的是把网站的服务封装成一系列计算机易识别的数据接口开放出去,供第三方开发者使用,这种行为就叫作 Open API,而提供这种功能的平台就是开放平台。通过开放平台,不仅用户可以对网页进行简单的访问,而且第三方开发者也可以利用这种开放性开发丰富多彩的应用。通俗一点来说,所谓平台开放指的是平台本身允许第三方在这个平台上创建属于自己的小平台,以达到利益共享的目的。

【案例阅读】

Facebook 的开放式平台

早在 2007 年 5 月,已经拥有 1.32 亿名活跃用户的社交网站 Facebook 开放了自己的平台,所谓开放,就是将 Facebook 拥有的海量社交用户档案和关系数据,通过开放自己的 API(应用程序编程接口),将网站用户和关系数据开放给第三方开发者。利用这个框架,第三方软件开发者可以开发与 Facebook 核心功能集成的应用程序。

Facebook 的目的就是为了吸引更多的软件工程师、程序员和游戏开发爱好者将他们开发创造的应用接口到开放的 Facebook 社区中去。这些开发者可以直接分享 Facebook 的用户,迅速提高产品或品牌知名度,可以加载相关广告,实现商业价值和盈利目标。

有统计显示,Facebook 的开发者队伍一年多的时间里就聚集了 20 多万位开发者的 45 899个应用。这些开发者和应用极大地增加了 Facebook 的吸引力。而 Facebook 屏蔽了谷歌的搜索,在谷歌中无法搜索到 Facebook 的数据,Facebook 成为独立于搜索世界之外的社交网络。

Facebook 的成功引流了开放式平台的潮流,国内外的互联网企业纷纷效仿。Flicker、Youtube、盛大、开心网、腾讯等都开始尝试开放部分互联领域的 API,这种开放策略为平台的发展提供了强大的支持。

开放在一定层面指的是共享,把平台自身的丰富资源与第三方共享,让其积极参与进来,从而促进平台本身及企业的发展。如淘宝网允许各个店铺共享淘宝资源,360 应用开放平台依托其庞大的用户群体及海量的优势资源,为合作伙伴和第三方开发者提供最彻底、最全面的互联网应用。这种方式能够聚集更多的人,进一步影响更多的人,正所谓"集千万用户所需,招揽优秀合作伙伴,共享大平台"。

张瑞敏认为互联网可以促进平台发展的第二个原因,是这个平台可以让所有的用户参与进来,实现企业和用户之间的零距离。在互联网时代,用户的需求变化越来越快,越来越难以捉摸,单靠企业自身所拥有的资源、人才和能力很难快速满足用户的个性化需求,这就要求打开企业的边界,建立一个更大的商业生态网络来满足用户的个性化需求。通过平台以最快的速度汇聚资源,满足用户多元化的个性化需求。

平台模式的精髓,在于打造一个多方共赢互利的生态圈,即以某个平台为基础,营造出为支持平台活动而提供众多服务的大系统。开放与共赢是一个平台型企业成功的两个标志。典型的代表是腾讯。腾讯覆盖的用户数量巨大，QQ 用户 7 亿多，微信用户 6.5 亿，Qzone 用户 6.3 亿。其产品和服务项目也非常丰富，几乎涵盖了通信、社交、游戏、购物、支付、安全、搜索等领域。腾讯创建了一个非常庞大的生态圈，很好地体现了平台的开放和共赢。马化腾在其“八个选择”中说到，开放模式选择上，绝不是简单的卖入口和流量，而是提供全方位的平台；在利益分配上，腾讯选择优先成就合作伙伴，然后再成就自己。在这种竭尽全力为合作伙伴着想及开放平台的共赢观念中，腾讯平台上的百万开发者和创业者盈利逐渐增多，使得腾讯获得了客观的利益，聚拢了越来越多的用户。万达是传统企业构建开放共赢平台的优秀代表。万达广场为住户与商家提供了一个高档的购物场所，使他们可以便利交易，而万达自身得到了万达商铺的销售营业收入，还带动了万达地产的销售业绩。可见，打造一个既开放又能实现共赢的平台生态圈，可以吸引到更多的人到平台上来努力经营，既能为客户提供更为丰富的产品，又能同时为平台及第三方参与者提供盈利，进一步吸引更多的用户，从而营造了一个良性循环的机制。

如今互联网正在催熟新的商业模式，即“工具+社群+电商/微商”的混合模式。其实质是平台商业模式的变形或扩展。比如微信最开始就是一个社交工具，先是通过各自工具属性/社交属性/价值内容的核心功能过滤到海量的目标用户，加入了朋友圈点赞与评论等社区功能，继而添加了微信支付、精选商品、电影票、手机话费充值等商业功能。

为什么会出现这种情况？简单来说，工具如同一道锐利的刀锋，它能够满足用户的痛点需求，用来做流量的入口，但它无法有效沉淀粉丝用户。社群是关系属性，用来沉淀流量；商业是交易属性，用来变现流量价值。三者看上去是三张皮，但内在融合的逻辑是一体化的。

6.2.4 长尾式商业模式

在传统行业中，由于生产的复杂性、库存的货架有限，因此企业往往倾向于制造和销售热门商品，以此利用有限的资源去创造最大化的利润。例如生产一个热门型号的手机和生产小众的手机，在模具设计、材料准备、人力投入等方面，往往有着非常相似的支出，但是在回报上，销售量达到 1 000 万台的单品型号和销售量只有 10 万台的单品型号获得的回报将会完全不同。

随着互联网时代的到来，企业通过少数几种产品卖遍天下的时代正在结束，一个小众、个性化消费时代正在来临。互联网正是长尾理论的最佳战场。

长尾概念由克里斯 · 安德森提出，这个概念描述了媒体行业从面向大量用户销售少数拳头产品，到销售庞大数量的利基产品的转变，虽然每种利基产品相对而言只产生小额销售量，但利基产品销售总额可以与传统面向大量用户销售少数拳头产品的销售模式媲美。通过 C2B 实现大规模个性化定制，核心是“多款少量”。所以长尾模式需要低库存成本和强大的平台，并使得利基产品对于兴趣买家来说容易获得。

【知识窗】

长尾理论

长尾市场也称为"利基市场"。"利基"一词是英文"Niche"的音译,意译为"壁龛",有拾遗补阙或见缝插针的意思。菲利普·科特勒在《营销管理》中给利基下的定义为:利基是更窄地确定某些群体,这是一个小市场并且它的需要没有被服务好,或者说"有获取利益的基础"。

长尾理论指的是,只要产品的存储和流通的渠道足够大,需求不旺或者销售不佳的产品所共同占有的市场份额可以和少数那些热销产品所占据的市场份额相匹配,甚至更大。即众多小市场汇聚成可产生与主流市场相匹配的市场分量。也就是说,企业的销售量不在于传统需求曲线上那个代表"畅销商品"的头部,而是那条代表"冷门商品"、经常为人遗忘的长尾。

安德森认为,长尾经济有以下六个特点:

①在任何市场中,利基产品都远远多于热门产品,而且由于技术的发展,利基产品的比重以指数级的速度增长;

②由于技术的进步,获得利基产品的成本正在显著下降,而且利基市场有能力提供空前丰富的产品;

③随着需求搜索和自动推荐等技术和工具的发展,个性化的利基产品很容易被找到;

④需求曲线日益扁平化,即热门的大批量产品的流行度会下降,越来越多的利基产品会流行;

⑤虽然利基产品单个销量有限,但大量的各种类型的利基产品聚合起来,会形成一个与大众产品市场相抗衡的大市场;

⑥基于上述五点,需求将不受供给瓶颈、信息匮乏和空间有限性的限制。

长尾商业模式正在基于强大的平台、低成本的物流和供应链,向注重个性化消费的市场提供种类繁多但数量很少的产品和服务的一种新型商业模式。

互联网产品的内容和价值生产的成本非常低,虚拟货架完美解决了货架和库存的问题:对于货架来说,摆放一部手机和摆放一百部手机是一样的。由于用户和商品越多,单个用户和商品均摊到的成本就越少,最后边际成本趋于零。因此,互联网自然希望更多的用户、更多的商品、更多的服务出现在平台上。在海量用户和产品的前提下,互联网公司就可以先免费提供基本服务,再通过交叉补贴的方法盈利。例如淘宝,在网站上有一个商家和一万个商家,本质上不会存在多大的区别。在该平台上用户可以找到海量的商品,只要能想到的商品,都能找到相对应的卖家,因此我们后来都称之为"万能的淘宝",而这些形形色色的商品和卖家,就是海量的长尾。

唯品会是另一个长尾式商业模式的优秀代表,其核心是帮助品牌商处理过季尾货,同时在互联网上利用限时特卖的方式,刺激和调动消费者的冲动型消费。它定位于品牌特卖,不仅填补了为有时尚个性需求的消费者提供集中打折商品的市场空白,同时还为众多时尚品牌提供了一个体面处理库存的平台,从而保证了充足的货源供给。

【案例阅读】

余额宝:理财尾巴的长度

自2013年6月13日上线以来,余额宝就被称为“理财神器”,不但对银行业产生了不小震动,而且让互联网金融特别是货币基金(简称货基)为越来越多人熟知和热衷。这些令人羡煞的成绩都得益于阿里深知理财的长尾就是平民的钱袋子。2013年12月底,央行数据统计居民个人储蓄存款总量45万亿元,其中超过16万亿元为活期存款,在利率市场化没有完成之前,互联网金融的理财长尾将有巨大的发挥空间。这时候谁越早培养屌丝的互联网理财习惯,谁就在抓住这条长尾上具备很大优势。而对于淘宝端运作的驾轻就熟,使得阿里本身就具备很好的平民基础,可以说正是平民的钱袋子最初养富了阿里,对于如何吸纳普通百姓的钱袋子,阿里有非常丰富的实战经验。而另一方面,随着人均可支配收入的日益增加与传统投资渠道存在的长期平民歧视之间的不可调和的矛盾,也使得阿里的屌丝理财战略一经推出就天时地利人和,进而引发其爆发式的增长。

余额宝从众多理财工具当中挑选最容易被屌丝认识和接受的风险较小的货币基金来开启互联网金融的大幕,让更多人了解手中现金的投资功能和价值,逐渐学习和实践家庭资产配置的合理方式,这一教育意义才是理财长尾越来越具有持久价值的关键。所谓“授人以鱼不如授人以渔”,可能余额宝本身有很多缺点和巨大的发展瓶颈,即便这款理财工具退出历史舞台,它对于屌丝理财意识的觉醒,才真正促成理财这条长尾越来越具备深挖价值。

不管是互联网企业,还是传统商店,“长尾理论”的运用都有一定的条件。首先,“长尾理论”更适用于采取窄而深商品结构的专业商店。这类型商店力图营造这样的商品特色:只经营某类窄小市场的商品,并拥有无限多的消费选择。这就要求该类商店经营者对市场进行更准确定位,对商品进行更精细化管理,才能实现“长尾效应”,比如哎呀呀饰品。对于这类消费品市场,长尾商品往往可以累积起来形成一个足够大的量,与主流热门商品相匹敌。又如,与其他网络书店相比,亚马逊的核心优势在于几乎将收集接近100%的书籍书目,而大多数网络书店能做到90%。对众多选择者来说,亚马逊提供了别人无法提供的接近无限的选择。目前除了亚马逊,其他成功的长尾案例都集中在一个领域中,并在所在领域做透做彻底。当然,对于亚马逊,也开始满足消费者多种的需求,但书籍仍是核心业务。

其次,应用“长尾理论”不能忽视可能带来的成本增长因素。从理论上来说,无数个冷门商品汇聚起来,完全可以得到与热门商品相匹敌的巨大利润空间。但事实上,商店增加销售每件新产品都可能会带来一定成本的提高,如果增加新产品的边际利润大于边际成本,则增加冷门产品经营得不偿失。因为小批量、多品种和灵活的经营方式所额外付出的成本,只能通过收取额外的价格来补偿。而一旦由于种种原因,产品或服务的价值未能被消费者感知和认同,他们就不会支付企业所希望的价格,这时商品的成本就不会得到补偿,企业就不能继续生存下来。因此,运用“长尾理论”必须小心翼翼,保证任何一项成本都不随销量的增加而激增,最差也是同比增长。最理想的长尾商业模式是,成本是定值,而销量可以无限增长,这正是网络商店运用“长尾理论”更有优势的原因。

最后需要强调的是，商店经营者不能因为“长尾理论”而对“二八理论”全盘否定，“长尾理论”只是一个补充，许多情形下，实体商店经营者会发现“二八理论”运用起来更有效。“长尾理论”提醒经营者关注长尾商品，并不是要经营者忽略热门商品的存在，而是给经营者提供一个新的经营思路：在特定的消费市场，我们完全可以走一条新路来避免恶性竞争。目前，越来越多的冷门产品随时都可买得到，尾部正在变长，这一点没人怀疑。但是尾部可能会十分扁平，里面充斥着各种冷门产品，而这些产品不过是消费者偶尔的消遣，事实上，多数消费者对热门产品的热情总是有增无减。因此，对于大多数传统店铺而言，增加商品销售的成本往往大于其带来的利润，盲目崇拜“长尾理论”也会带来不良的后果。

总之，“长尾理论”正越来越受到人们的重视，并在许多领域得到成功运用。美国总统大选时，奥巴马赢在比对手更能成功运用“长尾理论”上，其募款额的65%来自310万名小额捐助者，这一创新举动不仅让他获得了足够的竞选款项，也获得了全民口碑传播。今天的商店经营者也面临同样的机会，尝试一下关注冷门商品，紧跟消费者需求来调整自己的经营策略，涓涓细流也可以汇聚成巨大的利润海洋。

6.2.5　“互联网+”时代的商业模式

1)免费模式

“互联网+”时代是一个“信息过剩”的时代，也是一个“注意力稀缺”的时代，怎样在“无限的信息中”获取“有限的注意力”，便成为“互联网+”时代的核心命题。注意力稀缺导致众多互联网创业者们开始想尽办法去争夺注意力资源，而互联网产品最重要的就是流量，有了流量才能够以此为基础构建自己的商业模式，所以说互联网经济就是以吸引大众注意力为基础，去创造价值，然后转化成盈利。

如果有一种商业模式既可以统摄未来的市场，也可以挤垮当前的市场，那就是免费的模式。这种模式让消费者有了全新的体验，也成为企业突破旧的发展模式、实现后来居上的赶超模式。所谓免费商业模式，就是在某个市场上，至少有一个庞大的客户群可以持续享受免费的商品或服务，通过交叉补贴(其他细分客户付费的方式给免费客户提供补贴)支持运营并实现盈利的商业模式。

任何看起来简单的产品都不简单，免费只是改变了收入模式，并不是真正的完全免费，在免费的外表下掩藏着收费的实质。很多互联网企业是以免费、好的产品吸引到很多的用户，然后通过新的产品或服务给不同的用户，在此基础上再构建商业模式。百度对普通用户实行搜索免费，免费电子邮件，却通过竞价排名和广告等方式收费；腾讯让用户免费使用QQ聊天软件，却通过红钻、黄钻等VIP服务和游戏点卡收费；360安全卫士让用户免费使用杀毒软件，同时通过在线广告收入和网络增值服务如移动端游戏业务收取费用。互联网颠覆传统企业的常用打法就是在传统企业用来赚钱的领域免费，从而彻底把传统企业的客户群带走，继而转化成流量，然后再利用延伸价值链或增值服务来实现盈利。

免费的商业模式有四种：

一是直接交叉补贴。直接交叉补贴指的是产品A付费，产品B免费。真正吸引用户的产品免费，而当他得到这件免费或低价的产品时，很可能会购买其他产品。A 产品称为诱饵产品，B 产品才是真正的收益产品。如沃尔玛、永辉等大型生活超市常常以低价的大量货品吸引顾客光临，本来无意购买者可能会在闲逛或排队等待付费时顺便买点其他产品。

【案例阅读】

吉列剃须刀的免费模式

吉列剃须刀是该模式的典型代表，其模式核心在于以刀柄为诱饵，而需要不断替换的刀片则成为主要的收入来源，这种模式也被称为诱饵模式。刀柄是诱饵，刀片则是收益。诱饵产品一般是价格很便宜或者免费的。收益产品则是能为企业创造持续收益的。收益产品也会存在被替代的风险。吉列通过品牌的方式来增加认知度，通过专利来形成市场壁垒阻止竞争者加入。所以收益产品必须有足够的实力来保证诱饵产品之后的收益能收入囊中，不然就成了为他人作嫁衣。

二是第三方市场付费，意思是指产品或服务对真正使用它的人完全免费，让第三方市场来付费。而第三方之所以愿意付费，正是由于该平台及顾客能够为它带来其他更大的收益。最典型的企业代表是百度，技术纯熟且更新速度快捷的百度造就了一个大平台，吸引了大量的顾客每天免费搜索和使用其他产品，积累了大量的流量。而广告商作为第三方市场则看中了百度聚集起来的流量人气，付费投入广告，获得其预期收益。360 也采取了这种模式，开创了杀毒软件免费的历史先河。小米也是如此，它在看得见的部分可以不挣钱，但却可以用别的方式挣。这种模式是一种颠覆，正可谓“甲方卖东西，乙方买东西，而丙方抢着来买单”。

三是免费加收费，也称为免费增收模式。企业提供的服务或产品内容形式多样，分为从免费到收费的不同等级，大量的基础用户享受没有任何附加条件的免费服务和免费产品，一小部分高端客户付费享受增值服务和使用产品。付费用户支付的费用来补贴免费客户背后的运营成本。其背后的逻辑是，给额外的免费用户提供服务或产品的边际成本几乎为零，而且出于各种原因和心理，部分免费用户可能转变为付费用户。腾讯是这种模式的典型代表，QQ 聊天软件、游戏针对所有用户免费，但新增一部分黄钻或红钻、蓝钻等 VIP 会员，享受更多增值服务。Skype 公司提供基于网络的免费通话服务，绝大多数普通用户免费通话，而仅仅只有比例很小的专业用户付费。这个模式使得它成为全球最大的跨境语音通信服务商。网易邮箱也是如此。

四是纯免费，也称非货币市场。企业不以任何形式获得金钱收益，而仅仅只是获得社会声誉等非货币回馈，比如心理上的被关注、认同、表达、分享等满足感。

2）O2O 模式

2012 年 9 月，腾讯 CEO 马化腾在互联网大会上的演讲中提到，移动互联网的地理位置信息带来了一个崭新的机遇，这个机遇就是 O2O，二维码是线上和线下的关键入口，将后端蕴藏的丰富资源带到前端，O2O 和二维码是移动开发者应该具备的基础能力。

O2O 是 Online to Offline 的英文简称。O2O 狭义来理解就是线上交易、线下体验消费的商务模式,主要包括两种场景:一是线上到线下,用户在线上购买或预订服务,再到线下商户实地享受服务,目前这种类型比较多;二是线下到线上,用户通过线下实体店体验并选好商品,然后通过线上下单来购买商品。广义的 O2O 就是将互联网思维与传统产业相融合,未来 O2O 的发展将突破线上和线下的界限,实现线上线下、虚实之间的深度融合,其模式的核心是基于平等、开放、互动、迭代、共享等互联网思维,利用高效率、低成本的互联网信息技术,改造传统产业链中的低效率环节。

1 号店联合董事长于刚认为,O2O 的核心价值是充分利用线上与线下渠道各自优势,让顾客实现全渠道购物。线上的价值就是方便、随时随地,并且品类丰富,不受时间、空间和货架的限制。线下的价值在于商品看得见摸得着,且即时可得。从这个角度看,O2O 应该把两个渠道的价值和优势无缝对接起来,让顾客觉得每个渠道都有价值。

6.3 商业模式设计及检验

6.3.1 商业模式的设计方法

商业模式涉及多种要素,其设计也非常具有挑战性。它的建立不是一蹴而就的,而是随着企业创建的不断试错过程中而从概念模糊到理念清晰的过程。很少有创业者一开始就将商业模式设计得非常完美,尤其是面对复杂的商业环境和竞争性的市场。

从理论上而言,我们可以通过全盘复制、借鉴提升、逆向思维、相关分析、关键因素、价值创新等方法进行设计。这里简单介绍前三种。

全盘复制法是对已有的较成熟同行企业的商业模式的全盘模仿,并根据自身企业状况适当修改。主要适合同行业,特别是细分市场、目标客户、主要产品相近或相同的企业。创新有两种,一种是原发型创新,一种是改良型创新。全新的原发型创新很难,而巧妙地借鉴同行智慧则相对容易。如何给自己的公司定位?答案是去看看行业领先企业是如何做的。怎么去做优秀的宣传营销方案?答案是借鉴领域里其他优秀的宣传方案。怎么去研发好的产品?答案是去学习、拆分、研究很多其他的好产品。多去观摩别的企业,研究其商业模式规律,对照自我进行改良,是相对比较轻松的一种商业模式创新方法。如微信的最初研发是对 Talk Box 的模仿复制,小猪短租是对 Airbnb 的模仿等。韩国三星不是从头研发产品,而是用钱买技术,然后自己用一小点的设计和修补。甚至,有时候被某一行业摒弃的策略,能够在另一个毫不相关的行业中具有无比珍贵的价值。

借鉴提升则适合于不同行业、不同竞争定位的企业,就是通过学习优秀商业模式,对其核心内容或创新点进行提炼和节选。

逆向思维法是对行业领导者商业模式中不合理部分进行的逆向设计与改进,以获取相应市场份额的方法。比如 360 针对杀毒软件领域收费现象导致后期小企业无法生存的现实,而逆向提出杀毒软件终生免费的商业模式。

商业模式的设计技巧上，初创企业可以借鉴前人总结的经验。首先，应该着眼于客户的强需求，去解决痛点问题，避免提供可要、可不要的产品或服务。也就是说，这个产品或服务一定要是市场所需要的，而非企业自我设想的，微软在这个事上曾经吃过亏。他们曾推出Windows vista系统，自我认为这个系统非常完美，性价比超高。结果市场却不认可，导致该系统很快退出历史舞台。同时，应该去追求产品或服务质量的极致。如果产品不给力，市场的态度依然是强硬而公平的。罗永浩曾代言锤子手机，由于其影响力，粉丝们对该产品的预订量迅速突破20万台。但后期由于锤子手机的返修率高，发货量跟不上订单量等一系列问题，这个产品也逐渐淡出人们的视线。

其次，应该注意达到盈亏平衡所需要的销售规模，评估自己的资金及各种资源是否可以支撑到那个平衡点。这里有个逻辑顺序，是先追求规模还是先追求盈利？很多优秀的企业都会通过暂时放弃盈利而首先追求较大的规模，最后再盈利。比如Facebook、滴滴出行、阿里巴巴和京东商城都是这样，先保持较高的市场占有率然后盈利。但是，这并不意味着这种烧钱模式适合所有的互联网企业。因为，追求规模最终目的是为了盈利。如果商业模式中的盈利模式很难仅仅靠规模来实现，那么企业便须认真衡量规模与盈利之间的先后顺序了。盈利是终极目的，规模是达到这个目的的途径之一。

再次，通过模仿、借鉴、提升而来的商业模式，在应用于市场时，也需要根据市场的反馈快速试错、不断调整。没用一成不变却又永远适合于市场的商业模式。曾经在某个特定环境下风靡的商业模式，随着时代的更迭，也许就会落伍。戴尔电脑消灭库存和中间环节的直销模式曾被视为PC行业的完美模式。后来，戴尔公司没有及时跟上便携式电脑的时代风潮，更没有迅速适应移动互联网趋势，结果公司被淘汰。因此，新创企业更要警惕这一点。创业成功的起点是挖掘用户痛点并加以解决，而商业模式创新的起点，则是找到原有商业模式的弱点并加以改进。

最后，对于初创企业而言，由于经验、资源等各方面限制，建议谨慎选择平台型商业模式，致力于简单专注的目标，精准定位客户，瞄准简单的盈利点，帮助自己快速立足后再谋扩大化发展和产品的多样化。随着互联网时代的到来，跨界好像成为一种不得不为的新的商业规则。海尔、乐视、格力等家电品牌开始进军手机业，马云的投资更是遍布电子商务、物流、金融、足球，让多元化越来越诱人。作为初创企业，建议大家通过这势不可当的潮流看到这些企业在自身领域内的多年专注积累。当解决了自身的核心竞争力后，才能在价值链上做第二步的延伸。正如李彦宏所说，如果一个产品可以使我们的主业务更加强大，那么就应该做。在多元化和专注之间选择一个平衡点，避免让多元化业务影响到主业务的发展，最好能巩固主业务。

【案例阅读】

娃哈哈的多元困局

创业难，守成更难。这句话用到娃哈哈集团董事长宗庆后身上似乎不失贴切。从2002年起，宗庆后开始试图通过多元化再次创业。从童装到奶粉，从白酒到零售卖场，一直到机器人和生物技术。然而,如此大跨步的非关联多元化,却基本上被外界斥为败笔。离开了饮料主业,娃哈哈的多元化几乎个个遇阻。缺乏多元化战略、外行操盘、盲目自信、幕僚守成心态严重……这些已为娃哈哈多元化困局埋下伏笔。

从该案例可以看到,即使是家底雄厚的老牌企业,在多元化的企业布局中都面临重重挑战,可能包括了雄厚的资本、长远的规划、对每个行业领域的深入了解、核心管理团队的专业化等很多复杂的问题。所以,对于初创企业而言,谨慎选择多元化发展策略,精准而专注于某个切入点,是更为切实的建议。

对创业者而言,商业模式设计过程中,创新是会不断被提及的词语。商业模式创新不是凭空创造出一种全新的模式,而是对已有模式的创造性的完善和提升。商业模式的创新至少有三种途径:一是对原有商业模式弱点的改进,二是改变收入路径,三是借势于时代科技及经济发展。随着社会的进步,人性的懒惰、个性化追求等特点逐一显现,追求实惠更是亘古不变的人心常态。在互联网时代的技术支持下,这些人性特点开始对商业模式发挥重要的影响。麦当劳曾因为其产品的标准化而成为行业巨头,但随着人们对于健康饮食的追求而面临危机。今日头条、腾讯新闻等媒体抓住了新闻阅读者对于海量信息的无所适从感,推出个性化信息推送,既解决了用户从爆炸化信息中筛选喜爱或需要信息的惰性追求,又因为其个性化满足了用户强烈的主体感而增加使用黏性,因而受到用户青睐。这个商业模式创新的背后,就是对人性至深的了解、对大数据的深入挖掘,以及对于产品的精益求精才能达到。免费是互联网时代改变收入路径的压力与必然趋势。初创企业要学会设计自己的隐形利润空间,让免费为隐形的收费打下基础。但免费并不意味着可以降低产品品质,反而应该更加注重产品的极致打磨,以减少因为免费产品的易得性而降低用户使用黏性的可能性。

我国在互联网行业做到了六个全球第一:网民数量、宽带网接入数、国家顶级域名注册量、手机用户、手机上网人数、互联网交易额。互联网正在改变人们的生产和生活方式,企业想要生存和发展,也势必需要与互联网深度融合完成产业升级。“互联网+”的时代已经到来。但“互联网+”不是简单地将原有业务与互联网相加,比如简单将服装的销售从门店扩展至网络,而是应该切实利用好互联网技术,提升用户需求满足程度和自身效率,最终使企业获得更大更快的盈利。

【知识窗】

“互联网+”

“互联网+”代表着一种新的经济形态,它指的是依托互联网信息技术实现互联网与传统产业的联合,以优化生产要素、更新业务体系、重构商业模式等途径来完成经济转型和升级。“互联网+”计划的目的在于充分发挥互联网的优势,将互联网与传统产业深入融合,以产业升级提升经济生产力,最后实现社会财富的增加。

“互联网+”概念的中心词是互联网,它是“互联网+”计划的出发点。“互联网+”计划具体可分为两个层次的内容来表述。一方面,可以将“互联网+”概念中的文字“互联网”与符号“+”分开理解。符号“+”意为加号,即代表着添加与联合。这表明了“互联网+”计划的应用范围为互联网与其他传统产业,它是针对不同产业间发展的一项新计划,应用手段则是通过互联网与传统产业进行联合和深入融合的方式进行;另一方面,“互联网+”作为一个整体概念,其深层意义是通过传统产业的互联网化完成产业升级。互联网通过将开放、平等、互动等网络特性在传统产业的运用,通过大数据的分析与整合,试图理清供求关系,通过改造传统产业的生产方式、产业结构等内容,来增强经济发展动力,提升效益,从而促进国民经济健康有序发展。

无所不在的网络会同无所不在的计算、无所不在的数据、无所不在的知识,一起推进了无所不在的创新,以及数字向智能并进一步向智慧的演进,并推动了“互联网+”的演进与发展。人工智能技术的发展,包括深度学习神经网络,无人机、无人车、智能穿戴设备以及人工智能群体系统集群及延伸终端,将进一步推动人们现有生活方式、社会经济、产业模式、合作形态的颠覆性发展。从现状来看,“互联网+”尚处于初级阶段,各领域对“互联网+”还在做论证与探索,不论是教育、医疗还是交通、金融、农业、通信、旅游、政务,“互联网+”正在对各个行业领域产生深刻甚至颠覆性影响。

6.3.2 商业模式的设计工具

1) 商业模式画布

商业模式设计关乎企业成败,不仅是各种商业要素的简单组合,更需要将各要素之间的内在联系有机协调,从而阐明价值创造、传递和实现之间的商业逻辑。奥斯特瓦德的商业画布理论(图 6-1)很好地揭示了以上三个问题。

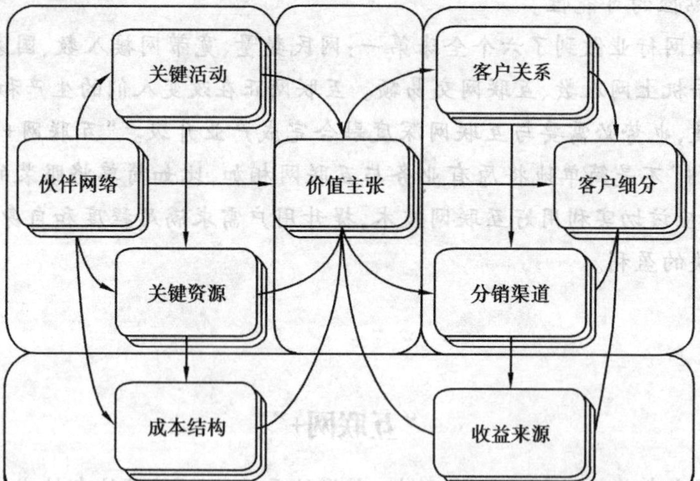

图 6-1 商业模式画布

(1) 客户细分

客户细分是指企业需要明确为哪部分人服务,锁定一个相对狭窄的市场,进行市场调研和客户消费心理研究,把有限的资源用在刀刃上,便于产品或服务的精准投放,产生明显效益。企业要花时间去研究这部分目标客户目前存在什么问题。

【案例阅读】

凡客诚品的精准定位

凡客诚品公司每天的订单已经超过1万件,每天的营业额已经超过200万元,即使对于电子商务类型的“快公司”来讲,这样的成长速度也是极为惊人的。在正式运营的第一年,凡客诚品公司就已经完成3轮融资,融资规模达到3 000万美元,这源自凡客诚品公司具有良好的商业模式、优秀的运作团队和快速的增长。

为什么凡客诚品公司能够在电子商务领域异军突起,超越了之前的网络直销服装企业PPG?原因就是凡客诚品的商业模式系统建立更为完善成型,在庞大系统的搭建上更有耐心,对客户体验更为关注,而凡客诚品创始人陈年之前创办电子商务企业“卓越网”的经验也起到了相当重要的作用。

凡客诚品公司将服装进行了重新定义,它首先寻找到一个精准的目标客户群进行渗透突破,这个群体就是所谓的“懒男人”。“懒男人”并非贬义词,指很多男性顾客购买服装过去只能去百货商场,但男同志往往对此觉得很麻烦,一进百货商场就头皮发麻,恨不得抓件衣服就往外逃跑。所以,当凡客诚品公司通过互联网目录,通过电话呼叫中心销售服装时,男同志们就可以足不出户地方便购买服装了。于是,“懒男人”相当受用、相当方便,因为一个电话,衣服就送上门。对于男性顾客,尤其是购买衬衣、T恤衫时,款式往往变化不大,多数为经典款,尺码多一码小一码区别不大,不像女同志,“增之一分则长,减之一分则短”,更难满足苛刻的着装需求。选择先期切入男性市场,它就取得了初步成功。

客户可以被细分为以下几种类型:一是大众市场,即价值主张、渠道和客户关系全都聚集在一个大范围的客户群组,其需求和问题大致相同;二是利基市场,即价值主张、客户渠道和客户关系主要针对某一利基需求定制;三是区隔化市场,客户群体的需求略有不同,细分群体之间的市场区隔有所不同,所提供的价值主张也略有不同;四是多元化市场;五是多边市场,即两个相互依赖的客户细分群体。

(2)价值主张

用来描绘为特定客户创造价值的系列产品和服务,主要回答以下问题:我们正在帮助客户解决什么问题,满足了什么需求,传递了什么样的价值,提供什么产品和服务,即价值主张。我们必须把客户需求分层,把握住客户既重要又迫切的需求,还需要研究客户购买动机。

如何给客户提供独到的价值呢?可能包括:一是新颖,指客户从未体验过的产品或服务;二是性能;三是定制化,满足个性需求;四是设计;五是品牌或身份地位,产品或服务本身之外的品牌价值;六是价格,更低的价格获得同质化的产品或服务;七是成本削减;八是风险抑制;九是可达性,即客户的拓展;十是便利性或可用性,使事情更方便或易于使用。

企业可以用FAB分析法来进行澄清价值主张则更简洁些:F(Features)是指这个产品有哪些特点,主要是产品本身固有的一些特点;A(Advantages)是说这个产品比同类产品好在哪里,有什么优点,有哪些创新,强调与众不同之处;B(Benefits)是说这个产品给目标客户带来了什么利益和价值,侧重于客户的“买点”和消费动机。FAB提炼出来之后,产品的价值诉求就出来了,客户购买的理由也充分了,产品或服务的提供即可带来收益。

【案例阅读】

可口可乐的价值主张:贩卖快乐

"酷爽阳光""清凉一瞬间""活出真精彩",这些都是可口可乐公司过去设计的广告词。自成立至今,这家世界最大的饮料制造商打出的口号一直是为消费者带来快乐。斯坦格尔说:"他们做的每件事都是为了激发快乐,培养快乐,创造快乐。"可口可乐公司将这一理念运用到消费者身边的每一个角落,从 Facebook 到允许消费者混合心爱口味的特制自动贩卖机。斯坦格尔说:"他们将发自内心的快乐这个理念注入方方面面。"

可口可乐在 20 世纪 80 年代曾推出过一个"新可乐"计划,结果以失败告终。现在可口可乐公司将品牌重心重新放回到创造快乐,并利用其悠久历史和传承塑造出强大的企业形象。斯坦伯格认为:"可口可乐公司非常尊重企业历史和先驱,从没有忘记这家公司创立的初衷,从未忘记自己从哪儿来,这对消费者具有重要意义。"

(3)渠道通路

如何与细分客户接触、沟通,包括了接触沟通的渠道、接触方法、各渠道通路的整合、各渠道有效性的分析、各渠道的成本效益以及渠道与客户沟通的整合。企业可以选择自有渠道、合作伙伴渠道或两者混合来接触客户。自有渠道是指自建销售队伍和在线销售,如京东;合作伙伴渠道包括合作伙伴店铺和批发商,如各加盟企业。

(4)客户关系

企业通过接触、沟通而与客户建立起关系的类型,可能是单纯的交易关系,也可能是通信联系,也可能是为客户提供一种特殊的接触机会,还可能是为双方利益而形成某种买卖合同或联盟关系。客户关系具有多样性、差异性、持续性、竞争性、双赢性的特征。它不仅可以为交易提供方便,节约交易成本,也可以为企业深入理解客户的需求和交流双方信息提供需求机会。具体而言,客户希望我们与之建立何种关系,已经建立了哪些关系,每种关系的成本和效益如何,如何整合。

(5)收入来源

企业从各细分客户处所获得的收入,需要考虑的问题包括什么样的价值主张可以让客户愿意付费,付费买什么,如何支付,每种收入来源各占总收入的比例。一般来说,收入来源包括以下几种类型:资产销售,即实体产品的所有权出卖所获得的收入;使用消费,指服务收费,如订阅收费、租赁收费、授权收费;经济收费,指提供中介服务所收取的佣金,如广告收费。如淘宝的收入来源至少包括以下几种:广告收入、淘宝直通车(CPC)、钻石展位(CPM)、淘宝客(CPS)等;平台增值服务:旺铺(标准版、拓展版、旗舰版)服务、数据魔方数据统计分析服务、各种官方营销工具;第三方增值服务:第三方 TP 利用淘宝开放平台 API 开发软件服务分成;天猫:销售提成、每年定额技术服务费、押金沉淀利息;淘宝大学:电商培训、EMBA、在线视频教学、教材出版等;平面媒体:《淘宝天下》《卖家刊》《天下网商》等;支付宝:提供第三方交易佣金、小额金融贷款、资金沉淀利息。

(6)核心资源

商业模式有效运转所必需的最重要的因素,包括价值主张、渠道通路、客户关系、收入来源各需要什么样的核心资源。核心资源一般包括四种类型:实体资产,如生产设施、不动产、系统、网络等;知识资产,如品牌、专利、版权等;人力资源;金融资产。

(7)关键业务

为了确保商业模式切实可行,企业必须做的最重要的事情。一般来说,关键业务可以分为以下几种类型:制造产品、平台/网络、问题解决、为客户提供解决方案、需要知识管理和持续培训业务。

【案例阅读】

苹果:致力于打造最酷(最有趣)的产品

世上还有哪家公司能让公众和媒体都屏息等待每一个新产品发布?不管苹果发布什么新产品,消费者都相信它肯定具有高度智能化与时尚感,将会改善我们通信、工作或闲暇时的娱乐生活。"乔布斯只考虑什么对品牌和消费者是正确的。"斯坦格尔说:"这种专注是苹果公司在创新和产品开发方面如此出色的原因,让他们将竞争对手远远甩在后面。"苹果公司正是一直以创造力和表现力而专注于最有趣产品的设计,使其闻名于世。

其核心业务之一是构建了包含宽大的台面、开放式空间、明亮的玻璃墙和受过良好训练的员工为支撑的专卖店网络,通过销售人员和消费者的零距离互动,成功提高品牌的感情分,提升消费者的购物体验。在苹果专卖店,每位员工都配备了手持条码扫描仪,让顾客免除了排队结账之苦。

(8)重要伙伴

重要伙伴包括供应商、合作伙伴的网络。需要回答,谁可以作为我们的伙伴,我们能从伙伴那里获得什么核心资源,我们能为伙伴带来什么价值。重要伙伴可以分为四类:非竞争者之间的战略联盟关系;竞争者之间的战略合作关系;为开发新业务而构建的合作关系;为确保可靠供应的采购商——供应商关系。

(9)成本结构

提供的过程必然带来损耗,产生各种成本。成本结构是指运营一个商业模式的所有成本及其共存比例。成本结构可以分为成本驱动和价值驱动两种,前者是指创造和维持最经济的成本结构,采用低价的价值主张、最大限度地自动化和广泛外包;后者是指专注于创造价值,通常表现在增值型价值主张和高度个性化服务中。从长远来看,企业需要考虑收益如何才能高于成本,使企业盈利。

图6-1可以简化为图6-2以便于理解。用一句通俗易懂的话连接起来就是:以X的成本,用Y的方式给Z提供A服务或产品,获得B收益。这又回到了商业模式的构成五要素。

2)精益画布

(1)精益创业理论

慕尔雅认为奥斯特瓦德的九要素框架不适合没有创业和企业经营经验的群体,如大学生

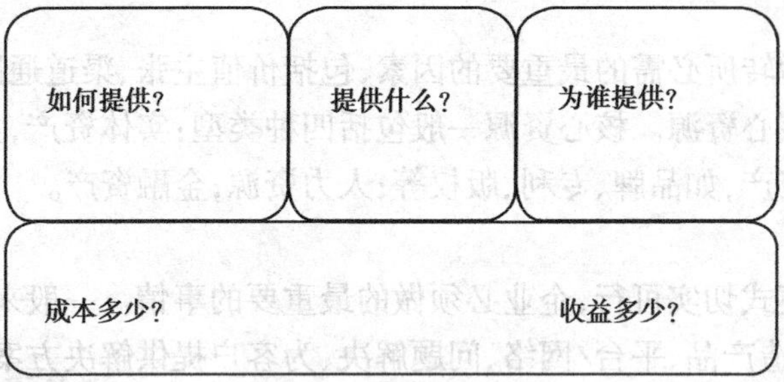

图 6-2　商业模式画布简图

创业者。他提出了精益画布框架，其基础是精益创业理论。精益创业理论认为，对于初创企业而言，精益创业这个工具具有三个组成成分：第一手基本的商业计划。计划即使再完美也只是假设，需要创业者不断去验证。第二是用户开发，应该与产品开发同步或更早。用户在精益创业框架中居于核心地位，产品应根据用户需求来开发。第三是精益研发，即在用户开发和产品开发的过程中，要科学试验、快速迭代，以最小成本找到可行的商业模式。一般来说，初创企业会经历四个发展阶段：商业模式发散式探索阶段、商业模式聚焦式探索阶段、商业模式确定及放大阶段、正常运营阶段。在第一阶段中，不确定性非常高，需要多方向尝试并快速调整，以不断试错初步确定几个商业模式雏形，由此进入聚焦探索的第二阶段。该阶段的任务是在几个商业模式原型中作出选择。这两个阶段对于初创企业而言比较难熬，需要在现金流耗尽前尽快确立商业模式，确保企业能够存活。而后，企业逐步发展直至正常运营。

在精益创业的逻辑框架中，用户探索、用户验证、用户积累和调整转型这样系列反馈循环活动是关键。初创企业并不是大型企业的缩小版，大企业是执行已知商业模式，而初创企业是探索未知的商业模式。

循环用户探索，基本任务是定义用户痛点假设和解决方案假设。需要创业者善于发现用户痛点，尤其是用户潜在核心痛点，并观察痛点的大小及持续性。每一个痛点都是一个机会，痛点大小决定了商业模式的空间，持续性决定了商业模式的可持续性。在国人对于洗发水的用途仅仅停留在把头发洗干净的观念里，宝洁公司进入中国市场，并推出海飞丝、飘柔、潘婷、沙宣等不同系列的洗发用品。头发要洗干净，首要是不能有头屑，因此海飞丝主要解决“去头屑”的用户痛点，以此帮助客户建立自信。解决这个问题后，宝洁公司挖掘出女性客户的潜在隐形核心痛点，头发不仅需要干净，最好还应该柔顺，这是女人味很重要的体现点。于是，推出飘柔洗发水。头发柔顺之后应该要健康、有营养、不能分叉，于是推出潘婷。更进一步的，头发还体现了女性的时尚品位，于是有了沙宣。对于头发的健康营养以及由此所彰显的自信、女性品位，这本来是隐性但却很核心的需求，但宝洁公司将其挖掘出来了，满足之，为自己在洗发水行业占据了大量的市场份额。

定义解决方案假设需要关注两点：一是解决方案和用户痛点的匹配程度，即方案能否解决用户痛点的问题；二是解决方案和用户痛点的吻合度，即产品和市场的匹配。

循环用户验证，关键任务是验证用户的痛点假设和解决方案假设。验证一般通过与用户的大量互动来实现，有三个不断循环往复的步骤：首先，设计最小可行产品（MVP）。指设计满足天使用户的最核心功能的产品或解决方案。这个产品不是完美的，但是天使用户渴望得到的。所谓天使用户,是指有急切的痛点感受并愿意购买早期产品、提供反馈、四处推广的用户。其次,数据收集与测度,并且与预设的指标进行对比。在第一步的基础上,收集数据来验证 MVP 的实际效果,有多少用户真的需要这个产品或解决方案。测度的工具主要有:对比测试,通过对比不同的产品或方案,确定用户真正需要的;同期群分析,分成不同时期的用户,对每一个用户群的行为和趋势进行更加精准的分析;净推荐值,即产品的支持率减去诋毁率。这个值是评估产品发展潜力的风向标,较高的净推荐值有可能转化为较高的推荐系数(等于通过推荐带来的新用户数量/老用户数量)。如果推荐系数低于 1,这种模式很难成功,后续很难产生爆炸式增长;反之,如果推荐系数高于 1,则有可能发生指数级增长。第三步,学习与迭代,在此过程中不断获得认知。在这个循环中要注意几个原则,产品的功能必须靠用户催生而非简单的堆积;要尽量克制给产品增加新功能的欲望,限制添加的功能数量;整个学习与迭代过程是开放透明的。

循环调整转型,如果用户验证阶段没有通过痛点和解决方案假设验证,那么就需要重新回到第一个循环用户探索,直到找到可行的商业模式。这是商业模式探索的重要反馈机制,通过调整与不断迭代,就会不断加强对于用户、产品和市场的认识,就有可能找到可行的商业模式。此时最关键的就是反应的快速和调整的敏捷,速度越快,商业模式探索的成本就越低,对现金流的需求也越小,成功的可行性就越高。

(2)精益画布

①精益画布的要素及其使用

在精益创业理论框架内创业者应该关注商业模式的以下九要素:问题、解决方案、关键指标、独特卖点、门槛优势、渠道、客户群体分类、成本分析和收入分析。

【知识窗】

精益创业理论框架

<table>
<tr><td rowspan="2">问题:
客户最需要解决的三个问题</td><td>解决方案:
产品最重要的三个功能</td><td rowspan="2">独特卖点:
用一句简明扼要但引人注目的话阐述为什么你的产品与众不同,值得购买</td><td>门槛优势:
无法被对手轻易复制或买去的竞争优势</td><td rowspan="2">客户群体分类:
目标客户</td></tr>
<tr><td>关键指标:
应该考核哪些东西</td><td>渠道:
如何找到客户</td></tr>
<tr><td colspan="3">成本分析:
1.争取客户所需花费
2.销售产品所需花费
3.网站架设费用
4.人力资源费用等</td><td colspan="2">收入分析:
盈利模式
客户终生价值
收入
毛利</td></tr>
</table>

与商业计划书相比,精益画布更加精简、可读性更高,也更灵活易调整。要使用好这个

工具,可以从以下几个方面入手:

项目名称与独特卖点——为你的产品或项目起一个简洁又易记的名字,最好能高度提炼出项目的核心产品及其价值主张,即要能让人想到你的产品或项目大概是什么行业,针对什么用户,产品形态是什么样的。独特卖点是最重要也是最难的一部分,就像所谓"电梯演讲"的一句话,你在电梯中遇到一个投资人,你有30秒时间来说明你的项目,也就是你的独特卖点来引起他的兴趣,才有机会与他进一步交流。当然,独特卖点也是可以逐步完善的。首先需要找出产品的与众不同之处,从首要解决的问题出发寻找独特卖点。针对早期用户进行设计,避免产品平庸化和大众化。认真选择常用于营销、宣传品牌的词语,高频率地使用它。

服务人群与用户痛点——列出具体的细分人群及其典型特征,比如收入、年龄,工作、行业,而且要评估规模有多大,太大无处着力,太小会限制定位,以后你的企业很难做得很大,投资人也不会太感兴趣。找出其他可能与目标客户进行互动的客户,锁定潜在的早期客户。针对每个目标客户群体,阐述他们最需要解决的1~3个问题。发现并准确描述问题,问题已经解决了一半。同时我们要评估这个痛点的程度,不同级别的痛点,产品做法是不一样的。同时,痛点的确认一定要去和用户交流,做一些小规模的实验去验证这个痛点确实是存在的。这个在精益逻辑框架的三个循环中已经陈述。

解决方案——创业早期在人力、现金流等资源非常有限的情况下,功能一定要少,不超过三个,要将资源集中在最关键的那个功能上,直击用户的痛点,而且要思考你对应的最小可行产品(MVP),尽早发布你的产品。有句话是说,如果你在发布第一款产品的时候,你不觉得不好意思,那么说明你发布晚了。这是什么意思?也就说,当你发布第一款产品的时候,正常情况你应该感到不好意思,因为你产品用户体验很差,功能很不完善。但你要把你的核心功能尽早发布出来,让你的早期用户使用,获得他们的反馈。另外,你要相信所有问题都已有了解决方案,你要看看你的解决方案跟现有解决方案的区别,比它更便宜,获取用户更容易,还是比它体验好?

天使用户和渠道——如果你的创业是对的,你一定能找到你的天使用户。如果你找不到他们,要么是你的方法不对,要么是你的创意有问题。无法建立有效的客户渠道商是初创企业失败的主要原因之一。在创业初期,任何能够把产品推给潜在客户的渠道都应加以充分利用。具体而言,可以考虑以下问题:收费与免费;内联与外联;亲力亲为地进行产品推销;不要过早寻求合作伙伴;建立口碑之前先留住客户。

探索性实验(MVP)——在创业开始,你是否为你的产品做过一些探索性实验,这很重要。MVP的三个要素,假设、用户和度量。针对商业模式中的一个假设,它能够交付到用户手里获得用户的一线真实反馈,可量化的度量用户反馈,然后评估你的假设成立还是不成立。它的形式有很多种,视频MVP,登录页MVP,众筹MVP,单一功能MVP,虚拟MVP,等等。

度量指标——针对你产品的主要功能,要有相对应的度量指标,但我们要避免虚荣指标,如APP装机量,如果你肯花钱做推广那么就有装机量;订阅号的粉丝数也是虚荣指标,因为粉丝数不代表你的阅读数,你只要做任意绑定式推广就能获得粉丝。要找到真正反映创业公司真实状况的关键指标。

初创公司等于增长。不能够持续增长的初创企业是有问题的,所以我们通常推荐周增长率这个指标,你每周增长的速度。我们要关注关键指标,避免虚荣指标。另外,你可以做自己的增长引擎,就是在正常运行的状况下获得自然增长。比如你可以有个推荐模式,或者广告模式,或者搜索引擎优化模式,你不需要做额外的事情就能获得增长,但这个引擎也不是容易的,一般要三个月到半年时间。

团队介绍——对于早期创业团队,创始人是不是全职、团队人数、团队缺失的能力等都很关键。投资人或孵化器一般不太看好创始人不全职或一个人的项目。为什么呢?如果你连一个人都说服不了,要不是你人品问题,要不就是你能力问题。创始人要具备能把人吸引到你身边的能力。另外,如果你不知道你的团队缺失哪种能力,那么说明你对你之后要做的事需要什么能力还不清楚。

项目门槛——没有门槛的项目你会死得很惨。项目门槛分为两类,一类是已有门槛,就是你的团队先天具备的资源,别人不具备的;另外一类是后天建立的门槛,就是在你产品开发、成长中建立的,可以弥补你先天的不足。比如你有的独特资源,你有实验室,拥有某项专利,这些都是先天门槛,像你的社交产品的黏性,你培养的某种使用习惯等后天建立的门槛。其他的门槛优势还包括内部消息,专家级客户的支持和好评,超级团队,个人权威,大型网络效应,社区,现有客户。

和谁合作——合作者的类型是你需要考虑清楚的,非竞争的战略联盟,竞争战略联盟,业务合作互补型,长期供应的关系型,哪种合作的方式和策略都是不一样的。尤其对于初创企业而言,我们去看投资者的资源一定要清楚自己需要什么,再去衡量投资人的资源对你有什么价值,千万不要盲目地认为投资人很牛,他的资源就对你有帮助,将他的投资看成一种额外的附加值。

时间窗——每一个计划都有时间窗,尤其是对早期项目,这个画布的计划不要超过 12 个月,最好在 6 个月。

成本结构——只要有了时间窗,成本结构和预计收入才有的放矢。成本结构包括两部分,固定成本和可变成本。如做一个网站,研发人员成本就相当于固定成本,你有 10 个用户和 20 个用户,你的研发成本不会有明显变化,但你的服务器和带宽成本跟用户量就有很大关系,这就是可变成本。

预计收入——提倡每个创业项目开始的时候都要思考盈利模式,要在合适的时机去验证你的盈利模式。任何不想挣钱的项目都是耍流氓,虽然现在很多项目说自己不想挣钱,不谈钱,这只是对外的宣扬,但并不是说他没有思考过盈利模式。

②制作精益画布的原则

第一,快速起草第一张画布,最好不要超过 15 分钟。这样做的目的是快速记录,确定风险,再让人来验证。

第二,部分内容空着也没关系。不用想着给画布提供完美的答案,画布本来就是很灵活和可完善的,空着的部分可能是商业模式中风险最大的部分,应该从这里开始验证。

第三,尽量短小精干。提取精华,在一张纸上描述。

第四，站在当下的角度思考，而非花大力气去预测未来。

第五，以客户为本。尽量围绕着客户做文章，哪怕是客户的一个小变动，可能就会引起商业模式的颠覆性变化。

③制作精益画布的步骤

第一步，根据精益画布设计框架，完成两张以上的精益画布，作为商业模式原型。

第二步，找出商业模式中风险最高的部分。对产品、客户和市场的风险进行评估，可以帮助进行商业模式的验证和筛选。

第三步，系统的测试计划。针对商业模式的每个模块进行深度访谈，进行参与式观察。

6.3.3 商业模式的检验

一个商业模式是否合理，可以从它是否经得起故事性检验、商业逻辑性检验及盈利数字性检验来判断。

首先，你的产品或服务是否解决了客户的某种特定的需求，为他们创造了价值？客户的这种需求应该是真实存在的，而不是我们强加给他们或者自己假设出来的。所谓故事性检验是也一样。比如，一个推销商将梳子刻上发财梳、如意梳等字样，让本不能卖掉的梳子大卖给寺庙，这样的故事只能是故事，并不是客户真实存在的需求，因此必然不能长久。

其次，你的每一步价值创造是否符合商业逻辑？比如，你的产品能满足客户的某种需求，这样的客户规模是否足够大。很多大学生创业时，会宣称所有的大学生都是其目标客户，因此其目标客户基数非常大。比如，一个大学生创业团队想在校内卖盒饭，其收入预计为全校一万学生，每人每天购买一次盒饭，每盒饭利润为5元，那么团队每天的利润将达到5万元。这显然是不符合商业逻辑的。虽然大学生基数庞大，但就餐途径多种多样，不可能保证每天每人购买一盒饭的标准，而且就算是达到这个标准，也可以选择其他盒饭提供者。所以这个利润计算方法是不太容易通过逻辑性检验的。

最后，数字性检验是指企业的收入必须达到某个水平才能实现盈利，要实现这个销售数量应达到何种水平，作为企业经营者本身心里应该清楚这个盈利临界点。

【思考题】

1.选择一个你熟悉的企业，分析其商业模式要素，并探讨其发展前景。

2.分别利用商业模式画布和精益画布设计出你们团队创业项目的商业模式。

3.选择合适的方式对你们团队设计的商业模式进行验证。

第 7 章　创业资源与融资

【学习目标】

1.了解创业资源的内涵与分类。

2.了解创业资源获取的途径与方法。

3.了解创业资源整合的原则与技巧以及股权分配方式。

4.掌握创业资源的有效利用和创业融资方法。

【知识要点】

1.创业资源是新创企业在创造价值的过程中需要的特定资产,包括有形资产与无形资产,是企业创业以及成长过程中所需要的各种生产要素和支撑条件。

2.创业者资源整合能力对新创企业成长过程的战略与运营能力产生重要影响,资源整合的深度与广度将保障组织运作的持续性,进而影响创业的成效。

3.融资是企业筹措生产经营活动中所需资金的行为。创业者应该根据企业在成立前后的资本需求特征,结合创业计划以及企业发展战略,合理确定资本结构以及资本需求数量。

4.在创业融资的过程中,要根据自身的情况合理选择融资方式,这样才能让企业更好地发展,掌握必要的融资技巧。

7.1　创业资源

7.1.1　创业资源的内涵

资源就是任何一个主体,在向社会提供产品或服务的过程中,所拥有或者所能够支配的能够实现自己目标的各种要素以及要素组合。对于创业者来说,只要是对其项目和企业的发展有所帮助的要素,都是创业资源。最基本的资源是人员、资金和创业项目,还包含技术支持、销售渠道、咨询机构、潜在顾客甚至政府机构在内的各种内容。

创业资源是新创企业在创造价值的过程中需要的特定资产,包括有形资产与无形资产,主要表现为创业人才、创业资本、创业机会、创业技术和创业管理等方面。对新创建企业来说,创业者是其独特的资源,也是无法用钱买到的资源。创业本身也是一种资源的重新整合。简单地说,创业资源就是创业者所需具备的一些创业条件。

可以说,创业资源就是企业创业以及成长过程中所需要的各种生产要素和支撑条件。

7.1.2 创业资源的分类

按其来源进行分类可分为自有资源和外部资源。自有资源的拥有状况将在很大程度上影响甚至决定我们获取外部资源的结果。自有资源可以帮助我们获得和运用外部资源,立志创业者首先要致力于扩大、提升自有资源。外部资源更多地来自外部机会发现,而外部机会发现在创业初期起着决定性作用,其中关键是具有资源的使用权并能控制或影响资源部署。

【知识窗】

清朝“红顶商人”胡雪岩十分注重借势经营,他的很多生意都是围绕取势用势而展开的。胡雪岩有自己的一套商业理念:“势力,势力,利与势是分不开的,有势就有利。所以现在先不要求利,要取势。”

何谓“势”?《孙子兵法》曰:“激水之疾,至于漂石者,势也。”湍急的流水,飞快地奔流,以致能冲走巨石,这就是势的力量。创业过程中,难免有缺“势”之时,这个时候就要学会利用外部资源,向外借势。

按其存在形态分类,资源可分为有形资源和无形资源。有形资源包括自然资源、产品、资金、机器设备和建筑物等。无形资源包括信息资源、人力资源、政策资源和企业形象等。

按照巴尼①等人的创业资源细分概念分类,资源可分为人力资源、社会资源、财务资源、物质资源、技术资源和组织资源。

按其对生产过程的作用分类,资源可分为生产型资源和工具型资源。生产型资源是指直接用于生产过程或用于开发其他资源,如物质资源。工具型资源是指专门用于获得其他资源,例如,财务资源可以用来获得人才和设备。

按其在创业过程中的作用分类,可分为运营性资源和战略性资源。运营性资源主要包括人力资源、技术资源、资金资源、物质资源、组织资源和市场订单等资源。战略性资源主要指知识资源,是为新企业的生存和发展具有关键作用的资源。

7.1.3 创业资源获取的途径

1)获取技术资源的途径

一般来说,获取技术资源的途径有:吸引技术持有者加入创业团队;购买他人的成熟技术,并进行分析;购买他人的前景型技术,再完善开发,或者同时购买技术和技术持有者。此外,还可以自己研发,但存在时间长、耗资大等问题。

① 企业资源基础理论的主要代表人物巴尼(Barney,1986,1991)认为,创业资源是指企业在创业的整个过程中先后投入和使用的企业内外各种有形的和无形的资源总和。

2) 获取人力资源的途径

对于大学生创业群体来说,可以通过参加社会实践活动,接触社会,积累经验,从而拓展自己的人脉资源。

3) 获取外部资金资源的途径

大学生在创业初期往往求"资"若渴,如何获取外部资金是创业者需要重点考虑的问题。创业者融资要研究影响融资的各种要素,讲求综合经济效益。主要可以通过以下途径获取外部资金资源:

①靠亲友筹资,这是成本最低的创业"贷款"。

②抵押、银行贷款或企业贷款。

③用好政策,争取政府某个计划的资金支持。

④所有权融资,包括吸引新的拥有资金的同盟者加入创业团队,吸引现有企业以股东身份向新企业投资,以及吸引企业孵化器或创业投资者的股权资金投入等。

⑤拟订一份好的创业计划,可吸引创业基金甚至风险投资。

7.1.4 创业资源的整合

1) 资源整合的含义

所谓资源整合,就是指企业对不同来源、不同层次、不同结构、不同内容的资源进行识别与选择、汲取与配置、激活和有机融合,使其具有较强的柔性、条理性、系统性和价值性,并创造出新的资源的一个复杂的动态过程。资源整合的唯一目的是使企业获得最大的经济利益。①

2) 资源整合的分类

正如管理学大师德鲁克所言,管理的功能就是整合资源并获得外部经济成果。资源整合可以分为资源的战略整合和战术整合。

在战略层面上,资源整合反映的是系统的思维方式,就是要通过组织和协调,把企业内部彼此相关却彼此分离的职能,把企业外部既有共同使命,又拥有独立经济利益的合作伙伴,整合成为一个客户服务系统,取得 1+1>2 的效果。

在战术层面上,资源整合是对各项资源进行优化配置的行为,就是根据企业的发展战略和市场需求对有关资源重新配置,以凸显企业的核心竞争力,并寻求资源配置与客户需求的最佳结合点。

如果你要成立一家培训机构,对表 7-1 中列出的创业资源进行排序,并选出你认为最重要的四种资源。

表 7-1

资源名称	排序序号
投资 50 万,需占 50%股份	
资深运营总监	

① 阳飞扬.从零开始学创业[M].北京:中国华侨出版社,2011:109.

续表

资源名称	排序序号
与教育主管部门合作的机会	
获得一套完善的网络培训平台	
与知名师范大学合作的机会	
较偏远、租金低、面积大的场地	
获得一套专业的培训课程	
资深培训专家	
银行有息(7%)贷款 10 万	
资深培训顾问	
与某知名培训集团合作的机会	
市中心租金高、面积小的场地	

3)创业者的资源整合能力

新创企业资源整合能力是指在创业过程中,以人为载体,在资源整合过程中所表现出的对资源的识别、获取、配置和利用的主体能力。资源整合能力在创业的各个阶段发挥着极为重要的作用。

在创业起步阶段,资源整合能力影响并决定了创业者对创业机会的评估、识别与开发,同时帮助创业者摆脱资源约束,取得所需资源。

在生存与成长阶段,新创企业需要筹措更多的资源来满足自身的发展,创业者资源整合能力会对新创企业成长过程的战略与运营能力产生重要影响,资源整合的深度与广度将保障组织运作的持续性,进而影响创业绩效。

在资源整合方面,世界著名物流公司 UPS 的做法很有借鉴意义。

【案例阅读】

UPS 的资源整合之道

2002 年 1 月,UPS 将原来为客户提供供应链管理服务的物流集团公司、货运服务公司(包括飞驰货代)、金融公司、咨询公司和邮件管理公司等整合,新设供应链管理解决方案事业部,目的是整合 UPS 所有与供应链管理有关的服务资源,使客户能够很方便地获得专业知识支持,即为客户提供"一站式"的供应链管理服务。

该事业部拥有一个由工程师、物流管理专家、技术集成专家、多式联运专家和投资分析家等组成的团队,为客户的全球供应链管理设计方案,然后交由各专业公司组织实施。该事业部的市场定位是全球化运作的大公司,主要是为高新技术、通信、健康产品、汽车、零售和消费品等领域的客户服务。2001 年,参与整合的物流集团公司、货运服务公司、投资公司和邮件管理公司的营业收入总和就达 24 亿美元。

UPS之所以重新整合供应链管理服务资源，是因为UPS在2002年初已经确定要转向“一个完全的供应链管理服务公司”，资源整合成为UPS适应新战略的必然之举。

7.2 融资渠道及股权分配

7.2.1 融资的产生原因及条件

资金是企业经营活动的主要推动力，也是持续的能力来源，因此融资问题对新创企业来说显得尤为重要。大学生创业者想要凭借技术或者创意进行创业，首先就要解决好融资问题。

1) 融资产生的原因

融资，就是一个企业根据自身的生产经营状况、资金拥有状况以及未来经营发展的需要，通过一定的渠道筹集资金，以保证正常生产与经营管理活动需要的经济行为。简单地说，融资是企业筹措生产经营活动中所需资金的行为。

创业者应该根据企业在成立前后的资本需求特征，结合创业计划以及企业发展战略，合理确定资本结构以及资本需求数量。创业融资解决的都是创业者在企业成立前后最迫切需要解决的问题，在融资之前应做细致的规划，至少首先要明确融资的原因和内容有哪些。

2) 创业融资的基本条件

①项目本身已经经过政府部门批准立项。

②项目可行性研究报告和项目设计预算已经政府有关部门审查批准。

③引进国外技术、设备、专利等已经政府经贸部门批准，并办妥了相关手续。

④项目产品的技术、设备先进适用，配套完整，有明确的技术保证，生产规模合理。

⑤项目产品经预测有良好的市场前景和发展潜力，盈利能力较强，有较好的经济效益和社会效益。

⑥项目投资的成本以及各项费用预测较为合理，生产所需的原材料有稳定的来源，并已经签订供货合同或意向书。

⑦项目建设地点及建设用地已经落实，生产所需的水、电、通信等配套设施已经落实，与项目有关的其他建设条件也落实到位。

注意，以上列举的基本条件并非都要达到，创业者可以根据项目的情况进行考虑。

7.2.2 融资的概念

融资主要是指资金的融入，也就是资金来源，具体是指通过一定的渠道、采用一定的方法、以付出一定的经济利益为代价，从资金持有者手中筹集资金，满足资金使用者在经济活动中对资金需要的一种经济行为。狭义的融资仅指不同资金所有者之间的资金融通，即资金从资金供给方流向需求方。广义的融资还包括某一经济主体通过一定方式在自己内部进行资金融通。①

创业融资是创业管理的关键内容,在企业成长的不同阶段具有不同的侧重点和要求。共青团中央2011年7月公布的一项调查数字显示:“2010年全国本科院校毕业生中,自主创业的比例仅占0.9%。”与国外大学生10%~20%的创业率差距非常大。据有关调查,80.1%的大学生认为“缺乏启动资金”是创业最大的障碍。

【知识窗】

大学生创业融资为什么难?

第一是不确定性。从创业活动本身来看,面临非常大的不确定性。创业企业的不确定性比既有企业的不确定性要高得多,创业企业缺少应付环境不确定性的经验,尤其是大学生创业群体中,大多数初创企业还是以小微企业为主,尚未发展出以组织形式显现出来的组织竞争能力,创业企业没有可参考的经营情况。

第二是信息不对称。一般而论,创业者比投资者对市场、创业项目、自身能力、创新水平与市场前景更加了解,处于信息优势地位;而与创业者相比,投资者处于信息相对劣势地位,在某些情况下,银行惜贷也是为了逃避风险,而风险的根源就是信息不对称。

7.2.3 融资的渠道

对于创业者来说,能否快速、高效地筹集资金,是创业企业站稳脚跟的关键。按照融资的来源不同,融资渠道主要分为私人资本融资、机构融资、风险投资、创业投资基金和知识产权融资等。

1)私人资本融资,主要包括个人积蓄、亲友投资和天使投资等

①大学生创业群体大多是一切从零开始,甚至看不清楚以后的发展前景。用自己的积蓄或者向亲友借钱作为资金投入,是许多大学生创业者的起点。由于创业者与家人、朋友彼此了解,关系亲近,而且相比其他融资方式,这种方式显得较为容易。因此,从家人或者朋友处筹得资金成为优先选择方式。

②天使投资是自由投资者或非正式风险投资机构对原创项目构思或小型初创企业进行的一次性的前期投资。这类投资是一种非组织化的创业投资形式,其资金来源大多是民间资本,而非专业的风险投资商②;同时,它门槛较低,有时即便是一个企业构思,只要有发展潜力,就能获得资金。但天使投资者不是不计后果地冒险,他们投资的数量有限,多是一次性投资,一般来讲,他们具有投资于一个自己熟知的、离家较近的行业等特点。因此,天使投资也被称为初创企业的“婴儿奶粉”。

① 徐俊祥.大学生创业基础技能训练教程[M].北京:现代教育出版社,2014:117.
② 知乎.创业时,我们在知乎聊什么[M].北京:中信出版社,2014:132.

【实战案例】

"脸萌"有创意 融资更容易

2014年6月,脸萌再次获得了IDG数百万元天使投资。能够连续两次融资成功,当然还是因为IDG看重了脸萌的发展前景。脸萌自发布以来,一直不温不火,5月份突然迎来爆发式增长:"六一"一天的下载量达到21万,在朋友圈、微博引起了刷屏现象。目前脸萌已积累超过200万用户,在APP Store的免费总榜上登顶。脸萌的成功,除了因为其操作的简易性与用户体验的良好性,更因为其创新性。脸萌不是第一个把头像变成漫画形象的软件,却是第一个可以自己去"画"的软件。这种创新性,决定了它的成功,也再一次告诉大家。这是一个创新的时代。

天使投资常常具备以下特点:

①通常只提供"第一轮"融资。"天使"只是利用了自有资金,这显然不足以支持较大规模的资金需要,只有那些处于最初发展阶段的创业计划能够得到他们的青睐。

②天使融资方式带有强烈的感情色彩。创业者说服"天使"的过程常常需要一定的感情基础,或者是志同道合的朋友,或者是亲朋好友关系,或者得到了熟悉人士的介绍等。

③"天使"往往自己本身也是创业者,而且常常是某一行业的专家,可以为创业企业提供极为宝贵的参考意见。

④融资程序简单迅捷,但融资额有限。由于"天使"只是代表自己进行投资,投资行为带有偶然性和随意性,没有复杂而烦琐的投资决策程序,投资决策主要是基于对人的投资,因此投资决策是非常快的。

⑤"天使"在对待投资项目上较为短视。因为使用自己的资金进行投资,对投资回报的期望较高,而且抗风险的能力不如那些能够通过投资组合分散风险的大型投资公司,所以"天使"对亏损的忍耐力不强,目光较为短视。

2)银行贷款

银行贷款被誉为创业融资的"蓄水池",由于银行财力雄厚,而且大多数具有政府背景,因此在创业者中有很好的"群众基础"。对于创业者来说,银行提供的贷款主要有以下类型:

(1)担保贷款

担保贷款是指以担保人的信用为担保而发放的贷款。随着国内中小企业信用担保体系的建立完善,各地现均有专业化的信用担保机构,如果创业者缺乏合格的抵押用品,就可以向担保公司申请。

(2)抵押贷款

对于需要创业的人来说,可以灵活地将个人消费贷款用于创业。还可以土地、房屋等不动产作抵押,还可以用股票、国债、企业债券等获得银行承认的有价证券,以及金银珠宝首饰等动产作抵押,向银行获取贷款。

(3)质押贷款

质押贷款的范围比较广,比如存款单、国库券、商标权、工业产权等都可以质押。对于大学生创业者来说，一般情况下，只要能找到属于自己的东西，以这些权利为质押物，就可以申请获得银行的贷款。

(4)大学生创业贷款

创业贷款是指具有一定生产经营能力或已经从事生产经营活动的个人，因创业或再创业提出资金需求申请，经银行认可有效担保后而发放的一种专项贷款。符合条件的借款人，根据个人的资源状况和偿还能力，获得一定额度的贷款支持。目前，大学生创业贷款的优惠政策有：

①大学毕业生在毕业后两年内自主创业，到创业实体所在地的工商部门办理营业执照，注册资金(本)在50万元以下的，允许分期到位，首期到位资金不低于注册资本的10%(出资额不低于3万元)，1年内实缴注册资本追加到50%以上，余款可在3年内分期到位。

②商业银行、股份制银行、城市商业银行和有条件的城市信用社为自主创业的毕业生提供小额贷款，并简化程序，提供开户和结算便利，贷款额度在5万元左右。贷款期限最长为两年，到期确定需延长的，可申请延期一次。贷款利息按照中国人民银行公布的贷款利率确定，担保最高限额为担保基金的5倍，期限与贷款期限相同。

以上优惠政策是国家针对所有自主创业的大学生所制定的，各地政府为了扶持当地大学生创业，也出台了相关的政策法规，而且更加细化，更贴近实际。

【知识窗】

大学生申请创业贷款攻略

1.大学生创业贷款要求

①申请者年满18周岁，具有合法、有效身份证明和贷款行所在地合法居住证明，有固定的住所或营业场所。

②申请者持有工商行政管理机关核发的营业执照及相关行业的经营许可证，从事正当的生产经营活动，有稳定的收入和还本付息的能力。

③申请者投资项目已有一定的自有资金。

④贷款用途符合国家有关法律和银行信贷政策规定，不允许用于股本权益性投资。

⑤在银行开立结算账户，营业收入经过银行结算。

2.大学生创业贷款申请资料

①申请者及配偶身份证件(包括居民身份证、户口簿或其他有效居住证件原件)和婚姻状况证明。

②申请者个人或家庭收入及财产状况等还款能力证明文件。

③申请者营业执照及相关行业的经营许可证，贷款用途中的相关协议、合同或其他资料。

④申请者担保材料：抵押品或质押品的权属凭证和清单，有权处分人同意抵(质)押的证明，银行认可的评估部门出具的具有抵(质)押物估价报告。

3.大学生创业贷款申请流程

①先到当地劳动保障部门领取《就业失业登记证》等相关必要证件并准备好创业项目的

相关资料。

②然后找到当地劳动保障部门申请贷款支持，劳动部门审核通过后就可以将该项目推荐到相关银行。

③银行在审查完担保条件并实地进行项目考察后就可以发放贷款了。如果手续齐全，整个贷款流程大约需要1个月。如果创业项目可行性高、前景好，你也可以申请商业性创业贷款。

【知识窗】

四川省大学生创业担保贷款(青年创业基金)

申请条件：领办创业实体(不含“网店”和农业职业经理人)。

受理机构：在校大学生，向就读高校申请；毕业生，向创业所在地申请。

申报材料：领办人学生证(或毕业证)和身份证复印件、创业担保贷款申报表、创业实体注册或登记证书复印件等。

贷款额度：不超过10万元。

贷款期限：不超过3年。

贷款贴息：由当地人社部门会同财政部门，直接向放贷的金融机构支付。

3)融资租赁

融资租赁又称设备租赁、金融租赁，是指实质上转移与资产所有权有关的全部或者绝大部分风险和报酬的租赁。资产的所有权最终可以转移，也可以不转移。融资租赁适合资源类、公共设施类、制造加工类企业，如果在企业经营过程中遇到资金困难，可将工厂设施卖给金融租赁公司，后者可以通过返租给企业获得收益，而银行则贷款给金融租赁公司提供购买资金。制造企业可以通过该项资金偿还债务或投资，盘活资金链条。

从国际租赁业的情况来看，绝大多数租赁公司都是以中小企业为服务对象的。由于中小企业一般不能提供银行满意的财务报表，只有通过其他途径来实现融资，金融租赁公司就提供了这样的平台，通过融物实现融资。

金融租赁不仅可以使企业获得资本融资，节省资本性投入，无须额外的抵押和担保品，而且可以降低企业，以及现金流量的压力，并可以用作长期贷款的一个替代品，已经成为成熟资本市场国家与银行金额上市并重的一种非常通用的融资工具，成为大量企业实现融资的一个重要和有效的手段，并在一定程度上降低了中小企业融资的难度。

但是目前我国金融租赁业还处于初期阶段，市场活跃程度不高，业绩不够理想，加上租赁企业资金严重不足，根本不能满足市场上庞大的需求，金融租赁市场严重供不应求。因此，创业者在寻找金融租赁的时候，也要根据租赁公司的实际情况，尽量挑选那些实力强、资信度高的租赁公司，且租赁形式越灵活越好。

4)股权融资

股权融资属于直接融资的一种。股权融资是指企业的股东愿意让出部分企业所有权，通过企业增资的方式引进新的股东的融资方式。股权融资所获得的资金,企业无须还本付息,但新股东将与老股东同样分享企业的盈利。这种融资方式对于创业者来说,也是一种较为现实和便捷的融资方式。

方兴未艾的股权融资,在短时间内得到了越来越多的认可,成功案例不断涌现。对于创业者来说,来自股权融资的资本不仅仅意味着获取资金,同时,新股东的进入也意味着新合作伙伴的进入。在进行股权融资时,创业者需要注意的是对企业控制权的把握。

【案例阅读】

张冀光痛失"中国企业网"

因为忙于融资,就没有过多地考虑企业的控制权,结果将自己创办的公司拱手让人,中国企业网创始人张冀光就是一个例子。

1998 年,张冀光创办中国企业网,1999 年 9 月被当时的中国数码收购了 80%的股份。融资后,张冀光担任总经理,对方另派一个人担任董事长。2003 年 8 月,中国企业网更名为中企动力科技股份有限公司,进入上市辅导期。而 2004 年春节以后,一直与该董事长保持良好合作关系的张冀光发现双方的矛盾越来越大。对方所派董事长"要求公司发展更快、盈利能力更强,但我们认为企业的发展速度已经比较快了"。2004 年 3 月 29 日,该董事长签发了一纸董事会决议,宣布罢免董事、总经理张冀光的职务。事情发生后,张冀光认为该董事长要求自己离开的方式是不合法的,称当天并没有召开任何会议并且某董事长签名系伪造,该董事会决议也是伪造的,并为此与之"对簿公堂"。结果,张冀光后来还是不得不离开了自己一手创办的中国企业网。

张冀光在总结自己的经验教训后表示,自己如果再次融资,"一定要制定科学的、符合法律的文件,把合作伙伴、小股东的利益都固定下来,公司中的每张纸都是珍贵的"。

任何一种股权融资方式的成功运用,都首先要求企业具备清晰的股权结构、完善的管理制度和优秀高效的管理团队等各项管理能力。所以企业自身管理能力的提高将是各项融资准备工作的首要任务。

自从我国创业板诞生以来,造富的速度大大加快,股权融资也随之风生水起。有关专家认为,相比过去,中小企业股权融资正在被社会接受、认可,一方面得益于相关政策的支持,另一方面,创业板开放后,财富效应也引起了不少创投企业的重视。

随着我国投资市场持续火爆,一些极具市场潜力的优质中小企业也成为投资方四处争抢的"香饽饽"。以股权融资为代表的融资模式,将为中小企业的创业者助一臂之力。

5) 风险投资

风险投资是一种股本投资,风险投资家以参股的形式进入创业企业。风险资本最大的特性是对高风险的承担能力很强,与此对应,它对高回报的要求也非同寻常,对创业者可以起到"维生素 C"的作用。很多有融资经验的创业者会说:"风险资本对创业企业的帮助相比其他的资本来说是最高效的,但是想让风险投资人掏出钱来也是很难的。"因此,在这样的情形下,创业者的想法和打算,都会被风险投资家反复权衡和考虑。

一般而言，好的项目、优秀的商业模式再配合良好的创业团队，风险投资公司自然会投来关注的目光。对创业者来说，寻找风险投资是一件艰难的事，对于大学生创业者来说，有两条途径可以争取风险投资的支持：一是直接向风险投资商递交商业计划书，二是通过融资顾问获得风险资本的资助。

对于初创企业来说，从种子期到成长期直至上市，是一个既复杂又漫长的过程，融资顾问会给创业者搭桥引线，使得创业者与风险投资人达成初步的意向。接下来，三方会就融资的细节进行谈判。另外融资公司提供的全面解决方案，可以帮助创业者从创业的困难和瓶颈中解放出来，为创业企业与风险投资双方构建了一个有效的平台，对于不知融资过程的创业者来说有全程帮助作用。

【案例阅读】

蒙牛的风险投资人

牛根生在伊利期间因为订制包装制品时与谢秋旭成为好友，当牛根生自立门户之时，谢秋旭作为一个印刷商人，慷慨地掏出现金注入初创的蒙牛，并将其中大部分的股权以“谢氏信托”的方式“无偿”赠予蒙牛的管理层、雇员及其他受益人，而不参与蒙牛的任何管理和发展安排。最终谢秋旭也收获不菲，380 万元的投入如今已变成 10 亿元。

6) 创业投资基金

创业投资基金是指由一群具有科技或者财务专业知识和经验的人士操作，并且专门投资在具有发展潜力以及快速成长公司的基金。

创业基金支持的对象，即有资格申请创业基金的个人或法人，应具备符合相关条件：申请人或企业法定代表人为在校大学生(含硕士、博士)，且在校期间无不良在校记录；主要从事高新技术产品的研制、开发、生产和服务业务；有较强的市场开拓能力和较高的经营管理水平，并有持续创新的意识。

【案例阅读】

“创新工场”与“豌豆荚”

创新工场由李开复博士创办于 2009 年 9 月，是一家致力于早期阶段投资，并提供全方位创业培育的投资机构。创新工场是一个全方位的创业平台，旨在培育创新人才和新一代高科技企业。创新工场通过针对早期创业者需求的资金、商业、技术、市场、人力、法律、培训等提供一揽子服务，帮助早期阶段的创业公司顺利启动和快速成长。同时帮助创业者开创出一批最有市场价值和商业潜力的产品。

“豌豆实验室”是创新工场首批孵化项目之一，短短 2 年时间，其主要产品豌豆荚拥有上千万的忠实用户，已经成为国内 Android 手机用户安装应用的主要来源。

7) 其他融资渠道

每一个创业者都知道，创业必须要有足够的资金，没有足够的资金是无法创业的。可是，当你拿出全部积蓄还不够，向亲友借钱亲友却没有多余的钱，向银行贷款又没有抵押物品的时候，怎么办呢？办法总比困难多，天无绝人之路，只要开动脑筋，善于学习，广开思路，就能够找到许多巧妙而非常有效的融资方法，从而实现自己的创业梦想。

①用良好的信用说服别人。良好的信用和经营信誉是创业者的无价之宝，凭借它，可以有效地说服别人为你的创业提供各种方便条件。

②争取免费创业场所。创业离不开理想的场所，而创业之初的很大一笔投资就是用来支付房租的。因此，只要你能转换一下脑筋，想办法获得一处免费的创业场所，那就相当于得到了一笔可观的创业资金。

【案例阅读】

小林的花店

刚从农业大学园艺系毕业的小林想开一家花店，但是店面房租是小林面对的第一个难题。小林刚毕业，基本上是白手起家，怎么才能获得第一笔启动资金呢？小林陷入了僵局。

一个偶然的机会，小林看到当地的报纸上刊登着一条招商广告，广告承诺了第一批进厂设摊者均可享受免收半年租金的优惠。这真是天大的喜讯！小林毫不犹豫地申请了一个摊位，开始办起了花店。由于小林是园艺系的学生，他的不少同学也在花卉生产单位工作，所以货源充足，质量上乘，自然生意很红火。

③加盟大公司的连锁经营。俗话说，背靠大树好乘凉。有许多创业者在刚开始起步的时候，为了扩大市场份额，纷纷选择连锁经营的方式来扩充自己。而一些大的公司，为了有效而快速地扩大连锁经营的覆盖面，也常常推出一些优惠措施如免收加盟费、赠送设备、帮忙选址等，广泛吸收个体业主加盟经营。对于缺乏资金的创业者来说，虽然不是直接的资金扶持，但是这些优惠措施无疑等于给创业者一笔难得的资金。

7.2.4 股权分配

初创企业中，创始人之间越是熟悉，越是要“先小人，后君子”。很多创业企业最后垮掉，不是因为运营的问题，而是各个股东的问题。有的是当蛋糕做大的时候，在切蛋糕上出了问题。有的是创始人之间遇到分歧时，过于均衡的股权导致不知道听谁的。

创业者通常采用两种方式确定公司的股权结构，一是按照股东的出资比例进行分配，二是在股东之间平均分配。前者容易触发股东贡献和持股比例不匹配的问题，后者则会削弱核心创始人对公司的控制力，影响公司的决策效率。虽然不少创业者已经意识到股权分配的重要性，也有意借鉴国外发达创业体制下的股权架构思路，无奈某些想法并不为工商登记机关所接受，且创业之初事务繁杂，创业者在有限的精力下，难免有为权宜计草率分股并希冀后续解决的做法，为公司未来发展埋下隐患。因此，在创业早期，进行约定、合理分配股权，可以在未来非常有效地保护公司以及创始人之间的关系。

1）股权分配的原则

创业如逆水行舟，只有同行者目的明确、方向一致、公平和激励并存才能成就长远、稳定的关系。股权分配就是这么一个落实到“人”的过程,它的目的不仅要通过“丑话说在前头”来确立规则,还要明确公司基因和价值观、达成股东间的共识。

鉴于创业公司初期股东和管理层通常是重叠的,暂无须考虑股东与管理层之间的博弈。在确立股权分配时需要考虑三个因素,分别是股东于资源层面的贡献、股东于公司治理层面的把控以及公司未来的融资造血空间,当然上述三个因素仍有分解的空间,比如资源就可以按出资、投入时间细化,出资又可以按照是货币、实物、知识产权等因素对公司的价值进一步细化。

2)股权分配的方法

(1)最大责任者一股独大

一般而言,在股权分配中,比较常见的模式是有一个大家都信服的大股东作为牵头人,他是公司决策的中心,对公司承担最大的责任;另外搭配1~2个占股权10%~20%、与大股东互补的能力和资源的合伙股东,能发出跟大股东不同的声音,对公司有一定的影响力。基于这样的一个模式,既保持有不同的意见,又有人拍板和承担责任。

股权分配在根本上是要让所有人在分配和讨论的过程中,心里感觉到合理、公平,这是最为核心的,同时也是容易被忽略的。复杂、全面的股权分配分析框架和模型显然有助于各方达成共识,但是绝对无法替代信任的建立。创始人最好开诚布公地谈论自己的想法和期望,任何想法都是合理的,只要赢得创业伙伴们的由衷认可。

(2)杜绝平均和拖延

创业团队的股权分配不能采取平均主义。很多时候,创始人不愿意谈论股权分配问题,这个话题不容易启齿,所以他们要么完全回避这个问题,要么只是说一些模棱两可的约定。同时,创始人普遍会犯的错误是没有在创业初期就把股权的分配拟定好。随着时间的推移,每个创业伙伴可能都会觉得自己是项目成功必不可少的功臣,关于股权分配的讨论就会变得越来越难以进行,这一点在大学生创业群体中尤其常见。

3)遵守契约精神

股权分配最为核心的原则是“契约精神”。对所有的创始团队成员而言,股权一旦定下来,也就意味着利益分配机制定好了,对于创业者来说,在团队中尽自己的最大努力是最基本的要求。有一位创业成功人士时曾说:“对于所有的早期创业者来说,一定要明白一个道理:创业成功了,即使只拿1%也很多;创业不成功,就算占有100%也分文不值。”

【案例阅读】

小A在化妆品行业“潜水”多年,对这个行业的门道摸得一清二楚。现在,他准备与四个朋友一起创业,做一个化妆品的电商品牌。这五个创业伙伴里面,小A和两个朋友是全职工作,另外一个朋友打算兼职,过一段时间再全职加入,还有一个朋友只出资金。

小A志向远大,对自己这次创业信心十足。但他现在苦恼的是,公司的股权结构怎么设置?

4)国内法下创业公司股权分配的建议

(1)选择实缴注册资本比认缴注册资本好

2014年3月1日施行的新《中华人民共和国公司法》(简称《公司法》)采用认缴注册资

本制，即除非法律、行政法规以及国务院决定另有规定外，公司的注册资本不必经验资程序，由全体股东承诺认缴即可，认缴期限由股东自行约定，但是，这不意味着股东可以“只认不缴”，也不是说注册资本越多越好。

认缴制下股东的出资义务只是暂缓缴纳，股东仍要以认缴的出资额为限为公司的债务承担责任，若股东为了显示公司实力，不切实际地认缴高额注册资本，那么将面临多重法律风险，如当债权人向公司索偿时，股东的清偿责任也随之加重，又如公司解散时，股东尚未缴纳的出资将作为清算财产，另外也需要考虑税务风险。

因此，创业公司要根据实际情况合理确定注册资本，选择实缴并进行验资，使得“公司”这种企业形式能够充分发挥它的风险隔离效果。

(2)股权分配方案要最终落地于工商登记

出资是股权分配的必要依据，却非唯一依据，创业者最终核算的股权分配方案往往与出资比例不一致，有些创业者会采用阴阳合同的方式，一方面签署投资协议固定真实的股权比例，另一方面按照出资比例完成工商登记。

但是，上述方式的法律风险很大，一旦涉诉，不仅创业者的股东权益难以获得保护，亦会消耗大量的时间成本，导致公司错失成长良机。在此情形下，可考虑采用股本溢价方式解决：首先，创业者提前签署投资协议，明确每位创业者的实际出资和股权比例；继而，由创业者按照确认的股权比例和换算后的出资额进行工商登记，把股东超出登记出资额的部分计入资本公积金。

(3)以公司治理结构保障核心创始人的控制权

按照我国《公司法》规定：在无特别约定时，股东会作出的一般决议需要股东所持表决权的半数通过，股东会作出的特别决议如修改公司章程、增加或者减少注册资本的决议，公司合并、分立、解散或者变更公司形式等，需要股东所持表决权的三分之二通过。

表决权与股权比例挂钩，“但是，公司章程另有规定的除外”。结合实际情况，创业公司往往有多个创始人，加之股权众筹大行其道，核心创始人的持股有可能达不到绝对控股比例(即持股区间等于或超过公司注册资本的51%~67%)。此情形下要保障核心创始人的控制权，就需要充分利用上述“但书”，将表决权与持股比例分开来，并以公司章程的形式予以落实。

(4)用好有限责任公司的股权回购条款

对创业公司来说，股东之间的志同道合尤为重要。因此股权分配需要从正向和反向两个维度进行考虑。即既要从正向保障创业者同船共济时的公平和激励问题，也要从反向考虑某些特殊情形下如创业者离职退出、离婚、继承等情形下公司股权的回收问题。

回购制度是平衡股东退出和公司利益的重要制度途径，但是《公司法》对有限责任公司的股份回购是有限制性规定的(尽管这种规定在实务中是有争议的)。因此在设计回购条款时，应注意几个问题：一是回购条款最好由公司指定的其他股东实施，且应注意回购定价的公平性；二是回购条款的适用范围能够涵盖公司股权分配的反向所需；三是应将回购条款和股权转让制度综合考虑、糅合设计。

(5)创新运用《公司法》的各项制度

《公司法》的自治空间是相当广阔的，创业者要充分运用股东的章程自治权，建立适合自己的股权分配和动态调整方案。比如有些股东愿意“掏大钱、占小股”，那么对此类股东可以配合使用协议和章程方式将分红权、优先认购权、表决权脱钩，设计符合各股东需求和长处的股权结构；再如可以借鉴资本工具的思路，运用可转换优先股、清算优先权等思路做股权分配设计。

7.3 创业融资的选择和技巧

7.3.1 创业融资的选择

在创业融资的过程中，创业者在企业建立之初，必须要筹备足够的运营资金，但是当面对各种融资渠道的时候，创业者不知道如何选择。天使投资界有位人士曾说过："你的钱，我的钱，都是钱，但是用谁的钱这是一个问题。问题在于，在哪个时间点，用谁的钱更有优势，在于你的项目是否允许你对用谁的钱有所选择。"因此，在创业融资的过程中，要根据自身的情况合理选择融资方式，这样才能让企业更好地发展。创业者在做融资计划时，需要着重关注以下事项：

(1)选择风险较低的融资方式

不同的融资方式风险大小往往不同，有的融资采取可变利率计算，当市场利率上升时，创业者就需要支付更多的利息。利用外资方式融资，汇率的波动也可能使创业者偿付更多的资金；或者是出资人发生违约，不按合同出资或者提前抽回资金，都会给创业者造成重大的损失。

商业融资必须选择那些风险较小的方式，努力降低融资的风险。如目前利率较高，而预测不远的将来利率要下落，这时融资，应要求按照浮动利率计息；如果情况相反，则应按固定利率计息；再比如利用外资，应避免硬货币来偿还本息，而应该争取以软货币偿付，避免由于汇率上升、软币贬值带来的损失。同时，在融资过程中，创业者还应选择那些信誉良好、实力较大的出资人，以减少违约现象的发生。

(2)增强融资渠道的可转换性

由于各种融资方式的风险大小不同，因此在筹集资金时，创业者应注意各种融资方式之间的转换，即从这一种方式转换为另一种方式的能力，以避免或减轻风险。通常情况下，短期融资方式变换较为困难，长期融资中，如果合同中规定可以通过一定手续进行转换，如利用外资的币种转换，则风险小一些。除此之外，创业者融资应广开渠道，不能过分地依赖一个或几个资金渠道，进行多元化和分散化融资，亦可增强转换能力，降低风险，提高创业成功的概率。

7.3.2 融资谈判的步骤

谈判是一门技术，更是一门艺术，融资谈判更是如此。如何提高创业者在与投资人谈判时的沟通技巧，直接影响着项目的融资效果。

在融资谈判过程中,处于相对弱势地位的创业者往往担心自身项目不能引起投资者的关注,往往会因谈判技巧的缺失而最终导致项目融资失败。那么,面见投资人时,创业者应如何消除心理顾虑,与投资者进行良好的沟通和交流,从而让项目融资不再那么艰难呢?

(1)三分钟介绍项目定位、前景和商业模式

在创业者与投资者初步接触的几分钟内,首先以行业内的成功或失败的案例作为对应物进行简单介绍,可以非常容易地让对方知道你在做什么,同时也考察投资者对你所在领域的了解程度。告诉对方自身项目在市场中的位置,是处于早期还是晚期、每年的销售额、在市场中的份额等。需要着重强调的是,要明确区分自身与竞争对手的不同之处,以强化自己的项目优势。

介绍项目情况的时候,不要使用过多的描述性语言,而应抓住几个典型特点巧妙地进行项目定位。通过对几个点的介绍,让对方清楚地知道你在做什么、企业的状况如何。同时,也要告诉投资者项目未来的发展规划以及清晰的商业模式。如果项目符合投资者的投资定位,自然会引起投资者的兴趣。

(2)一问一答,以讲述项目优势和投资收益为重点

与投资者沟通的过程中,创业者应尽量采用一问一答式。不要投资人问一个问题,你就解释很多问题,也不要他们问了很多问题,你就用一个答案解答。最好的方法是,他问什么,你就清晰地答什么。因此,创业者要提前准备,就投资者最爱问的几个问题,如你这个想法的核心价值是什么、能给客户带来什么价值、为什么你能做成、核心竞争力在哪里等,都要思考清楚,并使用精练的语言去表达。

对于融资额度问题,投资者不提出,创业者不要主动提出,这是一个技巧。尽管计划书里有详细的资金使用额度与财务分析等,但投资商还是会问你,如果他不问,你不要强调你需要多少钱,而是要把话题重点放在项目优势和投资收益上。

(3)坦诚相待,无须多虑

据投融界观察,很多创业者存在着这样一个心理,"向投资方和盘托出,万一融资失败,就将商业机密完全暴露了"。其实,创业者大可不必有这种担心。要知道,投资人在不了解项目细节的情况下,是很难甚至可以说根本不会作出任何决定或者表态的。另外,创业者遮遮掩掩地介绍,过于谨慎的态度,只会让投资人感觉你没有充分的自信,缺乏合作的诚意。同时,如果项目的可复制性这么高,也就意味着没有核心竞争力。

(4)尽力即可,保持底线,勿追问结果

在项目的前期规划时,或者在谈判时,创业者应该保持自己的主动权以及合作底线。不要为了获得资金而过分地出卖自己应有的利益和权利,否则,投资人会决定放弃投资。

另外,谈判结束时,一般都不会有很明显的结果,更多的是让你等消息,这个时候千万不要问"您觉得我的项目,获得您投资的机会有多大"这类问题。此类问题如若发生在谈判过程中,只会让你所有的努力化为泡影。

企业融资这门艺术是需要创业者仔细揣摩的。只要创业者在融资过程中,留意沟通、谈判的技巧,不断增强自信心,企业的融资之旅就会变得更加顺利。

7.3.3 创业融资的技巧

对于大学生创业者而言,在创业融资过程中,要注意掌握以下技巧:

①不要空泛地描述市场规模。企业初创者常犯的错误是对市场规模的描述太过空泛,或者没有依据地说自己将占有百分之几十的市场份额,这样并不能让人家相信你的企业可以做到那么大的规模。

②先吸引投资者的注意力。在商界有一个著名的“电梯间演讲”理论,也许你会在公共场合偶然遇到一位投资者,也许投资者根本不想看长长的商业计划企业书,你只有几十秒钟的时间吸引投资者的注意力。当他的兴趣被你激发起来,问起你公司的经营队伍、技术、市场份额、竞争对手、金融情况等问题时,你已经准备好了简洁的答案。

【知识窗】

电梯间演讲

麦肯锡公司曾经得到过一次沉痛的教训:该公司曾经为一家重要的大客户作咨询。咨询结束的时候,麦肯锡的项目负责人在电梯间里遇见了对方的董事长,该董事长问麦肯锡的项目负责人:“你能不能说一下现在的结果呢?”由于该项目负责人没有准备,而且即使有准备,也无法在电梯从30层到1层的30秒内把结果说清楚。最终,麦肯锡失去了这一重要客户。从此,麦肯锡要求公司员工凡事要在最短的时间内把结果表达清楚,凡事要直奔主题、直奔结果。这就是如今在商界流传甚广的“30秒钟电梯理论”或称“电梯间演讲”。

③强调竞争对手。由于大学生缺乏相关经验,在融资的过程中为了强调企业的独特性和独占优势,故意不提著名的竞争对手,或者强调竞争对手很少或者很弱。事实上,有成功的竞争对手存在说明产品的市场潜力,而且对于创业投资公司来说,有强势同行正好是将来被收购套现的潜在机会。

④注重市场而不是技术水平。许多新兴企业,尤其是在大学生创办的企业中,由于其专业背景和工作经历,他们对技术的高、精、尖十分感兴趣,但投资人关注的是你的技术或者产品的盈利能力,你的产品必须是市场所需要的。

【知识窗】

不得不说的创业融资十大技巧

任何创业企业,都希望能够实现创业融资。那么,创业者在进行股权融资,与股权投资机构或天使投资人进行接触时,有什么技巧呢?

一、你的气场比PPT更重要

创业者一般需要通过一份简单的商业融资计划书,向投资者(天使投资人、风险投资等投资机构)进行介绍。很多融资企业花了大量的时间准备融资计划书PPT,这非常重要。不过，在PPT之外，创业者个人的素质、魅力和气场也非常重要。

二、直指痛点，让听者产生共鸣

投资者最关心的问题无外乎市场、需求、竞争、资金等几大块，其中需求是基础。如若能将企业产品所能解决的痛点用恰当的方式表达，让投资者产生共鸣，将对融资有非常重要的意义。

三、现有的市场数据，胜过千言万语

现在指望通过一个创业IDEA就获得投资基本是不可能。如果创业企业能够拿出一份详尽的市场数据、公司的客户概要数据等，相信它的作用胜过千言万语。

四、多用图片、图表、视频，少用文字

在向投资人进行介绍时，要善用图片、图表等。这些多媒体素材，能够让你的讲解更加生动。

五、让团队给你加分

有相关工作背景、学历背景、技术背景的团队，能让你的团队加分。要善于发现团队的优点，并妥善表达出来。

六、谈钱不伤感情，拉投资人"上船"

要让投资人相信创业者，就需要拿出数据展示创业成功的商业机会，跟投资人交流时，感情很重要。与投资人交流时，谈钱也要谈感情，重点是要真诚交流而不是骚扰，但最忌讳的是让投资人觉得创业者在吹牛。不要介意融资额，拿到钱比拿多少更重要。投资人一旦投入，就和创业者在"一条船"上，会在后续帮助融资。

七、提前做好财务分析及规划

很多创业企业融资陷入一个误区：盲目融资。他们只知道企业需要资金，但对如何利用好融得的资金，却没有相应的分析和规划。足够的资金能够帮助企业更好地运营；但同时，如果资金使用不当，对企业也是一种成本的增加及浪费，对投资者更是不负责任的表现。

八、不着急要钱

要钱是融资的最后一步。在要钱之前，还需要详细介绍企业、产品、服务、痛点、市场、竞争、运营、团队等方面。只有把前面的部分做好，融资才是水到渠成的事情。

九、知己知彼，大有帮助

在与投资公司接触前，最好能够知己知彼，多了解一些与对方相关的事情。比如对方是否投资过同行业的其他企业、之前的投资历史、投资者在管理经验及行业经验等方面能对企业的价值和帮助。

十、站在投资者的立场看问题

投资的目的是实现投资收益，绝不是慈善；创业企业股权投资有非常大的风险，一旦投资失败，投资方也将遭受重大损失。投资者也希望创业企业能够用好其资金，而不是毫无规划。

【思考题】

1.创业资源的概念及分类？

2.创业资源整合的原则与技巧有哪些？

3.融资常见渠道有哪几类？

第 8 章 创业风险

【学习目标】

1.了解创业风险的概念和特点。
2.明确创业风险的不同类别。
3.掌握企业不同时期的风险和防范方式。

【知识要点】

1.创业风险的内涵。
2.创业风险的特点。
3.创业风险的分类。
4.常用的风险处理方式。
5.不同发展阶段的创业企业面临的风险。

8.1 创业风险的概念和特点

8.1.1 创业风险的概念

创业是企业整个成长过程中的孕育期,这一时期的特点是:①可塑性强。创业企业处在孕育的过程中,产品的方向、工艺技术装备、建厂地点等的选择余地都很大。企业建成什么样,主要取决于创业者的实力、经验、技能、发展目标以及市场定位等因素。②投入大,且只有投入没有产出。③对企业以后的发展影响大。在创业阶段,若各方面的工作做得比较好,基础扎实,企业建成投产后就能顺利发展;相反,如果工作做得仓促过粗、决策失误,就可能造成先天不足,甚至流产。

一般意义上的风险是指导致各种损失事件发生的可能性,这些损失事件是我们所不希望发生的,因此,在企业的风险管理中,我们可以把风险理解为与预期目标出现偏差的可能性。应用于创业企业,风险是指给创业企业财产与潜在获利机会带来的不确定性。这里的财产不仅指各种库存与设备,而且包括诸如公司的雇员或与企业声誉相关的因素,即通常所说的无形资产。

因此,创业风险就是指由于创业环境的不确定性,创业机会与创业企业的复杂性,创业者、创业团队与创业投资者能力与实力的有限性,而导致创业活动偏离预期目标的可能性及其后果。

8.1.2 创业风险的特点

创业风险主要具有如下几个特点:

1) 创业风险的客观存在性

创业风险是客观存在的,是不以人的意志为转移的。在创业过程中,由于内外部事物发展的不确定性是事物发展变化过程的特性,因此创业风险也必然是客观存在的。客观性要求我们采取正确的态度承认和正视创业风险,并积极对待创业风险。当然,客观性并不否认创业风险的存在也有主观的一面。

2) 创业风险的不确定性

创业的过程往往是将创业者的某一个"奇思妙想"或创新技术变为现实的产品或服务的过程。在这一过程中,创业者面临各种各样的不确定因素,如可能遭受到已有市场竞争对手的排斥、进入新市场面临着需求的不确定、新技术难以转化为生产力等。此外,在创业阶段投入较大,而且往往只有投入没有产出,因此有资金不足的可能,从而导致创业的失败。也就是说,影响创业的各种因素是不断变化且难以预知的,这种难以预知就造成了创业风险的不确定性。

3) 创业风险的损益双重性

创业风险对创业收益不仅有负面影响。如果能正确认识且充分利用创业风险,有时会使收益有很大程度的增加。

4) 创业风险的相关性

创业风险的相关性是指创业者面临的风险与其创业行为及决策是紧密相连的。同一风险事件对不同的创业者会产生不同的风险,同一创业者由于其决策或采取的策略不同,会面临不同的风险结果。

5) 创业风险的可变性

创业风险的可变性是指当创业的内部与外部条件发生变化时,必然会引起的创业风险变化。创业风险的可变性包括创业过程中风险性质的变化、风险后果的变化以及出现新的创业风险这三个方面。

6) 创业风险的可测性与测不准性

创业风险的可测性是指创业风险是可测量的,即可通过定性或定量的方法对其进行估计。创业风险的测不准性是指创业风险的实际结果常常会出现偏离误差范围的状况,它一般是因创业投资的测不准、创业产品周期的测不准与创业产品市场的测不准等造成的。

在国外有这样一句谚语:"除了死亡、税收外,没有什么是确定的。"在企业创业的过程中,套用这句谚语则可以改为:除了风险外,没有什么是确定的。这实际上指出了风险存在的普遍性，风险事件的发生将给企业带来不同程度的损失。风险的这种普遍存在性使企业的风险管理工作具有了一般意义。它使企业可以预防可能出现的与其希望结果的较大偏差，以保证企业经营目标的实现，也使创业企业可以沿着正常的渠道健康成长。

【知识窗】

大学生创业方向和创业面对的风险

大学生创业首选四大方向：方向一，高科技领域。身处高新科技前沿阵地的大学生，在这一领域创业有近水楼台先得月的优势，有意在这一领域创业的大学生，应积极参加各类创业大赛，获得脱颖而出的机会，同时吸引风险投资。方向二，智力服务领域。智力是大学生创业的资本，在智力服务领域创业，大学生游刃有余。例如，家教领域就非常适合大学生创业。一方面，这是大学生勤工俭学的传统渠道，可以积累丰富的经验；另一方面，大学生能够充分利用高校教育资源，更容易赚到"第一桶金"。方向三，连锁加盟领域。统计数据显示，在相同的经营领域，个人创业的成功率低于20%，而加盟创业的成功率则高达80%。对创业资源十分有限的大学生来说，借助连锁加盟的品牌、技术、营销、设备优势，可以较少的投资、较低的门槛实现自主创业。方向四，开店。大学生开店，一方面，可充分利用高校的学生顾客资源；另一方面，由于熟悉同龄人的消费习惯，入门较为容易。正由于走"学生路线"，因此要靠价廉物美来吸引顾客。

大学生创业的风险主要有以下七个方面：

(1)管理风险。创业失败者基本上都是管理方面出了问题，其中包括决策随意、信息不通、理念不清、患得患失、用人不当、忽视创新、急功近利、盲目跟风、意志薄弱等。特别是大学生知识单一、经验不足、资金实力和心理素质明显不足，更会增加在管理上的风险。

(2)资金风险。资金风险在创业初期会一直伴随在创业者的左右。是否有足够的资金创办企业是创业者遇到的第一个问题。企业创办起来后，就必须考虑是否有足够的资金支持企业的日常运作。对于初创企业来说，如果连续几个月入不敷出或者因其他原因导致企业的现金流中断，都会给企业带来极大的威胁。相当多的企业会在创办初期因资金紧缺而严重影响业务的拓展，甚至错失商机而不得不关门。

(3)竞争风险。寻找蓝海是创业的良好开端，但并非所有的创业企业都能找到蓝海。更何况，蓝海也只是暂时的，因此，竞争是必然的。如何面对竞争是每个企业都要随时考虑的问题，而对创业企业更是如此。如果创业者选择的行业是一个竞争非常激烈的领域，那么创业之初极有可能受到同行的强烈排挤。一些大企业为了把小企业吞并或挤垮，常会采用低价销售的手段。对大企业来说，由于规模效益或实力雄厚，短时间的降价并不会对它造成致命的伤害，反之对初创企业则可能意味着有彻底毁灭的危险。因此，考虑好如何应对来自同行的残酷竞争是创业企业生存的必要准备。

(4)团队分歧的风险。现代企业越来越重视团队的力量。创业企业在诞生或成长过程中最主要的力量来源一般都是创业团队，一个优秀的创业团队能使创业企业迅速发展起来。但与此同时，风险也蕴含其中。团队的力量越大，产生的风险也就越大。一旦创业团队的核心成员在某些问题上产生分歧不能达到统一时,极有可能会对企业造成强烈的冲击。事实上,做好团队的协作并非易事。特别是出现与股权、利益相关联问题时,很多初创时合作良好的伙伴都会闹得不欢而散。

(5)核心竞争力缺乏的风险。对于具有长远发展目标的创业者来说,他们的目标是不断地发展壮大企业,因此,企业是否具有自己的核心竞争力就是最主要的风险。一个依赖别人的产品或市场来打天下的企业是永远不会成长为优秀企业的。核心竞争力在创业之初可能不是最重要的问题,但要谋求长远的发展,就成为最不可忽视的问题了。没有核心竞争力的企业终究会被淘汰出局。

(6)人力资源流失的风险。一些研发、生产或经营性企业需要面向市场,大量高素质专业人才或业务队伍是这类企业成长的重要基础。防止专业人才及业务骨干流失应当是创业者时刻注意的问题,在那些依靠某种技术或专利创业的企业中,拥有或掌握这一关键技术的业务骨干的流失是创业失败最主要的风险源。

(7)意识上的风险。意识上的风险是创业团队最内在的风险。这种风险来自无形,却有强大的毁灭力。风险性较大的意识有投机的心态、侥幸心理、试试看的心态、过分依赖他人的心理、回避的心理等。

8.2 创业风险的来源和分类

8.2.1 创业风险的来源

从创业风险的定义中我们可以知道,创业环境的不确定性,创业机会与创业企业的复杂性,创业者、创业团队与创业投资者的能力与实力的有限性,是创业风险的根本来源。

具体来说,外部经济市场与技术环境的不确定性变化,如宏观经济的波动或产业的巨变等都是创业风险的可能来源之一。然而,更深入的研究表明,由于创业的过程往往是将某一构想或技术转化为具体的产品或服务的过程,在这一过程中存在几个基本的、相互联系的缺口,它们是上述定义中不确定性的来源之一,以及复杂性和有限性的主要来源。也就是说,创业风险在给定的宏观条件下往往就直接来源于这些缺口。

1)融资缺口

融资缺口存在于学术支持和商业支持之间,是研究基金和投资基金之间存在的断层。其中,研究基金通常来自个人资产、政府机构或公司研究机构,它既支持概念的创建,又支持概念可行性的最初证实;投资基金则将概念转化为有市场的产品原型(这种产品原型有令人满意的性能,对生产成本有足够的了解,并且能够识别是否有足够的市场)。即创业者可以证明其构想的可行,但往往没有足够的资金将其实现商品化,从而给创业带来了一定的风险。通常,只有极少数基金愿意鼓励创业者跨越这个缺口,包括富有的个人(通常在建立公司和/或开发新产品方面有非常惊人的经验)、专门投资于早期项目的风险投资公司,以及政府资助计划等。

2)研究缺口

研究缺口主要存在于仅凭个人兴趣所作的研究判断和基于市场潜力的商业判断之间。当一个创业者最初证明一个特定的科学突破或技术突破可以成为商业产品基础时,他仅仅停留在自己满意的论证程度上。然而,这种程度的论证后来不可行了,在将预想的产品真正转化为商业化产品(大量生产的产品)的过程中,即具备有效的性能、低廉的成本和高质量的产品,在从市场竞争中生存下来的过程中,需要面对大量困难且可能耗资巨大的研究工作(有时需要几年时间),进而形成创业风险。

3)信息和信任缺口

信息和信任缺口存在于技术人员和管理者/投资者之间。也就是说,在创业中存在两种不同类型的人:一是技术专家;二是管理者/投资者。这两种人对创业有不同的预期、信息来源和表达方式。技术专家比较了解哪些内容在科学上是有趣的,哪些内容在技术层面上是可行的,哪些内容根本就是天方夜谭,无法实现。在失败的案例中,技术人员要承担的风险一般是在学术上声誉受到影响,以及没有金钱上的回报。管理者/投资者通常比较了解将新产品引进市场的程序,但当涉及具体项目的技术部分时,他们不得不相信技术人员。可以说管理者/投资者是在拿别人的钱冒险。如果技术人员和管理者/投资者不能充分信任对方,或者不能进行有效的交流,那么这一缺口将会变得更大,带来的风险也会更大。

4)资源缺口

资源与创业者之间的关系就如同颜料和画笔与艺术家的关系。没有颜料和画笔,艺术家的构思则无从实现。创业也是如此,没有所需的资源,创业者将一筹莫展,创业也就无从谈起。在大多数情况下,创业者不一定也不可能拥有所需的全部资源,这就形成了资源缺口。如果创业者没有能力弥补相应的资源缺口,要么创业无法起步,要么在创业中受制于人。

5)管理缺口

管理缺口是指创业者并不一定是出色的企业家,不一定具备出色的管理才能。进行创业活动主要有两种:一是创业者利用某一新技术进行创业,他可能是技术方面的专业人才,但却不一定具备专业的管理才能,从而形成管理缺口;二是创业者往往有某一"奇思妙想",可能是新的商业点子,但在战略规划上不具备出色的才能,或不擅长管理具体的实务,从而形成管理缺口。

8.2.2 创业风险的分类

创业企业最大的特殊性是其从无到有的成长过程,其成长过程中充满了各种不确定性。可能给企业带来损益的不确定性就是风险,所以创业企业是一个风险集中的组织。创业的过程就是对各种风险进行有效的防范、把不确定性变为确定性的过程。创业企业面临比大企业更多、危害更大的风险。要对创业企业面临的多种风险进行有效的防范,必须在对其识别的基础上进行分类,以便针对不同种类的风险使用不同的防范办法。

欲对创业风险进行有效的管理，首先需要对创业与经营风险按照多个标准进行分类，以便对其有全面的了解。

①按风险后果划分，可分为投机风险和纯粹风险。

投机风险是指既有损失可能，又有获利机会的风险，具有危险与机会可并存性、机会的诱导性、危险的制约性、风险与收益的对称性等特点，是决策活动中面临的主要风险。

纯粹风险是指由于风险因素所导致的，只有损失可能而没有获利可能的风险，也就是说，纯粹风险只有"损失"一种结果。

大多数自然风险属于纯粹风险，但是，并非所有的纯粹风险都是由于自然风险所致。例如，火灾是一种自然风险，但生产抢险器材的企业却可能在这种风险中获利；失窃是一种人为风险，但失窃同时又是纯粹风险。因此，人为风险也可能导致纯粹风险。

②按决策主体的角度划分，可分为系统风险和非系统风险。

系统风险源于公司或企业之外，如战争、经济衰退、通货膨胀、高利率等与政治、经济和社会相关联的风险，不能通过多角化投资而分散，因此又称为不可分散风险。

非系统风险则源于公司或企业本身的商业活动和财务活动，如企业的管理水平、研究与开发、广告推销活动、消费者口味的变化及法律诉讼等。可以通过多角化投资组合将其分散，因此又称为分散风险或公司特有风险。

③按风险是否可通过保险转嫁划分，可分为可保风险和非可保风险。

可保风险是指可以通过支付保险费向保险公司进行转嫁的风险，如建筑物的火灾保险、交通车辆的第三者责任险，职工的养老保险、工伤保险、失业保险等。这些可保风险是建立在大数法则与统计规律的基础上的，当具有众多同类的标的处于相同的危险之中时，保险公司就通过收取保险费的方式使风险在众多标的之间进行分摊，一旦有某一个保险对象发生危险事故，就可从保险公司得到赔偿，以减少风险事故的损失。

不可保风险指的是由于风险的性质不确定，即风险发生的概率不确定，或处于相同危险中的标的数量不够多，而不能使其风险在众多风险单位间进行分摊。

这种风险的分类方法为创业企业提供了一种基本的风险管理方法：对于可保风险，创业企业应向保险公司进行转嫁。对于不可保风险，创业企业应采用避免、自留、预防、抑制等方法减轻风险事故发生的危害。本书所研究的风险主要是不可保风险。

④按创业过程划分，可分为机会的识别与评估风险、准备与撰写创业计划风险、确定并获取创业资源风险和创业企业管理风险。

创业活动必须经历一定的过程，一般而言，可将创业过程划分为四个阶段：识别与评价创业机会，准备与撰写创业计划，确定并获取创业资源，管理创业企业。

机会的识别与评估风险，指在机会的识别与评估过程中，由于各种主客观的因素，如信息获取量不足，把握不准确或推理偏误等都可能使创业面临一开始方向就错误的风险。另外，机会风险，即由于创业而放弃了原有的职业所面临的机会成本，也是该阶段存在的风险之一。

准备与撰写创业计划风险，是指创业计划的准备与撰写过程带来的风险。创业计划往往是创业投资者决定是否投资的依据，因此，创业计划是否合适将对具体的创业产生影响。

创业计划制订过程中各种不确定因素与制订者自身能力的限制,也会给创业活动带来风险。

确定并获取创业资源风险,指由于存在资源缺口,无法获得所需的关键资源或即使可获得,但获得成本较高,从而给创业活动带来一定的风险。

创业企业管理风险,主要包括管理方式、企业文化的选取与创建,发展战略的制定、组织、技术、营销等各方面的管理中存在的风险。

⑤按创业与市场和技术的关系划分,可分为改良型风险、杠杆型风险、跨越型风险和激进型风险。

改良型风险是指利用现有的市场、现有的技术进行创业所存在的风险。这种创业风险最低,经济回报有限。然而,风险虽低,要想得以生存和发展,获取较高的经济回报也比较困难。一方面会受到已有市场竞争者的排斥或面对壁垒,另一方面即便进入,想要占有一定的市场份额也非常困难。

杠杆型风险是指利用新的市场、现有的技术进行创业存在的风险。该风险稍高,对一个全球性公司来说,这种风险往往是地理上的。此类风险多见于挖掘未开辟的市场,如彩电行业利用原有技术进入农村市场。

跨越型风险是指利用现有的市场、新的技术进行创业存在的风险。该风险稍高,主要体现在创新技术的应用,这种情况往往反映了新技术的替代,是一种较常见的情况,常见于企业的二次创业,领先者可获得一定的竞争优势,但模仿者很快就会跟上。

激进型风险是指利用新的市场、新的技术进行创业存在的风险。该风险最大,如果市场很大,可能会带来巨大的机会。对第一个行动者而言,其优势在于竞争风险较低,但是知识产权保护力度很弱,市场需求很不确定,产品性能指标的确定有很大的风险。

⑥按照风险与公司财产或其环境的关系划分,可将创业企业面临的风险分为与财产有关的风险、与顾客有关的风险(质量和信誉风险)、人力资源风险、项目选择风险、技术风险、财务风险、外部环境风险等,这些方面的重大损失会给创业企业带来致命的灾难。

【知识窗】

项目选择的风险

大学生创业面临的第一个风险就是项目选择的风险。

在创业团队选择创业项目、制定商业模式、勾画事业前景的时候,都是基于一定的业务经营环境及其业绩的假设,其中最重要的假设就是企业的市场营销能力、消费者对产品的接受程度等方面的判断。虽然企业在项目选择时已经按照相应标准进行了认真筛选,但由于创业企业提供的产品或服务无论是根本性的创新、改进性的创新,还是模仿,对市场而言都是陌生的,没有经验的,因此,都会经历消费者从了解到接受的过程,经营业绩也会出现波动,时常会发生实际经营业绩偏离预期目标的情况。项目选择风险指的就是创业者从事经济活动所面临的盈利或亏损的可能性和不确定性。

8.3 风险管理

风险管理是企业管理的一个重要组成部分,对处于创业阶段的企业更是如此。企业的风险管理指的是一系列的管理安排,以保障公司的财产,并增加公司的商业营运能力。风险管理是不同于保险管理的概念,它来源于保险管理。实际上,风险管理具有更广的含义。它覆盖了可保风险与不可保风险两个方面,以及不可保风险的管理方法选择,以降低此类风险。

8.3.1 风险管理的意义

较大的企业有能力承受一般意义上的风险损失,而风险损失对处于创业过程的小企业来说却是致命的。如果把大企业比作一个成年人的话,那么,创业企业就犹如一个正在蹒跚学步的婴孩,且这种学步是没有家长或老师引导与保护的,因此也就面临着巨大的危险。创业企业要在自己的努力下学会正常地前进,并在这种学习过程中健康成长,就必须学会认识各种风险,并具备处理各种风险的能力。据有关文献报道,在英国,1990 年注册的创业企业有 235 000 家,但同时由于各种风险而关闭注销的创业小企业有 185 000 家,在这些倒闭的创业企业中,70%的企业生存时间不足 3 年。因此,识别各种风险、预防风险、管理风险,消除各种风险可能带来的潜在损失对创业企业而言就具有至关重要的意义。管理创业风险的意义体现在以下几个方面:

1) 减轻企业的财务负担

创业资金是困扰创业者的主要问题之一。由于企业没有积累,创业企业往往资金实力薄弱,现金流量不足,创业者通常通过多种渠道争取对企业的投入。由于企业处于初创时期,各方面均需要大量投入,而企业在此时的收入则极其有限,因此,从多方面筹集来的资金仍会使创业者们捉襟见肘。创业过程中的各种风险损失无疑会加大企业的财务经营负担,选择合适的风险管理方法,也有助于降低风险管理成本,因此,有效的风险管理将使企业有限的资金得到更有效的利用。

2) 获取有利的竞争地位

在创业初期,企业之间的竞争与其说是在人才、技术、产品与市场上,倒不如说主要集中于对风险的管理上。企业在人力、技术、产品与市场上的竞争优势会带来企业发展所需要的收入,但是一个风险损失却可能使这些竞争优势全部丧失。如企业关键人员的意外伤亡或流失,甚至投奔竞争对手,会使企业的其他竞争优势荡然无存;企业在选择目标市场时对风险估计不足所导致的损失也会使企业的创业投资根本无法回收。

3) 有利于企业管理向规范化方向发展

企业在创业初期规模较小,如 2000 年在美国新注册的企业中 2/3 在 20 人以下。在这种情况下,各种管理机构是不可能存在的,甚至连必要的专业分工也得不到实现,管理职责也不可能得到明确的划分,企业管理的主要责任落在创业者身上。由于创业者精力与能力方面的限制,对各类风险的识别与管理往往是不到位的。建立合理的风险管理体系,使各类风险都有人分工负责,可使企业在对创业风险进行管理的基础上,逐渐形成相应的职能管理体系,加快创业企业内部管理正规化的步伐,从而促进创业企业的健康成长。

4) 有利于创业者综合素质的提高

创业者的综合素质是一个创业企业成功的关键因素之一。对一个成功的创业者而言,有一些基本素质是必需的,如健康的体魄、坚毅的性格、自信、创新技能、自我学习的能力、自我约束、努力工作等。但这些并不是创业者素质要求的全部。预测各种不确定性并处理各种不确定性,是决定企业创业成功与否的重要能力之一。创业是一个从无到有的过程,各种因素都处于一种不确定的状态之中。这些不确定性当然包括各种潜在的损失。系统识别和统筹管理这些风险是创业者能力的重要标志之一,但这种能力并不是与生俱来的,需要创业者在创业过程中不断学习与积累。随着企业的不断成长,创业者也在对风险的管理过程中逐渐成长,成为真正的企业家。

8.3.2 一般企业的风险管理

风险管理是指人们对各种风险的认识、控制和处理的行为,它要求人们研究风险发生和变化的规律,估算风险对社会经济生活可能造成损害的程度,并选择有效的手段有计划、有目的地处理风险,以期用最小的成本代价,获得最大的安全保障。这是一个对纯粹风险暴露的系统识别与管理的过程。成熟企业都有一个专门部门和高层经理主管企业所面临的风险,以使风险损失对实现企业目标的负面影响最小化。创业企业一般规模较小,其风险管理的任务主要落在创业家身上。

迄今为止,风险管理已经形成了一般的管理原则,成熟企业通常依此来管理其所面临的风险。风险管理的程序一般包括:风险识别、风险评估、风险管理方法的选择和管理效果的评价等环节。

1) 识别风险

企业和个人都会面临许多潜在的风险。识别风险是管理这些风险的第一步,它是指对企业面临的现实以及潜在的风险加以判断、归类并鉴定风险性质的过程。存在于企业周围的风险多种多样,这些风险在一定时期和某一特定条件下是否客观存在,存在的条件是什么,以及损害发生的可能性等都是风险识别阶段应该回答的问题。识别风险主要包括感知风险和分析风险两个方面。风险的识别对传统的经营管理有至关重要的意义,识别如经营活动、财务活动、战略活动等风险暴露来源为主的企业风险,有助于企业目标的实现,也有助于创业企业的健康发展。

2) 风险评估

风险评估是指在风险识别的基础上,通过对所收集的大量的详细损失资料加以分析。这一阶段可按照相关损失发生的概率进行分类,进行损失概率的评估,同时对损失的规模与幅度进行分析,从而使风险分析定量化。把风险发生的概率、损失的程度与其他综合因素结合起来考虑,确定系统发生风险的可能性及其危害程度,通过比较管理风险所支付的费用,决定是否需要采取风险控制措施,以及控制措施采取到什么程度,从而为管理者进行风险决策、选择最佳风险管理技术提供可靠的科学依据。

3)选择风险管理方法

在风险评估的基础上,为实现风险管理的目标,选择最佳的风险管理技术是风险管理的实质性内容。风险管理技术分为控制型与财务型两大类。前者的目标是降低损失的频率和减少损失的幅度,重点在于改变引起意外事故和扩大损失的各种条件。后者的目的是以提供基金的方式,消化发生损失的成本,即对无法控制的风险进行财务安排。对于有些情况,最好的计划是什么也不做,但在大多数情况下,可能要安排复杂的方法为潜在的损失融资。

4)风险管理的实施和效果评价

在作出风险管理方法选择的决策后,个人或企业必须实施其所选择的方法。风险管理应该是一个持续的过程,对实施的效果进行评价是必要的。有时新出现的风险暴露或预期的损失概率或损失幅度发生了显著的变化,需要对原有决策进行重新评价。风险管理的效果评价是指对风险管理技术的适用性及其收益情况进行的分析、检查、修正和评估,这是风险的动态性所决定的。通过效果的评价,以保证具体管理方法与风险管理目标相一致,并使具体的方案具有可操作性和有效性。

5)常用的风险处理方式

风险处理是指通过不同的措施和手段,用最小的成本达到最大安全保障的过程。风险处理的方式很多,但最常用的是避免、自留、预防、抑制和转嫁。

(1)避免

避免是指设法回避损失发生的可能性,即从根本上消除特定的风险单位或中途放弃某些既有的风险单位。它是处理风险的一种消极方法。避免方法通常在两种情况下采用:一是某种特定风险所致损失的频率或损失的幅度相当高时,二是在用其他方法处理风险而成本大于收益时。

没有风险就没有收益,避免风险虽然简单易行,但它却意味着收益机会的损失。因此,对企业而言,采用避免的方法在经济上是不适当的。在某些情况下,避免了某一风险又会产生新的风险。

(2)自留

自留是指对风险的自我承担,是企业自我承担风险损失的一种方法。自留风险有主动自留与被动自留两种。风险自留常常在风险所致损失概率和幅度较低、损失短期内可以预测,以及最大损失不影响企业财务稳定性时采用。在这样的情况下,采用风险自留的成本要低于其他风险处理方式的成本,且方便有效。但是,风险自留有时也会因为风险单位数量的限制而无法实现其处理风险的功效。一旦发生风险事故,可能导致财务上的困难而失去其作用。

(3)预防

预防是指在风险损失发生前为了消除或减少可能引发损失的各种因素而采取的处理风险的具体措施,其目的在于通过消除或减少风险因素而达到降低损失发生概率的目的。损失预防通常在损失的频率高且损失的幅度低时使用。预防的措施可分为工程物理法和人类行为法。工程物理法是指损失的预防措施侧重于风险预防物质因素的一种方法,如防火结构的设计、防盗装置的设置等;人类行为法是指损失预防侧面于人类行为教育的一种方法,如企业安全教育、消防培训等。

(4)抑制

抑制是指在损失发生时或在损失发生后为缩小损失幅度而采取的各项措施。损失抑制的一种特殊形态是割离,它是指将风险单位割离成很多小的独立单位而达到缩小损失幅度的一种方法。损失抑制常常是在损失幅度高且风险又无法避免或转嫁的情况下采用,如损失发生后的各种自救和损失处理等。

(5)转嫁

转嫁是指一些企业或个人为避免承担风险损失,有意识地将损失或与损失有关的财务后果转嫁给另一个单位或个人去承担的一种风险管理方式。风险管理者会尽一切可能回避并排除风险,把不能回避或排除的风险转嫁给第三者,不能转嫁的或损失幅度小的可以自留。

转嫁风险的方式主要有两种:保险转嫁和非保险转嫁。保险转嫁是指向保险公司缴纳保险费并同时将风险转给保险公司承担。当风险事故发生时,保险人按照保单的约定得到经济补偿。非保险转嫁又具体分为两种方式:一是转让转嫁,二是合同转嫁。前者一般适用于投机风险,如当股市行情下跌时卖出手中的股票。后者适用于企业将具备风险的生产经营活动承包给他人,并在合同中规定由对方承担风险损失的赔偿责任,如通过承包合同将某些生产、开发程序或产品销售转给他人等。

对创业企业而言,究竟选择哪种风险管理方式更合理,则需要根据对风险评估的结果和具体的环境进行选择。对于损失金额很小的风险宜采用自留的方式。而对那些出现概率大、损失金额高的风险,如财产责任风险,则宜采用转嫁的方式。而对诸如人力资源风险、财务风险、项目选择风险、环境风险等其他风险则宜采用预防和抑制的方法来处理。

8.3.3 创业企业的基本风险防范管理方法

当需要用综合的办法来管理风险的时候,很多处于创业阶段的企业所采用的仅依靠通过购买商业保险来分散风险的方法,对一个希望健康成长的创业企业来说是远远不够的,因为它们所面临的风险远远不止这些可保风险。因此,创业企业的管理者必须了解风险的来源,并在此基础上建立一整套风险管理的程序,在需要的时候可以分别或综合地加以使用。其程序如下:

1)预防风险

创业企业所面临的各种风险,可以用众所用知的方法加以减小,预防办法是消除可能产生风险的条件。例如,一个小企业可以采用多种方式来预防火灾,使用更安全的建筑结构,如使用防火的建筑材料、能够承受最大的使用载荷的电线;在需要的地方使用报警设施和安全门;安装一套自动喷淋系统。对其他风险也可从风险产生的环境入手进行分析,找到相应的减小甚至消除风险的办法。

2) 自我保险

明智的财务计划总是未雨绸缪,这一理念与创业企业的风险管理也是相适应的。这种风险管理方式常被称为自我保险,在实际的商业运作中很难实施,因为这需要付出一定的成本。

自我保险可以采用一般方式或特殊方式。在一般方式中,企业每年必须从营业利润中拿出一笔钱作为未来可能发生损失的基金,无论风险的来源如何,其带来的损失都可从这笔基金中得到补偿。在特殊方式中,自我保险的程序是指定基金的专门用途,用于某些特定的风险损失,如财产、医疗或对职工的补偿。有些公司对风险的管理在很大程度上依赖于自我保险。自我保险的执行需要进行认真监管,以保证其利益的实现。在我国,常见的自我保险计划的领域是职工的医疗保险或其他补充保险。创业企业可以此为参照进行风险管理。

很明显,自我保险计划并不是每个创业企业都可以提供的,因为创业企业的资金状况往往并不很宽裕。据美国学者对创业小企业风险管理的研究,一个小公司必须具有至少 25 万美元的净值,并至少有 25 个人时,才有可能从事这方面的工作。当然,这并不是一个绝对的条件。当面临较大的责任风险时,企业就应该创造条件进行自我保险,除非这些创业企业在可能的损失领域都购买了商业保险,使其免于遭受较大的损失。

3) 风险分担

随着科学技术的发展,市场竞争程度的加剧,产品的生产周期越来越短,市场对产品的要求不断提高,这样企业不仅要有高水平的各类研究开发人员,还要具有优良的研究设施和成熟稳定的销售渠道。但是,创业企业的规模、企业科研实力和财力总是有限的,技术创新的能力和市场营销的能力也是有限的,要求一个创业企业在一切领域有高水平的各类人才和设备,对创业企业来说不太现实,因此,在创业过程中的许多方面寻求协作和联合是必不可少的。另外,由于创新具有较大的风险,为了加强创业企业的薄弱环节和分散创新风险,与其他企业和科研单位共同研究开发的情况也屡见不鲜。因为这样既可以极大地减少投资风险,也可以弥补大多技术型创业者管理能力的相对欠缺。市场开拓能力是决定创业企业成败的关键因素,因此,联合开发、共同营销策略不失为减少创业风险的有效途径。

无论企业性质的差异有多大,风险管理对企业来说都是一个严肃的课题,对创业企业来说更重要。过去,创业企业的失败率很高,最主要的原因是由于它们没有足够的风险管理技术,或者是其主要的管理行对风险管理没能给予足够的重视。这种情况经过主观努力是完全可以改变的,创业企业的管理者必须在对其公司进行风险管理的过程中起到积极作用。

8.3.4 创业企业的风险识别

创业企业的风险管理与一般成熟企业的风险管理在很多方面有所不同。如保险公司对创业企业的关注往往不够。在一般企业中风险防范管理的责任常常指定一个专门的管理人员。相比之下,创业企业的管理者通常就是风险预防的管理者。这使创业企业通常很难把注意力集中于风险预防管理。由于风险不能立即得到关注,所以往往造成损失的发生。在风险防范管理的实践中,创业企业的管理者需要识别其面临的不同种类的风险,并找到处理它们的办法。

从创业者准备开始创业，风险就一直如影随形地伴随着创业企业，只有能够及时发现引发风险的各种隐患，识别创业风险，才能采取有效措施对风险进行防范管理。以下从企业家、商机、资源等三方面对创业企业各阶段可能存在的风险隐患逐一分析，创业者可对照这些问题对企业的风险状况有比较客观的认识。

1) 创立之前的阶段(创业企业成立之前 3 年到 1 年)

(1)企业家

①注意的焦点：企业创建人是一个致力于建造和发展公司的真正的企业家，抑或仅仅是一个发明家、业余的技术爱好者等。

②销售：创业团队是否具备企业经营所必需的销售和结算技能，并按时制订出企业计划。

③管理：创业团队是否具备必要的管理技能和相关的经验，以及是否在个别领域(如在财务或者技术领域等)不能胜任。

④所有权：创业团队的各成员是否在产权界定上达成关键性决定，并作出相应的承诺。

(2)商机

①注意的焦点：企业的经营是否真正以用户、顾客和市场(需求)为导向，还是受创造欲的驱动。

②顾客：是否确认了每位顾客的姓名、地址、电话号码及购买力水平，或者业务是否仅仅停留在设想阶段。

③供应：取得供应材料、零部件的成本、毛利和交付周期，以及关键人员是否知道。

④战略：进入计划是毫无目的的，还是有合适的定位和目标。

(3)资源

①资本：是否已确认了所需的资本来源。

②现金：企业创办人是否已经耗尽了现金和自有资源。

③企业规划：创业团队是已将企业规划制订妥当，还是正在进行之中。

2) 启动和成活期(第 1 年至第 3 年)

(1)企业家

①领导层：最高领导的地位是否已经得到认可，还是创始人仍在争夺决策权或是坚持在所有决定上的平等地位。

②目标：企业创始人是否共同拥有一致的目标和工作作风，或者一旦企业在起步阶段受到的压力增加时是否会发生冲突和分歧。

③管理：企业创始人是否已预备对决策和控制权进行由企业行为向管理活动和权力放开方面的转变。该转变是按时期制订企业规划的必要条件。

(2)商机

①经济因素：对顾客的经济利益和回报是否按时兑现。

②战略：公司是否仅有单一产品，并且不希望有所发展。

③竞争：市场上是否有原先未知的竞争对手和替代品出现。

④经销：按计划及时获得经销渠道是否存在意外和困难。

(3)资源

①现金:企业是否由于没有制订企业规划(以及财务计划)而过早地面临现金危机,就是说,是否因为没有人考虑在什么时候会缺少现金,企业所有者的资金是否已耗尽之类的问题而使公司面临危机。

②时间表:企业规划的预算和时间估计是否与实际有着显著的偏差,企业是否有能力根据计划按时配置资源。

3)成长初期(第4年至第10年)

(1)企业家

①简单的工作还是真正的管理:企业创始人是否仍旧在进行简单的工作,还是在根据企业规划对结果进行着管理。

②注意的焦点:企业创始人的关注点仅仅是停留在操作层面的,还是同时正在进行一些关于战略方面的认真思考。

(2)商机

①市场:重复销售收入和新顾客销售收入是否按计划及时获得,以及这是由于与顾客的有效沟通,还是出于工程技术、研制与开发或是规划小组的努力;公司是否在保持其成本的绝对竞争优势的基础上进行着向市场导向型的转变。

②竞争:顾客的流失或者没有完成销售计划是否简单地归咎于价格和质量,而忽视了顾客的因素。

③经济因素:销售毛利是否开始萎缩。

(3)资源

①财务控制:会计和信息系统以及控制(如对订单、存货、账单编制、收取货款、成本和利润分析、现金管理等的控制)是否跟上了企业发展的速度,并且及时发挥作用。

②现金:公司是否总是处在现金短缺的状态——或者濒临现金短缺,以及是否没有人关心企业会在什么时候由于什么原因而缺少现金,或者应该如何处理这种情况。

③联系:公司是否建立了持续发展所必需的外部联系网络(如董事、联系人等)。

8.3.5 企业不同发展时期的风险管理

创业企业在发展过程中一般分为种子期、初创期、成长期、成熟期等阶段。各个阶段由于创业企业面临的外部发展环境和内部资源状况的差异,带来各个阶段创业企业各不相同的风险类型和特点。具体来说,有以下方面:

1)种子期创业企业的风险管理

作为一种社会组织形式,企业是有生命周期的,它有一个从创建到衰老的过程。在不同的生命阶段,企业存在明显差异。创业阶段企业即种子期的特点是:

第一,努力方向主要是开拓市场,提高产品知名度。利润是企业的生命线,没有利润,企业无法生存。而要想盈利,其前提就是开拓市场,提高占有率与产品知名度。与企业平均标准相比,创业企业的当期利润对管理人员努力程度的反映很弱。由于企业资金不足,市场空间不大,管理制度还没有走上正轨,所以尽管管理人员很努力,盈利可能性仍然很小。事实上，种子期企业大部分是亏损的。

第二，研究开发能力不足。一般来说，种子期企业还没有能力雇佣一支强大的科研开发队伍。而且，由于资金缺乏，还不具备科研开发所需的雄厚资金实力。

第三，高层管理者起着至关重要的作用。高层管理者把握着企业的全局，制订企业的发展目标与远期规划，作出的决策直接决定企业能否短期生存下去及获得长期的旺盛生命力。此外，创业期高层管理者的领导方式，决定了一个企业在以后发展中的管理特点及企业文化。

在这一阶段，风险投资者多根据创业者所拥有的技术上的新发明、新设想以及对未来企业所勾画的“蓝图”来提供种子资金。由于仅有产品构想，未见产品原型，因此，难以确定产品在技术上、商业上的可行性，企业的前景始终笼罩在巨大的风险之中。

企业应当在种子期内突破技术上的难关，将构想中的产品开发出来，取得雏形产品。否则，夭折就是它唯一的“前途”。据统计，创业企业在种子期的失败率超过了 70%。大部分“种子”都被现实无情地淘汰掉。因此，在种子期，控制与管理风险是创业企业的主要任务之一。

(1)种子期的主要任务——研究开发

俗话说，良好的开端等于成功的一半。对风险投资来说，一粒精心选择的优秀“种子”如果能成功“孵化”出来，那么就预示着未来的一棵参天大树，可以给它带来十倍、几十倍，甚至上百倍、上千倍的投资回报。正是这一充满诱惑的灿烂远景，使风险投资家甘冒巨大的风险，一次次涉足种子期的投资。这种美好的前景也正是创业家们所希望的。因此，在种子期，创业企业所进行的研究开发工作对企业发展和风险投资者的态度都有着非常重大的意义。

这里的研究开发工作，并非指基础研究，而是指新产品的发明者或创新企业的经营者验证发明创造及创意的可行性的研究，即运用基础研究、应用研究的成果，为实用化而进行的对产品、工艺、设备的研究，研究开发的成果是样品、样机，或者是较为完整的生产工艺和工业生产方案。研究开发工作总是由浅入深、循序渐进的。刚开始时，可以有各种各样的理论设想和研究试验方案，而后在经过创业企业反复试验、探索、比较后，最优的方案会逐渐显露出来。通常在种子期结束时，如果能达到以下几个目标，就可以说种子期的工作非常令人满意：

①开发出有应用前景的成果能够获得专利。这样，创业企业就可以通过知识产权的保护使自己的产品顺利进入市场。

②与竞争对手相比，所开发出来的产品的技术水平较高。竞争对手难以很快模仿、追随，这使创业企业容易在一定时期内获得垄断利润，从而在一定的程度上收回其研究与开发的成本。

③能够基本形成发展规模经济所需要的核心能力中的高技术支撑点，这是决定创业企业有无发展潜力、发展后劲的重要因素之一。许多后来发展较为成功的创业企业都依赖于这一点。例如，我国的北大方正把计算机硬件技术、软件技术、激光技术等相组合，形成核心能力，从而把激光排版系统等高技术产品推向了世界。倘若创业企业在种子期没有开发出

有支撑能力的技术，企业发展的后劲就会显得不足。

④开发出来的技术、产品有广泛的用途，可以在此基础上开发、生产出一系列的产品。这为创业企业获得尽可能大的潜在市场打下了基础。

(2)种子期面临的风险

创业企业各阶段所面临的风险各不相同，种子期面临的风险主要有技术风险和资金风险。这一时期投入的风险资金稍不注意就会被这两大风险（尤其是技术风险）吞噬掉，消失得无影无踪。为此，创业企业应根据企业发展的需要，利用各方面的关系，为企业招募一些优秀的专业人才，从各方面来协助企业集中力量发展技术。

①种子期的技术风险。

由于种子期创业企业的研发工作处于概念设计阶段，因此技术的可行性几乎无法判别和确定，不确定性非常大，所以处于该阶段的创业企业即使获得了少量的风险资金支持，也往往会因为技术问题而颗粒无收。种子期的技术风险主要体现在两方面：

一是技术成功与否的不确定性：新技术、新产品的设想虽然令人神往，但它能否按预定目标开发出来，谁也不敢拍拍胸脯，立下“军令状”，这是由技术发展的规律性所决定的；其二，技术是否完善的不确定性：新技术、新产品在诞生之初都是十分粗糙的，它能否在现有技术条件下很快完善起来，也是没有确切答案的。通常，风险投资家不会让创业企业无限期地研制下去。他们会为企业设定一个达到技术标准的最后期限。如果届时技术标准仍未达到，企业就必须关门，风险投资家自己也会因此损失一笔钱；如果届时能达到技术标准，那么企业下一阶段发展所需的资金就会有着落。因此，在这段时间内，创业企业中每个人的压力都非常大。创业者工作很努力，常常每天工作 10~14 个小时，每周工作 6~7 天。

②种子期的资金风险。

资金就如同种子发芽需要的水分一样，缺少了它，种子就不可能发芽。由于种子期是创业企业诞生的第一步，要成长为参天大树，需要经历无数的风雨，因此成功概率最低，关注的资金也非常有限。时刻威胁创业企业的资金风险是指企业因得不到资金支持而无法生存下去的风险。资金风险是种子期创业企业的“命门”。该风险与技术风险紧密相连，它在一定程度上从属于技术风险。因为风险投资家总是根据技术开发的进展，分期分批投入风险资金。倘若技术开发较为顺利，即使遇着一些挫折，也能很快克服，如此一来，创业企业就不用为资金发愁了；倘若技术开发遇到严重阻碍，无法取得突破性的进展，资金风险就立刻凸显出来。一旦风险投资家丧失了等待的耐心，企业得不到资金的支持，自然也就面临覆灭的危险了。这也要求创业家在种子期尽其所能，确保技术开发的成功。

(3)种子期企业的组织结构及财务特点

创业企业在种子期主要从事研究与开发工作，活动比较单一，因此其组织结构也就十分简单、松散。一位具有管理、技术经验的领导式人物，几名财务人员和几位在工程技术开发或产品设计方面具有专才的人就可以组成一个齐心协力、共同开发新技术的团体。就财务情况看，整个财务处于亏损期，企业此时尚未有收入来源，只有费用的支出。企业取得的风险资金主要用来维持日常运作：一部分资金作为工资提供给创业者，另一部分则用来购买开发试验所需要的原材料。一般来说，创业者大多是为了实现自己的创业梦想而工作的，所以,为了节约资金,不会在这段时间过多考虑薪水高低问题。

(4)种子期创业企业风险的控制

①种子期创业企业资金风险的控制。

种子期创业企业资金风险的解决方案分为五步:第一步是制订一份完善的商业计划书。第二步是要筛选融资渠道和融资目标对象。融资渠道和融资目标对象的筛选以亲戚朋友,尤其是熟悉该行业的亲戚朋友或从事相关行业投资的企业或风险投资机构为主,避免漫天撒网,效率低下。第三步是洽谈交流。在第二步的基础上,拜访有兴趣的投资者,交流和介绍企业发展的长远规划、愿景和具体的发展策略。第四步是路演。在第三步的基础上,选择合适的时间和地点,向已有较大兴趣的投资者或投资机构进行现场路演。第五步是签约。

②种子期创业企业技术风险的控制。

种子期创业企业技术风险的解决重点是:技术方案设计的论证。技术方案是整个技术研发工作的起点,合理的技术方案论证要特别注意以下几个原则:要从市场的需求出发避免从技术而技术的观点;要从前人的研究基础出发,避免埋头拉车不抬头看路的做法;要从现实工艺状况出发,避免设计上先进而工艺上不可行、光顾设计一头的片面设计观;要从已有制造设备的状况出发避免设备投入的急剧增加。其次,要重视技术合作。种子期创业企业各方面力量较为薄弱,需要运用出让少量股权或出让一部分劳动或其他一些方法与外部的资源进行联合,降低研发的成本,减少研发支出。

2)初创期创业企业的风险管理

进入初创期,企业已掌握了新产品的样品、样机或较为完善的生产工艺路线和工业生产方案,但还需要在许多方面进行改进,尤其是需要在与市场相结合的过程中加以完善,使新产品成为市场乐于接受的定型产品,为工业化生产和应用作好准备。这一阶段的投资主要用于形成生产能力和开拓市场。由于需要的资金较大,约是种子期所需资金的10倍以上,而且创业企业没有以往的经营记录,投资风险仍然比较大,据测算,约有30%的创业企业在初创期败下阵来。因此,创业企业从以稳健经营著称的银行取得贷款的可能性很小,更不可能从资本市场上直接融资。依靠风险投资者仍是创业家主要的融资渠道。

(1)初创期的主要工作——中试

中试是在放大生产的基础上,进行反复设计、试验、评估的过程。它利用生产经营的"微"系统进行技术试验、生产试验和市场营销试验,使技术与生产、市场相互调适,产生中试结果,在较大程度上消除应用新技术所带来的在生产方面和市场方面的种种不确定性。这是新产品由刚研制出来到能够成批量生产,并被市场接受的、必不可少的过渡性阶段。它需要解决两个问题:

①产品与市场的关系。

此时,创业企业要制造出小批量的产品,送给客户试用并同时试销。然后根据市场反馈回来的信息,对产品、生产工艺进行改进,以使产品满足市场的需要,符合消费者的口味。只有这样,新产品才有可能得到消费者的认可。以闻名一时的苹果公司为例,该公司的乔布斯和伍密奈克最初制造出来的"苹果1号",是一种套件结构式的计算机,所有零件组装在一个计算机板上,样子很难看。一位经销商向他们建议,把计算机板放入箱体中,因为顾客想要购买一台完整的仪器,而不是一大堆零件。苹果公司接受了这一建议,对产品进行了重新设计。结果,该产品很快成为当时的畅销货。此外,由于客户的偏好,有时会使产品与最初的设计偏差相当大,进而导致实际成本(包括时间投入)与最初的计划出入很大。

②产品与生产的关系。

适销对路的产品要能够大量生产出来,才有机会占领市场。在初创期早期,创业企业的制造方法、生产工艺等都很不稳定,需要进行反复多次的试验、调试,不断解决生产中出现的各类问题,才能提高产品的生产效率,从而使产品走向批量生产阶段。

(2)初创期面临的风险

初创期的道路上仍是荆棘丛生,创业企业将面对各种不同风险的挑战。创业者要想顺利地闯过这一关,除了有足够的勇气和毅力外,还得有相当的应变能力才行。一般来说,创业企业在这一时期所面临的风险主要有以下两类:

①技术风险。

同是技术风险,初创期的内容与种子期的就不一样。它包括以下两个方面:

其一,新产品生产的不确定性。新产品生产往往会受到工艺能力、原材料供应、零部件配套及设备供应能力的限制。一旦它们达不到生产的要求,创业企业的生产计划、市场开拓就会因此而受阻。1987 年 10 月,在德国国际发明和技术贸易展览会上,中关村开发区的一家著名公司展出了呼吸监视仪等 8 种传感技术产品。各国代表在亲自操作新产品后,对产品的快速反应、精密显示感到十分惊讶,交口称赞"这是来自中国的真正技术"。该产品获得了展览会唯一的一块金牌。然而,由于受到原材料和生产工艺条件的限制,这一系列产品的生产和推向市场的进展却十分缓慢。其二,新产品技术效果的不确定性。创业企业在开发、生产新产品的过程中,难以事先预料产品的技术效果,尤其是那些需要较长的时间才能显示出来的效果。更让创业者忐忑不安的是,产品能否达到消费者的要求,能否得到市场的认可,另外,有些产品在使用过程中会不会暴露出较大的副作用,如对人体的伤害、对环境的污染、对生态平衡的破坏等。从技术的角度来看,技术上的风险应该是这些风险的根源。如果创业企业不能从技术上克服造成副作用的因素,那么,创业企业的这个产品就会失败。

②项目选择风险。

在初创期,创业企业费尽千辛万苦研制出的新产品开始真正面对市场,由市场进行裁判,来确定它的商业价值。只有那些能赢得市场的产品,才能获得继续发展的机会。此时,创业企业所面临的项目选择风险体现在以下几方面:市场对新产品接受能力的不确定性;市场接受时间的不确定性;难以对产品的市场扩散速度作出预测;最常见的项目选择风险是产品的市场竞争能力。另外,资金风险同样也是初创期的一大风险。它与种子期的资金风险极为相似。其大小主要依附于前述两大风险。只要技术完善、市场开发按计划顺利展开,自然会有风险资金送上门来。

(3)初创期创业企业的财务状况

创业企业在初创期需要达到的一个重要财务目标是尽快缩小企业亏损额,促使收支平衡,即达到现金流平衡点(负现金流转向正现金流)。由于企业此时支出较大而收入来源有限,要达到该目标并不是一件轻而易举的事。据美国因第弗斯公司的调查,1972—1982 年,157 家创业企业平均需要 30 个月才能达到现金流平衡点。

在初创期,企业资金除了花在中试上外,更多的是投到广告上。新产品要得到市场的青睐,首先得让消费者了解它。因此运用大量的广告宣传,提高产品的知名度,突出新产品的特点、优点,是必不可少的。为此,企业一般会将创造品牌与营造市场结合起来,利用高层次的产品品牌打入市场,为以后大规模生产和大量销售奠定基础。这就使广告及其他推销费用在这一阶段会达到最高点。然而,广告、推销成效多在初创期末或是在成长期才显示出来。此外,由于创业企业尚不具备批量生产的条件,其制造成本较高。因此,初创期的产品售价居高不下。销量因此受到影响,销售收入自然也有限。虽然企业财务仍处于亏损阶段,但亏损额随着产品销量的增加呈不断缩小的趋势。只要财务状况向好的方向发展,这就意味着企业已基本度过了初创期的种种危险,企业发展最困难的时期已成为过去,飞速发展的阶段即将来临,风险投资者也将在此看到投资成功的曙光。

(4)初创期创业企业的风险管理

针对初创期可能会出现的技术风险、项目选择风险、资金风险,创业企业应该提高内部技术研发的适用性、调整企业组织架构、密切与风险投资机构的联系。

①加强对所开发技术配套生产设备的调查。

对于技术风险,特别是新产品生产的不确定性,创业企业在开发、中试之初就应该对该技术所需配套设备和零配件有比较全面的调查,避免出现新技术与旧生产设备难以配套的现象,保证企业时期的研发投入能够挽回可观的回报,并且能开发出适销对路的产品的需要。

②以企业产品开发、中试成功为目标,调整企业组织架构。

为了顺利实现新技术和新产品的中试成功,创业企业的组织架构应该与初创期的主要任务一致。这一时期,企业已有研究开发部、生产部门与市场营销部门的划分,但各职能部门都应该把开发出适销对路的产品看成自己的职责。大家围绕这个目标的实现,共同奋斗,密切配合。只要新产品还没有在市场上成功地销售出去,任何一个成员都不应该声称已经完成了自己的任务。这就如同一支足球队,球员们尽管分工不同,但却把进球作为共同的目标。因此,这时企业多采取一种单元组织的结构,即打破部门、学科的界限,将企业从事研究开发活动、生产制造活动、市场营销、售后服务等方面的人员有机地组合起来。这样,对技术、生产、市场营销中出现的各种难题,企业就能够迅速作出反应。

当然,也要协调好不同职能部门成员间的人际关系。在很多问题上,大家的意见可能会不一致。这些分歧除了需要一个强有力的领导来协调外,创业企业组织结构的职能转换也是很关键的因素。单元组织结构中的成员,不同时间所发挥的作用并不一样。若此时企业主要是为了弥补一些技术上的不足,那么研究开发人员就成为主导人员,其他人员则辅助他们的工作;此后,若市场开拓成为企业需要解决的主要问题,销售专家就会成为主导人员,其他如研究开发人员、生产人员则成为辅助人员。这样,在不同情况下主要听从“权威”的意见,就可以减少大家的分歧。由于初创期创业企业的产品、生产、市场正处于不断摩擦融合的过程中,类似的职能转换可能会出现好几次。

③加强与风险投资等相关机构的联系。

在初创期由于资金收益不稳定,所以创业企业仍然难以获得风险投资公司的资金注入。但是初创期又是创业企业获得风险投资前的重要阶段,企业能够顺利度过该阶段,创造良好的经营业绩,则获得风险投资的机会就大大增加。不仅如此,在这一阶段的良好表现可能也会为企业赢得银行的青睐,有些创业者就是通过与银行的频繁接触,在将企业良好运营状况的信息传递给银行的同时,也以低成本在银行建立了良好的信用记录,为以后从银行筹集债务资金奠定了坚实的基础。

当需要用综合的办法来管理风险的时候,很多处于创业阶段的企业所采用的仅依靠通过购买商业保险来分散风险的方法,对一个希望健康成长的创业企业来说是远远不够的,因为它们所面临的风险远远不止这些可保风险。所以,创业企业的管理者必须了解风险的来源,并在此基础上建立一整套风险管理的程序,在需要的时候可以分别或综合地加以使用。可以采用的程序有:首先是预防风险。创业企业所面临的各种风险,可以用众所周知的方法加以减小,预防办法是消除可能产生风险的条件。其次是自我保险。明智的财务计划总是未雨绸缪,这一理念与创业企业的风险管理也是相适应的。这种风险管理方式常被称为自我保险,尽管在实际的商业运作中很难实施,因为这需要付出一定的成本。第三是风险分担。随着科学技术的发展,市场竞争程度的加剧,产品的生产周期越来越短,市场对产品的要求不断提高,在创业过程中的许多方面寻求协作和联合是必不可少的。市场开拓能力是决定创业企业成败的关键因素,因此,联合开发、共同营销策略不失为减少创业风险的有效途径。

无论企业性质的差异有多大,风险管理对企业来说都是一个严肃的课题,对创业企业来说更重要。过去,创业企业的失败率很高,最主要的原因是由于它们没有足够的风险管理技术,或者是其主要的管理行对风险管理没能给予足够的重视。这种情况经过主观努力是完全可以改变的,创业企业的管理者必须在对其公司进行风险管理的过程中起到积极作用。

3)成长期创业企业

经受了初创期的考验后,创业企业在生产、销售、服务等方面基本上有了成功的把握。新产品的设计和制造方法已经定型,创业企业具备了批量生产的能力。但还未建立比较完善的销售渠道,企业的品牌形象也需进一步巩固。因此,企业在成长期需要扩大生产能力,组建起自己的销售队伍,大力开拓国内市场、国际市场;牢固树立起企业的品牌形象,确立企业在业界的主导地位。另外,由于高新技术产品更新换代的速度快,企业应在提高产品质量、降低成本的同时,着手研究开发第二代产品,以保证创业企业的持续发展。

(1)成长期的主要工作——市场开拓

此处的市场开拓包括资金市场和商品市场的开拓。

能有机会进入成长期的创业企业,其发展前景大都比较明朗。与种子期、初创期相比,影响企业发展的各种不确定因素大为减少,风险也随之降低。企业为了扩充设备、拓展产品市场,以求在竞争中脱颖而出,需要大量的资金支持,所需资金约是初创期的10倍以上。因此,此时会有大量的风险投资涌入。

根据日本1995年的调查,美国风险投资公司及风险投资基金的资金约有50%投向处于成长期的创业企业。另外,一些实力雄厚的银行也能承受住此时的风险,因而,它们也愿意向创业企业投资,以期从创业企业的飞速成长中分享一部分利润。可见,尽管企业此时急需资金,但其筹资地位却从被动转变为主动。选择谁的资金,选择何种类型的资金,一般都由创业企业说了算。创业企业可以从自己的利益、需要出发,确定合理的财务杠杆比例,采取种类较多的融资组合。当然,创业企业的"自由"也会有一定的限制,如那些在种子期、初创期投入资金的风险投资家常常都有优先提供追加投资的权利。这一点也是前期风险投资家经常答应投入资金的条件之一,在合约中一般都列有明确的条款。

在商品市场上,创业企业的目标通常是在占领国内市场的同时也要占领国际市场。即创业企业从一开始就把自己放在国际竞争的环境下,来制订自己的经营策略。一方面,它适应了现代经济全球化的趋势;另一方面,它使创业企业的市场价值不受当地市场、国内市场狭小的限制,而可以在广阔的国际市场上得到充分实现,也有利于风险投资机构从中获得高额回报。所以,定位于国际市场,对创业企业、风险投资机构来说,都预示着更大的机遇和更大的利润。

(2)成长期企业所面临的风险

在快速成长过程中,创业企业会面临较为特别的管理方面的风险——增长转型期问题,即创业企业的管理能力跟不上企业快速发展而带来的风险,它是快速增长的创业企业常常遇到的问题之一。不少创业企业克服重重困难,发展到成长期,满以为成功在望,高额回报唾手可得,没想到大意失荆州,栽倒在自己企业的内部管理上。一个原有希望叱咤国际市场的知名企业,要么就此销声匿迹,即使得以生存下来继续发展,要么元气大伤,难以东山再起,只能发展成为一个普通企业,这不能不令人惋惜。

增长转型期问题之所以成为创业企业的特有风险,有两个原因:

一是高新技术产业具有收益大、见效快的特点。因此,创业企业的增长速度都比较快,有时甚至达到300%~500%的惊人速度。而创业企业组织结构的调整、管理人员的扩充却需要一定的时间。这就会在许多问题上出现"心有余而力不足"的现象。

二是创业企业的创业者大多是工程师出身,对企业管理、财务和法律事务所知不多。他们习惯于将精力、工作重点放在技术创新上,而忽视了企业在组织管理方面应根据创业企业的发展阶段,不断进行调整。比如应增加更多的专业人才,建立更正式的组织管理结构,而不是继续停留在创业时的那种"原始组织管理状态"。

(3)成长期的组织结构及财务状况

创业企业一般将商品的产业化和国际化两步并作一步走,组织结构也就打上了这一烙印。它通常采用类似企业集团的形式,以高新技术的优势为核心,通过技术、资本、产品等多种联合方式,将与其协作的企业组成子公司系列;以集权、分权的结合为纽带,既注重整体的有效调整,又着眼于企业的自主经营;并且在要素投入(如资金、人才、技术、信息管理等)和进程环节(如研究开发、生产、销售与服务等)两个方面充分利用国内外的资源进行跨国界的研究开发与市场营销一体化活动。

这一时期，产品已为市场所接受，会形成较大的市场需求；创业企业已开始批量生产，这不但大幅度降低了制造成本，而且使分摊到每件产品上的广告费用降低，产品价格也有了下降的空间，这会进一步刺激需求。随着销售额的迅速上升，企业利润也随之增长。企业由现金流平衡点转向损益平衡点（收回投资资本），并能得到相当大的纯利收入。

在风险投资的三个阶段，创业企业面临着不同的风险。对风险资金来说，它可以在任何阶段介入。当然，介入得越早，风险越大，其投资回报期望值就越高；介入得越晚，风险越小，回报期望值也就越低。至于究竟何时介入，取决于风险资本家对风险与收益的权衡。卓有成效的风险管理对创业企业的风险投资获得与企业正常发展都有至关重要的意义。

（4）成长期创业企业的风险管理

由于形成成长期创业企业管理风险的两个原因是客观存在的，因此增长转型期的问题不容回避。要真正解决这一问题，使创业企业健康发展下去，需要在以下方面下功夫：

①创业者必须转变观念。

这是最关键的一点。创业者应该认识到，尽管在创业企业的创业初期，增长中的企业可以靠创业者的个人力量以及靠为他卖力打天下的志同道合者来支撑；但到了创业企业快速发展阶段，这种方式就行不通了，必须采用现代企业的管理模式，才能使企业良好地运作。此外，创业者应该学会授权给下属，充分信任他们，以便将主要精力放在重大决策和处理难题上，而不是过多地消耗在企业管理的细枝末节上。

②工作重心转移。

在成长期，创业企业应适时地将工作重点由工程技术转为经营管理。这并不是简单地否定前者的重要性；相反，它是在另一个更高的层面上促进工程技术的研究开发。对一个规模日益壮大的企业来说，只有良好的经营管理才能使企业的各项工作顺利进行，研究开发工作也才能更容易地得到资金、人才方面的充分支持。

③人才的稳定和储备。

处于成长期的创业企业正值用人之际，企业不仅要引进各类人才，而且要千方百计留住人才。对那些企业需要的高级管理人才或是掌握关键技术的特殊人才，更应采取特殊政策稳住他们。因此，这一阶段要集中做好紧缺骨干人才队伍的开拓建设和培养。此处的开拓建设是指贯彻“良将一名，胜似千军”的理念。通过用事业和重金双管齐下的方式，引进同行业相关企业骨干，充实到管理一线指挥作战。而培养主要指通过提拔自身企业内优秀员工，大胆重用，帮助和鼓励他们尽快成长。

④提高核心岗位决策的正确性。

由于处于快速成长阶段，不可避免存在经验的欠缺甚至没有经验可言，因此创业企业在核心岗位人员配置时建议采用“AB 岗”的方式。“AB 岗”是指类似“书记+厂长”和“政委+司令”的方式，这样的方式，充分发挥“相互帮助、相互协调、相互监督、责任共担”的团结协作的长处，可以增强核心岗位决策和执行中的正确性，避免风险的发生。

4）成熟期创业企业

企业进入成熟期不代表高枕无忧，企业在这个时候失败的案例也比比皆是。所以，应该根据创业企业该阶段的风险特点进行有针对性的管理。

(1)成熟期创业企业的特点

成熟期的创业企业有3个明显特征:

①企业快速发展的同时,规模不断扩大,面临各种资源紧张;

②企业组织结构正在走向正规化,企业文化和管理体系正在逐渐形成中;

③创业者仍承担着领导者和管理者的角色,而职业经理人团队正在或将要进入企业并发挥关键作用。

(2)成熟期创业企业面临的风险

成熟期创业企业最大的风险是保守而不思创新发展的风险和产业多元化、规模过度扩张的风险。成熟期创业企业因为取得的成绩而不思进取,往往导致企业市场的萎缩而逐渐失去竞争力。

①这个时候容易产生小富即安、不思进取的心理。因为企业做得还不错,市场稳定,收益也比较好,这个时候企业就会放弃思考、放弃创新、不再继续扩展,开始产生见好就收的思想。而且进入成熟期基本上会面临增长的极限,因为任何一个产品、一个市场的需求弹性不可能是无限的。当一个产品市场盈利有限的情况下,做到一定份额后再往上做,从企业付出的努力和获得的收益来讲是不划算的,这容易让企业产生"既然不划算,我们维持现状就可以了"的想法。企业在成熟期如果受到这样的困扰,下一步就容易陷入困顿甚至倒闭。

②进入成熟期的企业往往会对市场变化不敏感,不再像创业其他阶段那样能够捕捉到市场变化的每一个蛛丝马迹,实际上可能会因此失去进一步增长的机会。

③进入成熟期的企业或多或少在创新精神方面产生衰弱现象,创业的激情逐渐隐退。在这样的条件下,如果市场发生变化,这个企业就容易被淘汰,再要恢复起来就比较困难。

成熟期创业企业的另一个风险则是盲目的产业多元化,由于已经取得的成绩往往使企业领导者认为无所不能,出现盲目自信的现象,不断地拓展不相关的行业,为了扩张而扩张,而忽视了对利润、现金流等更重要财务指标,走入过分追求规模的误区,最终导致资金链断裂而走向破产。

与投资多元化一样,有些创业企业在成熟期盲目追求规模扩张,以抢占市场份额为主要目标。他们认为对企业发展和投资的控制会导致竞争对手抢先一步占据市场。但事实上,极少有成功的企业家认为在开始时就抢占大部分市场份额是至关重要的。在像临时服务、广告或公共关系(在这些行业里许多创业者找到了自己的市场)等成熟的服务行业里,无论早进入还是晚进入市场,想要取得统治地位是不可能的。即使是在高科技领域,先入优势也是非常短暂的。康柏率先进入IBM的市场并没有阻止后来像戴尔计算机和AST研究公司等白手起家的新公司的进入。同样文字处理软件市场上的领先者WordPerfect公司也并不在最早进入该市场的六家公司之列。

降低风险的最好的方式就是未雨绸缪作好风险管理,居安思危,脚踏实地必然能够临危不惧化解风险,最终让企业越来越强。不乘长风,难破巨浪。所有成功的企业家都是杀出重围的好汉!

【案例导读】

宝万之争

“宝万之争”是2016年中国资本市场上发生的一个具有重要意义的事件，宝能系借助各种金融渠道，通过对各类杠杆资金的组织，尤其是对资管计划的嵌套使用，耗资430亿元成功收购了万科25%的股权，从而晋升为该公司的第一大股东。由于受到万科管理层的抵制，进而爆发了轰动整个市场的“宝万之争”事件。

事件回放：

1月，宝能系旗下前海人寿及其一致行动人钜盛华开始买入万科股份。7月10日，宝能系持股比例达5%，开始举牌。7月24日，宝能系再度举牌，持股比例达10%。8月26日，宝能系第三次举牌，持股比例增值15.04%，成为万科第一大股东。8月31日，华润增持万科。9月1日，华润再度增持万科，持股比例升至15.23%，重夺第一大股东之位。11月27日，钜盛华买入万科股份，宝能系再次成为万科第一大股东。12月4日，宝能系再次举牌万科，持股比例增值20.008%。12月7日，安邦系买入万科5.53亿股，占总股份的5%。12月10日，宝能系购入万科约1.91亿股，耗资37亿元，同日，深交所向钜盛华发出关注函，宝能系将战场转至香港市场。截至12月11日，宝能系共持有万科约22.45%股份，占据第一大股东宝座。12月15日，钜盛华回复深交所质询函：资金来源合法，信息披露合规。12月17日晚间8点，万科董事长王石就宝能举牌万科内部讲话流出，措辞强硬，称不欢迎宝能系成为第一大股东。12月18日凌晨4点，宝能集团回应王石发言，强调“恪守法律，尊重规则，相信市场的力量”。12月18日午间，万科A股向深交所申请临时停牌，公告中写道：因万科企业股份有限公司正在筹划股份发行，用于重大资产重组及收购资产，下午13:00起停牌，待公司刊登相关公告后复牌。12月18日晚，万科总裁郁亮与媒体见面，力挺王石。12月19日早上8点多，王石微博转发黄生的一篇文章《万科被野蛮人入侵前后的真相，一场大规模洗钱的犯罪》，并配文：下周一见。2016年1月5日，万科发布公告，表示自己A股将继续停牌。2015年1月15日，万科表示无法按时复牌，继续申请停牌。2016年3月8日，华润置地发表声明：全力支持万科。2016年3月13日，万科再次发布公告，称拟以新发行股份方式收购深圳地铁资产。（转折点）2016年6月12日，初步确定万科不会在6月18日前复牌，但是会在6月17日左右向深交所提交引入深圳地铁的重组预案。6月17日，万科召开复牌前的董事会会议，审议万科和深圳地铁的重组预案，董事会7票同意通过了预案。6月18日，华润集团发布正式公告，表示三名董事对于投票结果强烈不满，双方矛盾开始逐渐进入了白热化。6月22日，华润置地就万科的重组预案向五个监管部门提出抗诉。6月23日，钜盛华、前海人寿深夜发表声明，明确反对该重组计划，华润重申自己的反对立场。华润和宝能系正式联手，也宣告了华润和万科的友谊的结束。6月26日，万科确认收到宝能系提出包括罢免王石、郁亮等10位董事及2位监事在内的12项议案……

全国人大财经委副主任委员、清华大学五道口金融学院院长、中国财富管理50人论坛学术总顾问吴晓灵与全国社保基金理事会副理事长、50人论坛学术委员会主席王忠民牵头,汇聚了业界八家机构、30 多位专家共同参与完成了《规范杠杆收购,促进经济结构调整——基于“宝万之争”视角的杠杆收购研究》课题报告。报告中指出:什么样的公司治理能够让企业持续健康发展、什么样的市场规则不让资本过于任性。应该说“宝万之争”当中,敌意收购的色彩还是比较浓的,敌意收购也就是我们平常说的门口的野蛮人,他们往往是针对价值低估有潜力的目标公司。为了完成这样的收购,他要谋取控制权,得到控制权之后或者是进行产业整合,或者是完善企业的治理结构,提升企业的价值,从而能够给并购者带来收益。被并购的企业,他们往往会采取一种反并购的措施,但是我们应该看到,在这个反并购的过程当中,我们应该进一步地明确董事会、经理层的信义义务,也就是说董事会所采取的反敌意收购的措施要代表广大股东,特别是中小股东的利益,符合合理性和适当性的标准。敌意收购很难说它好还是坏,但是作为敌意收购的收购方,应该通过自己的行为提升企业的价值,这才有利于社会经济的发展。作为被收购方可以来拒绝和防止敌意收购,但是前提条件是要能够更好地维护企业持续健康的发展和广大股东的利益。基于这样的分析,我们建议用风险自担和股东利益最大化的制度设计约束资本的任性。资本市场是我们组织社会资源非常重要的市场化配置资源的场所,但是在资本市场上我们应该建立合理的规则,让资本运作能够更有利于提升社会企业的价值,不要过于任性。这就有赖于我们完善资本市场的规则。

这场风波是年度事件,可以从各个角度分析,我们再来分析宝能的财务风险:

1.宝能系增持万科 A 的资金来源,一直是被万科管理层攻击的重点。事实上,宝能系举牌万科的资金中只有少量属于自有资金,大部分资金是通过前海人寿保险资金、股权质押、券商收益互换、资产管理计划等融资渠道筹集而来。

2.宝能资金的杠杆化没有问题,关键是要看获取的资金成本宝能系能不能扛得住?而且关键是能扛多久,这个期限也很重要,对于这样的一个股权之争的结果意义深远。

3.“宝万之争”性质上属于敌意收购,因为收购方事先没有得到目标公司管理层的认可和配合。资本要进入一家公司,首先要和公司中高层进行充分沟通,这是非常精细的活,宝能并没有做好。

【思考题】

1.相对于成熟企业,初创企业的特殊性是什么?初创企业遭遇风险的特殊性是什么?

2.结合你的专业背景,你认为如果你创业最有可能遭遇的风险是何种风险?你会采用何种方法对之进行规避或防范?

第9章 商业计划书

【学习目标】

1.了解商业计划书的内涵和主要内容。

2.掌握撰写商业计划书的方法。

【知识要点】

1.商业计划书是公司、企业或个人为了达到招商融资和其他发展目标之目的,在经过前期对项目科学地调研、分析、搜集与整理有关资料的基础上,根据一定的格式和内容的具体要求而撰写的书面材料。

2.一份优秀的创业计划书是创业者吸引资金的"通行证"和"敲门砖"。为了确保商业计划书能起到作用,创业者还应当把握商业计划书的要素。

3.商业计划书应当包括痛点分析、解决方案、产品(服务)介绍、竞争优势、市场概况、盈利模式、运营数据、团队介绍、融资计划和计划摘要等内容。

4.优秀的商业计划书有"三个不要"和"四个关键"。

9.1 商业计划书的要素和内容

9.1.1 商业计划书的概念

商业计划书(Business plan)是公司、企业或个人为了达到招商融资和其他发展目标之目的,在经过前期对项目科学地调研、分析、搜集与整理有关资料的基础上,根据一定的格式和内容的具体要求而撰写的书面材料。[①] 商业计划书是一份全方位描述企业发展的文件,是企业经营者素质的体现,是企业拥有良好融资能力、实现跨越式发展的重要条件之一。一份完备的商业计划书,不仅是企业能否成功融资的关键因素,同时也是企业发展的核心管理工具。目前,商业计划书被广泛应用,已经成为各种项目、商业模式的演示工具,商业计划书撰

① 阳飞扬.从零开始学创业[M].北京:中国华侨出版社,2011:228.

写的目的不仅仅局限在参加各种比赛、路演、融资等领域,能够如实撰写出一份合格的计划书,更是展示和梳理项目的必备条件,所以写好一份规范漂亮的计划书,是当下创业者必须具备的重要技能之一。

9.1.2 商业计划书的价值与要素

关于商业计划书的价值,有这样一个故事:一位教授在课堂上讲到商业计划书的时候,曾向他的学生提问:"商业计划书有多大的价值?"学生回答道:"几千美元到上万美元。"教授摇摇头说:"不对,差远了,商业计划书的价值在于对决策的影响,就这点来说,商业计划书的价值是无法衡量的。"商业计划书是为了展望商业前景,整合资源,集中精力,修补问题,寻找机会而对企业未来的展望。由于认识的误区,通常人们只认为商业计划书是用来融资的,其实,商业计划是用来预测企业的成长率并做好未来的行动规划。如果一个企业在决策之前不做一个非常周密的计划,那样的决策是缺乏根据的。

商业计划书是创业者创业和企业投资新项目的第一步,严格意义上讲,在项目启动之前,初创者或企业就应该编制出一份商业计划。有的人认为除了融资以外,商业计划书在企业经营和管理过程中没有太大的作用,往往忽略了编制商业计划书的过程对于创业者的重要性。

在当今信息爆炸的时代,或许一个创业者脑海中突然冒出来的商业创意,很有可能在短时间或者稍长一点的时间之内就能变成一个改变世界、改变人类生活某一部分的商业帝国。但是不能忽略另外一个现实,就是没有任何一个商业创意能够直接从想法变成现实,在这过程中还有许多未知的因素,资本虽然是关键的一环,但资本不是所有的关键。

当创业者在自己的脑海中出现一个商业创意之后,建议创业者可以自己动手编制商业计划书。因为编制商业计划书的过程,恰恰是对创意反复思考的过程、对市场反复分析的过程、对目标消费群体反复研究的过程、对商业模式和盈利模式反复设计和研究的过程、对市场前景和发展预期反复论证的过程、更是创业者自己将自己的商业创意演变为成熟项目的过程。在编制商业计划书的过程中,创业者能够通过编制商业计划书对自己的商业创意反复地推敲和锤炼,并且对市场环境进行认真分析和比较,充分了解现有的竞争对手,对行业的中长期发展趋势进行预判,对创意最终落地到产品或者服务的每一个环节和细节进行推演。因此,编制商业计划书的过程,就像兵临战场的将军在即将要发生的战役进行沙盘演练一样,反复思考可能会发生的每一种情况,并且找出解决方案,进而作出合理有效的决策,这才是创业者编写商业计划书的核心价值。

商业计划书是创业者吸引投资者的一份报告性文件,也是创业者的一份创业指南和行动大纲,一份优秀的商业计划书是创业者吸引资金的"通行证"和"敲门砖"。因此,如果一份商业计划书不能给投资者以充分的信息,或者不能使投资者感兴趣,那么其结局很可能就成为一堆"废纸"。为了确保商业计划书能起到作用,创业者还应当把握商业计划书的要素。

第一要关注产品或服务。在商业计划书中应提供与企业的产品或服务有关的细节,最好能一句话概括清楚。需回答的主要问题包括:产品或服务正处于什么样的发展阶段?有何独特性？产品和服务的营销模式是怎样的等重要信息。在商业计划书中，创业者应尽量用简单和易理解的语言来描述每件事。简明扼要地说你在做什么，做哪个环节，解决了什么问题？面对客户什么痛点？填补了市场的什么空白？先说清楚你做的是什么，再说你是怎么做的。不要过多拘泥于技术细节。制订商业计划书的目的不仅是要投资者相信企业的产品会在市场上产生革命性的影响，也要让投资者感到投资这个项目是值得的。

第二要敢于直面竞争。在商业计划书中，创业者应细致分析竞争对手的情况。需回答的主要问题包括：竞争对手都是谁？他们的产品是如何实现其价值的？竞争对手的产品与本企业的产品相比，有哪些相同点和不同点？竞争对手所采用的营销策略是什么？通常情况下，竞争格局可以和企业定位放在一起谈，现在格局是什么样？企业想做领头羊还是搅局者？撰写的商业计划书要使它的读者相信，本企业不仅是行业中的有力竞争者，而且将来还会是确定行业标准的领先者。此外，在商业计划书中，创业者还应阐明竞争者给本企业带来的风险以及本企业所采取的对策。

第三要了解市场。商业计划书要给投资者提供企业对目标市场的深入分析和理解。要细致分析环境、市场、目标群体以及心理等因素对消费者选择购买本企业产品或者服务这一行为的影响，以及各个因素所起的作用。此外，商业计划书中还应包括一个主要的营销计划，计划中应列出本企业打算开展营销活动以及公共关系活动的地区，明确每一项活动的预算和收益。商业计划书中还应简述一下企业的销售战略，比如：企业是使用外面的销售代表还是使用内部职员？企业是使用分销商还是特许商？企业将提供何种类型的销售培训等问题。

第四要表明行动方针和核心竞争力。企业的行动计划应该是无懈可击的。商业计划书中应该明确下列问题，如：企业如何把产品推向市场？企业拥有哪些生产资源，还需要什么生产资源？还应明确企业的核心竞争力在哪儿，通常企业的核心竞争力包括资源、渠道、技术这几个方面，反过来说，这也就是竞争者及新进入者的壁垒所在。这一部分也是投资者最关心的地方，需要详细说明。不要让投资者觉得你做的事情换个团队也可以做。

第五要展示团队。把一个创意转化为一个成功的企业，其关键因素就是要有一支强有力的团队。对于企业初创者来讲，要在商业计划书中明晰团队成员的分工和定位。要描述一下整个团队的情况，然而再分别介绍每位成员的才能、特点和造诣，细致描述每个成员将对公司所作的贡献。

掌握了商业计划书的价值和要素，是否就能撰写出一份完美的商业计划书呢？在现实中，经常有这样的情况：创业者辛辛苦苦写出的商业计划书在投资人那里的通过率却很低，比如对方没有回复，石沉大海；或者立刻回绝，前功尽弃。总结原因是因为创业者没有理清项目的发展逻辑，漏洞百出，或者是商业计划书没有将战略描述清楚或者文字不简洁造成阅读困难。投资人每天都能收到很多商业计划书，通常情况下，忙碌的投资人留给每份商业计划书的时间不会超过 3 分钟，那如何在 3 分钟内让投资人对你感兴趣，进而完成项目的融资目标呢？那就要把握好商业计划书的内容，做到逻辑清晰，结构完整，描述精准以及简洁大方，这样才能写出一份好的商业计划书。

9.1.3 商业计划书的内容

一份具有综合性并且经过精心策划的商业计划是使创业者走向成功的不可或缺的条件。不同行业的商业计划书形式有所不同,但从总体的结构上看,大多数商业计划书应当包括痛点分析、解决方案、产品(服务)介绍、竞争优势、市场概况、盈利模式、运营数据、团队介绍、融资计划和计划摘要等内容。

1)痛点分析

作为商业计划的开篇部分,提出要解决问题,创业想法的来源,市场上存在的一个问题或需求,即通常说的消费者的痛点和痒点。要注意市场不必太多描述,让人明白问题确实存在即可。如果投资人熟悉这个领域,反倒会班门弄斧,如果不熟悉,也可在进一步交流时再补充。另外,要避免描述市场时大而空,又缺乏客观数据的支撑。比如有的创业者在商业计划书中描述自己的产品全国14亿人都需要,这就是没认清用户对象而闹的笑话。

2)解决方案

第一要讲创意,把解决方案提炼成一句话,比如我们的产品是在用户手机没电时就近提供充电服务;第二是讲做法,即怎么把创意落实。比如我们在商家铺设充电设备,并将有充电功能的标识显示在地图上,基于位置共享,提供给有需要的人进行免费充电。要注意这部分不能写太粗略,要写明白你要做什么,怎么做;同时也要注意像技术细节、流程图这些不用写得太细,因为有可能投资者并不了解技术方面的东西,反而干扰注意力,让人没耐心看下去。

3)产品(服务)介绍

在进行投资项目评估时,投资者最关心的问题之一就是,创业企业的产品、技术或服务能否在多大程度上解决现实生活中的问题,或者企业的产品(服务)能否帮助顾客节约开支,增加收入。因此,产品(服务)介绍是商业计划书中必不可少的一项内容,你需要非常详细地描述清楚你的企业和你的产品或提供的服务。要写出产品的技术特点,还要写上你的企业未来要研究和开发的产品或要提供的服务,以及你们准备什么时候开始生产这些产品或提供这些服务。

通常,产品(服务)介绍应包括以下内容:产品(服务)的概念、性能及特性;主要产品(服务)介绍;产品(服务)的市场竞争力;产品(服务)的研究和开发过程;发展新产品的计划和成本分析;产品(服务)的市场前景预测;产品(服务)的品牌和专利等。

4)竞争优势

创业者决定进入一个行业,对现有或潜在竞争对手的产品、团队和动态进行充分了解,才能知己知彼,面对投资人的质疑,才更有底气。

在撰写竞争优势这部分时,特别要提供以下几方面的内容:市场竞争方面的描述;市场分割和市场占有率;你在市场竞争中的地位;阻碍新产品或服务进入市场的因素以及相应的商业机会。要了解谁是你的主要竞争对手,你们在什么方面有竞争,你们之间的差别在哪里,谁是你将来的竞争对手,新的竞争对手进入市场的障碍是什么等问题。此外,还要确定你在市场中的位置，做好充分的市场竞争分析，主要包括两个组成部分，一部分是对产品价钱、服务、地点等因素的分析。另一部分是对竞争对手的内部力量的分析。

注意，不要妄想投资者不一定了解某家竞争对手，毕竟是要真金白银砸下去的，投资者不摸透行情怎么敢投，哪怕刚接触项目时，对该领域一无所知，但在作出决定之前，一定会充分了解行情。所以创业者如果能提前作好这些准备，既节省投资人的时间，也能提高融资速度。

5）市场概况

在定义目标市场时，你需要调查在你定义的范围之内，有没有足够的顾客群足以支持你的生意。正确地定义目标市场，必须满足下述几个条件：企业必须根据某顾客群与其他人群相区别的特点来定义市场。潜在的顾客都有某些共同的、可以与其他人群相区别的特性。一旦定义目标市场之后，企业马上就要估计市场的规模和变化趋势，评估竞争对手的特点，着手进行市场调查研究，市场具有销售意义，定义市场的特点必须与购买相关联才有意义。市场要足够大。目标市场定义的顾客群体还必须足够大。

如前文所述，企业在进入市场之前必须确定市场，这个市场一定要足够大到可以维持企业的生存，并且在将来还有足够的发展空间。那么，怎样描述市场规模呢？在商业计划书中，一定要向投资者阐明你的企业有足够的发展前途可以使他们的投资有利可图。一般说来，投资者喜欢既不太小，也不太大的市场规模。你需要有足够的数据来支持商业计划书，以说服投资者。投资者通常对小规模的零售且现有效益很好的企业不太重视具体数据，但对于新创的企业则比较重视市场调查数据。有关目标市场规模的数据可以从各种信息资源途径获得。

6）盈利模式

盈利模式是商业计划书的核心内容之一，也是投资者非常看重的部分。这个部分要回答清楚的主要问题就是你的产品（服务）怎么赚钱、怎么收费、成本大概是多少等方面。通常情况下，好的盈利模型应该包括：第一，收入来源。各个来源的发生时间点、收入规模和增长率、影响收入的关键要素；第二，主要成本构成。成本中包含哪些可变成本？哪些固定成本？以及成本发生的时间点和决定成本的要素；第三，需要多少资金投入才能获得正的现金流？何时能发生？何时能开始盈利等。

注意，在商业计划书中，盈利模式能够让投资人看起来认可项目是团队深思熟虑的结果，看到这个项目不仅是一个小创意，而是团队经过了系统的规划和设计，是一个完整的、可行的生意。毕竟投资者进行投资，是要通过这个项目挣钱的，他最关心的就是这个项目的盈利模式，以及预期达到盈利的时间周期。

7）运营数据

运营数据是投资者对项目的解决方案和产品做初步检验和判断的依据，它证明了你的解决方案是否合理，是否能够经得起推敲，产品方向是否靠谱。对于已经开始实际运营的创业企业而言，在商业计划书中要列明目前产品的用户规模、转化率等运营数据，产品的盈利情况，以及未来1~3年内的运营目标。对于互联网服务类企业而言，运营数据通常包括但不限于如APP的下载数量、公众号的粉丝数、注册总用户数、每天新增用户数、日活跃用户数、订单数、交易金额等。运营数据最好以图表形式呈现,这样比较直观和清晰。可以预见,今后数据会成为融资中越来越重要的部分。

8)团队介绍

在商业计划书中,要写清楚核心团队的具体分工和背景,包括学校、工作经历。对于大学生创业者来讲还要注意避免团队成员知识的片面性,比如,都是来自一个专业,没有相关工作经历等。对于团队情况,投资者最看中的是他们的工作技能和管理能力,可能会关心创业想法产生的根源在哪里,你的团队优势在哪里,是技术还是市场?在计划书中,可以介绍核心成员之前有什么相似的创业经历?有哪些相应的技术和能力?同时以一些具体的数据来证明团队成员做过的一些项目和取得的成绩。此外,初创企业结构应该很简单,在建立团队时不一定要标准的组织架构,也不要为了架构的完整而设置一些空的职位。

9)融资计划

融资计划是商业计划书中的重要部分,主要内容包括股权分配情况、资金需求量、资金使用的方向等。在计划书中要列明股权分配的情况,注意,投资者投资的时候,通常情况下不希望看到股权的平均分配,因为对于大多数创业团队而言,在股权平均分配的情况下,一旦发生无法解决的争执,很容易发生某些团队成员径自离开创业项目的情况,而这往往会导致本来前途明朗的创业项目瞬间分崩离析,同时也不利于团队的决策和发展。

在资金需求量部分,最好写清楚团队的运营成本规划,这样能够预估出团队在不同阶段需要的总开销。一方面帮助投资人明确融资需求,另一方面帮助团队自己把握项目进度。此外最好也预估清楚可能的盈利计划。比如计划第几个月开始有收入,以后的收入增长怎么样,通过什么方式达到这样的收入;第几个月能够实现盈亏平衡,公司业绩的爆发预计是什么时候等。

10)计划摘要

商业计划书中的计划摘要十分重要。它必须能让读者有兴趣并渴望得到更多的信息,它将给读者留下长久的印象。计划摘要是将创业者所写的最后一部分内容,也可以列在创业计划书的最前面,但却是投资者首先要看的内容,它将从计划中摘录出与筹集资金最相干的细节:包括对公司内部的基本情况、公司的能力以及局限性,公司的竞争对手,营销和财务战略,公司的管理队伍等情况的简明而生动的概括。如果公司是一本书,它就像这本书的封面,做得好就可以把投资者吸引住。它会给风险投资者有这样的印象:“这个公司将会成为行业中的巨人,我已等不及要去读计划的其余部分了。”

9.2　商业计划书的撰写

9.2.1　商业计划书的细节

商业计划书的基本目的是为投资者提供评判能否融资的一项投资说明和分析文件。大部分的融资方都明白商业计划书是写给潜在投资对象的，所以，希望这个文件“卖相”好看。但是，往往又都走错方向。融资人和投资者之间总是存在一条“沟”，这是为什么商业计划书不容易打动投资者的一个客观限制。

投资者成年累月地与融资项目和机构打交道，第一步就是通过计划书来进行筛选。只有那些有的放矢、符合投资人阅读模式和习惯的商业计划书才有可能获得投资人进一步考察的兴趣。因此，在撰写商业计划书的过程中，不仅要力求“卖相”好看，还要追求“干货”十足，这样才能打动投资者，达到相应的目标。

为了让读者更好地理解如何撰写好一份商业计划书，我们通过选取一篇某大学在校大学生创业者撰写的商业计划书，分析在商业计划书的细节和撰写过程中要注意的问题。

【案例阅读】

商业计划书诊断室

商业计划书

项目名称：基于物联网的生活废水智能管理与综合利用系统

项目负责人：吴×

队员：唐×、周×、李××

班级专业：12级工商管理×班

指导教师：

第1章　摘要

市场背景

为节约用水，缓解水资源紧缺的矛盾，保护环境，使洗衣水、洗澡水和洗菜水等生活废水得到充分利用。运用传感器技术，对生活废水进行统一的判断、处理、分类，把可二次利用废水储存起来，进行二次利用，并以此为依据，设计出了“基于物联网的生活废水智能管理与综合利用系统。”整个系统采用软件与硬件相结合的模式，实现了生活废水智能管理与综合利用。避免了化学试剂对废水处理所带来的环境影响，并节省了人工处理所耗费的资源，提高了废水处理和废水利用的效率。

【诊断及点评】合格指数★★★

摘要是计划书的“凤头”，投资者看中的就是摘要部分，所以摘要部分就要以最精练的语言来概括全文。这篇商业计划书的摘要部分基本写清楚了该项目的情况，但仍有不足之处。

摘要部分要能够回答“这是什么产品”“谁来制造它”“怎么制造”“为什么人们会买”“卖给谁，怎么卖”等问题。所以摘要主要是以简练的语言讲清楚产品的主要特点，市场情况，盈利模式，销售技巧等。因此，在该部分中作者主要介绍了项目的研究背景和技术特点，没有介绍产品的其他情况，给投资者传递的信息量有限。

建议可以把摘要部分放到最后完成，当商业计划书的整体部分不再需要变动后，再开始写摘要，这样撰写者的思路才会更清晰。此外，摘要一定要短，最好不要超出一页。

第2章 产品介绍

一、产品简介(核心)

1.专利产品　2.国内空白　3.年节水3亿吨(按成都市人口计算,2015年用水量预测达到12.3亿吨)　4.政府支持项目

【诊断及点评】合格指数★★

产品简介用了几个关键词概括,比较简单明了,把专利技术放在首要的位置,容易引起投资者的兴趣。但不足之处在于对产品的描述太过于简单,比如"国内空白""年节水3亿吨"等描述,如果没有具体的数据支撑,就会显得比较苍白。

建议可以用数据加以支撑,突出专利产品的特点,同时要阐释该项目同其他项目相比的优势和创新所在,如果是被政府列为支持的项目,也要着重阐述。

二、项目简介

1.系统的基本设计

该系统基于物联网技术(IOT),通过系统智能化管理,对日常生活中的废水(洗菜水、洗衣水、洗澡水等)进行统一的判断、处理、分类,把可二次利用的废水储存在地面下的总蓄水池中,通过智能化控制,把废水进行综合利用。

据统计:日常生活中冲便器所需要的水量远远小于生活中产生的可二次利用的废水。因此,依据此特点,本系统另一用途:利用传感器技术、自动控制技术、计算机技术、无线通信技术等对绿色植被、农作物进行智能化灌溉。

智能灌溉系统由中央控制计算机、无线数据传输设备、测量控制单元和相应传感器、灌溉设备组成。数据采集和灌溉控制通过无线方式由计算机控制,实现对绿色植被、农作物的气象参数和灌溉参数的实时采集。

整个系统的设计与以往的废水处理系统相比较,采用了过滤网进行过滤,传感器进行判断,系统智能化抽水,系统智能化灌溉,避免了以往用化学试剂对废水处理、对环境产生的负面影响,节省了传统灌溉的人力资源。整个系统遵循绿色环保、节能和可持续发展的设计理念,突出体现能源再生利用、超低能耗、信息化控制、健康环保和人性化的设计理念,其工作原理如图所示。

【诊断及点评】合格指数★★★

该部分基本阐述了该项目的设计思路和技术细节,用图表的形式展示了工作原理,比较直观和清晰,也体现了该项目与其他项目的优势和创新之处。但不足之处在于缺乏相应的数据支撑,在项目前景的描述部分也不太具体。

2.关键技术

整个系统引入物联网技术(IOT)进行智能化控制、机械传动系统的设计,有机地集成了机械、控制和信息等学科的相关技术,实现了废水二次利用智能化管理和综合利用,该系统主要将废水用于冲便器和智能灌溉。

废水冲便器利用:

①水的过滤:采用过滤器进行过滤到一些较大的颗粒物质(泥土颗粒、菜叶、纸屑等)。经过滤器处理后,水体中的异味、有机物、胶体、铁及余氯的含量大幅下降,降低了水体的浊

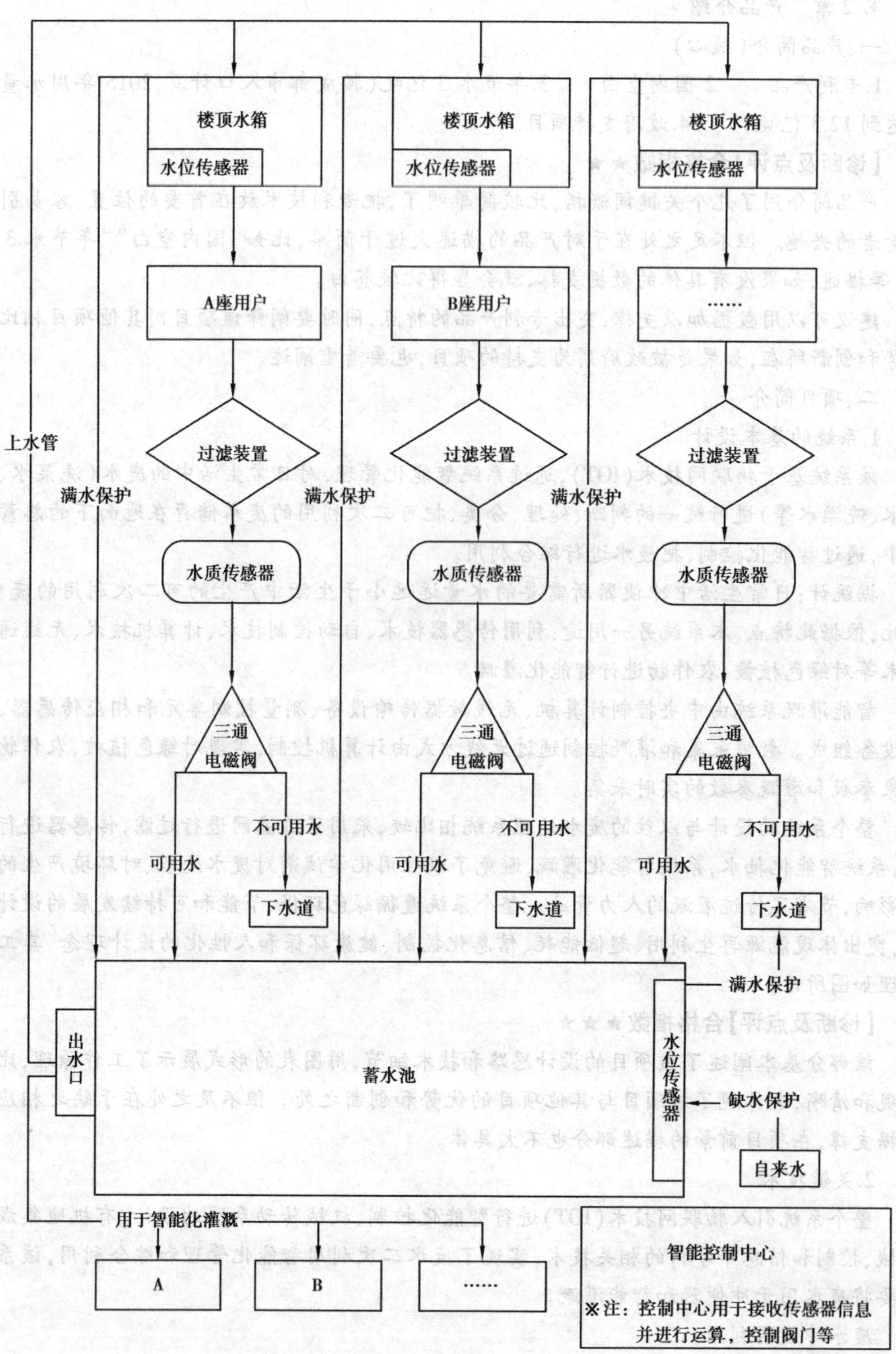
楼顶水箱
水位传感器
楼顶水箱
水位传感器
楼顶水箱
水位传感器
A座用户
B座用户
……
上水管
过滤装置
过滤装置
过滤装置
满水保护
满水保护
满水保护
水质传感器
水质传感器
水质传感器
三通
电磁阀
三通
电磁阀
三通
电磁阀
不可用水
不可用水
不可用水
可用水
可用水
可用水
下水道
下水道
下水道
满水保护
出水口
蓄水池
水位传感器
缺水保护
自来水
用于智能化灌溉
A
B
……
智能控制中心
※注：控制中心用于接收传感器信息
并进行运算，控制阀门等

工作原理图

度、色度，净化水质，减少对后续系统（反渗透、超滤、离子交换器）的污染。

②水质传感器：用于检测废水中所含化学物质浓度（pH、油脂浓度和一些有毒有害化学物质等）。

③抽水泵的选择：不同高度的楼层对所需抽水泵的参数要求不同。分别以18米高6层的多层建筑和54米18层的高层建筑为例。多层建筑应选择：流量为12.5 m^3/h，扬程20 m，功率1.5 kW的抽水泵。高层建筑应选择：流量为30 m^3/h，扬程67 m，功率15 kW的抽水泵。

智能化绿化灌溉和农业灌溉：

①从地下总蓄水池引出总管道，在总管道引出各个分管道到绿地。

②在绿地或者农田的不同区域安装传感器，用来检测土壤的含水量。

③由于不同植被或者农作物对土壤含水量的需求不同，因此需要在中央控制计算机上建立数据库。数据库中存放不同植被或者农作物所需水量有关数据，将传感器采集到土壤中的含水量的数据，利用无线技术将数据传输到中央控制计算机，和数据库中的数据进行运算、比对，再由中央控制计算机发出指令，进行智能化灌溉。

④传感器采集来的数据实时存放在中央控制计算机的数据库中，系统分析后控制喷水设备进行智能化灌溉。为了防止降雨给植被或农作物造成水量过剩问题，中央控制计算机与互联网上的天气预报接口相连，实现及时调整灌溉时间和灌溉所需的水量。

【诊断及点评】合格指数★★★

该部分比较详尽地阐释了项目的关键技术，条理比较清晰。但不足之处在于前文已有图表的情况下，用大量的篇幅再加以说明，这样不仅会使得商业计划书的内容过多，投资者没有太多兴趣看，而且透露太多的关键技术细节，对项目的知识产权保护也不利。

三、创新点

①住户家中产生的废水（洗菜水、洗衣服水、洗澡水等）经过滤网过滤掉杂质后，流经每栋建筑物水质传感器进行是否可二次利用判断（pH、油脂浓度、一些有毒有害化学物质等）。水质传感器与三通电磁阀相连，进行水质检测判断。若废水可二次利用，则经管道流入地面下总蓄水池，否则流入下水管道。

②为防止地面下蓄水池中的水出现无水状态，在蓄水池中安装水位传感器（该水位传感器用来控制水位高度和判断总蓄水池中是否有水），在总蓄水池无水的状态下，自来水管道的电磁阀门自动打开，开始往总蓄水池中注水，当水位达到水位传感器上端探头时停止注水。

③楼顶水箱采用智能化管理进行抽水，即：在楼顶水箱安装水位传感器，并与抽水泵相连，实现智能化抽水管理（当水位过低时，抽水泵开始抽水，当水位过高时，抽水泵停止抽水）。

④利用传感器技术，实现对绿色植被、农作物的气象参数和灌溉参数的实时采集，进行智能化灌溉。

【诊断及点评】合格指数★★★

该部分列举了项目的几项创新点，表述清晰。但不足之处在于没有与其他项目进行比较,创新点不够突出,而且因为有专业性较强的内容,又缺乏数据支撑,所以很难让投资者抓住要点。

建议在内容中增加与其他同类产品相比较的优势和创新点所在。

第3章　市场分析

1.市场概况

客源市场描述:①主要学校、小区、医院、酒店等用水量很大的单位或企业为主。②消费者分析:对于大多数企业或者单位来说,每个月的用水量是很大的,这是一笔不菲的开支。③节水从发展到现在一直都是一个十分重要的话题。

2.产品分析

产品初期投资较大,但是后期可以快速收回成本,利润大。且用途不仅是冲洗等,还可以用于植物灌溉,且都是全智能化控制,实现真正意义上的智能化管理,结余了大量金钱和时间。对企业、个人、社会都有十分重要的意义。

3.SWOT分析

S:①电力驱动,节能环保。②利用物联网技术(IOT),对废水进行智能化处理、管理和智能化综合利用,避免了以往用化学试剂处理废水时对环境产生的负面影响,节省了以往的人工处理所耗费的资源,提高了废水处理和综合利用的效率。③一次性投资,终身受益。④该系统可对绿色植被、农作物等进行智能化灌溉。⑤该系统通用性强,可实施性强,可用于小区、学校、酒店、企业等不同建筑。

W:①初期投入成本较高,资金不足。②安装较为复杂、需要涉及管道改造等项目。③安装费用偏高,消费者不一定能接受。

O:①国家在这方面有资金支持,会给予免税减税等优惠政策。②市场前景好,目前尚无同类产品面世,有的也是一些人工操作的节水产品。

T:①外部威胁:产品认知度较低,可能不被消费者接受。②内部威胁:系统开发资金不足、人员配置不合理等。

4.市场机会评估

• 利润目标:可根据客户需求生产定制产品,最大限度满足客户要求。

• 企业形象:"环保、节能"是企业的核心,也是产品力求达到的目标。

5.市场细分

• 按地区细分:

①以北京、大连、青岛、天津等为代表的严重缺水城市。

②以成都为代表的西南内陆地区较为缺水城市。

• 目标市场选择:

产品主要以严重缺水城市和较为缺水城市为主要目标。选择北方城市为主要推广目标,减少南水北调的压力。

6.市场发展矩阵

对于西南片区等内陆地域本产品是新品上市,应用多元化增长方式,对于北方地区的现有市场,应用产品开发策略,推出适合当地的产品。

【诊断及点评】合格指数★★★

该部分从市场概况、产品分析、SWOT 分析等方面比较详尽地进行了项目的市场分析，结构合理。但存在以下几个问题：①对市场规模的分析不够，如前文所述，投资者对于新创的企业则比较重视市场调查数据，在该部分中，撰写者没有说清楚市场的规模，只是对客源市场泛泛而谈，缺乏市场调查数据。②对市场机会评估显然做的"功课"不够，分析的要素与市场机会也不太相关。③对产品市场的细分还不太明确，部分表述还有待商榷，比如在目标市场的选择中，有这样的描述："产品主要以严重缺水城市和较为缺水城市为主要目标。选择北方城市为主要推广目标，减少南水北调的压力。"这样的表述显然有些言过其实，南水北调的压力并不能只依靠此类节水产品缓解。④对市场发展的分析不太合理，提出"对于西南片区等内陆地域本产品是新品上市，应用多元化增长方式，对于北方地区的现有市场，应用产品开发策略，推出适合当地的产品"。对于这样的市场发展规划显然是不切合实际的，甚至是自相矛盾的，在产品的目标市场选择上，是以北方严重缺水城市为主，西南片区市场并非主要市场，这一点和前文是矛盾的。此外，项目处于起步阶段，现在就开始规划"多元化"增长方式，显得操之过急，还会给投资者留下不专业的印象。

第 4 章　财务规划

一、融资战略

1.金融资本

主要用于购置设备、租赁门面、专修房屋、发放工资、宣传费用等。

2.资金来源

为了满足本店的正常经营活动，合理配置基金结构，减少公司举债经营中可能发生的经营风险和财务风险。

本店第一年度资金主要来源有：①风险投资②自筹资本③政府专项资金④银行贷款

3.资金用途

①购置系统开发需要的相关设备。

②广告投放。

【诊断及点评】合格指数★★

该部分从资金来源和资金用途等方面对财务规划进行分析，但存在较多问题。表现在：①对财务规划、融资战略等概念理解不够，因此在文中有许多错误的表述，比如，"金融资本"并非是指"用于购置设备、租赁门面、专修房屋、发放工资、宣传费用等费用"，表述为前期投资更为妥当；②在资金来源和资金用途中，最好写清楚项目的前期投入有多少？运营费用有多少？购置设备和市场营销的费用有多少？缺乏这些重要的信息，投资者无法了解你项目的具体情况，也不符合商业计划书的基本要求。

第 5 章　公司管理结构

公司形式为有限公司，采取直线职能制，总裁下属市场营销部、财务部、信息部、生产部、技术部五个部门。

●人员构成：

总经理	
唐×	*主要起草公司的总体战略，从宏观上负责公司内部日常管理以及监督各部门工作； *协调和配合各业务部门围绕公司经营目标开展各项工作； *负责企业文化建设纲要的实施与落实工作； *保证公司各种会议的顺利召开及公司其他活动的顺利开展。
营销部	
周×	*负责调查并收集市场信息、寻求市场机会； *负责营销方案的策划、执行及管理并配有相关活动； *负责顾客咨询的详细明确的回答。
财务部	
周×	*对公司经营活动进行全过程的财务服务和监督，保障公司经营活动正常顺利地进行； *制定公司财务管理和会计核算制度并监督实施； *发挥预测分析、规划控制、责任会计等会计管理职能，保质保量地完成公司财务预算； *及时准确地申报、缴纳各种税款； *编制公司月度、年度财务报表、财务决算、年度财务报告； *负责协调财税等部门与公司之间的关系协助会计师事务所进行年度审计工作。
技术生产部	
吴×	*负责公司的系统研究和开发调试； *负责对生产开发部门员工的培训； *行使材料选购以及质量监督检验职能。
人事部	
李×	*通过人与事的最优配置，做到事尽其人，人尽其才，才尽其用； *协调劳资关系，解决劳资双方的冲突； *协调专业人员的关系，谋求专业人员的密切合作。

●员工管理：

员工选拔，员工应该具有以下几方面的素质：

①良好的个人品质和素养不仅反映个人魅力，还代表着企业的风范，必须做到热情、认真、诚实。

②良好的沟通能力。要求员工具有较好的表达能力、观察能力和协调交流能力。

●绩效考核

运用科学的绩效评价手段，在绩效评价管理的工作中应该坚持做到以下几点：

①确立组织的事业目标以及对人力资源管理的要求。

②进行工作分析，明确各项工作职责任务，以此为基础，制订相应的绩效。

● 标准体系

①选择恰当有效的绩效评价方法来评价员工的工作表现和工作成果。

②在评价之前对员工传达对其工作成果的期望。

③建立工作与绩效相关的反馈机制。

④评价绩效评价系统对于既定目标的实现程度，并在此基础上进行修改。

● 沟通和激励

本公司管理者在进行激励时要努力使每个员工都受到平等合理的报酬和待遇，使员工满足，从而提高大家的积极性。应该注意以下几点：

①考虑企业的发展环境，企业的长足发展取决于内外部的环境。

②设置柔性的激励制度，充分考虑各个层次的员工的情况，保证各级部门在进行激励时有据可依。

③紧密联合员工的需要，以员工的需要为切入点。

④除了以奖金作为激励的手段以外，还结合运用认同与赞赏、带薪休假、员工持股、个人的发展和晋升机会等多角度全方位，最大限度地提高员工的忠诚度。

● 员工培训

如今，知识在社会发展过程中起着越来越重要的作用，套用一句流行的话来说就是，21世纪最重要的是什么：人才。在以知识经济为主导的今天，知识更新的速度越来越快，从而使越来越多的企业开始注重对培训的投资，对员工的培训，我们坚持以理论联系实际，使员工能够学以致用。在培养员工专业技能的同时结合员工的自我发展。在培训的同时分清主次先后，轻重缓急，制订规划。

【诊断及点评】合格指数★

该部分比较详细地展示了项目的管理结构，内容比较丰富。虽然洋洋洒洒篇幅较长，但给投资者的“干货”却寥寥无几，甚至很难找出有用的信息。问题主要有以下几个方面：①公司组织架构看起来很完整，但却是一个“空架子”。如前文所述，作为初创企业来讲，投资者会关心创业想法产生的根源在哪里，你的团队优势在哪里，是技术还是市场？大学生创业项目更是如此，在技术和经验都不占优势的情况下，在计划书中，应当介绍核心成员之前有什么相似的创业经历。有哪些相应的技术和能力？同时以一些具体的数据来评价团队成员做过的一些项目和取得的成绩。此外，初创企业结构应该很简单，不要为了架构的完整而设置一些空的职位。②项目还处于初创阶段，对于像员工管理、绩效考核、沟通和激励、员工培训等成熟企业管理的内容可以一笔带过，甚至不用阐述，文中用了大量的篇幅详述，不仅让投资者得不到有用的信息，反而给人一种“准备不充分、重点不清楚”的印象。

建议删掉部分没有实质意义的内容，聚焦团队介绍和分析。有一位著名的投资人曾说过：“我相信最好的项目，创始人的背景一定是有高度相关性的，或者至少也能体现出创始人的高起点或者聚集人才的能力，肯定加分。”

第6章　公司战略

战略目标：

第一、二年：建立自己的品牌，收回初期投资，积累无形资产，第1.5年后开始盈利，使市场占有率最大化，预计本阶段在西南和北方市场占有率达到40%。

第三、四年：进一步扩展公司项目，开发新品与规范流程。使公司拥有一定品牌影响，扩大公司影响范围，为以后占领更大市场打下基础。预计本阶段在西南和北方市场占有率达到60%，并向其他地区扩展。

第五、六年：对公司进行进一步完善，扩大建设规模，随着公司不断壮大，打造一个全国乃至国际知名的节能企业。

当期产品战略：

● 长期战略：

本公司立足于生产智能化的节水系统，面向广大消费者，提供智能、生态、经济、环保的节水系统，不仅符合老百姓的需要，更符合社会发展的需要。在水资源不断减少的情况下，我公司的产品正是迎合了市场的需求，必将在全国迅速推广，进而走向国际。

● 中短期战略：

提高产品认知度，加大宣传力度，占领西南和北方市场。

【诊断及点评】合格指数★★

该部分阐述项目的发展战略，也制订了“五年规划”，条理较清晰。但在战略目标的设定还不太合理，作为初创企业，要合理设定目标，对于五六年后就要“打造一个全国乃至国际知名的节能企业”，这样的口号看起来是雄心壮志，但要实现还是很难。因此目标的设定要契合实际，切勿好高骛远。

注意，企业的发展战略是商业计划书的重要部分之一，也是投资者感兴趣的部分之一。风险投资的核心是投资风险，投资者期望在一种充满风险的投机活动中获得高额的利益回报。风险投资者与商业银行家不同，他们是一些风险投机家。他们不怕风险，因为他们知道投资回报与风险成正比，他们追求的是在风险中把握机会，因此风险投资者十分看中企业的发展战略。

第7章　风险分析

经营风险就是指在资本经营活动中所遇到或存在的某些不确定因素造成的经营活动的经营结果偏离预期可能性的风险。就目前而言，本项目经营活动中可能出现的风险大致可总结为：市场风险、技术风险和财务风险。

一、市场风险及对策

1.市场风险

在我公司的创立阶段及经营过程中，该店可能会存在下列市场风险：

①消费者对该系统认知程度低，达不到我公司营销目标所要求的知名度。

②市场上有许多节水设备（如节水马桶等），且价格远远低于我公司产品价格，市场竞争较为激烈，使市场增长率下降。

③初期投入较大，事业单位可能不愿意购买。

2.对策

①针对达不到营销目标所存在的风险，我们将主要把广告等宣传活动做到位，在学校、

酒店大力宣传达到理想的宣传效果，缩短消费者对该店及其产品的认知周期。

②在系统的设计和管理上，着重突出创新的作用，把设计创新作为公司的核心竞争力。

③建立和完善市场信息反馈体系，定期在学校、酒店等进行市场调查，及时把握市场变动的趋势，把握好消费者倾向。

二、技术风险及对策

我公司尚处在创业初级阶段，在系统的设计和市场的要求方面还无法达到最完美的结合，同时在经营过程中无法找到价廉物美的原材料等问题都可能导致一定的技术风险。因此，对于这些技术风险的解决对该店的发展也是至关重要的一个环节，主要对策就是加强产品监管，完善产品功能。

三、管理风险及对策

公司刚成立，成员相对缺乏对公司的管理经验以及科学决策的能力，不能对市场和管理有良好的认知和实践。因此，对于这方面风险的解决需要人员不断去学习深造，并运用于实践当中，这样方能使公司可持续发展下去。

四、财务风险及对策

成立初期，前期注入资金较少，信誉度比较低，在融资方面可能会存在资金不能及时到位等问题。

故需要：

①合理确定资本结构，控制债务规模。

②记录每天实际开支，监督费用的使用情况，使资金合理运用，符合公司运营的规划。制订有效的成本计划，做出准确的费用估算和预算。

③融资时我们要签订合同，严格规定双方的权利和义务。

④加强资金管理，降低人为财务风险，尽量达到最合理的资源配置。

⑤提高财务风险意识，降低主观意识中的财务风险。

⑥要以财务为核心，形成服务、消费、财务、市场等各环节之间的统筹协调。

【诊断及点评】合格指数★★

该部分通过市场风险、技术风险和财务风险几个方面对项目今后经营过程中可能出现的风险进行了理性的分析，但是仍存在一些问题：针对可能出现的市场风险，应对策略还不够有针对性。比如，针对达不到营销目标的风险，单纯的广告宣传是否能达到目的？学校、酒店等是不是本产品的最佳目标用户？因此，从前文及本部分的表述中，我们可以发现，该项目对产品市场的分析不够，缺乏有效的数据支撑。有的东西靠自己想象，或者认为好像可以这样，所以整个商业计划书就存在较多的漏洞。

注意，如果企业能够预见生产和销售产品或服务的各个环节上有可能出现的各种潜在性危险或问题，并且制订相应的应变措施，则可以把风险降到最低程度。投资者并不在乎企业有风险，他们是否投资是根据他们对风险和回报的评价来作决定，所以风险评估是商业计划书中必要的一节。风险评估的内容应包括各种风险可能出现的时空条件，即什么时间在什么地点可能出现什么风险，还要分析这种可能的风险对企业生产和销售将产生什么影响，以及影响程度如何等。更重要的是需要阐述企业针对可能出现的风险将会采取什么相应的措施，化险为夷。

【总评】这是成都市某高校在校大学生创业团队撰写的商业计划书，通过仔细阅读和分析该份商业计划书，我们不难发现，在某种程度上，这份商业计划书更像是一份创业计划书。两者的区别主要在于：创业计划书是创业者或者创业团队为了厘清创业思路而梳理的框架性文件，主要用于内部讨论及初期行动大致计划和步骤指引。而商业计划书是对企业或项目的运营现状及商业计划进行系统性的描述和分析，主要用途是对外融资或合作。在投资界，人们普遍认为创业计划书是被包含于商业计划书之中的，两者在某些地方是重合的。在本计划书中，创业者没有对商业计划书的内容做深入的梳理，在读者看来，更像是各个要素拼凑起来的，缺乏整体性和逻辑性。

作为一份商业计划书，有些重要的要素和内容鲜有提及，比如盈利模式和融资需求。这是非常大的"硬伤"，这会让投资者很困惑，撰写商业计划书的目的是什么，甚至极有可能就被投资者给"判死刑"。因此，要写好一份商业计划书，一定要认真梳理各项要素，重点内容一定要突出，切勿面面俱到。

此外，补充几点建议：

第一、商业计划书要自己写，最好别让枪手、朋友或财务顾问代劳。目前有许多咨询公司或者机构在代写商业计划书，水平参差不齐。他们最多能做到 80 分，能做到满分的只有你自己。

第二、除非是参加学校或者政府的所谓创业大赛，否则最好不要用 Word 写，动辄上万字的长文确实对投资者是不小的挑战，现在已经迈入了读图时代，作为面向未来的科技与互联网创业者，你应该抛弃 Word，拥抱 PowerPoint，抛弃大块文字，拥抱精简图示。页数控制在 20 页左右，尽量少用没有实际意义的大图、美图，最好不要在 PPT 里插入视频。

第三、虽然大部分创业者都尽力将商业计划书做得高大上，但是能打动投资者的还是内容，写完商业计划书，一定要多修改多研读。有位投资大佬说过："华而不实的 BP 令人尴尬，就像酒醉的大学生把普通的聚会想象成化装舞会，然后把自己打扮成猫王的模样。"

9.2.2 优秀的商业计划书的三个"不要"

1）分析行业，不要兜圈子

一个行业好不好，要看它的规模大不大、进入门槛高不高、竞争充不充分等因素。最好的行业壁垒高，竞争充分而又利润高，其他竞争者不易抄袭。但是如果投资人不考虑进入某些行业的时候，即使创业者的项目再好，都不可能得到投资者的青睐。

风险投资者一般都有自己关注的行业和感兴趣的领域。融资者在选择投资者的时候，一定要先对投资者所在的领域进行了解。但是行业分析并不是决定是否投资的唯一考虑因素。融资方自己写商业计划书的最大毛病是把各方面都描画得十分美好，完美到了足以引起投资者警惕的程度。因此兜圈子是非常不明智的做法。

商业计划书中最常见的兜圈子的做法是，融资方总是"无意"中犯了用大的行业来代替细分行业，或者用其他地区代替本地区等假借概念的错误。比如，用整个游戏软件行业的分析代替手机游戏行业，用一线城市房地产数据代替本地房地产发展分析、用服装制衣行业的分析代替制服行业等。由于细分市场的数据不容易收集到，在做调查的时候也经常被一些错误的信息干扰，而整体行业或发达地区的规模数据比子行业或者其他地区大很多，也易于收集到，所以一些创业者往往在市场调研的时候，用整个市场的数据来说明细分市场的情况，结果给投资人的印象很不好，而且这部分内容一般是放在计划书比较靠前的位置，投资人在无法找到自己所需要的可信行业分析数据时，很可能因为手中项目太多而放弃继续读下去。

商业计划书无法代替投资人进行尽职调查和独立研究，因此，在行业分析时，一定要从可替代性、进入门槛、竞争性和市场规模 4 个方面对行业进行分析，数据要真实有效。

2）分析竞争对手，不要顾左右而言他

《孙子兵法》有云：知己知彼，百战不殆；不知彼而知己，一胜一负；不知彼不知己，每战必败。商场如战场。在商业计划书里，对于竞争对手分析的忽略或语焉不详显然不是“知己知彼”的表现，至少是“不知彼”，甚至是“不知己”。

企业在任何领域经营必然遇到竞争者，哪怕是全新的商业模式，也将会遭遇对手的挑战。投资人的收益不仅与被投资方是否做得好有关，也与其竞争对手的强弱变化紧密联系。对竞争对手的分析，每一项都应该有其针对性。然而融资方在制作商业计划书时，存在回避或是不愿意正视竞争对手的倾向，轻描淡写地处理市场竞争分析，不仅容易误导投资方，也导致自己对竞争对手的了解不够彻底。还有的企业在对竞争对手进行分析的时候，往往把所能掌握的竞争对手信息都罗列出来，但之后便没有了下文。如何有的放矢地对待已有的竞争者，提出有效防范未来竞争者进入的对策，是确保投资方利益、降低投资风险的必要环节。

创业者要明确对竞争对手分析的目的是什么。按照战略管理的观点，对竞争对手进行分析是为了找出与本企业与竞争对手相比存在的优势和劣势，以及竞争对手给本企业带来的机遇和威胁，从而为企业制订战略提供依据。所以对于竞争对手的信息也要有一个选择过程，善于剔除无用的信息，避免工作的盲目性和无效率。

3）预测未来收益，不要画大饼

商业计划书的收益预测部分往往是“水分”最多的地方。融资方自己做的收益预测往往离实际情况很远，创业者的预测高估程度超过已有该行业经历的企业。但是无论融资方出于何种目的“掺水”，投资方总希望能把多余的水分挤掉。在对风险与收益方面进行预测的时候，创业者可以针对 SWOT 中的 weakness 加以分析，作为创业者，关键点是帮助自己寻找有没有致命的弱点，帮投资人分析整个执行过程中可能出现的意外，然后提早做好预警措施。要做好灵敏度分析，不要都是在一种理想状态下编制商业计划书，要考虑到那些不理想的状况，并准备好对策。另外，现金流表要做详细，不要按年计量，最好按月计量。

制作商业计划书，其实是一门艺术。商业计划书的艺术性，主要体现在能够在最节省的篇幅里，用最简练的文字和数据，让风险投资者认同企业的项目、盈利模式、管理团队、增长潜力、投资回报等，并对创业者和项目团队产生信任感，从而恰到好处地实现融资项目的。从这个意义上讲，过短或太长的商业计划书都不会达到满意的效果。

商业计划书的艺术性还体现在，商业计划书的完成过程其实就是创业者对企业成长过程的规划,而不仅仅是一份分析报告。创业路上充满艰辛,任何的创业项目都有风险,创业者在制订商业计划书的过程,其实就是对企业潜在问题和已存在问题的再认识、再思考过程。风险投资者首先需要看到的是一份诚实的计划书,项目本身发展阶段的不完善是客观和普遍存在的,创业者更重要的是提出所面临困难的解决办法。这样一项融资中至关重要的工作,创业者最好是在有经验的融资机构的辅导下完成,既可避免融资方的盲点和误区,又可借助专业顾问的力量完善商业和盈利模式,而且更容易打动投资方,并可以与投资银行的融资活动顺利对接,少走弯路,提高项目融资成功率。

一份优秀的商业计划书是打动投资者对项目融资的"敲门砖",创业者在制作商业计划书的时候,一定要尽量避免以上3个误区,制作出一份含金量高的商业计划书。

9.2.3 商业计划书应重视的"四个关键"

创办企业的第一件要事就是设计商业计划书,一份强有力的商业计划书是吸引投资家的关键所在。因此,制作一份简练而有说服力的商业计划书,是进行成功融资的第一步。产业风险投资公司对商业计划书的基本要求集中在4个方面:商业模式、管理团队、市场空间和竞争态势,这是创业者必须高度关注的4个关键问题。

1) 独到的商业模式

当今企业的竞争已经从产品层面上的竞争上升到商业模式层面的竞争。商业模式决定企业价值的实现,好的商业模式就是创造好的企业价值。独到的商业模式必须紧贴市场、以客户为本,满足需求,特别是个性化需求和整体解决方案,为客户创造独到的价值,只有为客户创造了好的价值,才能从中分享价值,从而实现丰厚的企业价值。

良好的商业模式也决定了企业项目的成功与否。找到属于自己的商业模式,依靠什么来吸引客户、依靠什么来赚钱,这都是在商业计划书里可以探讨的。当然,商业模式并不是一成不变的,需要适时地调整,才能打造属于自己独特的商业模式。

2) 可拓展的市场空间

市场是企业的根本,市场空间决定企业的发展空间和可持续经营。拓展战略是多角度、多层次的一种延展战略。市场拓展战略的选择依赖于市场本身的特征、各个市场的联系、市场竞争状况以及企业所具备的实力等条件。所以,企业在选择市场目标拓展战略时应做深入细致全面的分析。产业项目的市场要具有可拓展性,可以从低端市场向中端、高端市场拓展。总之,市场的可拓展性对企业的发展至关重要。对于那些市场增长率和相对市场占有率都高的企业,由于增长迅速,企业必须投入巨资以支持其发展。

3) 互补的团队管理

常言道"以人为本",人是最重要、最根本的,起着决定性的因素,人才也是企业发展的关键和决定性的因素,专业技术人才更是推动企业发展,增强后劲的关键。对于大多数大学生创业团队来讲,在技术和经验方面相比其他创业者来讲要弱一些,但有的是充足的干劲和较好的学习能力,因此在撰写商业计划书的时候,可以着重介绍团队成员的学历背景、工作经历和创业经历等,如果学历不出色可以选重点的介绍,比如丰富的创业经历。除了经历外,还需要列出一些主要成就,尽量用数据来展示。

另外,在团队成员中有不同专业的人员,有懂经营的,有懂技术的,有懂财务的,有懂市场的各种人员;又有不同性格的人员,有善于战略谋划的,有精于管理执行的,有对外公关的。而团队的结构就成为决定管理团队的关键因素,团队的组成不应是单一的,而是多元的、互补的,所以团队的领导者,必须是具备比较全面的管理素质,带领一帮人发挥整体能力的帅才。投资是投入,互补的管理团队是投资者的决定性选择。

4)有壁垒的竞争态势

市场竞争是不可避免的,但竞争壁垒决定着竞争的态势。企业在选择创业项目时,必须考虑提高竞争壁垒,以形成相对好的发展环境。当代市场竞争越发贴近于客户需求,客户需求的大规模的快速改变使企业家对竞争壁垒的认识也逐渐发生改变。竞争涉及很多方面,如技术壁垒、资源壁垒等,但最核心的在于客户体验的竞争壁垒。只有为客户、用户创造价值得到最大化才是尊重客户核心价值,而尊重核心价值才是建立核心竞争力的目标,客户核心价值才是企业的根本目标。通过提高市场进入壁垒,以获得持久的竞争能力。

【思考题】

1.商业计划书主要包含哪些内容?

2.论证商业计划的途径与方法有哪些?

第10章 创办新企业

【学习目标】

1.了解初创企业组织形式的含义。

2.掌握创业者可以选择的几种企业法律形式及其特点。

3.把握新企业创建的程序和步骤。

4.理解新创企业选址的各种影响因素。

5.熟悉选址的评估过程及步骤。

【知识要点】

1.为什么要注册成为一个企业?

2.政府为什么鼓励创业但同时又对企业注册设定了那么多的限制?

3.创业时设立什么形式的新企业?

4.成立新企业要考虑哪些问题?

5.怎样注册新企业?

6.为什么要重视新企业选址?

7.新企业怎样选址?

10.1 初创企业组织形式的选择

创业为什么就一定要注册企业呢?不注册企业,如果能以个人身份跑业务不是更简单吗?

虽然我们有时候确实以个人身份跑业务,但实际上在绝大多数情况下,不以企业的形式运作还真是行不通。这里告诉你,注册企业好处如下:

- 在行业竞争中逐步提升企业品牌的价值,为企业长远发展打下基础;
- 企业比个人可信度高、有竞争力;

• 企业可以有效地利用社会人力资源创造价值，而非单打独斗；

• 企业受法律保护，产品有专利；若没有注册企业，那就是非法经营，被抓到可是要罚款的；

• 对于一些经营上的需求，如品牌代理，或者招投标，需要取得某个资质等，都是需要法人身份的，所以需要注册有限公司等，如果有上市需求，或者股票需求，则应注册股份有限公司。

• 贷款方便，个人贷款要有资产或资金或担保人才能贷到；但对于企业来说，只要有效益，有良好的信誉，贷起款来要比个人来说方便得多。

这样说来，注册企业来创业真是好处多多。但企业的组织形式众多，创业者怎样选择呢？

10.1.1 初创企业组织形式的含义

创业活动本身是一种经济活动，也是一种法律活动。创业之初，创业者面临的第一个问题就是创业者需要设立何种形式的组织，通过何种主体去实现个人的创业梦想，这个问题就是初创企业的组织形式。

在理解初创企业组织形式的含义之前，我们先来弄清楚几个容易混淆的概念。

【知识窗】

请思考以下几个问题？

①企业＝公司？
②自然人＝法人？
③法人＝法定代表人？

其实，以上三个问题中的概念均不尽相同，具体见表10-1：

表10-1 初创企业组织形式相关概念比较

	概　念	异同点
企业	一般是指以营利为目的，运用各种生产要素（土地、劳动力、资本、技术和企业家才能等），向市场提供商品或服务，实行自主经营、自负盈亏、独立核算的法人或其他社会经济组织。	二者均是以营利为目的的组织形式，但公司只是企业的一种，是完全包含关系。
公司	依法设立的，有独立的法人财产，以营利为目的的企业法人。	

续表

	概　念	异同点
自然人	根据我国《民法》，自然人即生物学意义上的人，是基于出生而取得民事主体资格的人。其外延包括本国公民、外国公民和无国籍人。	1.法人是社会组织在法律上的人格化，而不是实实在在的生命体，其依法产生、消亡，而非依自然规律出生、死亡。 2.法人是一些自然人的集合体，即法人是集合的民事主体，自然人则是以个人本身作为民事主体。 3.法人只能依法成立，其民事权利能力、民事行为能力与自然人不同。
法人	法人是一种社会组织，像政府、事业单位、社会团体（比如各种协会、寺庙等）、公司、军队都是法人。	
法人	同上	法人和法定代表人是在日常生活中最容易搞混的两个词，经常有人问“你们公司的法人是谁？”其实问的是“你们公司的法定代表人是谁？”
法定代表人	依法代表法人行使民事权利，履行民事义务的主要负责人（如工厂的厂长、公司的董事长等）。	

再请同学们思考一个问题：法定代表人是不是公司的实际控制人？

答：不一定。实际控制人是能够实际支配公司行为的人，可以是自然人、法人或其他组织，而法定代表人只是代表法人行使民事权利，可能连股份都没有。

所以，初创企业本身也属于法人，它可以是一个公司，也可以以公司以外的任何一种企业形态存在。由此，我们可以得到初创企业组织形式的定义。

初创企业组织形式是指初创企业财产及其生产活动的组织状态，它表明初创企业的财产构成、内部分工协作与外部社会经济联系等方式。

初创企业组织形式的选择不仅关系到创业者纳税的多少，还关系到企业的注册流程、创业者个人须承担的责任以及创业者的融资行为。我们将在本节“影响初创企业组织形式选择的因素”中作具体阐述。

10.1.2　初创企业组织形式的分类

根据我国法律法规，我国的企业组织形式很多，有公司（包括有限责任公司、股份有限公司、一人公司）、外商独资企业、中外合资企业、中外合作企业、集体企业、股份合作制企业、个人独资企业、合伙企业、个体工商户、加盟连锁等。

作为初创企业来讲，最可能涉及的组织形式包括独资企业、合伙企业和公司（有限责任公司、股份有限公司、一人公司）、个体工商户。

【知识窗】

1.假如创业者一人创业，可以选择哪些组织形式？

答：创业者一人创业，可以选择个体工商户、一人公司、个人独资企业。

2.假如多人共同创业,可以选择哪些组织形式?

答:多人共同创业,可以选择的组织形式有有限责任公司、合伙企业、股份合作制企业。

1)个人独资企业

个人独资企业,西方也称"单人业主制"。它是由个人出资创办的,有很大的自由度,所有的决定权全在企业主一个人。赚了钱,交了税,所有利润全归企业主;赔了本,欠了债,全由企业主的资产来抵偿。我国的个体户和私营企业很多属于此类企业。

(1)个人独资企业的特点

根据国家工商总局的《个人独资企业登记指南》,个人独资企业具有以下特点:

①企业的建立与解散程序简单。

②经营管理灵活自由。企业主可以完全根据个人的意志确定经营策略并进行管理。

③企业主对企业的债务负无限连带责任,有利于保护债权人利益,所以独资企业不适宜风险大的行业。

④企业的规模有限。独资企业有限的经营所得、企业主有限的个人财产、企业主一人有限的工作精力和管理水平等都制约着企业经营规模的扩大。

⑤企业的存在缺乏可靠性。独资企业的存续完全取决于企业主个人的得失安危,企业的寿命有限。在现代经济社会中,独资企业发挥着重要作用。

【知识窗】

如果一个个人独资企业不能偿还其债务,债权人可以采取什么补救措施呢?

答:由于企业主对企业的债务负无限责任。当企业的资产不足以清偿其债务时,企业主以其个人财产偿付企业债务。即债权人可以剥夺企业主的其他私人财产。

(2)个人独资企业的优缺点

个人独资企业是企业制度序列中最初始和最古典的形态,也是民营企业中最常见的形式之一。其实有不少我们现在看到的大企业、大集团,当初在创业的时候都是以个人独资企业的身份开始的。之所以会这样,是鉴于个人独资企业有以下优点:

①"四权统一"。四权指的是资产所有权、控制权、经营权、收益权,这四种权力在个人独资企业内部高度统一。四权统一有利于保存商业机密,有利于创业者创业精神的发扬。所以很多以配方为核心竞争力的企业都是个人独资企业,至少是从个人独资企业起步的,像"老干妈""俏江南"这些我们熟知的品牌。

②创业者自负盈亏和对企业的债务承担无限责任成为强硬的预算约束。企业经营好坏同创业者个人的经济利益乃至身家性命紧密相连,因此,创业者会尽心竭力地把企业经营好。

③外部法律法规等对企业的经营管理、决策、进入与退出、设立与破产的制约较小。

【案例】

老干妈陶华碧独自创业

要说贵州“老干妈”是与茅台齐名的品牌丝毫不夸张,这是一个每天卖出130万瓶辣椒酱,一年销售额高达25亿元的知名家族企业,其产品遍布中国各地的大小超市以及五大洲的30多个国家和地区,用娃哈哈的一位经理的话说:“有华人的地方,就有‘老干妈’”。虽然现在创始人陶华碧已经完全退出了其所有股权,但是在她的企业创立之初,也仅仅是个人独资企业。甚至在企业运营之前,陶华碧只是在贵阳市南明区龙洞堡贵阳公干院的大门外侧,开了个十分简陋的小餐馆——“实惠饭店”,专卖凉粉和冷面。这个餐馆其实就是她用捡来的半截砖、油毛毡和石棉瓦搭起的“路边摊”而已,餐厅的背墙就是公干院的围墙,根本谈不上是任何形式的“企业”。后来,在龙洞堡街道办事处和贵阳南明区工商局干部的反复游说下,再加上不少受其照顾的学生一再劝说,1996年8月,陶华碧才借用南明区云关村村委会的两间房子,办起了“老干妈”辣椒酱加工厂,这时候才算有了个人独资企业的雏形。

虽然个人独资企业有如上的优点,但它也有比较明显的缺点:

①如果规模较小则难以筹集大量资金。创业者个人的资金终归有限,当企业还处于发展初期规模较小的时候借贷款难度也较大。因此,个人独资企业反过来也限制了企业的发展。

②高风险成为创业者的软约束。创业者以个人财产对企业承担无限责任,在硬化了企业预算约束的同时,也带来了创业者承担风险过大的问题,从而限制了创业者向风险较大的部门或领域进行投资的活动,对新兴产业的形成和发展极为不利。

③企业经营的连续性得不到保障。企业所有权和经营权高度统一的产权结构,虽然使企业拥有充分的自主权,但也意味着企业是创业者个人的企业,创业者的健康、学识、能力以及其所受的各种影响,都可能关乎企业的存亡。

④企业内部的基本关系是雇佣劳动关系,劳资双方利益目标的差异构成企业内部组织效率的潜在危险。

(3)个人独资企业的事务管理

根据《中华人民共和国个人独资企业法》的规定,投资人可以自行管理企业事务,也可以委托或者聘用他人负责企业的事务管理。

(4)个人独资企业的解散和清算

①解散事由:

a.投资人决定解散;

b.投资人死亡或者被宣告死亡,无继承人或者继承人决定放弃继承;

c.被依法吊销营业执照;

d.法律规定的其他情形。

②清算人：

投资人可以自行清算或者由债权人申请人民法院指定清算人进行清算。

③债权申报期限：

债权人应当在接到通知之日起30日内,未接到通知的债权人应当在公告之日起“60日”内,向投资人申报债权。

④财产的清偿顺序：

a.所欠职工工资和社会保险费用；

b.所欠税款；

c.其他债务。

个人独资企业财产不足以清偿债务的,投资人应当以其个人的其他财产予以清偿。

⑤注销登记。个人独资企业清算结束后,投资人或者人民法院指定的清算人应当编制清算报告,并于清算结束之日起15日内到原登记机关办理注销登记。

⑥个人独资企业解散后,原投资人对个人独资企业存续期间的债务仍应承担偿还责任,但债权人在“5年”内未向债务人提出偿债要求的,该责任消灭。

(5)缴纳税收

个人独资企业按照现行税法规定不交企业所得税,而是交个人所得税,适用《个人所得税法》,采用5%~35%的超额累进税率。

【案例】

假如一家个人独资企业2016年的应纳税所得额是16 500元,其应纳税额为多少？

表10-2　个人独资企业税率表①

级　数	全年应纳税所得额	税率/%	速算扣除数
1	不超过15 000元的	5	0
2	超过15 000元至30 000元的部分	10	750
3	超过30 000元至60 000元的部分	20	3 750
4	超过60 000元至100 000元的部分	30	9 750
5	超过100 000元的部分	35	14 750

应纳税额的计算公式：

$$应纳税额=应纳税所得额\times适用税率-速算扣除数$$

① 资料来源:《中华人民共和国个人所得税法》,2011年6月.文字有删减。

(6)法律地位

要注意的是,虽然我们把个人独资企业称作“企业”,但其法律地位的集中表现是其不具有独立的法律人格,不具有法人地位,是典型的非法人企业。

按法律人格理论,民事主体人格分为自然人人格和法人人格,独资企业本身不是独立的法律主体,不具有法人人格,其从事民事或商事活动是以独资企业主的个人人格或主体身份进行的,实质上是自然人从事商业经营的一种组织形式。

2)合伙企业

合伙企业是由几个人、几十人,甚至几百人联合起来共同出资创办的企业。依照《中华人民共和国合伙企业法》,它是在中国境内设立,由各合伙人订立合伙企业协议,共同出资、合伙经营、共享收益、共担风险,并对合伙企业债务承担无限连带责任的营利性组织。合伙企业不如独资企业自由,决策通常要合伙人集体作出,但它具有一定的企业规模优势。很多会计师事务所、律师事务所、股权投资基金等专业服务机构都是以这种方式设立的。

(1)合伙企业的分类

在说明这个问题之前,要求同学们带着一个疑问去学习以下的知识:

一个纯粹的财务投资人(不参与企业具体的经营事务的投资人)应该以什么合伙人的身份加入合伙企业呢?

合伙企业通常分为普通合伙企业和有限合伙企业。其中,普通合伙企业又包含特殊的普通合伙企业。

普通合伙企业由2人以上普通合伙人(没有上限规定)组成。

普通合伙企业中,合伙人对合伙企业债务承担无限连带责任。

特殊的普通合伙企业中,一个合伙人或数个合伙人在执业活动中因故意或者重大过失造成合伙企业债务的,应当承担无限责任或者无限连带责任,其他合伙人则仅以其在合伙企业中的财产份额为限承担责任。

【知识窗】

普通合伙人承担无限责任,其他合伙人承担有限责任的好处是什么?

答:这样有助于那些采取合伙制的专业服务机构不断地扩大规模。这也是我国加入世贸组织后,为适应国际经济形势,从专业服务机构的发展需要上考虑而采取的一个重要举措。

有限合伙企业由2人以上50人以下的普通合伙人和有限合伙人组成,其中普通合伙人和有限合伙人都至少有1人。当有限合伙企业只剩下普通合伙人时,应当转为普通合伙企业,如果只剩下有限合伙人时,应当解散。普通合伙人对合伙企业债务承担无限连带责任,有限合伙人以其认缴的出资额为限对合伙企业债务承担责任。

【知识窗】

表 10-3 有限责任合伙企业与有限合伙企业的比较

	有限责任合伙企业	有限合伙企业
隶属	普通合伙	有限合伙
债务承当	债务承担更加灵活、合理,是谁致错(强调故意致错)谁承担无限责任(如果是多人致错,就是无限连带责任),其他合伙人只用承担有限责任,如果是非故意带来的债务,是由全体合伙人承担无限连带责任	有限合伙人承担有限责任,无限合伙人承担无限连带责任,债务承担很固定,但不能很好地体现谁致错谁承担的责任理念,并且不区别是否是故意带来的债务
对债权人的保护程度	对债权人的保护相对不力,因此,法律要求有限责任合伙建立执业风险基金、办理职业保险,以保护债权人利益	对债权人的保护相对有力

(2)合伙企业的特点

①生命有限。

合伙企业比较容易设立和解散。合伙人签订了合伙协议,就宣告合伙企业的成立。新合伙人的加入,旧合伙人的退出、死亡、自愿清算、破产清算等均可造成原合伙企业的解散以及新合伙企业的成立。

②责任无限。

合伙组织作为一个整体对债权人承担无限责任。按照合伙人对合伙企业的责任,合伙企业可分为普通合伙和有限合伙。普通合伙的合伙人均为普通合伙人,对合伙企业的债务承担无限连带责任。

【案例】

甲、乙、丙、丁四人成立的合伙企业破产,甲、乙已无个人资产抵偿企业所欠债务,这时丙、丁已依约还清应分摊的债务,请问丙、丁的法律义务是否就此完结?

答:虽然丙、丁已依约还清应分摊的债务,但仍有义务用其个人财产为甲、乙两人还清所欠的应分摊的合伙债务,当然,此时丙、丁对甲、乙拥有财产追索权。

【案例】

判断题:有限责任合伙企业由一个或几个普通合伙人和一个或几个责任有限的合伙人组成,即合伙人中至少有一个人要对企业的经营活动负无限责任,而其他合伙人只能以其出资额为限对债务承担偿债责任,因而这类合伙人一般不直接参与企业经营管理活动。

答:正确。

③相互代理。

合伙企业的经营活动，由合伙人共同决定，合伙人有执行和监督的权利。合伙人可以推举负责人。合伙负责人和其他人员的经营活动由全体合伙人承担民事责任。换言之，每个合伙人代表合伙企业所发生的经济行为对所有合伙人均有约束力。因此，合伙人之间较易发生纠纷。

④财产共有。

合伙人投入的财产，由合伙人统一管理和使用，不经其他合伙人同意，任何一位合伙人不得将合伙财产移为他用。只提供劳务，不提供资本的合伙人仅有权分享一部分利润，而无权分享合伙财产。

⑤利益共享。

合伙企业在生产经营活动中所取得、积累的财产，归合伙人共有，如有亏损则亦由合伙人共同承担。损益分配的比例，应在合伙协议中明确规定；未经规定的可按合伙人出资比例分摊，或平均分摊。以劳务抵作资本的合伙人，除另有规定外，一般不分摊损失。

(3)合伙协议的大致内容

为了避免经济纠纷，在合伙企业成立时，合伙人应首先订立合伙协议(又叫合伙契约，或叫合伙章程)，其性质与公司章程相同，对所有合伙人均有法律效力，一般包括以下内容：

①合伙企业名称(或字号)和所在地及地址；

②合伙人姓名及其家庭地址；

③合伙企业的经营以及设定的存续期限；

④合伙企业的设立日期；

⑤合伙人的权利和义务；

⑥合伙人的投资形式及其计价方法；

⑦合伙的退伙和入伙的规定；

⑧损益分配的原则和比率；

⑨付给合伙人贷款的利息；

⑩付给合伙人的工资；

⑪每个合伙人可以抽回的资本；

⑫合伙人死亡的处理以及继承人权益的确定；

⑬合伙企业结账日和利润分配日；

⑭合伙企业终止以及合伙财产的分配方法；

⑮其他需经全体合伙人同意的事项。

(4)合伙企业的优缺点

①合伙企业的优点。

a.与个人独资企业相比较，合伙企业可以从众多的合伙人处筹集资本，合伙人共同偿还债务，减少了银行贷款的风险，使企业的筹资能力有所提高。

b.与个人独资企业相比较，合伙企业能够让更多投资者发挥优势互补的作用，比如技术、知识产权、土地和资本的合作，并且投资者更多，事关自己切身利益，大家共同出力谋划，集思广益,提升企业综合竞争力。

c.与一般公司相比较,由于合伙企业中至少有一个负无限责任,使债权人的利益受到更大保护,理论上来讲,在这种无限责任的压力下,更能提升企业信誉。

d.与一般公司相比较,理论上来讲,合伙企业盈利更多,因为合伙企业交的是个人所得税而不是企业所得税,这也是其高风险成本的收益。

②合伙企业的缺点。

a.由于合伙企业的无限连带责任,对合伙人不是十分了解的人一般不敢入伙;就算以有限责任人的身份入伙,由于有限责任人不能参与事务管理,这就产生有限责任人对无限责任人的担心,怕他不全心全意地干,而无限责任人在分红时,觉得所有经营都是自己在做,有限责任人就凭一点资本投入就坐收盈利,又会感到不公平。

b.虽说连带责任在理论上来讲有利于保护债权人,但在现实生活中操作起来往往不然。如果一个合伙人有能力还清整个企业的债务,而其他合伙人连还清自己那份的能力都没有时,按连带责任来讲,这个有能力的合伙人应该还清企业所欠所有债务。但是,他如果这样做了,再去找其他合伙人要回自己垫付的债款是非常麻烦的,因此,很可能他不会独立承担所有债款。

(5)合伙协议的税务处理

根据国务院的规定,从2000年1月1日起,合伙企业只对投资者个人取得的生产经营所得征收个人所得税。凡实行查账征税办法的,其税率比照“个体工商户的生产经营所得”应税项目,适用5%~35%的五级超额累进税率计算征收个人所得税;实行核定应税所得率征收方式的,先按照应税所得率计算其应纳税所得额,再按其应纳税所得额的大小,适用5%~35%的五级超额累进税率计算征收个人所得税。投资者兴办两个或两个以上企业的(包括参与兴办),年度终了时,应汇总从所有企业取得的应纳税所得额,据此确定适用税率并计算缴纳个人所得税。其税收优惠为残疾人员投资兴办或参与投资兴办个人独资企业和合伙企业的,残疾人员取得的生产经营所得,符合各省、自治区、直辖市人民政府规定的减征个人所得税条件的,经本人申请、主管税务机关审核批准,可按各省、自治区、直辖市人民政府规定减征的范围和幅度减征个人所得税。其申报缴纳期限,投资者应纳的个人所得税税款按年计算,分月或者分季预缴,由投资者在每月或者每季度终了后7日内预缴,年度终了后3个月内汇算清缴,多退少补。

(6)合伙企业的解散

合伙企业解散,就是各合伙人解除合伙协议,合伙企业终止活动;合伙企业解散后,必须经过清算程序,了结合伙事务。

①解散事由。

合伙企业有下列情形之一时,应当解散:

合伙协议约定的经营期限届满时,合伙人不愿继续经营的;合伙协议约定的解散事由出现;全体合伙人决定解散;合伙人已不具备法定人数;合伙协议约定的合伙目的已经实现或者无法实现;被依法吊销营业执照;出现法律、行政法规规定的合伙企业解散的其他原因。

②清算人的确定。

合伙企业解散后应当进行清算，并通知和公告债权人；清算人由全体合伙人担任，未能由全体合伙人担任清算人的，经全体合伙人过半数同意，可以自合伙企业解散后15日内指定一名或者数名合伙人，或者委托第三人；15日内未确定清算人的，合伙人或者其他利害关系人可以申请人民法院指定清算人。

③清算事务。

下列六项由清算人执行，即清理合伙企业财产，分别编制资产负债表和财产清单；处理与清算有关的合伙企业未了结的事务；清缴所欠税款；清理债权、债务；处理合伙企业清偿债务后的剩余财产；代表合伙企业参与民事诉讼活动。

④合伙企业财产清偿顺序。

支付清算费用—所欠职工工资和劳动保险费用—合伙企业所欠税款—合伙企业的债务—返还合伙人的出资—仍有剩余的，再行按照约定比例或者法定比例分配给合伙人。

⑤解散后原合伙人的责任。

合伙企业解散后，原合伙人对合伙企业存续期间的债务仍应当承担无限连带责任，但债权人在五年内未向债务人提出偿还请求的，该责任消灭。

⑥清算报告。

清算结束，应当编制清算报告，经全体合伙人签名、盖章后，在15日内向企业登记机关报送，办理合伙企业注销登记。

【案例阅读】

甲、乙、丙共同投资设立了一合伙企业。合伙协议约定：甲、乙为普通合伙人，分别出资100万元；丙为有限合伙人，出资300万元；甲执行合伙企业事务，对外代表企业，其他两人均不再执行合伙企业事务，但签订购销合同及代销合同应经其他合伙人同意。2016年2月，甲以合伙企业的名义与A公司签订了一份100万元的买卖合同。乙获知后，认为该买卖合同损害了合伙企业的利益，且甲的行为违反了A企业内部规定的甲无权单独与第三人签订买卖合同的限制，遂要求各合伙人作出决议，撤销甲代表A企业签订合同的资格。请问甲以合伙企业的名义与A公司签订的买卖合同是否有效？并说明理由。

答：甲以合伙企业的名义与A公司签订的买卖合同有效。根据《合伙企业法》的规定，合伙企业对合伙人执行合伙企业事务以及对外代表合伙企业权利的限制不得对抗善意的第三人。在本题中，A公司属于不知情的善意第三人，因此，买卖合同有效。

3）公司

公司是按所有权和管理权分离，出资者按出资额对公司承担有限责任创办的企业。

(1)公司的类型

现行我国《公司法》规定的公司包括有限责任公司和股份有限公司。

有限责任公司指不通过发行股票，由为数不多的股东集资组建的公司(一般由2人以上50人以下股东共同出资设立)，其资本不需划分为等额股份，股东在出让股权时受到一定的限制。在有限责任公司中，董事和高层经理人员往往具有股东身份，使所有权和管理权的分离程度不如股份有限公司那样高。有限责任公司的财务状况不必向社会披露,公司的设立和解散程序比较简单,管理机构也比较简单,比较适合中小型企业。

股份有限公司全部注册资本由等额股份构成并通过发行股票(或股权证)筹集资本,公司以其全部资产对公司债务承担有限责任的企业法人(应当有 2 人以上 200 人以下为发起人,注册资本的最低限额为人民币 500 万元),其主要特征是:公司的资本总额平分为金额相等的股份;股东以其所认购股份对公司承担有限责任,公司以其全部资产对公司债务承担责任;每一股有一表决权,股东以其持有的股份享受权利,承担义务。

另外还有一种常见的公司形式—— 一人公司。一人公司也叫独资公司、独股公司,指仅有一个股东持有公司全部出资的有限责任公司或仅有一个股东持有全部股份的股份有限公司。别看股东只有一个,其实它还是属于有限责任公司或股份有限公司的范畴。

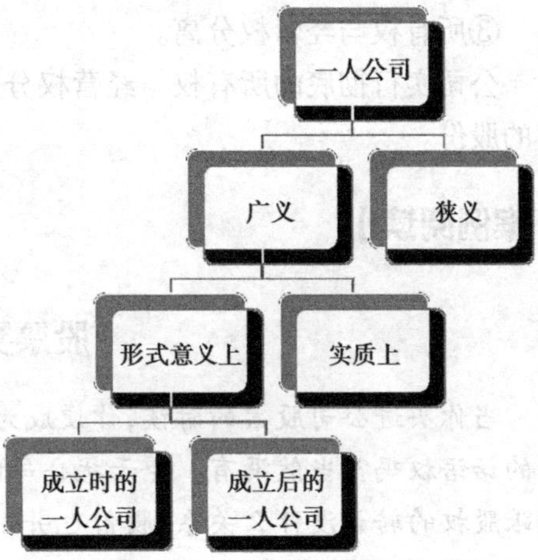

图 10-1 一人公司的分类

成立时的一人公司,指公司在成立时就仅有一名股东,只存在于允许设立一人公司的国家和地区。成立后的一人公司,则是在公司成立时符合法定人数,但由于股份的转让、赠予、继承等诸多原因,而导致仅有一名股东控制公司的全部出资或股份的情况,这种公司一般仅存在于不允许设立一人公司但允许存续中成为一人公司的情况。实质上的一人公司是指公司在设立时,公司股东人数符合法定最低人数的要求,但实际上真正的出资人只有一人,其他挂名股东或出资人都是为了逃避公司法规定而出现的,只是为真正股东的出资代持股份。

【知识窗】

课堂讨论:我国《公司法》第 2 条规定:“本法所称公司是指依照本法在中国境内设立的有限责任公司和股份有限公司。”对于此条法律的理解,也就是说,《公司法》只规定了两类公司:有限责任公司与股份有限公司。那对于一人公司、无限责任公司、两合公司等其他的公司形态,我们应该怎样来理解呢?

(2)公司的优点

从税收缴纳的角度看,合伙企业只缴纳个税,而公司却要多缴一个企业所得税,那为什么大家还要去创立公司,都设立合伙企业不是可以少缴税吗?

市场经济要求平等的市场主体按照等价交换的原则,通过公平竞争,从市场取得和向市场提供商品,促进整个市场合理流动,实现结构架置优化、资源合理配置。市场经济的要求决定了市场主体必须拥有明晰界定的财产权,而且必须是独立的、平等的。法人制度以其独特的性质使法人在市场经济中充当了主要的角色。公司作为法人的一种形态,其特质完全符合市场经济的要求,这必然使公司成为市场经济的主体。在市场经济中,与其他市场主体相比,设立公司的优点可以归结为以下方面:

①责任有限。

公司股东只以自己的投资额为限对公司的债务承担有限责任,其决定了股东既可满足投资者谋求利益的需求,又可以将其承担的风险限定在一个合理的范围内,能够增加其投资的积极性。

②融资能力强。

公司特别是股份有限公司可以公开发行股票、债券,可以广泛利用社会资本,便于企业做大做强。

③所有权与经营权分离。

公司实行彻底的所有权与经营权分离的原则,通常可以在不干扰企业的条件下转让企业的股份。

【案例阅读】

股票买卖与公司经营

当你买进公司股票的时候,你便成为公司的股东,但是你感觉自己是否拥有了对公司经营的话语权吗?当然没有。会干扰公司的经营决策吗?当然也不会。甚至公司股价的高低也跟股权的转让没什么关系,股价也并不能说明公司经营的好坏。著名的投资大师彼得·林奇说过,股票的价格并不总是同步地反映公司的经营状况。比如万科的股价在2016年底最高的时候达到了29元,到2017年5月份接近年中的时候最低跌到了18.32元,但是从半年报看,其2017年上半年的营业收入达到了698.1亿元,净利润达到73.03亿元,同比增长36.47%[①],这样的经营业绩于129家在A股上市的地产公司中排名第六,这样的成绩还是非常耀眼的。因此,当公司的业绩看着不错的时候你去买股票,可能得到的结果却是股价的大幅下跌,原因就是公司所有权与经营权的分离。

④组织结构合理。

公司特有的组织结构形式使公司的资本、经营运作趋于利益最大化,更好地实现投资者的收益。

⑤存续时间长,稳定性高。

公司形态完全脱离个人色彩,是以资本的永久性联合为基础,股东的个人生存安危不影响公司的正常运营。

(3)有限责任公司的特点

有限责任公司(有限公司)是我国企业实行公司制最重要的一种组织形式,指根据《中华人民共和国公司登记管理条例》规定登记注册。其优点是设立程序比较简单,不必发布公告,也不必公布账目,尤其是公司的资产负债表一般不予公开,公司内部机构设置灵活。其缺点是由于不能公开发行股票,筹集资金范围和规模一般都比较小,难以适应大规模生产经营活动的需要。因此,有限责任公司这种形式一般适合于中小企业。

① 资料来源:《万科企业股份有限公司2017年本年度报告》,2017.

【案例阅读】

公司财产和创业者个人财产切记要分开

2012年8月31日，真功夫原董事长蔡达标因职务侵占罪、挪用资金罪、抽逃出资罪三项罪名被广州市天河区人民检察院提起公诉，并于广州市天河区法院出席开庭审理。在检察院的起诉书中显示，被告人蔡达标及李跃义、丁伟琴、蔡亮标、洪人刚等人无视国家法律，利用公司人员职务上的便利，将单位财物非法占为己有，数额达1 200余万元；利用公司人员职务上的便利，挪用单位资金归个人使用，数额达1 800余万元；在公司成立后抽逃其出资，数额达1 500余万元；其行为共同触犯了《中华人民共和国刑法》第二百七十一条、第二百七十二条、第一百五十九条，犯罪事实清楚，证据确实充分，应当以职务侵占罪、挪用资金罪、抽逃出资罪追究其刑事责任。最终蔡达标被判职务侵占罪和挪用资金罪，获刑14年。

为什么红极一时的企业家会沦为阶下囚？最大的原因就在于他的公司没有完善的财务制度，他没有把公司财产和他的个人财产分开。其实很多创业者在创业过程中都错误地将公司理解为自己的私人财产，因此天真地认为公司的钱也是自己的钱。这种意识是十分危险的，公司应该是独立于创业者的"法人"。在一人有限公司中，股东如果不能证明公司财产独立于股东自己的财产的，应当对公司债务承担连带责任。如果出现公司财产与个人财产交叉使用的情况，就有可能还会涉及挪用资金等刑事案件。

(4)股份有限公司的特征

①基本特征。

股份有限公司是独立的经济法人；股份有限公司的股东人数不得少于法律规定的数目，如法国规定，股东人数最少为7人，且法律对公司股东人数只有最低限度，无最高额规定；股份有限公司的股东对公司债务负有限责任，其限度是股东应交付的股金额；股份有限公司的全部资本划分为等额的股份，通过向社会公开发行的办法筹集资金，任何人在缴纳了股款之后，都可以成为公司股东，没有资格限制；股东以其所认购股份对公司承担有限责任，公司以其全部资产对公司债务承担责任；每一股有一表决权，股东以其所认购持有的股份享受权利，承担义务；公司股份可以自由转让，但不能退股；公司应当将经注册会计师审查验证过的会计报告公开，以便于投资人了解公司情况，进行选择；公司设立和解散有严格的法律程序，手续复杂。

【知识窗】

有限责任公司的资本也都划分为股份，请问和股份有限公司的股份有区别吗？

答：有限责任公司的股份和股份有限公司的股份是有区别的。有限责任公司虽然也将资本划分为股份，但其并不公开发行股票，股份也就不能自由转让；而股份有限公司是典型的"资合公司"，目前证券市场上发行和流通的股票都是由股份有限公司发行的，也就是说，一个人能否成为股份有限公司的股东决定于他是否购买了股票，而不取决于他与其他股东的人身关系。因此,我们看到股份有限公司一旦在证券交易市场上市就能够迅速大量融资,这是其他所有类型的企业所无法相比的。

②一般特征。

a.股东具有广泛性。股份有限公司通过向社会公众广泛地发行股票筹集资本,任何投资者只要认购股票和支付股款,都可成为股份有限公司的股东。

b.出资具有股份性。股份制公司中,股东的出资具有股份性。

这一特征是股份有限公司和有限责任公司的区别之一。股份有限公司的全部资本划分为金额相等的股份,股份是构成公司资本的最小单位。

c.股东责任有限性。股份有限公司的股东对公司债务仅就其认购的股份为限承担责任,公司的债权人不得直接向公司股东提出清偿债务的要求。

d.股份公开性、自由性。股份公开性、自由性包括股份的发行和转让。股份有限公司通常都以发行股票的方式公开募集资本,这种募集方式使得股东人数众多,分散广泛。同时,为提高股份的融资能力和吸引投资者,股份必须有较高程度的流通性,股票必须能够自由转让和交易。

e.公司的公开性。股份有限公司的经营状况不仅要向股东公开,还必须向社会公开。使社会公众了解公司的经营状况,这也是和有限责任公司的区别之一。

【知识窗】

表 10-4　公司与合伙企业的比较

	公　司	合伙企业
是否为法人	是	否
延续性	永久	随合伙人丧亡而解散
承担责任	承担有限责任	普通合伙人对合伙债务负无限责任,有限合伙人对合伙债务负有限责任
行动准则	公司的章程大纲和章程	合伙企业协议
经营权	董事、经理	普通合伙人
成员的变动	一般不会影响公司的存续	会导致合伙企业解体
以企业名义对外行事	股东不可使公司因其行为受束缚	合伙人可随时以合伙企业的名义对外行事
企业商誉	公司成员不得侵占和擅用	合伙人共有
营利性	有营利性和非营利性公司	都以营利为目的

4)个体工商户

除了企业这种组织形式,还有不少大学生创业者会选择个体工商户经营的形式进行创业。

个体工商户简称个体户，是指有经营能力并依照《个体工商户条例》的规定经工商行政管理部门登记，从事个体工商业经营的公民。

个体工商户特别适合"单打独斗"的创业者，一般不需要团队作战，涉及的工商、税务问题也相对简单。

【案例阅读】

大学生自主创业挣大学生活费、学费

中新网武汉5月5日电(卢加聪　陈凌)5日凌晨4时，当同学还沉浸在梦乡的时候，维吾尔族小伙热扎克已从学校出发，前往武汉白沙洲水果批发市场进货。当他把新鲜水果摆放到自己水果摊时，身边同学才刚起床。

热扎克现年23岁，2013年考入湖北工业大学经管学院金融专业。大学三年来，他靠打工挣自己的学费和生活费。去年，他自主创业，在学校南门开了一家水果店，目前生意红火。

热扎克告诉记者，18岁生日那天，父亲递给他1 000元(人民币，下同)，"父亲当时说我是个大男人了，以后要自己养活自己"。他明白父亲的良苦用心，当即撕下一页纸，写下人生第一张欠条。

进入大学，他打零工积攒生活费、学费，同时尝试开网店和直销新疆特产创业，但因不了解网店运作、缺乏销售渠道等原因，他的两次创业均以失败告终。

"在吃饭都成问题的时候，身边同学、老师的支持，给了我继续下去的勇气。"热扎克说，同学借钱给他，辅导员直接把自己的存折交给他。再次创业时，他购进不易变质的干果，让宿管阿姨帮忙销售，小赚了一笔。

2015年暑假，他回老家帮父亲盖房子。父亲按劳动量发工资，他赚了近2万元。回校后，他用存下的钱在学校南门摆了一个水果摊，让女朋友经营，自己则做送快递、外卖等一些兼职。

当时，学校南门口已有四五家水果店，竞争激烈。热扎克售卖的水果直接来自新疆，新鲜又有特色，加上在做兼职时结识的朋友的帮助，他购进了凤梨、榴梿等一些本地不常见的水果，他的水果摊竞争优势明显，积累不少常客。

"不仅自力更生，还为其他新疆同学提供兼职岗位。他自立自强，学业创业两不误。"该校经管学院党委副书记张志国如是评价热扎克。

个体工商户具有以下特征：

①个体工商户是从事工商业经营的自然人或家庭。

②自然人从事个体工商业经营必须依法核准登记。个体工商户的登记机关是县以上工商行政管理机关。个体工商户经核准登记，取得营业执照后，才可以开始经营。个体工商户转业、合并、变更登记事项或歇业，也应办理登记手续。

③个体工商户只能经营法律、政策允许个体经营的行业。

④在依法核准登记的范围内，个体工商户享有从事个体工商业经营的民事权利能力和民事行为能力。个体工商户的正当经营活动受法律保护，对其经营的资产和合法收益，个体

工商户享有所有权。个体工商户可以在银行开设账户，向银行申请贷款，有权申请商标专用权，有权签订劳动合同及请帮工、带学徒，还享有起字号、刻印章的权利。

⑤《中华人民共和国民法总则》第56条规定：个体工商户的债务，个人经营的，以个人财产承担；家庭经营的，以家庭财产承担。即以个人名义申请登记的个体工商户，个人经营、收益也归个人者，对债务负个人责任；以家庭共同财产投资，或者收益的主要部分供家庭成员消费的，其债务由家庭共有财产清偿；在夫妻关系存续期间，一方从事个体工商户经营，其收入作为夫妻共有财产者，其债务由夫妻共有财产清偿；家庭全体成员共同出资、共同经营的，其债务由家庭共有财产清偿。

【知识窗】

表10-5　个人独资企业和个体工商户的比较

		个人独资企业	个体工商户
相同点	投资主体	自然人（公民）	
	投入的资产	都实行申报制，不需要经过法定的验资机构验资	
	承担法律责任的形式	以个人或家庭财产承担无限责任	
不同点	从业人数限制	没有从业人数限制	包括经营者本人、请帮手和带学徒等的雇工人员不得超过8人
	进入市场的必要条件	有合法的企业名称和必要的资金、场所、从业人员及生产经营条件	可从事临时经营、季节性经营、流动经营和没有固定门面的摆摊经营
	设立分支机构	可以	不行
	变更投资人姓名	可以	只有在家庭经营的组成形式下才能变更经营者姓名，而且必须是家庭成员
	所有权与经营权	可以分离，即投资者与经营者可以是不同的人，投资人可以委托或聘用他人管理个人独资企业事务	不能分离，必须是投资设立个体工商户的同一自然人

【知识窗】

本报北京10月26日讯　记者佘颖报道：国家工商总局个体私营经济监管司和中国个体劳动者协会今天联合发布的《中国个体私营经济与就业关系研究报告》显示，个体私营经济正在成为我国吸纳就业的主渠道，从业人员从1990年的2 263万人增加到2014年的2.5亿人增长了10倍。目前，私营企业正面临局部范围的“招工难”问题影响。

报告显示,个体私营经济从业人员占全国就业人员的比例从1990年的3.5%增长到2014年的32.36%,占全国就业人口的三分之一,从业人员多为低技能劳动者。截至今年9月底,我国个体私营经济共吸纳就业人员已经增长到2.73亿人。

在城镇就业中,个体私营经济就业的重要地位表现得更为明显。数据显示,1990年至2014年,城镇中个体私营经济就业占城镇就业人员的比例,从不到4%提高到42.91%,超过四成。

"个体私营经济已经成为吸纳就业人口的'蓄水池'。"中国个体劳动者协会副秘书长张久荣表示,应该进一步消除行业和地区壁垒,继续完善和逐步扩展水费优惠等政策,充分发挥个体私营经济在劳动力市场中的灵活性优势。

报告显示,2014年个体工商户平均就业吸纳能力达2.6人,其中,制造业和住宿餐饮业吸纳就业能力相对更强,平均每家工商户从业人员约为4人。

个体工商户吸纳的就业以低技能、中青年劳动者为主。在年龄结构方面,26至45岁人员约占2/3,45岁以上人员也占到约25%;在学历结构方面,高中及以下的员工超过90%,其中,初中及以下的超过一半,本科及以上的占比仅为2%。

报告显示,2014年私营企业平均就业吸纳能力达到12.6人,员工流动性总体稳定,仍然具有一定新增用工需求。大约20%的企业有计划在未来半年招用新员工,平均计划招聘8.6人。

2015年国家工商总局发布的《中国个体私营经济与就业关系研究报告》显示:2.73亿人在个体私营经济领域就业,吸纳全国就业人口1/3以上,城镇就业人口四成以上。个体私营企业大大缓解了社会的就业压力,而创业成功的非公有制企业则不断扩大了就业机会。据《走第三条道路——与你一起做自由职业者》的分析,中国的个体户,超过半数为生存型创业,而不是机会型创业。也就是说他们只能自我雇用、自己生存、自谋出路,不具有创造就业机会的功能,他们是自食其力的自由职业者。

10.1.3 不同的组织形式的责任承担方式

①注册个体工商户其经营收入归公民个人或家庭所有。其中,个人经营的,以个人财产偿还;家庭经营的,以家庭财产偿还。

②个人独资企业财产为投资人个人所有,投资人以其个人财产对企业债务承担无限责任。个人独资企业解散后,原投资人对个人独资企业存续期间的债务仍应承担偿还责任,但债权人在五年内未向债务人提出偿债请求的,该责任消灭。

③一人有限责任公司以公司财产对外承担责任,但股东不能证明公司财产独立于股东自己的财产的,应当对公司债务承担连带责任。

④合伙企业对企业债务先用合伙企业财产抵偿,在抵偿不足时,由合伙人以其财产承担无限连带责任。

⑤有限责任公司和股份有限公司以其全部财产对公司的债务承担责任,而股东则以其认缴的出资额(或认购的股份)为限对公司承担责任。

【知识窗】

请同学们梳理各种组织形式对企业债务承担责任的方式，并回答，从这个角度出发，在创业初期，企业采用哪种组织形式以有效降低创业风险？

答：由于公司以外的组织形式需要以个人财产对企业债务承担连带责任，而创业者的风险承担能力并不高，因此在创业初期，建议采用有限责任公司形式以降低创业风险。

10.1.4 影响初创企业组织形式选择的因素

【知识窗】

请大家帮助以下几位同学选择最适合他们的企业组织形式。

小红想在学校开间奶茶店。

小明和几位同学一起想做无人机航拍服务。

小马准备和几位同学一起搞个家教中心。

小刘想在学校门口卖早餐。

企业为什么都要在创立之前先考虑好组织形式呢？

组织形式的选择是我们创立企业的第一步工作，它会直接影响到企业将来发展的规模、创业者承担债务的形式，以及创业者将要付出的成本费用和取得收益的多少。初创企业只有选择了合适的组织形式，才有可能充分地调动各个方面的积极性，发挥企业的最大潜力。在决定初创企业的组织形式时，要考虑的因素主要是以下几方面：

1）税收

在西方发达国家，企业创办人首先考虑的因素就是税收。不同组织形式的企业在税收方面有不同的特点，投资者对企业不同组织形式的选择，其投资收益也将产生差别，进而影响企业的整体税收和获利能力。

比如说，我国对公司和合伙企业实行不同的纳税规定。国家对公司营业利润在企业环节上不仅要征收企业所得税，税后利润作为股息分配给个人投资者，个人投资者还需要缴纳一次个人所得税。而合伙企业则少了很大一项税——企业所得税，只征收合伙人分得收益后的个人所得税。但如果综合考虑企业的税基、税率、优惠政策等多种因素的存在，公司也有有利的一面，因为国家的税收优惠政策一般都是针对公司设置的。对于一些特殊的行业，如高新技术企业和小微企业，由于我国政府对其采取税收优惠政策，在享受到税赋优惠政策的情况下，公司制企业可能更加节税。其次，在测算两种性质企业的税后整体利益时，不能只看名义税率，还要看整体税率，由于股份有限公司施行“整体化”措施，消除了重叠课征，税收便会消除一部分，这样一般情况下要优于合伙制企业。

2）创业者获取利润与风险承担能力的权衡

创业者能够获取的利润比例和其承担的风险是成正比的，他能够占有的利润越多，其相应承担的风险也就越大。

对于个人独资企业,所有利润创业者无须和他人分享,但企业的亏损也必须要他一个人承担。

对于合伙企业,按如下原则进行分配:首先,合伙协议有约定的,按照合伙协议的约定办理;其次,合伙协议没有约定的或约定不明的,由合伙人协商确定;再次,协商不成的,按合伙人实际出资比例确定;难以确定出资比例的,则由合伙人平均分配;最后,合伙协议不得约定将全部利润或亏损分配给部分合伙人。而在债务承担上,普通合伙人对合伙企业债务承担无限连带责任,有限合伙人以其认缴的出资额为限对合伙企业债务承担责任。另外,《合伙企业法》第五十七条规定:"一个合伙人或者数个合伙人在执业活动中因故意或者重大过失造成合伙企业债务的,应当承担无限责任或者无限连带责任,其他合伙人以其在合伙企业中的财产份额为限承担责任。合伙人在执业活动中非因故意或者重大过失造成的合伙企业债务以及合伙企业的其他债务,由全体合伙人承担无限连带责任。"

有限公司和股份公司,公司的利润是按股东持有的股份比例和股份种类分享的。对公司的亏损,股东个人不承担投资额以外的责任。

个体工商户对其所负债务承担无限责任,即个体工商户个人经营的,其所负债务由个人财产承担;家庭经营的,以家庭财产承担,而不是仅以投入经营的财产承担。个体工商户一人领取营业执照,家庭成员共同经营的,可以认定为家庭经营,债务以家庭共有财产清偿。个人申请登记的个体工商户用家庭共同财产投资,收益供家庭成员共同使用的,应视为家庭经营,其债务以家庭共有财产承担。夫妻关系存续期间,一方从事个体工商户的,其收入为夫妻共有财产,债务应以夫妻共有财产清偿。个体工商户的债务,如以其家庭共有财产承担责任时,应保留家庭成员特别是未成年人和无生活来源的人必要的生活费用和生产工具。

【案例阅读】

到底谁担责?

个体工商户户主为李某,实际经营人为赵某,王某受雇于该个体工商户。王某因劳动关系提起诉讼,请问:应由谁对王某承担责任?

答:《最高人民法院关于适用〈中华人民共和国民事诉讼法〉若干问题的意见》第46条规定:在诉讼中,个体工商户以营业执照上登记的业主为当事人。有字号的,应在法律文书中注明登记的字号。营业执照上登记的业主与实际经营者不一致的,以业主和实际经营者为共同诉讼人。

根据以上法律规定,在发生诉讼时,发现个体工商户执照上登记的业主与实际经营者是不同的人。应将因劳动关系提起诉讼和因对外的债权、债务关系而提起的诉讼都应以工商户执照上登记的业主与实际经营者为共同诉讼人,由他们共同承担责任。

3)资本和信用的需求程度

企业组织形式对于未来的融资也具有较大的影响。投资人有一定的资本,拟投资的事业所需资金要求也不高,也不想使事业的规模太大,或者扩大规模受到客观条件的限制,更适宜采用合伙或有限责任公司的形式;如果所需资金巨大,并希望经营的事业规模宏大,适宜采用股份有限公司;如果企业规模小,资金需求不高,且开办人愿意以个人信用为企业信用的基础,不准备扩展企业的规模,适宜采用独资的方式。

此外,企业的存续期限,投资人的权利转让,投资人的责任范围,企业的控制和管理方式等这些因素都会对投资人在选择企业组织形式时形成影响,必须对各项因素进行综合分析。

【知识窗】

一人公司(one-man company or one member company)

历史渊源

一人公司实际上是随着经济的不断发展,特别是市场经济的不断发展,个人投资者为追求一种有限责任的利益,将其企业采取有限责任公司或股份有限公司形态的结果。西方国家对一人公司的态度一般都经历了从各国公司法禁止一人公司的设立,到逐步承认存续中的一人公司,一直到承认一人公司的合法性,不同的只是各国的具体规定有所区别而已。一人公司制度自列支敦士登制度实施以后,多年来该制度已陆续为世界各经济先进国家(地区),以直接或间接的方式予以接受。从世界范围内看,完全禁止一人公司的国家为数并不多,而完全肯定或附条件地承认者居多数,有的国家,如列支敦士登、德国、日本、加拿大不仅允许设立一人有限责任公司,而且允许设立一人股份责任公司;有些国家,如法国、比利时、丹麦等只允许设立一人有限责任公司;有的国家,如奥地利、瑞士等禁止设立原生型一人公司,但是并不否认继发型一人公司。

我国《公司法》的相关认定

我国的《公司法》在第 58 条至第 64 条作出了对一人公司的规定。作为后来增加的规定,表明了我国对一人公司的承认。如"第 59 条"规定:一人有限责任公司的注册资本最低限额为人民币十万元。股东应当一次足额缴纳公司章程规定的出资额。一个自然人只能投资设立一个一人有限责任公司。该一人有限责任公司不能投资设立新的一人有限责任公司。

组织结构

在一人公司股东仅有一人,事实上无法组成股东会的情形下,我们没有必要坚持一人公司必须设立股东会和董事会,但是必须强制设立监事会。

存在价值

①一人公司可使唯一投资者最大限度利用有限责任原则规避经营风险,实现经济效益最大化。

②一人公司多为中小型公司,对公司经营管理不仅较为简易,而且可以因此降低经营成本。

③大规模公司借由转投资成立一人公司后,可借此分散经营风险。

④在家族企业设立一人公司后,若原有股东死亡,继承人可以继承公司继续经营,不致因股东死亡公司即须解散,因此可产生企业维持效益,对国家整体经济发展与维持具有正面意义。

⑤有利于高科技、高风险的新兴行业的发展。进入高科技、高风险的新兴行业领域的企业能否在竞争中取胜，主要依赖于高新技术的先进程度和投资机会的准确把握，而非资本的多寡及规模的大小，或者依赖于高素质的人。一人公司具有资合性弱化但人合性凸显的特点，正是中、小规模投资可采取的最佳组织形式。

存在弊端

比如欠缺对债权人等相关群体利益的保护；为股东滥用公司的法律人格制造了机会；自我交易行为；超额的报酬；逃避税赋；规避法律规定的不作为义务；对于侵权责任的规避；为投资者转移财产，逃避债务提供庇护场所。

完善对策

坚持严格的登记公示及必要的书面记载制度；确保一人公司财产的独立，加强财务监督；建立一人公司的债务担保制度；对一人公司的权利能力进行适当的限制；实行公司法人资格否定制度。

10.2 新企业的注册流程

10.2.1 个人独资企业注册流程

1) 设立条件

①投资人为一个自然人；

②有合法的企业名称；

③有投资人申报的出资；

④有固定的生产经营场所和必要的生产经营条件；

⑤有必要的从业人员。

2) 申请设立提交的文件

①投资人签署的个人独资企业设立申请书；

②投资人身份证明；

③企业住所证明；

④国家工商行政管理总局规定提交的其他文件。

从事法律、行政法规规定须报经有关部门审批的业务的，应当提交有关部门的批准文件。

委托代理人申请设立登记的，应当提交投资人的委托书和代理人的身份证明或者资格证明。

3) 申请变更提交的文件

①投资人签署的变更登记申请书；

②国家工商行政管理总局规定提交的其他文件。

从事法律、行政法规规定须报经有关部门审批的业务的,应当提交有关部门的批准文件。

委托代理人申请变更登记的,应当提交投资人的委托书和代理人的身份证明或者资格证明。

另外,还需注意:

①变更名称的,还应提交《公司名称变更通知书》。

②变更住所的,应当在迁入新住所前申请变更登记,并提交新住所使用证明(房屋产权证或者关于产权的证明或说明)。变更住所跨登记机关辖区的,应当在迁入新住所前向迁入地登记机关申请变更登记;迁入地登记机关受理的,由原登记机关将登记档案移送迁入地登记机关。

③变更投资人的,应当提供新负责人的照片(一寸2张)、身份证明、履历表。

④变更经营范围的,变更经营范围涉及法律、行政法规规定必须报经审批的项目的,应当在取得国家有关部门批准之后申请变更登记。

⑤变更经营期限的,应提交相关材料。以年为单位的经营期限的起止时间的确定打印,应当将终止时间提前1日标注。

10.2.2 合伙企业的注册流程

1)合伙企业的设立条件

①有2个以上合伙人,并且都是依法承担无限责任者。

②有书面合伙协议。

③有各合伙人实际缴付的出资。

④有合伙企业的名称。

⑤有经营场所和从事合伙经营的必要条件。

2)提交文件

①全体合伙人签署的设立登记申请书。

②全体合伙人的身份证明。

③全体合伙人指定的代表或者共同委托的代理人的委托书。

④合伙协议。

合伙协议应当载明下列事项:

合伙企业的名称和主要经营场所的地点;合伙目的和合伙企业的经营范围;合伙人的姓名及其住所;合伙人出资的方式、数额和缴付出资的期限;利润分配和亏损分担办法;合伙企业事务的执行;入伙与退伙;合伙企业的解散与清算;违约责任;合伙企业的经营期间和合伙人争议的解决方式。

⑤出资权属证明。

⑥经营场所证明。

⑦国务院工商行政管理部门规定提交的其他文件。

⑧法律、行政法规定设立合伙企业须报经审批的，还应当提交有关批准文件。

3)成立程序

为了避免经济纠纷，在合伙企业成立时，合伙人应首先订立合伙协议(又叫合伙契约，或叫合伙章程)，其性质与公司章程相同，对所有合伙人均有法律效力，一般包括以下内容：

合伙企业的名称(或字号)和所在地及地址；合伙人姓名及其家庭地址；合伙企业的经营以及设定的存续期限；合伙企业的设立日期；合伙人的权利和义务；合伙人的投资形式及其计价方法；合伙的退伙和入伙的规定；损益分配的原则和比率；付给合伙人贷款的利息；付给合伙人的工资；每个合伙人可以抽回的资本；合伙人死亡的处理以及继承人权益的确定；合伙企业结账日和利润分配日；合伙企业终止以及合伙财产的分配方法；其他需经全体合伙人同意的事项。

10.2.3 有限责任公司的注册流程

1)资料准备

①公司名称。需5个以上公司备选名称。

②公司注册地址的房产证及房主身份证复印件。单位房产需在房产证复印件及房屋租赁合同上加盖产权单位的公章；居民住宅房需要提供房产证原件给工商局进行核对。

③全体股东身份证原件。如果注册资金是客户自己提供，只需要提供身份证复印件；如果法人是外地户口，需要提供暂住证原件。

④全体股东出资比例。即股东占公司股份的安排。

⑤公司经营范围。即公司主要经营什么，有的范围可能涉及办理资质或许可证。

2)注册流程

(1)办理企业核名

①到工商局领取《企业(字号)名称预先核准申请表》，填写备选的企业名称。

②递交《名称(变更)预先核准申请表》、投资人身份证、备用名称若干及相关材料，等待名称核准结果。

③领取《企业名称预先核准通知书》。

(2)确定企业驻所

租房后要签订租房合同，并且一般要求必须用工商局的统一制式租房协议，并让房东提供房产证的复印件、房东身份证复印件。房屋提供者应根据房屋权属情况分别出具以下证明：

①房屋提供者如有房产证，应另附房产证复印件，并在复印件上加盖产权单位公章或由产权人签字。

②无产权证的由产权单位的上级或房产证发放单位在“需要证明情况”栏内说明情况并盖章确认；地处农村地区的也可由当地政府在“需要证明情况”栏内签署同意在该地点从事经营的意见，并加盖公章。

③产权为军队房产的，应提交加盖中国人民解放军房地产管理局专用章的“军队房地产租赁许可证”复印件。

④房屋为新购置的商品房又未办理产权登记的，应提交由购房人签字或购房单位盖章的购房合同复印件及加盖房地产开发商公章的预售房许可证、房屋竣工验收证明的复印件。

⑤房屋提供者为经工商行政管理机关核准具有出租经营权的企业，可直接在“房屋提供者证明”栏内加盖公章，同时应出具加盖本企业公章的营业执照复印件，不再要求提供产权证。

⑥将住宅改变为经营性用房的，属城镇房屋的，还应提交《登记附表——住所（经营场所）登记表》及所在地居民委员会（或业主委员会）出具的有利害关系的业主同意将住宅改变为经营性用房的证明文件；属非城镇房屋的，提交当地政府规定的相关证明。

(3) 编写“公司章程”

可以在工商局网站下载“公司章程”的样本，修改一下就可以了，章程的最后由所有股东签名。

(4) 申请公司营业执照

应提交的文件、证件：

①公司设立申请书（可以在当地工商局网站下载）；

②公司章程（可以在当地工商局网站下载）；

③董事、法人代表、监事任免书（可以在当地工商局网站下载）；

④总经理任免书（可以在当地工商局网站下载）；

⑤全体股东、法人代表、身份证原件；

⑥名称预先核准通知书（公司注册流程及费用的第一步已打印名称预先核准通知书）。

(5) 刻立公章

凭营业执照，到公安局指定的刻章社刻立公章、合同章、财务章（1~2 个工作日）。

(6) 去银行开立公司基本账户

凭营业执照正本及法人代表身份证、公章、财务专用章、法人章去银行开立基本账户。

10.2.4 股份有限公司的注册流程

1) 设立条件

(1) 发起人符合法定的资格，达到法定的人数

发起人的资格是指发起人依法取得的创立股份有限公司的资格。股份有限公司的发起人可以是自然人，也可以是法人，但发起人中须有过半数的人在中国境内有住所。

设立股份有限公司，必须达到法定的人数，应有 2 人以上 200 人以下的发起人。国有企业改建为股份有限公司的，发起人可以少于 5 人，但应当采取募集设立方式。规定发起人的最低限额，是设立股份有限公司的国际惯例。如果发起人的最低限额没有规定，一则发起人太少难以履行发起人的义务，二则防止少数发起人损害其他股东的合法权益。对发起人的最高限额则无规定的必要。

(2) 发起人认缴和向社会公开募集的股本达到法定的最低限额

股份有限公司须具备基本的责任能力，为保护债权人的利益，设立股份有限公司必须要达到法定资本额。我国股份有限公司的资本最低限额不得低于 500 万元人民币。对有特定

要求的股份有限公司的注册资本最低限额需要高于上述最低限额的，由法律、行政法规另行规定。

发起人可以用货币出资，也可以用实物、工业产权、非专利技术、土地使用权作价出资。发起人以货币出资时，应当缴付现金。发起人以货币以外的其他财产权出资时，必须进行评估作价、核实财产，并折合为股份，且应当依法办理其财产权的转移手续，将财产权同发起人转归公司所有。

(3)股份发行、筹办事项符合法律规定

股份发行、筹办事项符合法律规定，是设立股份有限公司所必须遵循的原则。

股份的发行是指股份有限公司在设立时为了筹集公司资本，出售和募集股份的法律行为。这里讲的股份的发行是设立发行，是设立公司的过程中，为了组建股份有限公司，筹集组建公司所需资本而发行股份的行为。设立阶段的发行分为发起设立发行和募集设立发行两种。发起设立发行即所有股份均由发起人认购，不得向社会公开招募。招募设立发行即发起人只认购股份的一部分，其余部分向社会公开招募。

股份有限公司的资本划分为股份，每一股的金额相等。公司的股份采用股票的形式。股份的发行实行公开、公平、公正的原则，且必须同股同权、同股同利。同次发行的股份、每股的发行条件、发行价格应当相同。

以发起方式设立股份有限公司的，发起人书面认足公司章程规定及发行的股份后，应即缴纳全部股款。

以募集方式设立股份有限公司的，发起人认购的股份不得少于公司股份总数的百分之三十五，其余股份应当向社会公开募集。发起人向社会公开募集股份时，必须依法经国务院证券管理部门批准，并公告招股说明书，制作认股书，由依法批准设立的证券经营机构承销，签订承销协议，同银行签订代收股款协议，由银行代收和保存股款，向认股人出具收款单据。

招股说明书应载明下列事项：

①发起人认购的股份数；

②每股的票面金额和发行价格；

③无记名股票的发行总数；

④认股人的权利、义务；

⑤本次募股的起止期限及逾期募足时认股人可以撤回所认股份的说明。

(4)发起人制订公司章程，并经创立大会通过

股份有限公司的章程，是股份有限公司的重要文件，其中规定了公司最重要的事项，它不仅是设立公司的基础，也是公司及其股东的行为准则。因此，公司章程虽然由发起人制订，但以募集设立方式设立股份有限公司的，必须召开由认股人组成的创立大会，并经创立大会决议通过。

(5)有公司名称，建立符合公司要求的组织机构

名称是股份有限公司作为法人必须具备的条件。公司名称必须符合企业名称登记管理的有关规定，股份有限公司的名称还应标明“股份有限公司”字样。

股份有限公司必须有一定的组织机构，对公司实行内部管理和对外代表公司。股份有

限公司的组织机构是股东大会、董事会、监事会和经理。股东大会作出决议;董事会是执行公司股东大会决议的执行机构;监事会是公司的监督机构,依法对董事、经理和公司的活动实行监督;经理是由董事会聘任,主持公司的日常生产经营管理工作,组织实施董事会决议。

(6)有固定的生产经营场所和必要的生产经营条件

2)设立方式

(1)发起设立

发起设立即所有股份均由发起人认购,不得向社会公开招募。

(2)募集设立

募集设立即发起人只认购股份的一部分,其余部分向社会公开招募。在不同的国家,股份有限公司的设立规定有所不同。有的国家规定,只有在全部股份均被认足时,公司才得以成立。有的国家规定,股份有限公司实行法定资本制的,以认足全部股份为成立的条件;股份有限公司实行授权资本制的,可以不认足全部股份。

3)资料准备

①公司法定代表人签署的《公司设立登记申请书》。

②董事会签署的《指定代表或者共同委托代理人的证明》(由全体董事签字)及指定代表或委托代理人的身份证件复印件;应标明指定代表或者共同委托代理人的办理事项、权限、授权期限。

③由发起人签署或由会议主持人和出席会议的董事签字的股东大会或者创立大会会议记录(募集设立的提交)。

④全体发起人签署或者全体董事签字的公司章程。

⑤发起人的主体资格证明或者自然人身份证件复印件。

发起人为企业的,提交营业执照副本复印件;发起人为事业法人的,提交事业法人登记证书复印件;发起人股东为社团法人的,提交社团法人登记证复印件;发起人为民办非企业单位的,提交民办非企业单位证书复印件;发起人为自然人的,提交身份证复印件;其他发起人提交有关法律法规规定的资格证明。

⑥依法设立的验资机构出具的验资证明。

⑦发起人首次出资是非货币财产的,提交已办理财产权转移手续的证明文件。

⑧以股权出资的,提交《股权认缴出资承诺书》。

⑨董事、监事和经理的任职文件及身份证复印件。

依据《公司法》和公司章程的规定和程序,提交由发起人签署或由会议主持人和出席会议的董事签署的股东大会决议(募集设立的提交创立大会的会议记录)、董事会决议或其他相关材料。股东大会决议(创立大会会议记录)可以与第3项合并提交;董事会决议由董事签字。

⑩法定代表人任职文件及身份证复印件。

依据《公司法》和公司章程的规定和程序,任职文件提交董事会决议,董事会决议由董事签字。

⑪住所使用证明:

自有房产提交房屋产权证复印件;租赁房屋提交租赁协议复印件以及出租方的房屋产

权证复印件。有关房屋未取得房屋产权证的，属城镇房屋的，提交房地产管理部门的证明或者竣工验收证明、购房合同及房屋销售许可证复印件；属非城镇房屋的，提交当地政府规定的相关证明。出租方为宾馆、饭店的，提交宾馆、饭店的营业执照复印件。使用军队房产作为住所的，提交《军队房地产租赁许可证》复印件。

将住宅改变为经营性用房的，属城镇房屋的，还应提交《登记附表——住所（经营场所）登记表》及所在地居民委员会（或业主委员会）出具的有利害关系的业主同意将住宅改变为经营性用房的证明文件；属非城镇房屋的，提交当地政府规定的相关证明。

⑫《企业名称预先核准通知书》。

⑬募集设立的股份有限公司公开发行股票的还应提交国务院证券监督管理机构的核准文件。

⑭公司申请登记的经营范围中有法律、行政法规和国务院决定规定必须在登记前报经批准的项目，提交有关的批准文件或者许可证书复印件或许可证明。

⑮法律、行政法规和国务院决定规定设立股份有限公司必须报经批准的，提交有关的批准文件或者许可证书复印件。

4）注册流程

（1）申请名称预先核准登记

全体股东（发起人）指定代表或共同委托的代理人向工商局提交申请名称预先核准，需提交的材料如下：

①全体股东（发起人）签署的公司名称预先核准申请书；

②全体股东指定代表人或共同委托代理人证明；

③工商局规定的其他材料。

（2）工商登记

由董事会向工商局申请设立登记。需提交材料：

①公司法定代表人签署的登记申请书；

②董事会指定代表或者共同委托人证明；

③公司章程；

④依法设立的验资机构出具的验资证明；

⑤发起人首次出资是非货币财产的，提交已办理其财产转移手续的证明文件；

⑥发起人主体资格证明或者自然人身份证明；

⑦公司董事、监事、经理姓名、住所等文件以及有关委派、选举、聘用的证明；

⑧公司法定代表人任职文件和身份证明；

⑨企业名称预先核准通知书；

⑩公司住所证明；

⑪工商局规定的其他材料。

以募集方式注册股份公司的，还应当提交公司设立大会的会议记录；公开发行股票的，还应当提交国务院证券监督管理机构的核准文件。法律、行政法规或国务院决定规定的注册股份有限公司必须报经审批的，还需提交批准文件。

10.3 初创企业的选址

10.3.1 选址的重要性

生意人常说,位置决定“钱”途。商业选址在企业运营中具有十分重要的地位。选址是建立企业的第一步,不仅关系到企业所提供产品和服务的成本,还在很大程度上决定着企业所面临的目标客户。一个地区的地理位置和商业环境质量将对企业的区域竞争力产生持续影响。有项针对美国小企业的调查表明,其失败的原因有大约15%是选址不当。

10.3.2 选址的影响因素

1)不同的商业形态,选址的侧重点不同

制造型企业多以降低生产成本和运费为原则,选择分布在原材料基地附近,如石油企业、钢铁企业、依赖果蔬原料的食品加工业等。

仓储型企业以地价低廉,降低物流成本,提高运行效率为原则,一般选在开发区。

轻资产的设计服务类企业以交通便利,商务沟通便捷,商务服务完善为原则,一般选择商业圈或者邻近商业圈的写字楼。

相比之下,餐饮、零售行业受地理位置的影响较大,所以选址最为严苛。有时即使是同一商圈几条不同的人行步道都会有很大差别。其影响因素主要有以下三点:

(1)与路面的地势差

由于人眼通常习惯捕捉平视范围内的物体,当店面的位置在坡路上或坡路下甚至高度相差很多的地段上时是非常不利的,店面的地面应与道路处在一个平面上,以利于顾客发现和出入。如果地势条件不利,那么最重要的就是考虑店面的入口、门脸、阶梯、招牌的设计等,一定要方便顾客观察到,并引人注目。

(2)选择方位与走向

首先,方位情况。方位是指店面正门的朝向,一般商业建筑物坐北朝南是最理想的地理方位。其次,走向情况。一般而言,人们普遍有右行习惯,店面在选择进口时应以右为上。如街道是东西走向,客流主要从东边来时,以东北路口为最佳;如果街道是南北走向,客流主要从南向北流动,以东南路口为最佳。最后是交叉路口情况。如果是三岔路口,最好将店面设在路口正面,这样店面最显眼;但如果是丁字路口,则将店面设在路口的“转角”处。

(3)潜在商业价值

留意一些不引人注目但有潜力的地段。主要从以下几方面评价:拟选的店面地址在城区规划中的位置及其商业价值;是否靠近大型机关、单位、学校、社区、厂矿企业;未来人口增加的速度、规模及其购买力提高度;未来新修道路走向。

2) 消费市场条件

越是接近目标客户，越是有利于产品迅速投放市场，降低运输成本，减少分销费用，提供便捷服务，同时还可以随时听取顾客的反馈意见，根据用户意见改进生产和服务产品。

3) 供应链条件

对于加工制造业，布局在原材料产地附近，能有效降低运费以得到较低的原材料采购价格，特别是那些对原材料依赖性较强的企业或者原料可运性较小的加工制造业。

由于市场需求的多变，生产系统的柔性日益被企业所重视，越来越多的企业要求供应商及时送货、小批量供货。另外，企业之间的竞争营业逐渐演变为供应链之间的竞争。因此，要求企业与供应商之间要有很好的合作关系。这就要注意选择高素质和竞争力强的供应商。在选址时，要注意与供应商之间的物理距离。

4) 交通条件

对于大多数制造业，应该根据产品及原材料、零部件的运量大小和运输条件，尽量选择临近铁路站点、高速公路、港口或其他交通运输条件较好的地区。对于现代服务业，应该选择城市交通便利、业态相对集中的区域。

5) 基础设施条件

选址必须保证水、电、气、冷的供应，同时还包括对三废的处理。选址关系到能否获得价格相对低廉的能源，从而相对降低生产成本。生产环境、办公环境的好坏也直接关系到企业形象。

6) 当地政策

有些地区为了促进地方经济发展，往往采取鼓励企业在当地落户的政策，在各地划出特区或各种经济开发区，低价出租或出售土地、厂房、仓库，并在税收、资本等方面提供优惠政策。同时，辅以的基础设施，在交通、通信、能源、用水都给予企业便利。

7) 劳动力条件

不同地区的人力资源状况是有很大差别的，其教育水平、文化素质、劳动技能、工资水平等都不同，这也是企业选址的必要考虑因素。制造业出现全球化的主要原因之一，就是用低成本竞争的策略来占领市场。美国、日本、欧洲把许多成熟产业转移到发展中国家，我国较发达的东部沿海也将很多产业转移到中西部地区进行生产制造，都是出于这种考虑。

8) 其他条件，包括自然条件、社会文化以及生活条件等

气候、温度、湿度、气压、风向等因素会对某些产品的质量、库存和员工的工作条件带来不利的影响。在气候适宜的地方选址，不仅可以降低通风、采暖、除湿、降温的费用，还能避免由于气候原因导致的停工、延误交货、无法正常生产造成的损失。

另外，工作地点的远近也是应聘者考量的指标之一，太偏远的地区不容易招到合适的员工，并且技能越突出、职位越高的员工一般对于生活配套的要求也就越高。如果企业所在地区交通便利，有良好的住房条件、学校、医院、体育娱乐等设施，则可以减少企业与社会的负担，提高员工的工作效率。

【案例阅读】

“煎饼道”选址试错不断,3年开垮6家店

煎饼道——一家成都本土煎饼品牌,从开第一家店开始,由于一连几次选址失误,3年间开垮了6家店,到现在在成都已经有了11家直营店的规模,年收入两三千万元。

其创始人刘敏,第一家煎饼店只运营了一个月就将其关店。那时候,铂金城宣称自己是在打造成都的“精英女人步行街”,针对的客群是精英白领,刘敏认为,他是做高端煎饼,这个定位和铂金城宣称的商业定位再合适不过了,于是就将第一家店开在了这里。可惜开店后刘敏发现:商场宣称的规划并没有什么用。当时铂金城每天的客流量才千人左右,自己的煎饼最多一天才卖到50个,单日流水也才两三百元,连铺面都养不活。所以很快他就撤出了。

其后开第二、第三家店的时候,刘敏调整了思路,将大学生作为目标客户。于是他将店开在了西华大学的侧门和后门。其实这两家店在当时看来是成功的,营收状况都还不错,日流水能达到四五千元。但开店8个月后,他还是决定同时结束这两家店。原因是,他发现西华大学商圈属于城市的四五线商圈,存在发展瓶颈:一是,主流消费群体的消费能力有限;二是,大学每年会有3个多月的休假时间,这些都制约着店面的发展。在刘敏看来,煎饼是个主流市场产品,但主打大学生客群,就等于在做一个细分市场,而他并不甘于只做细分市场赢家。所以,第二次,刘敏果断关店。

如今的11家煎饼道店面分布在成都绕城以内,西、中、南最繁华的商圈地段。同学们猜一猜,下一家煎饼道店面会开在什么地方呢?

10.3.3 选址的步骤

按照企业的性质,我们将初创企业大致分为三类:加工制造类企业、(线下)餐饮及零售类企业、其他服务类企业。不同的类型,选址的步骤不尽相同。

1)加工制造类企业选址的步骤

(1)准备工作

首先,组织准备工作。由投资方组织相关的工程技术人员、系统设计人员和财务核算人员成立一个专门的工作小组。

其次,技术准备工作。根据拟新企业的任务量大小和拟采用的储存技术、作业设备对所需占用的土地面积进行估算。调查了解企业所处地区的自然环境、协作条件、交通运输网络、地震、地质、水文、气象等资料。

(2)现场调查

现场调查的主要任务是具体考察拟建企业地点的实际情况为提出选址报告掌握第一手资料并进行综合分析确定多个备选地址。

(3)提出选址报告

选址报告应该包括以下内容:

第一,选址概述。这一部分要简单扼要地阐述选址工作组的组成、选址工作进行的过程、选址的依据和原则,简单介绍可供选择的几个地点并推荐一个最优方案。

第二,选址要求及主要指标。说明为了适应企业作业的特点完成生产任务备选地点应满足的基本要求,简述各备选地址满足要求的程度。列出选址的主要指标如总占地面积、生产能力、职工总数、水电需用量等。

第三,编制企业位置说明及平面图。这部分说明企业的具体方位,四周距主要建筑物及大型设施的距离,附近的地形、地貌、地物等并画出区域位置图。

第四,建设时占地及拆迁情况。这部分要说明仓库建设占地范围内的耕地情况、拆迁户数及人口数估算征地和拆迁费用。

第五,当地地质、地震、气象和水文情况。包括备选地的地质情况、地震烈度、气温、降水量、汇水面积、历史洪水水位等。

第六,交通及通信条件。要说明备选地的铁路、公路、水运及通讯的设施条件和可利用程度。

2)(线下)餐饮及零售类企业

①确定目标市场、找准服务对象,从而确定企业的经营规模和档次。

②就拟选区域周围进行周密的市场调查,收集有关数据,分析各种影响因素,对各因素进行主次排列,权衡取舍,拟定初步的候选方案,并提高选址决策的准确性。

③对候选方案进行详细的评估分析。主要对潜在顾客数量和客流规律、交通地理条件、竞争度进行评估,计算租金成本、投资回报率,对比候选店址。

④完成选址。确定店址的具体位置后,需要抓紧时机投资布置。

3)其他服务类企业

这一类企业的选址步骤与(线下)餐饮及零售类企业类似,但是对客流的要求不高,而在评估时把办公场所的档次、面积、物业情况、各项费用以及交通的便利性等作为主要考虑因素。

【案例阅读】

星巴克的选址哲学

在都市的地铁沿线、闹市区、写字楼大堂、大商场或饭店的一隅,在人潮汹涌的地方,那墨绿色商标上的神秘女子总是静静地对你展开笑颜。

1.定位生活的"第三空间"

其实星巴克选址的策略很简单,定位就是"第三生活空间",这是什么意思?就是家和办公室,中间还应该有一个地方可以提供大家休息、畅谈,包括来洽谈一些商务的环境,星巴克进入市场的切入点就是这一点。第三生活空间对我们来讲是什么呢?在1999年星巴克没有开店以前,如果大家想谈一些事情会去哪里?是麦当劳、肯德基,或是去一些中餐馆,如果在用餐的时间去没有问题,但是非用餐时间去哪里?这些确实是很困惑的事情,而星巴克当时切入点也就是针对能够给客人提供一个谈话的场所,这也决定了星巴克选址的一些理念,包括一些方法。

近5年来,星巴克几乎平均每年开10家店,每天卖掉的咖啡超过1万杯。如此迅捷的步伐,秘诀是什么?

“星巴克给我的方便大于给我的味觉享受。”一位正在品尝咖啡的方小姐这样说道,“它总是出现在最繁华的街道最显眼的位置,于是当逛街逛到疲惫时,当双眼在电脑屏幕前感觉酸涩时,当朋友来了没地方说话时,我会自然而然地想到星巴克。”

这正是星巴克想要的——任何时候都能够为热爱星巴克的人群提供服务。而支撑这份雄心的是一张明晰的选址图。

星巴克选址首先考虑的是诸如商场、办公楼、高档住宅区此类汇集人气聚集人流的地方。此外,对星巴克的市场布局有帮助,或者有巨大发展潜力的地点,星巴克也会把它纳入自己的版图,即使在开店初期的经营状况很不理想。

星巴克对开店的选址一直采取发展的眼光及整体规划的考量。因为现在不成功并不等于将来不成功。星巴克全球最大的咖啡店是位于北京的星巴克丰联广场店,当初该店开业时,客源远远不能满足该店如此大面积的需要。经营前期一直承受着极大的经营压力,但随着周边几幢高档写字楼的入住率不断提高,以及区政府对朝外大街的改造力度不断加大,丰联店一定会成为该地区的亮点。于是最终咬着牙关坚持了下来。现在该店的销售额一直排名北京市场前列。

星巴克在中国的拓展之路就这样一步步地迈开了。步调的快速则得益于开店时遵循以租为主的发展策略。星巴克对店面的基本要求很简单,从十几平方米到四百平方米都可以开设,以租为主,可以在最短的时间内利用最少的资金开设最多店面。

2.选店模式倚重当地公司

星巴克的选店模式更多倚重于当地星巴克公司。

3.选店流程分为两个阶段

首先,当地的星巴克公司根据各地区的特色选择店铺,这些选择主要来自三个方面:公司自己的搜寻,中介介绍,另外还有各大房产公司在建商圈的同时,也会主动引进星巴克来营造环境。在上海,这三种选择方式的比例大概是1∶1∶2。

第二阶段是总部的审核。一般来讲,星巴克的中国公司将店面资料送至亚太区总部由他们协助评估。星巴克全球公司会提供一些标准化的数据和表格,作为衡量店面的主要标准。而这些标准化数据往往是从各地的选店数据建立的数据库中分析而来的。

事实上,审核阶段的重要性并不十分突出,主要决定权还是掌握在当地公司手中。如果一味等待亚太区测评结束,很可能因为时间而错失商机。据上海统一星巴克的负责人介绍,往往在待批的过程中,地方店面已经开始动手装修。

“虽然95%的决定权在地方公司,但是也有制约机构来评定我们的工作。”一位部门负责人透露。在星巴克,一方面,理事会会根据市场回报情况,评定一名经理的能力;另一方面,会计部会监控各店面的经营情况。

星巴克有独立的扩展部负责选点事宜,包括店面的选择、调查、设计和仪器装备等一系列工作。以上海统一星巴克为例，这一部门的人数包括部门经理在10人以上。

商圈的成熟和稳定是选址的重要条件，而选址的眼光和预测能力更为重要。比如，星巴克的新天地店和滨江店，一开始都是冷冷清清并不是成熟的商圈，然而新天地独特的娱乐方式和滨江店面对黄浦江，赏浦西风景的地理优势，使得这两家店面后来都风生水起，成为上海公司主要的利润点。

南京店的开立是星巴克选址的一个典型的范例。2003 年年初，负责江浙沪的上海星巴克了解到 9 月份要放开长三角地区的经营代理权，于是抢在年初，在南京选择旗舰店的店面。在上海星巴克看来，旗舰店的开设意味着在一个城市的亮相。人们对于不熟悉的事物第一印象往往至关重要。因而，上海星巴克对第一店的选择尤为慎重。

当时，上海星巴克面临两个选择，一个是在南京市的新街口商圈，这里人口密集，有4~5家大型商场，新街口商圈的东方商厦是一家经营高档商品的大型商场，这里的消费者的层次与星巴克的消费人群类似，而且消费水准稳定；另一个是南京市北极阁地区，这里风景优美，环境安静而不嘈杂。更重要的是，这里是省市政府机关的工作区域，在星巴克看来，政府公务员消费也是不可小觑的一块。另外，南京正在修建的地铁就从那里路过。

星巴克对于两个地区的流动人群作了调查，从他们的穿着、年龄、男女比例来确定潜在的客户数量。“星巴克更多是一个偏向女性化的咖啡店，带着些梦幻和情调，”公司一位负责人介绍，“而且女性客人往往会带来她的男友或者伙伴，而男性客人往往是独来独往。”最终东方商厦与星巴克一拍即合，以抽成的租金方式，建立了在南京的第一家星巴克。随即，星巴克在南京的北极阁地区开出了第二家连锁店。据星巴克的负责人解释，将第一家店开设在新街口，看中的是其稳定成熟的商业氛围，可以维持营业额的稳定。而将第二家店开设在北极阁，主要是看中以后的增长。

【本章思考题】

1.企业不同的法律组织形式各自有哪些特点？分别适合什么类型的新创企业？

2.创建新企业需要了解哪些法律法规？它们对新企业有哪些影响？

3.小李要开一家便利店，请分析他应该怎样选址呢？

4.影响新企业选址的因素有哪些？

5.怎样选择新企业的组织形式？

第 11 章　初创企业管理

【学习目标】

1.了解初创企业管理的特点。
2.掌握初创企业的战略管理、营销管理和财务管理。
3.了解企业成长的概念。
4.理解企业成长的来源。
5.掌握企业成长的阶段性。
6.理解成长期的企业运作。

【知识要点】

1.初创企业的管理和成熟企业有什么不同?
2.初创企业的精力和资源有限,管理重点是什么?
3.初创公司如何制定战略?
4.初创公司如何做好营销管理?
5.初创公司财务管理要注意什么?

11.1　初创企业管理

11.1.1　初创企业管理的内容和特点

初创企业的管理主要是指初创企业的战略管理、营销管理、财务管理和人力资源管理。

虽然成熟企业也会涉及这几个问题,但是由于初创企业因为成立时间较短,业务发展尚未定型,因此存在着高成长性和高风险性。

主要看来,初创企业的管理具备以下几个特征:

①创业初期的首要任务是在市场中生存下来,让消费者认识和接受自己的产品。

②创业初期是一个特殊的阶段,体现在四个方面:以生存为首要目标;主要依靠自有资金创造现金流;充分调动"所有的人做所有的事";创业者亲自深入运作细节。

③虽然此时企业存在着较大的上升空间，但是客户还在培养，企业可能还没真正实现盈利，有效的商业模式也还在摸索，加之技术环境的变化、竞争对手的打压和内部管理的不成熟等，都会导致初创企业呈现出易变、不稳定、高死亡率、高不确定性等特点。

11.1.2 创业初期的特点

一是竞争者相对较少，投资回报率相对于后期可能要高出许多，企业销售收入快速增长。

二是承担风险的代价不大，创业者勇于试错，充满探索精神和对未来的期望，往往能够容忍暂时的失误。

三是企业内部结构简单，办事效率相对较高。

四是资源限制。创业初期的企业跟成熟的大企业相比，各方面资源都相对较少，因此对资源配置能力的要求其实更高。就以资金来说，初创企业一般很难在银行贷到款，创业者一般都是使用自有资金，或是再给亲戚朋友借点，如果是小本生意还好，如果资金需求量稍微大一点，可能就会捉襟见肘。

五是制度不完善。企业的行动导向和机会驱动往往缺乏计划和制度设计，随意性很大，可能会造成一定的资源浪费，如果不能在一定时期内形成有效的内部管理制度，可能还会影响到企业的发展。

六是"人治"多于"法制"。一般企业在创始之初，老板往往身兼多职，既是高层决策，又兼任中层管理，没事还得经常跑跑基层业务，对于企业的管理呢，多采取独裁式的管理，即老板独当一面，员工一切按老板交办的命令行事可以提高工作效率，促进团队凝聚力，激发团队创新能力。"人治"的企业并不是一概都不好，这种管理方式只是对上了一定规模的企业不好，因为企业的发展会受限于老板的个人能力，但是对于初创企业却是有好处的，因为管理层级少，可以加快信息传递的速度，提高工作效率，促进团队凝聚力，激发团队创新能力。

11.1.3 初创企业战略管理

初创公司虽然刚刚起步，各方面资源和条件相对不足，但也需要制定公司战略，如果战略目标选择正确，往往能在市场中快速成长；如果战略目标错误，则容易导致公司人员效率低下，公司业务发展缓慢，甚至倒闭。那么怎样才能制定出好的公司战略，就需要从一定的依据出发，按照一定的原则和程序来进行。

1）制定初创企业战略的原则

(1)简单即是最好

初创企业战略不用太过冗长复杂。一方面因为初创企业通常规模较小，产品开发和市场开拓行为处于摸索阶段，企业从事各项活动的不确定性程度都较高，因此无须制定非常完整复杂的战略规划；另一方面市场机会稍纵即逝，很多创业企业的成功在于迅速把握了一个市场机会，而不是把大量的时间和精力用在市场调查上面。

(2)战略调整务必及时

初创企业进入市场通常都有一段"磨合期"，在这期间企业内部资源条件和外界环境都在发生变化,企业必须结合各种条件的变化不断调整发展战略,以把握商业机会,使企业尽快成长起来。因此,初创企业的成长过程可以说是企业不断改变战略追求商业机会的过程,其不同阶段的战略规划呈现出动态性强的特点。

(3)"活下来"比什么都重要

对于初创企业来讲,先"活下来"才有发展壮大的可能性。面对激烈的竞争,初创企业面临的最严峻问题是生存,因此初创企业战略规划的重点更要侧重于获得企业生存所必需的资源和市场立足的空间,要更多地考虑市场层面的竞争战略和技术创新战略,对于公司经营战略的制定可以后一步进行。

2)制定初创企业战略的程序

制定初创企业战略,一般经由分析阶段、制定阶段、评价优选阶段。具体而言,一般需采取5个基本步骤:①确定决策目标;②收集信息和预测;③拟订方案,即根据调查研究,围绕确定的目标可以拟订各种方案供选择;④评价选择方案;⑤决策的组织实施与控制。

11.1.4 初创企业营销管理

成熟企业往往设有专门的营销费用,可以承受高额的广告费、赞助费等,而且在市场中已经有了一些知名度,做营销相对容易。而初创企业做营销是比较困难的,主要是因为初创企业资源有限,而营销资源又更是有限。那初创企业怎样做营销呢,关键就是要"准"。精准的市场定位能够有效弥补初创企业在营销资源上的短板,并且有助于企业快速抓住市场机会。

简而言之,精准的市场定位就是要做到以下几点:

1)合理的市场细分

市场细分的概念是美国市场学家温德尔·史密斯(Wendell Smith)于20世纪50年代中期提出来的。市场细分是指营销者通过市场调研,依据消费者的需要和欲望、购买行为和购买习惯等方面的差异,把某一产品的市场整体划分为若干消费者群的市场分类过程。每一个消费者群就是一个细分市场,每一个细分市场都是具有类似需求倾向的消费者构成的群体。

市场细分作为一个比较、分类、选择的过程,通常有这样几步:

(1)确定进入市场的范围

企业根据自身的经营条件和经营能力确定进入市场的范围,如进入什么行业,生产什么产品,提供什么服务。

(2)进一步确定细分标准

例如,消费者市场的细分标准有:

①按地理因素细分,也就是按消费者所在的地理位置、城镇大小、地形、地貌、气候、交通状况、人口密集度等进行细分;

②按人口因素细分,即按消费者年龄、性别、职业、收入、民族、宗教、教育、家庭人口、家庭生命周期等细分;

③按心理因素细分,即按消费者生活方式、性格、购买动机、态度等进行细分;

④按行为因素细分,就是按消费者的购买时间、购买数量、购买频率、购买习惯(品牌忠诚度)、对服务、价格、渠道、广告的敏感程度等细分。

(3)分析潜在顾客的不同需求,初步划分市场

企业将所列出的各种需求通过抽样调查,进一步收集有关市场信息与顾客背景资料,然后初步划分出一些差异最大的细分市场,至少从中选出三个分市场。

(4)剔除无效市场

根据有效市场细分的条件,对所有细分市场进行分析研究,剔除不合要求、无用的细分市场。

(5)为细分市场定名

为便于操作,可结合各细分市场上顾客的特点,用形象化、直观化的方法为细分市场定名,如某旅游市场分为商人型、舒适型、好奇型、冒险型、享受型、经常外出型等。

(6)充分分析细分市场的特点

进一步对细分后选择的市场进行调查研究,充分认识各细分市场的特点,本企业所开发的细分市场的规模、潜在需求,还需要对哪些特点进一步分析研究等。

(7)决定细分市场规模,选定目标市场

企业在各子市场中选择与本企业经营优势和特色相一致的子市场,作为目标市场。没有这一步,就没有达到细分市场的目的。

2)建立竞争优势

不管企业或是国家,都想要维持不败的竞争力,究竟什么是竞争力?1980 年哈佛大学商学研究院迈克尔·波特出版的《竞争策略》一书,受到美国企管学术与实务界的共同重视,一时之间洛阳纸贵。竞争优势(Competitive Advantage)理论,就是波特提出的,波特的国际竞争优势模型(又称钻石模型)包括四种本国的决定因素(country specific determinants)和两种外部力量。四种本国的决定因素包括要素条件,需求条件,相关及支持产业,公司的战略、组织以及竞争。两种外部力量是随机事件和政府。

波特对于竞争优势理论作出了非常重要的贡献,他提出了著名的"五种竞争力量",是分析产业环境的结构化方法;他更具影响的贡献是在《竞争战略》一书中明确地提出了三种通用战略。

波特认为,在与五种竞争力量的抗争中,蕴涵着三类成功型战略思想,这三种思路是:总成本领先战略、差异化战略和专一化战略。波特认为,这些战略类型的目标是使企业的经营在产业竞争中高人一筹:在一些产业中,这意味着企业可取得较高的收益;而在另外一些产业中,一种战略的成功可能只是企业在绝对意义上能获取些微收益的必要条件。有时企业追逐的基本目标可能不止一个,但波特认为这种情况实现的可能性是很小的。因为企业贯彻任何一种战略,通常都需要全力以赴,并且要有一个支持这一战略的组织安排。如果企业的基本目标不止一个,则这些方面的资源将被分散。

(1)总成本领先战略

成本领先要求坚决地建立起高效规模的生产设施,在经验的基础上全力以赴降低成本,

抓紧成本与管理费用的控制,以及最大限度地减小研究开发、服务、推销、广告等方面的成本费用。为了达到这些目标,就要在管理方面对成本给予高度的重视。尽管质量、服务以及其他方面也不容忽视,但贯穿于整个战略之中的是使成本低于竞争对手。该公司成本较低,意味着当别的公司在竞争过程中已失去利润时,这个公司依然可以获得利润。

赢得总成本最低的有利地位通常要求具备较高的相对市场份额或其他优势,诸如与原材料供应方面的良好联系等,或许也可能要求产品的设计要便于制造生产,易于保持一个较宽的相关产品线以分散固定成本,以及为建立起批量而对所有主要顾客群进行服务。

总成本领先地位非常吸引人。一旦公司赢得了这样的地位,所获得的较高的边际利润又可以重新对新设备、现代设施进行投资以维护成本上的领先地位,而这种再投资往往是保持低成本状态的先决条件。

(2)差异化战略

差异化战略是将产品或公司提供的服务差异化,树立起一些全产业范围中具有独特性的东西。实现差异化战略可以有许多方式:设计名牌形象、技术上的独特、性能特点、顾客服务、商业网络及其他方面的独特性。最理想的情况是公司在几个方面都有其差异化特点。例如履带拖拉机公司不仅以其商业网络和优良的零配件供应服务著称,而且以其优质耐用的产品质量享有盛誉。

如果差别化战略成功地实施了,它就成为在一个产业中赢得高水平收益的积极战略,因为它建立起防御阵地对付五种竞争力量,虽然其防御的形式与成本领先有所不同。波特认为,推行差别化战略有时会与争取占有更大的市场份额的活动相矛盾。推行差别化战略往往要求公司对于这一战略的排他性有思想准备。这一战略与提高市场份额两者不可兼顾。在建立公司的差别化战略的活动中总是伴随着很高的成本代价,有时即便全产业范围的顾客都了解公司的独特优点,也并不是所有顾客都将愿意或有能力支付公司要求的高价格。

(3)专一化战略

专一化战略是主攻某个特殊的顾客群、某产品线的一个细分区段或某一地区市场。正如差别化战略一样,专一化战略可以具有许多形式。虽然低成本与差别化战略都是要在全产业范围内实现其目标,专一化战略的整体却是围绕着很好地为某一特殊目标服务这一中心建立的,它所开发推行的每一项职能化方针都要考虑这一中心思想。这一战略依靠的前提思想是:公司业务的专一化能够以高的效率、更好的效果为某一狭窄的战略对象服务,从而超过在较广阔范围内竞争的对手们。波特认为这样做的结果,是公司或者通过满足特殊对象的需要而实现了差别化,或者在为这一对象服务时实现了低成本,或者二者兼得。这样的公司可以使其盈利的潜力超过产业的普遍水平。这些优势保护公司抵御各种竞争力量的威胁。

但专一化战略常常意味着限制了可以获取的整体市场份额,其必然包含着利润率与销售额之间互以对方为代价的关系。

【知识窗】

小思考:为什么很多创业期企业增长很快但没有利润?

答:销售是创业初期最重要的任务。创业初期的销售有时甚至是不赚钱的,为了吸引顾客从消费其他人的产品和服务转移到自己的产品和服务上,即使不赚钱,甚至赔钱也卖。所以创业初期的销售收入增长很快,但由于成本增加更快,加上价格往往在成本附近,所以出现销量很大,但却没有利润。

随着企业逐渐成熟,要对已有的销售行为进行规范,要对客户进行筛选和细化管理,要对产品售前、售中、售后整个过程进行监控,整合所有销售相关的资源,把销售工作当成经营来做,逐步使销售收入与利润实现同步增长。营销已成为此阶段的主要重点。

11.1.5 初创企业财务管理

财务是一个企业的命脉,不管在任何阶段的企业都必须要重视财务。对于初创企业来讲,进行财务管理是非常必要的,原因有三:

第一,利益相关方时刻关注企业的财务状况。一个企业的财务问题不仅仅受到企业本身的关注,还会受到诸如供应商、客户、政府、银行、投资人等各个利益相关方的关注。

第二,需要对财务管理模式不断调试以找到最适合企业的财务管理办法。一般来讲,在企业创立的前一两年,都是企业对自身业务模式不断试错的阶段,而其中也包括财务管理的调试,且企业业务的好坏也反映在财务上面,所以财务管理模式也处在摸索的阶段。

第三,确保企业现金流不断。很多时候初创企业明明是赚钱的,但是由于财务管理不到位,却导致亏损甚至最后倒闭了。

那么在创业之初,应该如何进行财务管理?

1)创业者必备四种观念

货币时间价值观念、效益观念、竞争观念、风险观念。

2)创业者要看懂三大报表

看懂三大报表是创业者的必备技能。创业者一定不要怕面对财务数字,不怕进行财务分析,因为财务是企业最关键的事项,它能帮助您优化事务决策,帮助分析经营状况,并能帮助你更快实现创造价值。

作为初创业的管理者,首先要明白财务三大报表的含义,要知道三大报表各有它表述的重点存在。三大报表是个整体,个别拆开来看都无法看到完整企业经营的结果。

【知识窗】

财务管理三大报表:资产负债表、损益表、现金流量表

资产负债表:表示企业在一定日期(通常为各会计期末)的财务状况(即资产、负债和业

主权益的状况)的主要会计报表,资产负债表利用会计平衡原则,将合乎会计原则的资产、负债、股东权益"交易科目分为"资产"和"负债及股东权益"两大区块,在经过分录、转账、分类账、试算、调整等会计程序后,以特定日期的静态企业情况为基准,浓缩成一张报表。其报表功用除了企业内部除错、经营方向、防止弊端外,也可让所有阅读者于最短时间了解企业经营状况。其实,资产负债表告诉我们的就两点——企业的钱从哪里来和企业把资金投资在哪些资产上。

损益表:反映企业在一定会计期的经营成果及其分配情况的会计报表,是一段时间内公司经营业绩的财务记录,反映了这段时间的销售收入、销售成本、经营费用及税收状况,报表结果为公司实现的利润或亏损。实质是反映企业的各类成本结构以及利润水平。

现金流量表:表示在一固定期间(通常是每月或每季)内,一家机构的现金(包含银行存款)的增减变动情形,主要是要反映出资产负债表中各个项目对现金流量的影响,并根据其用途划分为经营、投资及融资三个活动分类。现金流量表可用于分析一家机构在短期内有没有足够现金去应付开销。

有关现金往来、交易凭证等票据必须保存完整且与所记录的账簿一致。在账务往来方面具体需要注意的事情包括以下项目:

①原始资料保持完整。

②与客户的账要搞清楚,特别是明细账,收款要及时,月底应该要对账。

③开发新客户要注意作信用评估。

④自己要核对银行对账单。

⑤股东一起编制各月预算。

⑥每个月向合伙人报告现金状况及财务报表。

⑦外地销售的出差费用要及时报账,有关出差费用要先订下限额及报账方法。

3)做好财务预算

财务预算主要是指月预算、季度预算、半年度预算和年度预算,财务预算数据作为财务对现金流控制的基础依据,分析预算的各类成本费用是否合理。

月预算是为了实现财务对实际执行情况的监督。季度预算、半年度预算、年度预算是为了向公司股东或者合伙人合理建议企业的管理和运行方式。比如了解货币资金的未来使用情况,将本年度预算和货币资金对比,货币资金不够,那么需要如何调整或者企业必须在上半年度内实现营业利润兑现;如货币资金足够,并且过多,企业股东考虑扩展业务,那么有多少资金可以使用,能够周转多少时间等。

4)关注现金流

现金流就如同一个企业的血液,充足的现金流是企业稳定发展的保障。所以对于创业者来说,还有一个很重要的财务问题需要注意,就是关注现金流。要注意库存与现金周转,降低流通时产生的不必要成本。

现金流是用来衡量企业收入、企业盈利能力、自身融资潜力的重要指标,也是金融机构衡量企业偿还能力的一大标准。它是指企业在一定会计期间按照现金收付实现制,通过一定经济活动(包括经营活动、投资活动、筹资活动和非经常性项目)而产生的现金流入、现金流出及其总量情况的总称,即企业一定时期的现金和现金等价物的流入和流出的数量。

企业的经营活动如销售商品、提供劳务、出售固定资产或无形资产、收回投资、借入资金、取得子公司及其他营业单位支付的现金等,会形成企业的现金流入;而购买商品、缴纳税费、支付工资、接受劳务、购建固定资产、现金投资、偿还债务等,形成企业的现金流出。

所以衡量企业经营状况是否良好,是否有足够的现金偿还债务,资产的变现能力等,现金流量都是非常重要的指标。现金流量管理水平往往是企业存亡的决定要素,很多企业的营运危机也是源于现金流量管理不善。

在创业初期,最重要的是注意资金不要被固定资产占用太多,应该使资金盘活起来,且尽快回收货款。

5)做好税务筹划

税务筹划,是指在税法规定的范围内,通过对经营、投资、理财等活动的事先筹划和安排,尽可能地获得"节税"的税收利益。它是由 Tax Planning 意译而来,从字面理解也可以称为"税收筹划""税收计划"。也就是说,在遵守现行税收法律法规的前提下,税务筹划作为纳税人的一项基本权利,是为实现最小且合理纳税而进行的设计和运筹。税务筹划的实质首先是依法合理纳税,其次是否最大限度降低纳税风险,尽可能减少应缴税款。

税务筹划是"合理避税",它具有合法性、效益性、筹划性、风险性、专业性的特点。其与偷税漏税等违法行为有着本质的区别。

表 11-1 税务筹划与偷税漏税的区别

类 别	依 据	国家态度	风 险
税务筹划	利用税法的合理差别	保护	小
偷税漏税	利用税法漏洞	打击	大

初创企业税务筹划注意四个基本原则:

①筹划的综合性:综合考虑税收和经营管理的要求;

②思路的前瞻性:充分考虑市场和法律环境的变化;

③手段的合法性:不能违法是底线;

④方案的可操作性:太过复杂是不必要的。

11.1.6 初创企业的人力资源管理

1)初创企业的人力资源管理的特点

初创企业的人力资源管理的特点可以用"简单、快速、自由"来形容。

"简单"主要体现在企业决策简单。因为初创企业规模小,组织结构层级简单,决策权在主要创业者手中,只要创业者制定出决策方案,企业家马上执行;

"快速"是指决策快速与执行快速。由于企业决策与执行环节少,使得决策集中高效,行

动快速有力,对于市场变化,也能够迅速做出反应;

"自由"是初创企业的管理层拥有管理方面很大的自由度。所以在人力资源管理上,初创企业也有充分的用人自主权,能够吸引大批的人才加盟。

2)初创企业的人力资源规划

创业初期的人力资源规划,主要应该从业务开展和企业整体运营两个层面进行思考,同时结合企业的长远发展进行规划。如果创业者们能够按照这条主线来思考,并且能够系统性地把这些问题归纳到一起来处理,相信是很容易找到答案的。

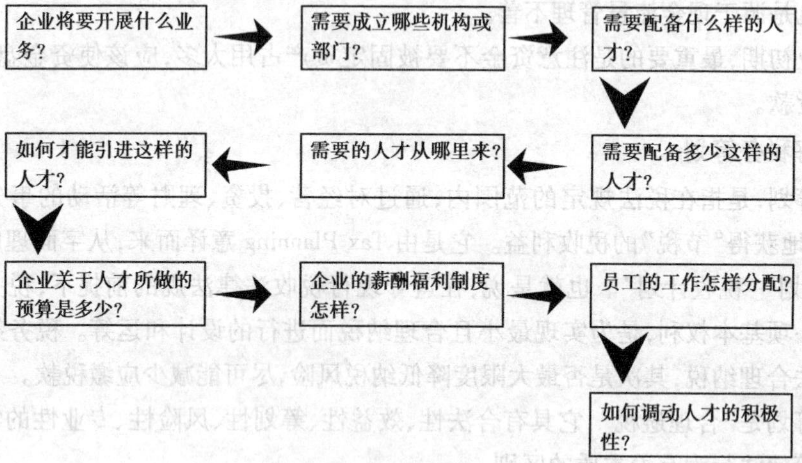

图 11-1 初创企业用人十问

"如何调动人才的积极性?"对于这个问题,初创企业最重要的就是设置游戏规则,即建立一套合理、完善的绩效管理体系,而其中重中之重就是设计企业的薪酬分配制度。另外,还需要考虑企业的业务规模和业务定位问题。在此框架之下,对企业生产能力和销售前景进行预估。预估当然要尽量准确,如果预估失准,要么会造成人力资源的浪费,要么会造成人员的紧缺。

3)初创企业的组织设计原则

(1)部门职能化原则

企业发展初期,规模较小,企业管理要尽量简单化,业务尽量实行职能归类管理。一般初创期生产型企业,有这样几个部门就基本足够:生产管理部门、质量管理部门、技术开发部门、营销管理部门、财务部门、人事行政部门(包含办公室在内),其他如采购、仓库管理等职能,要么就归并到上面某个职能部门内,要么只设岗位,不设部门,指定某个领导负责即可。一些刚创立的企业,可能企业所有人加起来不超过 10 个人,部门也极其简化,比如不少小型的软件开发企业,只设立两个部门,一个销售部,一个技术部,财务可以外包,其他职能就指定一两个人干,甚至创业者就兼着做了。

(2)垂直管理原则

大家都很反感多头管理,同样一件事,这个领导交代要这样做,那个领导吩咐按照那样的方式做,下面办事的人就会头疼,在组织设计上就要尽量避免出现这样的状况。垂直管理体现的一个基本原理就是只听一个领导的安排,而不是很多人都来安排同一件事。

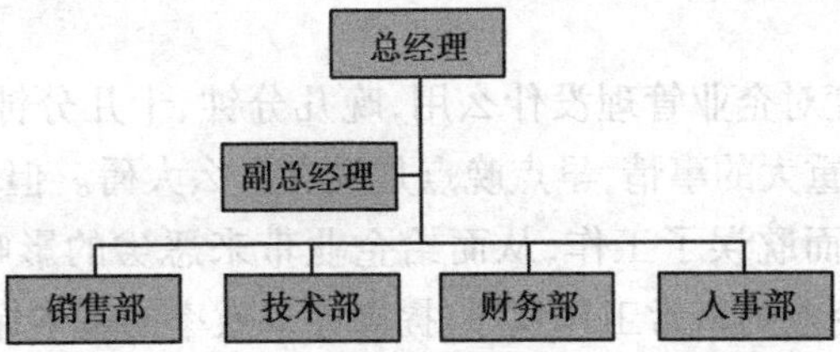

图 11-2 初创企业部门设置范例

(3)独立原则

独立原则就是组织中的各部门要分工明晰,权责清楚。这个部门负责什么,那个部门负责什么,尽可能清晰明了,不要相互交织,而且,权责一旦清晰,就要尊重这些权责的所属。

(4)扁平化原则

本着效率原则,中小企业的组织设计,其管理层级能够尽量缩减最好。一般设置四个层级基本就够了:总裁—部门经理—部门主管——般员工。指令下达,如果需要经过很多程序,往往贯彻起来速度会很慢,甚至导致指令失真。

4)初创企业的人力资源制度

一个新公司,制度并非大而全就好,只是一些关键性的制度不能少。作为初创企业,到底需要哪些人力资源制度呢?

(1)薪酬分配制度

薪酬分配制度是企业内部工资分配规则的总称,是对工资具体的构成、形式、等级和标准等作出的规定。

按照赫茨伯格的"双因素理论",基本工资和福利属于保健因素,保障员工基本生活,应当相对稳定,原则上只升不降,否则会导致员工不满,影响其工作积极性。而员工绩效工资属于激励因素,必须在考核的基础上保持其在总薪酬中占据一定比例,才能激发员工工作动力,提高工作绩效。

所以初创企业应该思考怎样运用好工资、奖金分配的自主权,建立科学、合理的工资制度,调动员工积极性,增强企业活力。初创企业在建立薪酬分配制度时应注意以下几点要求:

一是按劳分配。初创企业由于人少事多,创业者对薪酬分配制度又仔细考虑,常常就平均分配。平均分配看似公平实则非常不公平,做没做事都一样,久而久之就会打击做事的人的积极性。所以初创企业一定要克服分配中的平均主义,等量劳动领取等量报酬,多劳多得,少劳少得,不劳不得,实行员工收入能高能低。

二是建立多层次、科学完备的薪酬分配制度。薪酬分配制度是一种企业管理手段,初创企业应建立起以工资为主体的,包括工资、奖金、津贴、福利等在内的多层次、科学完备的薪酬分配体系,充分调动员工的工作积极性。

三是劳动报酬货币化、物质化。要利用物质利益这个动因,调动企业和员工个人的积极性,即在兼顾二者利益的前提下,使企业的经济利益与员工的个人业绩挂起钩来,使员工的劳动报酬同其创造的劳动成果挂起钩来,促使员工从物质利益上关心自己的劳动成果,关心企业的发展。

(2)考勤制度

有人认为,考勤制度对企业管理没什么用,晚几分钟、十几分钟到好像也没什么大不了的。如果企业没有什么重大的事情,早点晚点是没有什么大碍。但是如果有重要事情,或许就会因为迟到了十分钟而耽误了工作,从而给企业带来恶劣的影响以及无法挽回的损失。所以,考勤制度是维护企业的正常工作秩序,提高办事效率的基本保证。

另外,如果一个企业的员工总是想什么时候来就什么时候来,懒懒散散、拖拖拉拉,势必也会不利于一个企业塑造企业文化、规范员工行为。所以考勤制度也是企业营造良好工作氛围的必要支撑。

【知识窗】

××公司考勤制度

第一章　总则

第一条　为维护正常的工作秩序,强化全体职工的纪律观念,结合公司实际情况,制定本制度。

第二条　考勤制度是加强公司劳动纪律,维护正常的生产秩序和工作秩序,提高劳动生产效率,搞好企业管理的一项重要工作。全体员工要提高认识,自觉地、认真地执行考勤制度。

第三条　公司的考勤管理由人力资源部负责实施。

第四条　各部门经理、主管对本部门人员的考勤工作负有监督的义务。

第五条　公司考勤实行打卡制度,员工上下班均需打卡(共计每日2次)。员工应亲自打卡,不得帮助他人打卡和接受他人帮助打卡。

第六条　考勤记录作为年度个人工作考评的参考依据。

第二章　具体规定

第七条　工作时间

1.本企业全体员工每日工作时间一律以八小时为标准。

2.上午上班时间为8时30分,下班时间为12时;下午上班时间为13时,下班时间为17时30分。

第八条　迟到、早退

1.上班15分钟以后到达,视为迟到,下班15分钟以前离开,视为早退。

2.以月为计算单位,第一次迟到早退扣款10元,第二次迟到早退扣款20元,第三次迟到早退扣款30元,累计增加。

3.迟到早退情节严重屡教不改者,将给予通报批评、扣除绩效工资,直至解除劳动合同为止。

4.遇到恶劣天气、交通事故等特殊情况,属实的,经公司领导批准可不按迟到早退处理。

第九条　请销假

1.主管以下人员(含主管)请假一天的由部门经理批准,两天至三天的由分管领导批准,三天以上的由总裁批准;部门经理、总裁助理、副总裁请假由总裁批准。所有请假人员都须在人力资源部备案。

2.员工因公外出不能按时打考勤卡，应及时在考勤卡上注明原因，并由部门经理签字确认。

第十条 病假

1.员工本人确实因病，不能正常上班者，须经部门经理批准，报人力资源部备案，月累计超过两个工作日者，必须取得区级以上医院开具的休假证明。

2.患病员工请假须由本人或由直系亲属于当日9点前向所在部门领导或公司主管领导请假，经批准后方可休假。

3.经公司领导批准，当月累计病假两日(含两日)以内的，每日扣绩效考核分值3分。

4.患病员工如有区级以上医院开具病假条的，当月病假累计三日(含三日)以上者，每日扣绩效考核分值5分；全月病假者，扣除全部绩效工资；连续病假超过三个月者试为自动辞职或按北京市相关政策执行。

5.员工必须在病愈上班两日内将病假条主动交给人力资源部核查存档。

第十一条 事假

1.员工因合理原因须要本人请假处理，并按规定时间申请，经公司领导批准的休假，称为事假。

2.请事假的员工必须提前一天书面申请(如遇不可预测的紧急情况，必须由本人在早晨9点以前请示公司领导)，如实说明原因，经部门领导报经公司领导同意后，方可休假，否则按旷工处理。

3.事假按照日工资标准扣除。

4.事假可以用加班加点时间调休，但必须经过公司领导的批准，经批准的调休事假可不扣发。

5.员工在工作时间遇有紧急情况需要本人离开岗位处理的，也按上述有关规定执行。

第十二条 年假

1.员工在公司工作满一年，享受每年7个日历日的年假。工作每增加一年假期增加一日，但最长假期不超过14个日历日。

2.年假需一次休完，当年未休年假者不得累计到第二年。

第十三条 婚假

1.员工请婚假时，必须本人持法定的结婚证填写婚假申请单，经部门经理批准，交人力资源部审核。

2.婚假假期为3天，男方25周岁、女方23周岁为晚婚，晚婚假期共计10天。

第十四条 产假

1.女员工正常生育时，给予90天(包括产前15天)产假，难产可增加15天。多胞胎多生一个婴儿增加15天，符合晚育年龄的增加30天产假。

2.女员工怀孕三个月以内流产的给予20~30天妊娠假，怀孕三个月以上7个月以下流产的给予42天妊娠假，怀孕7个月以上流产的给予90天产假。

3.女员工休假前需要有医院证明，经所在部门经理同意后，报人力资源部批准，方可休假。

4.男员工产假的护理假为15天。

第十五条　丧假

员工供养的直系亲属(祖父母、父母、公婆、岳父母、夫妻及满周岁的子女)死亡,可办理丧假,员工的父母或配偶去世,可休假5天;员工的子女以及在一起居住的祖父母、岳父母、公婆去世可休假2天。在外地的父母、配偶或子女去世,需员工本人去外地料理丧事的,可根据路程远近另给路程假。员工办理丧假需在假前写出申请,部门经理签字后,经人力资源部批准后,交考勤员考勤。

第十六条　旷工

1.未向部门和公司主管领导书面申请并经批准者,或未按规定时间请假,或违反病、事假规定,或违反公司制度中其他有关规定等行为,均视为旷工。

2.旷工一日(含累计)者,扣发当月全部薪金的20%;旷工二日(含累计)者,扣发当月全部薪金的50%;旷工三日(含累计)者,当月只发580元的工资;旷工超过三日(含累计)者,公司视情况给予处理。

第三章　附则

第十七条　本制度解释权归人力资源部。

第十八条　本制度自颁布之日起执行。

(3)人员招聘制度

人员招聘制度应有明确的内容或具体的条款,充分满足人力资源管理与实施的需要,切记不能把一些根本不符合要求的人招到公司里来。

创业者可以根据企业实际情况制定出一个招聘制度的总制度或将总制度分解成多个小制度。招聘制度必须包含下列基本内容:制定招聘制度的依据、目的和适用范围;招聘制度的实施办法,包括制订招聘计划、招聘事宜、招聘流程、组织实施、招聘渠道以及录用等内容;招聘制度的解释与修订。

随着企业的发展,企业的各项制度并非一成不变,招聘制度也不例外。在实际操作中,当企业内外环境发生变化,或是招聘制度的某些条款不适应企业的实际情况时,创业者就需要从企业战略角度出发,用战略眼光去对招聘制度作出修订,并逐步完善招聘制度,以保证招聘制度适应企业经营、市场竞争、法律法规的要求,促进企业经营活动的健康发展。

【知识窗】

××企业新员工招聘管理制度

一、总则

1.为规范统一管理公司员工招聘工作,加强公司队伍建设,提高员工的基本素质,满足公司业务增长所需,依据《人事管理制度》和公司相关规定,特制定本制度。

2.招聘工作原则上按照定编和岗位需求进行,尽量保证招聘工作的连续性和规范性。

3.适用范围:凡本公司内人员增补之申请,均依照本办法执行。

4.权责单位

(1)人力资源部门负责本办法制定、修改、废止之起草工作。

(2)总经理负责本办法定稿、修订、废止之工作。

5.本制度由综合部负责组织实施、监督、考核等工作。

6.本公司招聘原则上实行内部推荐,面向社会公开招聘等方式。

7.本公司原则上规定各部门人员不允许将自己亲属介绍、安排到介绍人所分管的部门,特殊情况须总经理同意批准,介绍人需立下相关工作担保书。

8.本公司员工分两类:试用期员工和正式员工,试用期员工除公司支付试用期工资和生活补助外,无其他工资;正式员工享受公司的福利待遇、基本工资、岗位工资、各项公司相关补助。

二、招聘计划

1.根据公司业务拓展需求和岗位空缺的需要由公司各部门经理会同综合部制定招聘计划,人员应控制在编制范围内。

2.招聘管理层人员的条件:

①大专及以上学历;

②两年以上管理工作经验,一年以上相关工作经验;

③无不良记录,年龄根据岗位需求定。

3.特殊情况由总经理决定适当放宽条件。

4.通过部门经理会同综合部商议确定需要招聘人员计划报总经理审批后,无内部推荐的条件下由综合部人员通过社会进行公开招聘。

三、招聘程序

1.经过总经理审批后将公司需求岗位的条件通过各种招聘渠道向社会公布招聘信息;

2.发布信息后将有意向人员经过综合部人员初次选定,通知相关人员前来公司参加面试,并建立招聘人员信息登记表;

3.人员招聘过程应该在15天之内结束。

四、面试与甄选

1.经过综合部初选后将适合人员通知前往公司参加面试,并将面试人员的基本信息登记存档;

2.通过综合部主管会同需求人员的部门经理共同面试,并将面试信息记录登记在招聘信息表中,以此评定初审条件;

3.经过初次面试后将条件较优秀的人员名单登记在招聘信息表中,并在3天之内通知符合条件人员参加复试;

4.复试由总经理面试,经过总经理面试后决定是否符合招聘岗位的条件,适合条件人员将在第二天开始岗前培训,具体条件见岗前培训制度,不符合条件的人员则继续对外招聘;

5.岗前培训为3天,在培训3天中,让招聘人员学习了解公司相关规章管理制度,同时公司了解其员工的基础能力;

6.岗前培训合格者开始试用,试用期为3个月,除特殊情况由总经理批准缩短试用期或无试用期；

7.试用期满后由员工提交转正申请到综合部，由综合部主管会同部门经理和总经办人员共同审核合格后批准转正；

8.转正后员工享受正式员工所享有的全部待遇。

(4)奖惩制度

奖惩制度是初创企业对员工进行奖励或惩罚，以强化人事行政的制度。包括实行奖惩的原则、条件、种类、方式、程序、手续，以及行使奖惩权限的机关等内容。奖励，是对成绩优秀的员工，给予精神和物质的嘉奖，以激励全体成员。惩罚，是对工作不力或犯有过失、违反纪律的员工进行的行政处罚或行政制裁。奖励与惩处具有激励与控制的双重功能，二者相辅相成，结合使用。

【知识窗】

××公司奖惩办法

一、员工出勤奖金办法

(一)本公司为奖励员工出勤，减少请假，恪遵公司规章，特制订本办法。

(二)出勤奖金按点计算，每点20元，每月计分30点(600元)，凡本厂员工(包括契约工)在厂工作每出勤1天给予1点。

(三)凡员工于当月内请假者，不论事病假均按下列标准扣减奖金。

1.请假一天扣7点(140元)。

2.请假二天扣14点(280元)。

3.请假三天扣21点(420元)。

4.请假四天扣30~31点(600~620元)。

(四)全月不请假，且轮休不超过2日者另加给全勤奖金8点(160元)，凡请假旷工(包括1小时)或轮休超过2日(逢有法定假日的月份得增加为3日)及星期日固定休息人员均不加给。

(五)兵役公假，婚、丧、生育假：

1.身家调查，点阅召集，后备军人召集等出勤奖金照给。

2.动员召集、教育召集及奉派受训20天以上者不予给点。

3.婚、丧、生育假所请假日不予给点(如跨月者其全勤加给的8点只扣1次)。

(六)工伤与国内公差出勤奖金照给。

(七)旷工：每旷工1天扣10点(4小时以内扣5点，超过4小时按1天扣点)。

(八)当月请事病假累计4小时以内奖金不扣，超过4小时按1天扣点。

(九)为顾念员工确患重病必须住院(限公立或劳保医院治疗，情节特殊，其住院期间经取得医院证明者得予从轻扣点，即每住院1天扣发奖金5点，其余门诊仍按本办法第3条的规定计扣奖金)。

(十)星期例假及轮休、特休：

1.常白班员工星期例假日或排定轮休日奖金照给,但被指定加班而不到工者扣奖金10点。

2.已排轮休的人员除轮休日外如有不上班者应一律请假否则视作旷工。

3.特别休假必须于前一天下午5点钟前提出申请经核准者,出勤奖金照给,事后(包括当天)申请者不准,视作事假论。

4.应休未休的特别休假在年限届满后均按现支日资的1.6倍发给奖金,但中途离职者不予发给。

(十一)本办法经核准后公布实施,未尽事宜得随时修改。

二、全勤奖金给付办法

(一)本公司为使员工勤于职务,提高生产效率起见,特制订本办法以资奖励。

(二)凡本公司生产线作业人员(领班除外),守卫人员及长期临时性生产工作人员适用本办法。

(三)本奖金每季颁给一次,其给付日期为次月20日。

(四)凡当季内未请假(包括年休假),迟到及早退者,按下列标准给予全勤奖金:

1.月薪:按当季最后一个月的月薪÷30天×6天。

2.日薪:按当季最后一个月的日薪×6天。

(五)颁发奖金前,人事部将名单送厂长核阅后公布。

(六)新进人员如到职日恰为当季第1日者,奖金自该月起计算,否则于次季第1日起计算。

(七)当季服务未满3个月而离职者,不予计算奖金。

(八)停薪留职期间不适用本办法。

(九)本办法经呈准后施行,修改时亦同。

三、年终奖金发给办法

第一条,依据。本办法依据本公司人事管理规则第39条制订。

第二条,适用范围。

(一)本公司从业年终奖金的发给,悉依本办法的规定办理。

(二)本办法所称从业人员以本公司编制内的人员为限。顾问、聘约人员、定期契约人员、临时人员均不适用。

第三条,奖金数额。从业人员的年终奖金数额视公司当年度的业务状况及个人成绩而订。

第四条,按实际工作月数比例计算的范围。从业人员在年度内有下列情形之一者,年终奖金按其该年度内实际工作月数的比例计算(服务未满半个月者以半个月计,半个月以上以一个月计)。

(一)准给特别病假或公伤假者。但因执行职务奋勇负责而致伤害,经专案签准其请假间得予发给的公伤假除外。

(二)非受处分的停薪留职者。

(三)中途到职者。

第五条，发给前离职。从业人员于当年度年终奖金发给前离职或受停薪留职处分者，不予发给。但退休、资遣人员服务已满该年度者，不在此限。

第六条，发放日期。每年度从业人员的年终奖金于翌年1月20日发给。

第七条，奖惩的加扣标准。从业人员在当年度曾受奖惩者，年终时依下列标准加减其年终奖金。

(一)嘉奖1次：加发1日份薪额的奖金。

(二)记小功1次：加发3日份薪额的奖金。

(三)记大功1次：加发10日份薪额的奖金。

(四)申诫1次：扣减1日份薪额的奖金。

(五)记小过1次：扣减3日份薪额的奖金。

(六)记大过1次：扣减10日份薪额的奖金。

第八条，请假旷职的扣减标准。从业人员于年度中曾经请假或旷职者，其当年度的年终奖金依下列标准计扣(以元为单位)。

(一)病假1日扣减半日份薪额的奖金。

(二)事假1日扣减1日份薪额的奖金。

(三)婚假1日扣减1/4日份薪额的奖金。

(四)丧假1日扣减1日份薪额的奖金，但因祖父母、配偶等丧亡请假在5天以内者，每日扣减1/4日份薪额的奖金。

(五)产假1日扣减半日份薪额的奖金。

(六)旷职1日扣减3日份薪额的奖金，旷职半日扣减1.5日份薪额的奖金。

第九条，奖金提拔。凡符合本办法第4条规定，工作不满1年者，其奖金按实际工作月数比例提拔。

第十条，扣款处理。依本办法规定扣除的款额应缴回公司。

第十一条，实施及修订。本办法经经营决策委员会通过后实施，修改时亦同。下表为各公司年终奖金核发标准。

【案例阅读】

1.王先生曾在国内知名游戏公司担任开发项目总监，后独立创业；最近他的团队成功开发了一款移动端在线游戏，并取得某国际知名移动互联网平台的认可。在北美和欧洲开展运营后，市场反响良好，预计很快可收回开发成本。王先生准备将所得资金投入下一个开发项目，并已经开始和合作方开展谈判。但是在平台提供商首次向王先生的团队支付分成收入时，告知王先生根据美国相关税收法律，其绝大部分收入将被扣缴30%的预提所得税，由于平台提供商非常强势，王先生只能接受，使得企业的财务管理受到不小的影响。

从这个案例中我们应该吸取什么教训？

2.王先生是一位中国公民，长期在一家国有企业从事润滑油添加剂的研发工作，并在业余时间开发完成了数项专利技术。2014年，王先生和某风险投资公司合伙创业，以现金加专利技术的方式收购了一家已具备相关生产条件的甲公司，并迅速投入运营。2016年初，一家德国公司看中了甲公司产品的技术潜力，希望以高额溢价出资收购王先生的股权。

在收购过程中，德国公司引入了专业的税务尽职调查团队，并发现在王先生收购甲公司前后，该公司存在多项拖欠税款，将应资本化的开支以费用列支以及不合理享受税收优惠的情况；德国公司以此为契机要求王先生及其他股东就潜在的税款提供担保，或调整公司估值。结果甲公司的股权售价被严重影响。

从这个案例中我们应该吸取什么教训？

11.2　企业成长

11.2.1　企业成长的概念

腾讯科技结合 IT 桔子等平台投资数据发布了一项针对“2015 年互联网宣布关闭的公司”报告，报告指出，“已经关闭的创业公司存活时长平均是 32 个月”，“创业公司基本在成立后的第三年会经历生死考验”。可以看出，很多创业公司都在成长中夭折了。

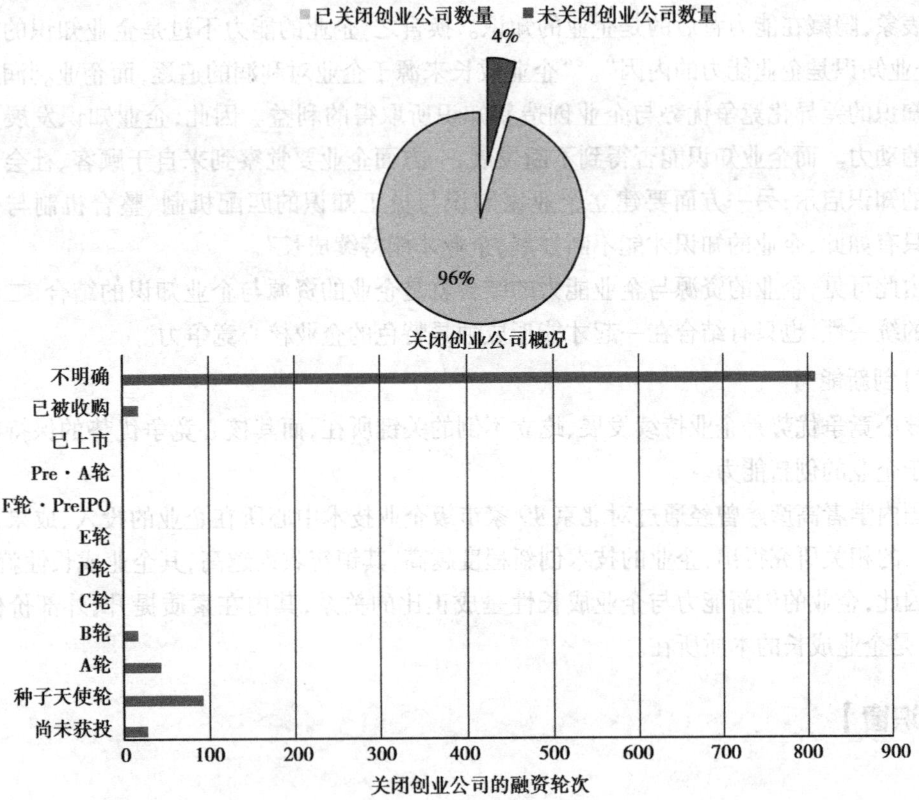

图 11-3　关闭创业公司概况与关闭创业公司的融资轮次图

可见,对初创企业来讲,前几年特别是前三年的成长期至关重要,因此创业者有必要对企业成长有所了解。企业成长是企业在一个相当长的时间内,通过创新、变革和有效管理等手段,积累、整合并促使资源增值,不断增强企业能力,形成企业核心竞争力,进而保持企业整体绩效平衡、稳定增长的势头的过程。企业成长如同人的成长一样,是一个从量变到质变的过程,是一种成长"基因"推动企业系统内部的组织与功能不断地分化,从而促进企业系统机体不断扩张、新陈代谢,不断适应环境,并与环境形成良性互动的过程。具体表现为企业规模的扩大,企业内部结构的不断完善和成熟,企业功能的优化,等等。

11.2.2 企业成长的来源

1)企业资源与企业知识

现代企业成长理论的奠基人彭罗斯在《企业成长理论》中提出了"企业资源—企业能力—企业成长"的分析范式,揭示了企业成长的来源。他认为,企业成长的决定性因素在企业内部,企业成长的原动力在于企业资源所形成的"生产性服务",企业对这些生产性服务的充分利用与开发是企业成长的原因。也就是说,企业的成长是基于其所能支配的资源的。但是,他也注意到了,相同的企业资源,其使用效果也取决于企业家的能力,二者相互促进。

国内学者于洋进一步提出,"企业的能力是企业成长的关键,而能力仍然是企业成长源泉的表象,隐藏在能力背后的是企业的知识。换言之,企业的能力不过是企业知识的外在表现,企业知识是企业能力的内因"。"企业成长来源于企业对利润的追逐,而企业利润来源于企业知识的差异化竞争优势与企业创造新知识所取得的利益。因此,企业知识发展是企业成长的动力。而企业知识能否得到不断发展,一方面企业要觉察到来自于顾客、社会和竞争对手的知识启示;另一方面要建立企业家知识与员工知识的匹配机制、整合机制与分享机制。只有如此,企业的知识才能不断发展,企业才能持续成长"。

由此可见,企业的资源与企业能力的结合就是企业的资源与企业知识的结合,二者具有高度的统一性,也只有结合在一起才能形成独具特色的企业核心竞争力。

2)创新能力

核心竞争优势是企业持续发展、屹立不倒的关键所在,而其核心竞争优势的保持则主要取决于企业的创新能力。

国内学者高彦婷曾经通过对北京49家市级企业技术中心所在企业的投入、成果及其销售收入的相关研究得出,企业的技术创新程度越高,其销售收入越高,其企业成长性就越强。

因此,企业的创新能力与企业成长性是成正比的关系,其内在素质提升、外部价值网络优化,是企业成长的本质所在。

【知识窗】

优秀企业与落后企业的差异

①在成功企业里,高层管理者对发展方向感觉敏锐,他们能够清楚地看到企业的薄弱环

节，敢于大规模的调整经营结构，探索新的成功之路。

②成功企业的管理者具有持之以恒的创新精神，他们善于掌握顾客的消费行为和市场趋势的变化，能够从顾客的意见中发现新的创意。

③成功企业都有一流的战略规划，瞄准更高的经济效益和更稳固的竞争地位。企业的管理者把竞争优势视为长期经济效益的支撑点。

④成功企业的管理者有强烈的绩效意识。

⑤成功企业的管理者把战略看作是企业的整体行动，他们并不满足于制定战略，还要同每一层工作人员保持联系，把战略意图渗透到每个成员的心中。

11.2.3 高成长企业的共性特征

高成长企业的共性特征大致有：善于在不确定领域识别并把握机会；富于创新和变革；注重整合外部资源追求外部成长；注重人力资源管理；拥有比较固定的企业价值观；注重用成长的方式解决成长过程中出现的问题；突出以价值创新而非纯粹竞争力为特征的战略重心。

11.2.4 企业成长的阶段性

企业成长具有阶段性，即企业具有其生命周期，不同的学者有不同的划分方法和结果，不过学者们大致将企业的成长阶段划分为创业期、扩张期、成熟期、老化期等。这其中以伊查克·爱迪斯(Ichak Adizes)的理论最为著名。他是企业生命周期理论创立者，是美国非常有影响力的管理学家之一，也是组织变革和组织治疗专家。他在《企业生命周期》一书中把企业生命周期分为十个阶段，即：孕育期、婴儿期、学步期、青春期、盛年期、稳定期、贵族期、官僚化初期、官僚期、死亡期。爱迪斯准确生动地概括了企业生命不同阶段的特征，并提出了相应的对策，揭示了企业生命周期的基本规律，揭示了企业生存过程中基本发展与制约的关系。

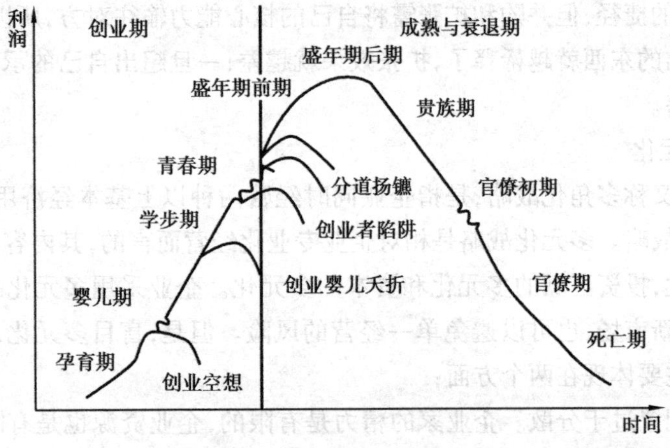

图 11-4 企业生命周期图

企业生命周期演绎出一条像山峰一样的曲线，这条曲线可以延续几十年、上百年甚至更长的时间,而实际上能够走完这条完美曲线的企业却寥寥无几。大部分仅仅几年、十几年还在成长期就夭折了。爱迪斯给出的原因是企业成长中会遇到许多陷阱,企业没有跳过去。而最危险的一个陷阱通常出现在企业已经发展起来,处在学步期或青春期,将要从创业型转为管理型的时候,即很多企业将要进行较大的跳跃,它们面临的最大问题是“第二次或第三次创业”的陷阱,尤其是民营企业。爱迪斯指出的创办人或家族陷阱,也正是民企关心的如何超越家族制的问题。

另外一些进入青春期的企业,也极有可能遇到成长的困惑。虽然企业发展到一定程度,甚至已经做得比较大,但是再也难有增长,似乎冥冥中有一种力量制约和摆布着自己的命运,左冲右突,难以脱离这个怪圈。究其原因,实际上是企业管理水平的落后,缺乏留住人才和培育人才的机制,落后的管理和组织机构制约了企业的发展。

根据爱迪斯理论,企业生命周期曲线中最为理想的阶段是盛年期,这一阶段的企业自控力和灵活性相对达到了平衡。这时的企业知道自己在做什么,该做什么,以及如何才能达到目的。盛年期并非生命周期的顶点,企业应该通过自己正确的决策和不断的创新变革,使他持续增长。但如果失去再创业的劲头,就会丧失活力,停止增长,走向官僚化和衰退。

企业生命周期的理论的提出,为现代企业成长理论的研究提供了一个新的视角,它把企业看成一个动态的有机体,而不仅仅是一个组织。

11.2.5　成长期的企业运作

1)成长期企业运作的原则

(1)扩张速度要与管理能力相适应

企业应该做到适度扩张。所谓适度扩张,就是企业的扩张速度与规模要与自身的承受能力、消化能力相适应,要循序渐进、滚动发展,要注意适度扩张避免核心能力过度稀释。

企业过快过度低成本扩张,结果核心能力被稀释的例子并不少见。低成本并购和扩张是企业做强做大的捷径,但并购和扩张需将自己的核心能力输往对方,所以兼并得越多就输出得越多,而输出的东西就越稀释了,扩张效果就越差;一旦超出自己的承受能力,企业就会虚脱,甚至被拖垮。

(2)谨慎多元化

多元化战略又称多角化战略,是指企业同时经营两种以上基本经济用途不同的产品或服务的一种发展战略。多元化战略是相对企业专业化经营而言的,其内容包括:产品的多元化、市场的多元化,投资区域的多元化和资本的多元化。企业采用多元化战略,可以更多地占领市场和开拓新市场,也可以避免单一经营的风险。但是,盲目多元化,也可能使企业掉进多元化陷阱,主要体现在两个方面:

第一,资源配置过于分散。企业家的精力是有限的,企业资源也是有限的,多元化战略必定导致企业将有限的资源分散于每一个发展的产业领域,从而使每一个发展的领域都难以得到充足的资源支持,逐渐在与每一个领域的竞争对手竞争时失去优势,加大企业的风险。

第二，隔行如隔山。企业在新领域中可能并未形成自己的核心专长，进入新领域往往只是受到该领域预期投资收益率的诱惑，所以很有可能进入并不熟悉的产业，反而拖累企业的发展。

2）成长期企业运作的要点

对于成长期企业来说，由于企业经过艰苦的创立期后，企业的发展已经逐步进入正轨，但是往往该阶段的企业还没有真正具备核心优势，或者目前还没有条件去设置技术和市场壁垒，已经具备的优势也很容易被其他企业所赶超或模仿，因而成长期的企业的发展重点，就是要找到自己难以被模仿的核心竞争能力，并制定有效的战略与策略来促进核心竞争能力基础的形成。

通常，成长期企业往往规模不算大，可能在行业内处于夹缝中生存的状态，一方面一些较大规模的企业占据了行业内的绝大部分的市场份额，另一方面一些小的企业又虎视眈眈，因而这个阶段的企业如果不能找到自己的核心能力，具有独特优势，则容易被大企业所挤掉，被小企业所赶超，因而寻找自身的核心竞争能力是保证企业能够继续发展的关键。

由于难以获取排他性的技术优势，除了少数拥有先进技术的创业企业外，对于大多数初创企业来说，都是选择商业模式创新或者加入偏向完全竞争的行业，一般情况下，其进入门槛较低，行业的集中度较低，因而行业内没有大规模的企业，被大企业排挤的压力相对较小。但是由于该行业本身已经发展多年，因而存在各式各样、大大小小的竞争者，也很大程度上会构成对该企业的威胁，所以，在这个时候，核心竞争能力就显得尤为重要，才能保证企业的持续发展。

要构建核心竞争能力，可以从这几个方面努力：

①对企业所处行业的分析。在核心能力寻找时，一定要理清企业到底处于怎样的竞争环境，因而需要对外部行业有较为清晰的认知，必须了解其他企业的经营状态，行业的整体发展状况，从而有针对性地发掘企业的优势构建重点。

②对企业自身有明确的认识。了解了外部环境的同时，对自己也要有清楚地认识，必须要知道，自己到底有什么问题，什么是阻碍企业发展的“绊脚石”，要形成企业的核心能力应采取哪些措施，这些都是构建核心能力必须进行的分析。

③如何构建核心能力。在内外部都有清楚地分析与研究后，就需要对企业核心能力的构建过程进行分析，也就是如何来形成核心能力，这就需要从企业的战略出发，将核心能力分解为不同的核心能力子项进行分别构建。例如，对于该企业而言，企业核心能力是销售网络的有效覆盖，那么如何形成呢？就需要将该能力分解为销售能力、市场能力、人力资源能力、管理能力等，并将这些能力与具体的战略实施计划紧密结合起来，以保证核心能力构建的真正落实。

因此，对于成长期企业来说，如果期待企业能够进一步的发展，就必须找出自身的优劣势所在，寻找企业核心竞争能力构建的方向，并通过细分核心能力来实现核心能力构建的落地。

【案例阅读】

如家快捷酒店的快速成长

一、企业概况

从2002年6月创建到2006年10月上市，短短四年时间，如家快捷酒店集团以惊人的发展速度开创了传统酒店行业的一片蓝海，成为我国经济型酒店的领跑者。2002年6月，中国资产最大的酒店集团——首都旅游国际酒店集团联手中国最大的酒店分销商——携程旅行服务公司共同投资组建了如家酒店集团。如家要做“中国大众住宿业领导者”含义是：向顾客提供“洁净似月，温馨如家”的服务的品牌形象和经营管理模式。其理念：诚信、结果导向、多赢、创新；愿景：中国最著名的住宿业品牌；使命：为宾客营造干净温馨的“家”、为员工提供和谐向上的环境、为伙伴搭建互惠共赢的平台、为股东创造持续稳定的回报、为社会承担企业公民的责任。

如家酒店集团旗下拥有如家快捷酒店、和颐酒店两大品牌，截至2011年一季度末已在全国近200座城市，拥有连锁酒店1 000多家，形成了遥遥领先业内的国内最大的连锁酒店网络体系。经济型连锁酒店品牌——如家快捷酒店，提供标准化、干净、温馨、舒适、贴心的酒店住宿产品，为海内外八方来客提供安心、便捷的旅行住宿服务，传递着适度生活的简约生活理念。

如家借鉴欧美完善成熟的经济型酒店模式，为商务和休闲旅行等客人提供“干净、温馨”的酒店产品，倡导“适度生活，自然自在”的生活理念。截至2006年12月31日，如家快捷酒店集团共有134家酒店，其中包括94家租赁经营酒店，以及40家特许经营酒店，足迹遍布上海、北京、天津、杭州、广州、深圳、宁波、厦门、成都等39个国内主要商务城市。与此同时，如家还有48家酒店处于建设之中，其中包括28家租赁经营酒店，以及20家特许经营酒店。并于2006年10月26日在美国纳斯达克成功上市，当日报收22.5美元，较13.8美元的发行价格飙升了63%，这使如家募集资金超过1亿美元。由于扩张迅速，如家已经超越发展历史更长的锦江之星酒店连锁品牌，成为我国经济型酒店市场的排头兵。

二、如家的创业背景

如家进入经济型酒店纯属无心插柳。故事起源于一个网络帖子。2001年，携程创始人季琦注意到一位网友抱怨在携程上预订宾馆的价格偏贵。于是，他对携程网上订房数据情况作了分析，发现国内酒店的现状是豪华的不够经济，经济的不卫生、不实用。于是，利用携程的销售网络和行业优势整合经济型酒店资源，建立一个在中国处于主导地位的酒店业连锁品牌的想法跃入季琦的脑海。带着这个念头，季琦找到北京首都旅游集团的副总裁梁日新，两人一拍即合。2002年6月，携程携手首都旅游集团（首旅集团相对控股）催生了如家。首旅投入四家“建国客栈”作为如家首批经济型酒店样板店，携程通过互联网向客户推广如家，两家共同合作经营，风险共担。

经济型酒店是在欧美及日本等发达国家发展起来的一种成熟的酒店经营模式，其定位于普通消费大众，基本设施齐全，以B&B（住宿bed和早餐breakfast）为核心产品，为客人提供有限服务(limited-service)。在国内城市居民已进入大规模休闲度假旅游消费阶段以及中小型商务客人日益增多的大背景下，中国经济型酒店酝酿了无限的商机，与传统星级酒店共同瓜分市场。中国星级酒店有1.1万多家，其中三星级以上酒店5 000家，但这些中高档酒店不能满足这部分市场需求；而招待所由于条件简陋，也无法满足这部分人群的需求。豪华的不经济，经济的不实用，但这恰好给经济型酒店创造了一个巨大的成长空间。

三、商业模式

如家并不是中国经济型酒店的第一人，但却是第一个用连锁复制的商业模式打造的经济型酒店品牌。如家构建的连锁意味着规模经济，意味着快速扩张带来的市场份额，意味着标准化的统一：统一的品牌、质量、服务模式、客源销售网络和管理系统。和传统商业地产概念的酒店经营模式不同，如家采取轻资产的策略——租赁经营，先后引入风险投资和上市融资，实现了年收入和经营利润连年翻倍的增长奇迹。

四、目标客户

如家把目标顾客定位为中小企业商务人群和休闲游客，酒店的财源在于流动的人群。根据国家旅游局的统计，休闲旅游和商务活动占到了城镇居民出行目的的绝大部分比例。中小企业的蓬勃发展使如家看到了其中的广大市场。中小商务人士占到了如家客源的75%，而中国经济型饭店的平均水平是37%，如家的备受青睐得益于它产品的顾客导向和品牌忠诚度的打造。

从消费者的年龄结构分布来看，以25~44岁为主，占了总人数的72%；15~24岁占21%；44~64岁占7%。以旅游为出行目的的消费者占51%，商务占36%，探亲访友占4%，其他原因的占9%。

五、商业选址

如家的商业选址首先放在上海、北京、广州、深圳、长江三角洲城市（主要为省会以上、直辖市等经济比较发达的城市），以保证有充足的商务客源。随后，再逐渐向全国铺开。

如家在全国的分布具体数量：

北京(100)　上海(73)　天津(45)　广东(55)　广西(11)　海南(4)　云南(8)　宁夏(4)　新疆(10)　黑龙江(19)　辽宁(55)　内蒙古(14)　河南(21)　浙江(63)　江苏(123)　安徽(15)　重庆(8)　四川(17)　贵州(8)　福建(28)　山东(106)　湖南(11)　河北(34)　湖北(25)　山西(17)　陕西(35)　吉林(20)　甘肃(11)　青海(3)　江西(10)

六、市场营销战略

采用三种方式：

1.自建直营店

这种租赁和系统建设的方法，给如家酒店节约了时间和资金，创造了高速扩张的必要条件。

2.大力推动特许加盟

如家对加盟店的控制也非常严格，从外观到硬件、流程管理等方方面面，都严格按照统一标准执行，甚至经理的委任都是大权在握。所以从本质上讲，如家只是借助了受许人的资全力量来运作经营，这从最大程度上保证了品牌的连续性以及战略的一致性。

3.率先建立客源销售系统

客户可以通过多种渠道预订房间，包括中央预订系统(800免费电话和因特网预订系统)、会员网络、公司账户或旅行中介等。

此外，如家开展会员制来稳定客源。会员缴纳一次性的入场费后，可享受房费折扣、预订优先、入住同时积分，可用来会员升级和换取免费住宿及礼品。

七、如家成功的原因

1.速度制胜策略

在市场瞬息万变的竞争条件下，机会稍纵即逝，谁能抢占商机，是至关重要的环节。如家在短短的几年内就能迅速成长壮大，首先得益于它的速度制胜策略。由于我国经济型酒店市场刚刚兴起，从抢占市场份额的角度来看，需要加速发展；另外，从扩大行业知名度，转换发展方式的角度来看，也需要加快发展速度；从经济型酒店之间的互动和获得网络增值效应的角度来看，也需要加快发展速度。

2.连锁扩张策略

连锁化的经营发展可以形成规模效应和范围经济，从而提高企业的竞争优势。如家酒店连锁集团的发展策略，就是以“连锁”作为发展核心战略，从发展初期就建设了完善的连锁化支撑体系。

3.低成本运作策略

对于经济型酒店而言，努力降低生产成本是经济型酒店盈利的基本前提。如家摒弃了传统酒店的购地置产模式，而是采用低成本运作方式，租赁营业用房，只是对原有房子按一定要求进行装修和改造，就可以为自己所用了。这种运作模式大大降低了酒店的经营成本，也方便更多的人加盟如家，实现了超常规、跨越式发展。

4.市场定位精准

中低档市场，供给数量有余，质量不足；豪华的星级酒店价格偏高，廉价的旅馆又不够舒适，因此满足高端商务需求的五星级以下酒店大多处于亏损状态，而面对低端消费人群的小旅店始终得不到消费者的认可。价格、舒适对顾客来说同样重要，找到合适的平衡点，就能提升酒店服务的性价比，更好地满足客户的需求，如家就是通过精准的市场定位找到了这个点。如家把目标顾客定位为中小企业商务人群和休闲游客，酒店的财源在于流动的人群。为服务目标顾客，如家一般选址于经贸、旅游比较发达的城市，在城市中的选址又讲究交通的便利性，如靠近地铁站、公交车站的商务、贸易、居住区以及成本相对较低的商圈边缘等，为客人出门办事提供方便。

5.有良好的业务系统和客源销售系统

如果说在发现市场上锦江之星先行一步的话，经营模式的设计和业务系统的打造便使得如家后来居上了。如家的分店系统采取自建直营和特许加盟两种方式，果断地采取了轻资产的策略——租赁直营。减轻了急速扩张带来的资金压力。客源销售系统：客户可以通过多种渠道预订房间，包括中央预订系统(800免费电话和因特网预订系统、管理分销渠道、整合空房信息等)，如家的预订中心规模之大，在国内仅次于携程旅行网或e龙这样的专业订房渠道。这个渠道会合理地向遍布全国的如家输送客源,而且,在未来,还会成为如家对抗其他品牌的真正法宝,也避免因过于依赖渠道中介,而失去定价能力。

八、如家的慢跑

如家开始了慢跑,专注内部的管理机制的打造,为如家再次腾飞奠定坚实的基础。这就是如家的第三策略——"慢跑王牌"。

如家的快跑。如家经过一段时间的内部服务建设、培训及标准化管理体系建设后,打造了一张标准化、人性化的无形之网,为其布局全国、掌控全国市场做好了充分的准备。随后如家开始了快跑,制定了全国战略布局计划,在规模上实现了翻一番。这就是如家的第四策略——"快跑王牌"。

九、如家的文化

如家在向1 000家店冲刺之时,发现其随着店面的扩张,管理效率以及服务质量在逐渐下降,此时的如家开始重点抓企业文化的建设,让服务成为每一位如家员工自觉行为,让每一位员工自然而然的为客人服务,这是目前如家面临和必须解决的一个大问题,只有这个问题解决了,如家才能够再次腾飞、再次创造辉煌。这就是如家的第五策略——"文化建设"。

【本章思考题】

1.如何管理好创业初期的新企业?

2.企业成长的动因是什么?

3.企业成长需要准备吗?如何准备?

4.为什么很多新企业销售收入增长很快但没有利润?

5.新企业如何提升自身价值?

6.如何管理并留住核心员工?

7.为什么很多新企业都渴望上市?

8.学习了本章后,你对"创业失败率很高"如何看待?

参考文献

[1] 樊一阳，叶春明，吴满琳. 大学生创业学导论[M].上海：上海财经大学出版社，2005.

[2] 王永友，赵镇. 创业学概论[M].哈尔滨：哈尔滨工程大学出版社，2003.

[3] 卢旭东.创业学概论[M].杭州：浙江大学出版社，2002.

[4] 邓泽功.大学生创新创业指导教程[M]. 北京：人民交通出版社，2004.

[5] 李时椿，常建坤. 创新与创业管理：理论·实战·技能[M].南京：南京大学出版社，2014.

[6] 李纲，黄志启. 大学生创业行动手册[M]. 北京：国防工业出版社，2016.

[7] 罗伯特·赫里斯，迈克尔·彼得斯. 创业学[M]. 北京：清华大学出版社，2004.

[8] 埃里克·A.莫尔斯，罗纳德·K.米切尔. 创业学案例[M]. 上海：格致出版社，2012.

[9] 蔡松伯，王东晖，王小方. 大学生创新创业指导[M]. 成都：西南财经大学出版社，2016.

[10] Schumpeter J. The theory of economic development [M]. Cambridge, MA: Harvard University Press, 1982.

[11] 陈奎庆，丁恒龙.大学生创新创业教程[M].北京：科学出版社，2014.

[12] 王延荣.创新与创业管理[M].北京：机械工业出版社，2015.

[13] 邓建成.大学生创新与创业[M].湘潭：湘潭大学出版社，2008.

[14] 许湘岳，邓峰.创新创业教程[M].北京：人民出版社，2011.

[15] 李伟，张世辉.创新创业教程[M].北京：清华大学出版社，2015.

[16] 林嵩.创业学原理与实践[M].上海：上海财经大学出版社，2008.

[17] 郑炳章.创业研究创业机会的发现、识别与评价[M].北京：北京理工大学出版社，2009.

[18] 张灿鹏，郭砚常.市场调查与分析预测[M].北京：北京交通大学出版社，2008.

[19] 赵铁.市场调查与分析作者[M].北京：清华大学出版社，2011.

[20] 柯惠新，丁立宏.市场调查与分析[M].北京：中国统计出版社，2000.

[21] 杨勇.市场调查与预测[M].北京：机械工业出版社，2016.

[22] 杨毅玲，何义勇.市场调查实务[M].北京：电子工业出版社，2016.

[23] 俞以平，陶勇.消费者行为学[M].大连：东北财经大学出版社，2017.

[24] 刘波.市场调研[M].成都：西南财经大学出版社，2016.

[25] 马连福.市场调查与预测[M].北京：机械工业出版社，2016.

[26] Keith B C.大数据决策——商业智能实战指南[M].李卉，张魏，译.北京：人民邮电出版社，2016.

[27] 吕丽，流海平，顾永静.创新思维——原理·技法·实训[M].北京：北京理工大学出版社，2014.

[28] 赵新军.创新思维与技法[M].北京:中国科学技术出版社,2014.
[29] 魏传宪. 创新思维方法培养[M].成都:西南交通大学出版社,2006.
[30] 桂元龙,杨淳.产品设计[M].北京:中国轻工业出版社,2014.
[31] 李亦文.产品设计原理[M].北京:化学工业出版社,2011.
[32] 朱恒源,余佳.创业八讲[M].北京:机械工业出版社,2016.
[33] 孙洪义.创新创业基础[M]. 北京:机械工业出版社,2016.
[34] 克里斯·安德森.免费:商业的未来[M].北京:中信出版社,2009.
[35] 艾诚.创业的常识[M].北京:中信出版社,2016.
[36] 郑翔洲,吕宝利,陈扬.新商业模式创新设计:当资本插上"互联网+"的翅膀[M].北京:电子工业出版社,2015.
[37] 毕传福.赢在商业模式:移动互联网时代创新与创业机遇[M].北京:人民邮电出版社,2015.
[38] 知乎.创业时,我们在知乎聊什么?[M].北京:中信出版社,2014.
[39] 史梅,徐俊祥,等.大学生创新与创业指导[M].北京:现代教育出版社,2015.
[40] 刘亚娟. 创业风险管理[M].北京:中国劳动社会保障出版社, 2011.
[41] 张竹筠,付首清.创业风险[M].北京:科学出版社,2004.
[42] 姜彦福,张帏.创业管理学[M].北京:清华大学出版社,2005.
[43] 鲁若愚.技术风险与项目层面的技术风险管理[J].中国青年科技,2008.
[44] 阳飞扬.从零开始学创业[M].北京:中国华侨出版社,2011.
[45] 人力资源和社会保障部职业能力建设司.SIYB 创业培训手册——创办你的企业(大学生版)[M].北京:中国劳动社会保障出版社,2015.
[46] 全国人民代表大会常务委员会.中华人民共和国个人所得税法[Z].2011.
[47] 全国人民代表大会常务委员会.中华人民共和国公司法[Z].2013.
[48] 全国人民代表大会常务委员会.中华人民共和国个人独资企业法[Z].1999.
[49] 全国人民代表大会常务委员会.中华人民共和国合伙企业法[Z].2006.
[50] 中华人民共和国国务院.个体工商户条例[Z].2014.
[51] 万科企业股份有限公司.万科企业股份有限公司 2017 年本年度报告[Z].2017.
[52] 迈克尔·波特.竞争战略[M].北京:中信出版社,2014.
[53] 李端生.基础会计学[M].北京:中国财政经济出版社,2014.
[54] 张秀娥,郭宇红.创业企业成长及其动因研究综述[J].现代经济信息,2012(14).